安全生产依法行政工作指引

（2015 版）

邬燕云　曹　彧　编著

煤炭工业出版社

·北　京·

前　言

党的十八大提出："全面推进依法行政。加快建设社会主义法治国家。更加注重发挥法治在国家治理和社会管理中的重要作用，维护国家法制统一、尊严、权威，保证人民依法享有广泛权利和自由。要推进科学立法、严格执法、公正司法、全民守法，坚持法律面前人人平等，保证有法必依、执法必严、违法必究。推进依法行政，切实做到严格规范公正文明执法。"目前，具有中国特色的社会主义法律体系已经形成，安全生产法律法规日臻完善。加强依法行政，推进安全生产法制秩序，是促进安全生产形势进一步稳定好转的重要手段。

为正确理解、适用《中华人民共和国安全生产法》等重点法律法规，规范安全生产监督检查、现场处理、行政处罚、行政许可、行政强制等执法行为和事故调查处理工作，2013 年出版了《安全生产依法行政指引》一书。

《安全生产依法行政工作指引（2015 版）》是依据新《中华人民共和国安全生产法》对 2013 年出版的《安全生产依法行政工作指引》的内容进行修改、补充和完善。希望本书对提升广大安全监管监察人员行政执法水平有所帮助，有不妥之处，谨请大家批评指正。

编　者

二〇一五年四月

目　次

第一章 法的基本知识

第一节 法 的 定 义

根据马克思主义关于法的一般理论,吸收国内外法学研究的成果，可以把法的定义为法是由国家制定、认可并依靠国家强制力保证实施的，以权利和义务为调整机制，以人的行为及行为关系为调整对象，反映由特定物质生活条件所决定的统治阶级（在阶级对立社会）或人民（在社会主义社会）意志，以确认、保护和发展统治阶级或人民所期望的社会关系和价值目标为目的的行为规范体系。

第二节 法 的 特 征

法律的特征是法律本质的外化，是法律区别其他事物和现象的征象和标志所在。

一、法是一种特殊的社会规范

规范即规则、范例，它提供一定的价值标准或行为模式，并以一定的手段保障其实现，其作用在于以此来调整主体的观念或行为。规范的一般特点在于它的普遍性、概括性和可预测性。普遍性指规范在适用范围上具有普遍性，只能适用于个别对象、个别场合的指导方案不能称为“规范”；概括性指规范的内容具有抽象性，它不是对具体行为的描述，而是从形形色色的个别行为方式中概括、抽象出来的具有某种共性的行为方式；可预测性指规范相对稳定，并可以反复适用，因而主体可以根据规范提供的行为标准预见到自己和他人行为的后果，并据此选择自己的行为方式。

法律是一种特殊的社会规范，它通过对行为的作用来调整社会关系。从某种意义上说，法律是一种行为规范，它调整人与人之间的社会关系，规定人们在相互关系中应当如何行为。法律意义上的“人”，是指自然人、法人和其他社会组织。法律具有规范的一般特点。法律具有概括性，它是一般的、概括的规范，不针对具体的人和事，可以反复被适用；法律的构成要素中以法律规则为主；法律规则的逻辑结构中包括行为模式、条件假设和法律后果，这是法律规范性最明显的标志。

二、法是国家制定或认可的社会规范

制定是国家机关依照法定的立法程序创制某种行为规则，并赋予其法律效力。制定的结果是产生具有普遍约束力的规范性法律文件，通常称为制定法。在采用立法性法律规范体系的国家，制定是国家创制法的主要形式。认可是国家通过一定方式承认某些在社会生活中以不同形式存在的行为规则（习惯规范、宗教戒律、道德规范、政策等）以法律效

力。根据认可的不同方法，可以分为明示认可和默示认可。明示认可是指国家立法以其积极行为在规范性法律文件中明确规定某些规则具有法律效力。默示认可是指国家立法机关并未在立法性文件中指明哪些习惯性规范或道德规范具有法律效力，而是由司法机关、行政机关在执行职务的过程中援用这些在制定法以外的既存规则作为审理案件和决定问题的依据，立法机关则以沉默的方式表示确认。

三、法是以主体的权利和义务为基本内容的社会规范

法律通过提供不同的行为模式，将主体之间的相互关系区分为法律权利和法律义务。一般来说，前者体现着主体为了实现自身的利益可以采取的行为，后者体现着主体为满足他人或社会的利益必须做或不做的行为。法律的存在和发展同主体权利和义务的区分具有内在的联系，法律的核心内容就是有关主体权利和义务的规定。尽管法律中的许多规范本身并没有直接规定主体间的权利和义务，但它们最终都是围绕着权利义务展开，并为了实现权利义务而设置。

四、法是由国家强制力保障的社会规范

任何社会行为规则都有一定的强制力，违反这些规则都可能招致某种对行为人不利的后果。法律强制的特点在于它是以国家的名义实施的强制，这是一种外在的强制，有组织的强制，通过国家专门机关，即监狱、法庭、警察、行政机关直至军队而实现并保障的强制。法律强制一方面表明作为整个社会正式代表的国家对于违法行为的否定性评价，另一方面还具有特殊的组织性和保障性。国家强制力是法律与其他社会规范的重要区别，如道德规范不具有国家强制力。但是，法律的强制力不等于纯粹的暴力。法律的强制力是以法定的强制措施和制裁措施为依据的。法律的强制力具有潜在性和间接性。这种强制力只在人们违反法律时才会降临到行为人身上。法律的实施虽然是以国家强制力为保证的，但它是由专门的机关依照法定程序执行的。

第三节　法　的　本　质

法的本质是法的内部联系，它深藏于法的现象背后，是深刻的、稳定的，它需要通过抽象思维才能把握。

一、法是国家意志的体现

在直接意义上，法是人们意志的产物。社会成员的意志有不同表现形式，如道德、宗教、习惯等，法的特殊性就在于它取得了“国家意志即法的一般表现形式”，这也正是马克思、恩格斯所说的“被奉为法律”的真正含义。所谓国家意志，就是作为“整个社会正式代表”的国家向全体社会成员所宣布的在形式上代表整个社会共同意志的规则。统治阶级意志只有上升为国家意志，才能具有法律的品格，即在国家强制力的支持下，取得全社会都普遍遵循的效力。

二、法体现的是统治阶级的整体意志

从一定意义上说，“国家意志”只是法的社会阶级本质的表现形式，它还不能反映法的社会政治属性。所谓国家意志，也就是掌握国家政权的阶级意志，即统治阶级意志。因为在阶级对立的社会中，只有在经济上同时也在政治上占统治地位的阶级，才有可能掌握国家政权，并通过国家政权把自己的意志制定和认可为法律。因此，法的最本质属性是统治阶级的意志，而不是任何个人的意志，更不是超阶级的共同意志。法所反映的意志内容不是统治阶级成员个人意志的简单总和，而是统治阶级根本利益和共同利益的表现。法是统治阶级成员个别利益的一种抽象，具有一般性的品格。

三、法的性质和内容最终是由统治阶级的物质生活条件决定的

物质生活条件一般是指与人类生存相关的地理环境、人口状态和物质生活资料的生产方式。其中，物质生活资料的生产方式是法的本质的决定因素。经济基础决定上层建筑，决定法的内容。如建立在社会主义经济基础上的社会主义法，必须要反映工人阶级及其领导下的广大人民群众的阶级本质，满足发展社会主义生产力的客观要求。除了物质资料的生产方式的决定作用外，法也要受到其他因素的影响。经济关系以外的其他因素可以影响法的形式，以至法的内容的某些方面。但是，它们并不能决定一定社会中人与人关系的基本状况，而且它们本身的发展归根到底也还是要受到经济因素的制约。

第四节　法　的　渊　源

一、法的渊源的概念

法的渊源一词的原意为法的“来源”或者“源泉”。作为法理学的专门术语，法的渊源通常指法的形式意义上的渊源，即法律规范的创制方式和外部表现形式，如宪法、法律、法规、判例等。法的形式意义上的渊源也即法律规范的效力渊源，因为一个行为规则是否被认为具有法律规范的效力，取决于它的创制方式和表现形式，行为规则只有具备了某种特定形式，才被认为法律，具有法的效力，而不同种类的法律规范也因其创制方式和表现形式的不同而具有不同效力等级。

二、法的渊源的种类

在不同国家以及法的发展的不同时期，法的渊源往往不同。迄今为止，法的主要渊源形式可以概括以下几种：

（1）制定法。制定法又称成文法，系指由国家机关依照一定的程序制定颁布的，通常表现为条文形式的规范性法律文件。制定法既包括国家立法机关制定的法律，也包括国家最高行政机关和地方最高权力机关和行政机关在职权范围内制定发布的规范性文件。我国是制定法国家。

（2）判例法。判例法表现为法院对诉讼案件所作判决之成例，此种判例对于法院以后审理类似案件具有普遍约束力。判例并不是简单的判例汇编，它的意义不仅限于法院在

此后的案件审理中能够从先例中得到指导和帮助，而在于把先前的判例确立的原则视为审判过程中必须遵循的一种规范，对于本法院和下级法院具有约束力。在英美法系国家中，判例是一种重要的法源，法官不仅可以通过做出判例创制法律，而且可以通过识别和选择适用原先的判例而发展法律。

（3）习惯法。习惯法指经有权的国家机关以一定方式认可，赋予其法律规范效力的习惯和惯例。当社会生活中已经存在的习惯、惯例等经过有权的国家机关，包括立法机关和司法机关以一定方式认可时，它们就上升至法律，具有法律规范的效力。在法的发展早期，法的渊源大多表现为习惯法。随着制定法的逐步发展并成为法的主要渊源，习惯法的作用已经越来越小，成为制定法的补充形式。

（4）学说和法理。学说是法学家对法律问题的见解或观点，法理通常指“事物的当然之理”或“法的通常之原理”。在一定历史条件下或某些特定场合，当现行法律对某些司法实践中遇到的问题缺乏规定时，法官可以依据法学家的权威性演说或者自己对于法的基本精神的理解来审理案件。现代国家中，由于制定法和判例法体系的不断完善，直接将演说或者法理作为法的渊源的情况已不多见。

三、当代中国法的渊源

1. 宪法

《中华人民共和国宪法》（以下简称《宪法》）是我国的根本大法，是治国安邦的章程，是我国社会主义法的基本渊源。与法的其他渊源形式相比，《宪法》有以下特征：内容与普遍法律不同；地位和效力与普遍法律不同；制定和修改程序与普遍法律不同。《宪法》规定，《宪法》是“国家的根本法，具有最高的法律效力”，“一切法律、行政法规和地方性法规都不得同宪法相抵触”。可见，《宪法》是国家的根本大法，具有最高法律效力，是各项立法的依据，是我国最高位阶的法律渊源。但是，在我国国家机关的法律作用中，很少直接适用《宪法》，人民法院在判决中一般不引用《宪法》，从而《宪法》在我国法律渊源中尚未充分发挥应有的作用。《宪法》所包含的行政法律规范通常是原则性很强，涉及行政权力的取得、行政及对其监督的根本性问题的规定。具有行政法意义的宪法规范或《宪法》中包含的行政法律规范主要有：

（1）关于行政管理活动基本原则的规范。如关于人民参与国家管理的原则、法制统一的原则、工作责任制原则、民族平等原则、行政首长负责制原则、行政机关工作人员接受人民监督和保障公民权利的原则等基本原则规范。

（2）关于国家行政权力的来源和行使权力的基本原则。如行政机关由人民代表大会产生并向其负责的人民代表大会制度，行政机关实行民主集中制原则等。

（3）关于行政机关在国家机构中的法律地位和行政体制的规定。如《宪法》关于地方各级人民政府既是地方各级国家权力机关的执行机关，又是地方各级国家行政机关的规定，就是行政体制的规定。

（4）关于国家行政机关组织、基本工作制度和权限的规范。如关于国务院的组织、基本工作制度和职权的规范，关于国务院各部委和审计机关基本职权的规范，关于地方各级人民政府的组织、基本工作制度和基本职权的规范，关于民族自治地方人民政府的组织、基本工作制度和基本职权的规范等。

(5) 关于国家行政区域划分和设立特别行政区的规范。

(6) 关于公民权利与义务的规范和公民权利与行政权力的关系及处理原则的规定。《宪法》规定了公民的基本权利和义务，如关于公民有言论、出版、集会、结社、游行、示威自由权，非经法定程序不受逮捕、拘留权，劳动权，受教育权，社会保障权，以及服兵役的义务，纳税的义务，遵守法律、公共秩序、尊重社会公德的义务的规范。特别是关于公民遭受行政机关及工作人员侵害时享有的检举、控告、申诉、获取国家赔偿的权利规定，都是行政法的重要渊源。

(7) 关于经济组织及个体劳动者在行政法律关系中的权利、义务的规范。如关于国有企业在法律规定的范围内享有经营管理自由权的规范，关于集体经济组织在遵守有关法律的前提下，享有独立进行经济活动自主权的规范，关于国家保护私营经济合法权益，对私营经济实行引导、监督和管理的规范等。

(8) 关于国家发展教育、科学、医疗卫生、体育、文学艺术、新闻广播、出版发行等事业方针政策的规范，关于国家发挥知识分子作用，建设社会主义精神文明，推行计划生育，保护环境，防止污染和其他公害的规范，关于加强国防、保卫国家安全和维护社会秩序的规范等。

2. 法律

法律是指全国人民代表大会及其常务委员会制定颁布的规范性文件，其法律效力仅次于《宪法》。根据现行《宪法》的规定，法律又分为基本法律和基本法律以外的法律。基本法律由全国人大制定和修改，全国人大常委会在全国人大闭会期间，可以作部分修改。基本法律由全国人大制定和修改，比较全面地规定和调整国家及社会生活某一方面的基本社会关系，如《中华人民共和国刑法》（以下简称《刑法》）、《中华人民共和国民法通则》（以下简称《民法通则》）、诉讼法等即为基本法律。在全国人大闭会期间，全国人大常委会有权对基本法律进行部分修改，但不能同该法律的基本原则相抵触。基本法律以外的法律由全国人大常委会制定和修改，通常规定和调整基本法律调整的问题以外的比较具体的社会关系，如《中华人民共和国安全生产法》（以下简称《安全生产法》）、《中华人民共和国矿山安全法》（以下简称《矿山安全法》）、《中华人民共和国商标法》等。此外，全国人大和全国人大常委会发布的具有规范性内容的决定和决议，也属于法的渊源。

3. 行政法规

行政法规是由国家最高行政机关——国务院在法定职权范围内为实施《宪法》和法律而制定的有关国家行政管理的规范性文件。在我国，行政法规是一种重要的法的渊源，其效力仅次于《宪法》和法律，高于地方性法规和规章。依《宪法》和组织法规定，国务院还可发布决定和命令，其中具有规范性内容的，也是法的渊源，与行政法规具有同等效力。由于其调整着国家经济、社会、文化等各方面广泛的行政社会关系，其数量是很大的，《国务院公报》每年登载的行政法规即有六七十件之多。

4. 地方性法规

地方性法规是指省、自治区、直辖市以及省会城市和经国务院批准的较大的市的地方人民代表大会及其常务委员会根据本地实际需要，在不与《宪法》、法律、行政法规相抵触的前提下制定颁布的适用本地区的规范性文件。根据《宪法》的规定，省、自治区、直辖市的人民代表大会及其常委会，在不与《宪法》、法律、行政法规相抵触的前提下，可以制定地方性法规，报全国人民代表大会常务委员会和国务院备案；根据地方组织法的规定，省、自治区、直辖市的人民政府所在的市和经国务院批准的较大的市（如唐山市、大同市、包头市、大连市、鞍山市、抚顺市、吉林市、齐齐哈尔市、青岛市、无锡市、淮南市、洛阳市、宁波市、邯郸市、本溪市、淄博市等）的人民代表大会的常务委员会，在不与《宪法》、法律、行政法规和本省、自治区地方性法规相抵触的前提下，可以制定地方性法规，报省、自治区人大常委会批准后施行，并由省、自治区的人大常委会报全国人大常委会和国务院备案。此外，经全国人大和全国人大常委会的特别授权，经济特区市（深圳、厦门、汕头、珠海）的人民代表大会及其常务委员会，可根据经济特区市的具体情况和实际需要，遵循《宪法》的规定以及法律和行政法规的基本原则，制定地方性法规，报全国人大常委会、国务院和省人大常委会备案。

5. 民族自治地方的自治条例和单行条例

民族自治条例和单行条例是指民族自治地方的人民代表大会依照《宪法》、组织法、《中华人民共和国民族区域自治法》和其他法律规定的权限，结合当地民族的政治、经济和文化的特点，制定的规范性文件。自治区人民代表大会制定的自治条例和单行条例，报全国人民代表大会常务委员会批准后生效。自治州、自治县人民代表大会制定的自治条例和单行条例，报省或者自治区的人民代表大会常务委员会批准后生效，并报全国人民代表大会常务委员会备案。

自治条例和单行条例不同于地方性法规。第一，地方性法规必须“不得同宪法、法律、行政法规相抵触”，而自治条例、单行条例可依照当地民族的政治、经济和文化特点制定，对某些法律和行政法规的规定，可以在报经上级国家机关批准后作某些变通。第二，地方性法规只有省、自治区、直辖市人大及人大常委会，省、自治区人民政府所在地的市和国务院批准的较大的市，以及某些经济特区市的人大和人大常委会有权制定，而自治条例、单行条例可由省一级的自治区、省辖市一级的自治州及县一级的人民代表大会制定。第三，省级地方性法规须报全国人大常委会备案，市级地方性法规须报省级人大常委会批准，报全国人大常委会备案，而自治区的自治条例和单行条例须报省或自治区人大常委会批准和报全国人大常委会备案。

自治条例和单行条例是我国行政法的渊源之一，它既可以规定民族自治地方的自治机关的组织和工作，也可以规定地方行政管理事务。例如，内蒙古自治区人民代表大会制定的《内蒙古自治区各级人民代表大会和各级人民委员会组织条例》，就规定了内蒙古地方行政组织法的内容，还有一些自治地区人大制定的集市贸易管理条例、食品卫生管理条例、保护农村专业合法权益的规定等。

6. 行政规章

行政规章包括部门规章和地方政府规章。根据《中华人民共和国立法法》（以下简称《立法法》）规定，国务院所属各部委和机构在自己的职权范围内，有权发布部门规章，部门规章的效力低于《宪法》、法律和行政法规。部门规章作为行政法的渊源，其数量比行政法规更多，调整着广泛的社会关系。省、自治区、直辖市和较大的市、经济特区市的人民政府，可以根据法律、行政法规和地方性法规，制定地方政府规章。地方政府规章作为行政法的渊源，其数量大大超过地方性法规，涉及公安、民政、城市建设、市政管理、财税、工商、农业、地质矿产、科技文卫、外事、外贸、劳动、人事、编制等各个行政管理领域。

7. 特别行政区基本法和特别行政区法律

特别行政区基本法是由全国人大制定通过的适用于特别行政区的基本法律。迄今为止，全国人大已经制定了《中华人民共和国香港特别行政区基本法》(以下简称《香港特别行政区基本法》)和《中华人民共和国澳门特别行政区基本法》。

特别行政区法律是指根据《宪法》和特别行政区基本法，在特别行政区施行的法律。依照现行《宪法》和特别行政区基本法的规定，特别行政区的立法机关享有自己的专属立法权，可以根据特别行政区基本法的规定和立法程序，制定、修改法律，特别行政区的立法机关制定的法律须报全国人大常委会备案，备案不影响该法律的生效。此外，由于特殊的历史原因，有的特别行政区还保留有其他一些法的渊源形式，如判例法、习惯法、附属立法等。特别行政区基本法规定，这些法律除同特别行政区基本法相抵触或经特别行政区的立法机关做出修改者外，均予以保留。

8. 军事法律和军事规章

中央军事委员会可以根据《宪法》和法律，制定军事法规。中央军委各总部、军兵种和军区，可以根据法律和军事法规，在其职权范围内制定军事规章。

9. 国际条约

国际条约是两个或者两个以上国家就政治、经济、贸易、军事、法律、文化等方面的问题确定其相互权利义务关系的协议。除条约外，国际条约的名称还包括公约、协定、和约、联盟、换文、宣言、声明、公报等。国际条约是国际法的重要渊源，本不属于国内法范畴，但我国政府与外国签订或者我国加入的国际条约，对于我国国内法的国家机关、企事业单位、社会团体和公民也具有国内法一样的约束力。从这个意义上讲，我国签订或者加入的国际条约也是我国法的渊源之一。

第五节 法的效力

一、法的效力的概念

法的效力即法律规范的效力，是指法作为一种国家意志所具有的约束力和强制力，表现为凡是由国家制定和认可的法律规范及其表现形式，即规范性法律文件等对主体行为具有的普遍约束力，这种约束力不以主体自身的意愿为转移。法的效力包括两个方面：法的效力等级和效力范围。

二、法的效力等级

法的效力等级也称为法的效力层级或效力位阶，是指一国法律体系中不同渊源形式的法律规范在效力方面的等级差别。

确定法的效力等级差别通常遵循如下原则：

(1) 法的效力等级首先取决于制定机关在国家机关体系中的地位。由不同机关制定的法律规范，效力等级也不相同。除特别授权的场合外，一般来说，制定机关的地位越高，法律规范的效力等级也越高。

（2）当同一主体在某一领域既有一般性立法，又有不同于一般性立法的特殊立法，特殊立法的效力优于一般性立法，也即所谓“特殊优于一般”。但必须注意，“特殊优于一般”的原则只限于同一主体制定的法律规范，对于不同主体制定的法律规范，仍然适用制定机关等级决定法的效力的一般原则。

（3）当同一制定机关先后就同一领域的问题制定颁布了两个以上的法律时，后来制定的法律在效力上高于先前制定的法律，即“后法优于前法”。

（4）在同一主体制定的法律规范中，按照特定，更为严格的程序制定的法律规范等级高于按一般程序制定的法律。例如，我国全国人大可以制定《宪法》和基本法律，而其中依特殊程序制定的《宪法》效力即高于基本法律。

（5）当某一国家机关授权下级国家机关制定属于自己立法职能范围内的法律、法规时，被授权的机关在授权范围内制定的该项法律、法规在效力上等同于授权机关自己制定的法律或法规，但仅仅授权制定，实施细则除外。

三、法的效力范围

法的效力范围指法律规范的约束力所及的范围，即所谓法的生效范围或适用范围，包括法律规范的空间效力范围、时间效力范围和对象效力范围。

1. 法的空间效力范围

法的空间效力范围是指法律规范生效的地域范围，包括域内效力和域外效力两个方面。

我国法的域内效力表现为3种情况：一是在全国范围内有效，即在国家主权管辖的全部领域有效，包括延伸意义上的领域，如驻外使领馆、领海及领空外的船舶和飞机。中央国家机关，如全国人大及其常委会、国务院制定的《宪法》、法律、行政法规等可以在全国范围内有效。二是地方国家机关在《宪法》和法律授权范围内制定的地方性法规、自治条例和单行条例及规章等在制定机关管辖的行政区域内有效。三是法律规范的制定机关也可根据具体情况，规定法律规范只适用于其管辖的部分区域。例如，《香港特别行政区基本法》自1997年7月1日起对香港特别行政区有效。

法的域外效力是指法律在其制定国管辖以外的效力。例如，《刑法》规定：“外国人在中华人民共和国领域外对中华人民共和国国家或者公民犯罪，而按本法规定的最低刑为三年以上有期徒刑的，可以适用本法；但是按照犯罪地的法律不受处罚的除外”。

2. 法的时间效力范围

法的时间效力范围指法律的有效时间，包括何时生效、何时终止和有无溯及力问题。

（1）法律规范的生效。法律规范开始生效的时间通常有3种情况：一是自法律公布之日起生效。二是法律另行规定生效时间，如《安全生产法》于2002年6月29日公布，自2002年11月1日生效实施。三是法律通过并颁布后经过一段时间再开始生效，通常由法律的制定机关另行发布专门文件规定开始生效的时间。

（2）法律规范终止生效。引起法律规范终止生效的实质原因主要有：一是法律规定的有效期限届满。二是原有法律的规定与新的法律规定之间发生冲突。三是法律已经完成其历史使命，被调整的社会关系已经不复存在。发生上述情况时，原有法律规范应当终止生效。在我国，法律终止生效的形式可以分为明示废止和默示废止。

（3）法的溯及力问题。法的溯及力又称法律溯及既往的效力，是指新法律可否适用于其生效以前发生的事件和行为的问题。如果可以适用，该法律就有溯及力，如果不能适用，则没有溯及力。通常法律不具有溯及力，这是当今各国法律所共同遵循的原则，但是法不溯及既往不是绝对的，出于某种需要，也可以对法的时间效力作出溯及既往的规定，如《刑法》《安全生产许可证条例》等法律、行政法规就有溯及既往的特别规定。

四、法的对象效力范围

法的对象效力，也称对人的效力，是指一国法律规范可以适用的主体范围，对哪些主体有效，即对什么人发生效力。不同国家以及一国的不同部门在确定其适用的对象范围时，可以遵循不同的原则，通常包括以下 4 种：一是属地主义，即一国法对处于其管辖领土范围内的一切人都有约束力，不论他是本国人、外国人还是无国籍人。二是属人主义，即根据公民的国籍确定法的效力范围。按此原则，一国公民无论其在国内还是在国外都要受国籍国法律的约束。三是保护主义，即任何人若侵害了本国或本国公民的利益，不论实施侵害行为者的国籍和侵害行为是否发生在本国境内，都要受到本国法律的追究。四是结合主义，即在确定法的效力时，以属地主义为基础，同时结合属人主义和保护主义。目前，许多国家都采用这一原则以加强本国和本国公民利益的保护，我国也不例外。

第六节 法的分类

法的分类有不同标准，按照不同标准对法所划分的类别不同。

一、成文法和不成文法

这是按照法的创制方式和表现形式的不同而对法的分类。成文法是指特定国家机关制定颁布，以不同等级的规范性法律文件形式表现出来的法律规范，故又称“制定法”或“立法”。不成文法是国家机关以一定形式认可其法律效力，但不表现为成文的规范性法律文件形式的法律规范，一般为习惯法。英美法系的判例法是法院通过判决创制的法，它虽然表现为文字形式的判决，但不同于由法定机关制定的规范性法律文件，通常归入不成文法一类。

二、实体法和程序法

这是按照法律规定内容的不同而对法的分类。实体法规定的权利和义务直接来自人们在生产和生活中形成的相互关系的要求，如所有权、债权等，通常表现为《民法通则》《刑法》、行政法等。程序法的主要内容是规定主体在诉讼活动中的权利和义务，也即主体在寻求国家机关对自己权利予以支持的过程中的行为方式，这种权利和义务是派生的，其作用在于保证主体在实际生活中享有的法律权利得以实现。因此，实体法和程序法也被称为主法和助法。

三、根本法和普通法

这是按照法律、内容和制定程序的不同而对法的分类。在采用成文法的国家，根本法是指《宪法》，它在国家法律体系中享有最高的法律地位和法律效力，《宪法》的内容和制定、修改的程序都不同于其他法律。普通法是指《宪法》以外的其他法律。普通法律的内容一般只涉及社会生活的某一方面，如《民法通则》、行政法、《刑法》等，其法律效力低于《宪法》。

四、一般法和特别法

这是按照适用范围的不同而对法的分类。一般法是指在效力范围上具有普遍性的法律，即针对人和事，在较长时间内，在全国范围内普通有效的法律。特别法是指特定主体、特定事项、特定地域或特定时间有效的法律。

五、国内法和国际法

这是按照创制主体和适用法律关系主体的不同而对法的分类。国内法是在一国主权范围内，由该国的国家机关制定或认可并保障其实施的法律。国内法的法律关系主体一般是个人和组织（在特定的法律关系中也包括国家机关）。国际法是由参与国际关系的国家之间通过协议制定或认可的法律规范，通常表现为多国参与的国际条约、两个以上国家间的协议和被认可的国际惯例，国际法律关系的主体主要是国家。

除了上述的一般分类外，由于法律文化传统和国家结构形式的不同，一些国家和地区的法律还有特殊分类，例如，公法和私法，普通法和衡平法，联邦法和联邦成员法等。

第七节　权利和义务

一、权利和义务的概念

权利和义务是法学最基本、最核心的一对范畴。权利是规定或隐含在法律规范中、实现于法律关系中、主体以相对自由的作为或不作为的方式获得利益的一种手段。义务是设定或隐含在法律规范中、实现于法律关系中、主体以相对受动的作为或不作为的方式保障权利主体获得利益的一种约束手段。

二、权利和义务在法中的地位

法是以权利和义务为机制调整人们的行为和社会关系的。权利和义务贯穿于法律现象逻辑关系的各个环节、法的一切部门和法律运行的全部过程。

首先，权利和义务是从法律规范到法律关系再到法律责任的逻辑联系的各个环节的构成要素。权利和义务是法律规范的核心，一个标准之所以被称为法律规范，就在于它授予人们一定权利，告诉人们怎样的主张和行为是正当的、合法的，会受到法律的保护；或者给人们设定某种义务，指示人们怎样的行为是应为的、必为的或禁为的、在一定条件下会由国家权力强制履行或予以取缔。权利和义务是法律关系的关键要素，某一社会关系之所以是法律关系，就在于它是依法形成的、以权利和义务的相互关系和相互制约为内容的社会关系。至于法律责任则是由于侵犯法定权利或违反法定义务而引起的、由专门国家机关认定并归结于法律关系主体的、带有直接强制性的义务，亦即由于违反第一性义务而招致的第二性义务。

其次，权利和义务贯穿于法的一切部门。例如，作为国家根本大法和总章程的《宪法》，它规定国家的政治制度、经济制度、文化制度和法律制度，实际上就是确认和规定社会各个阶级、阶层、集团、民族等社会基本力量在国家生活中的权利和义务，并以此为基础，规定了公民的基本权利和义务，国家机关及其公务人员的职权和职责。行政法规定国家机关在组织实施国家职能的日常生活中所拥有的权利（权力、职权）和义务（职责），以及在政府与公民、法人等行政相对人的关系中双方各自的权利和义务。《民法通则》调整着平等主体之间有关财产关系或人身关系的权利和义务，以及解决因侵权或违约而发生的权利和义务纠纷的准则。经济法调整着国家在管理经济活动中所发生的各类主体之间的权利和义务。《刑法》规定何种行为是极端的、超过社会容忍极限的分割个人、集体和国家权益的行为以及对这种行为所应采取的取缔和惩罚措施，强制罪犯履行第二性义务，保护人们的合法权利。

再次，权利和义务贯穿于法的运行和操作的整个过程。法的动作以立法为起点，以执法、守法、司法、法制监督为主要环节。任何国家的立法，都是统治阶级的国家通过立法机关，根据本阶级的根本利益、实际的阶级力量对比以及民族文化传统等条件，确定人们的权利和义务，并使之规范化和制度化的过程。执法就是国家行政机关在管理社会的活动中，依靠国家权力，落实法宝的权利和义务的过程。守法就是公民、法人及其他组织正确行使法宝权利，忠实而又积极地履行法定义务。与守法相对的违法则是超越法定权利边际滥用权利，或者被规避或疏于履行法定义务。司法就是通过国家的审判活动和各种诉讼程序，确认被模糊的当事人的权利和义务，恢复被搁置、被破坏的权利和义务关系。法制监督就是国家监督机关对国家机关工作人员、社会团体、法人和公民个人行使权利和义务的情况进行监督，追究违法者的法律责任。

最后，权利和义务全面地表现和实现法的价值。权利、义务是法的价值得以实现的方式，正是通过权利和义务的宣传与落实，统治阶级把自己的价值取向和价值选择变为国家和法的价值取向和选择，并借助于国家权威和法律程序而实现。权利和义务的关系（结构），反映着法的价值的变化。通过分析不同历史类型的法律中权利和义务的关系，可以透视不同法律制度的价值取向和价值序列。在前资本主义社会，总的说，法重义务，轻权利，以义务为本位来配置义务和权利。显然，它的首要的、甚至唯一的价值在于建立奴隶主阶级、封建地主阶级在经济上、政治上和思想上的统治程序。现代社会的法是充满活力的调整机制，它以权利为本位或重心配置权利和义务，赋予人们各种政治权利、经济权利、文化权利和社会权利，给人们以充分的、越来越扩大的选择机会和行动自由，同时为了保障权利的实现，规定了一系列相应的义务。这使现代社会的法（特别是社会主义法）的价值显然不限程序，而扩大到促进经济增长、政治发展、文化进步、个人自由、社会福利、国际和平与发展、生态平衡等。

三、权利和义务的关系

权利和义务的关系是权利义务理论的基本内容。从法理学的角度，可以把权利与义务的关系概括为，结构上的相关关系，数量上的等值关系，功能上的互补关系，价值意义上的主次关系。

1. 结构上的相关关系

权利和义务两者是互相关联的，即对立统一的。权利与义务一个表征利益，一个表征负担；一个是主动，另一个是受动。“没有无义务的权利，也没有无权利的义务”。权利与义务一方如果不存在的，另一方也不能存在。

2. 数量上的等值关系

权利和义务在数量上是等值的。首先，一个社会的权利总量和义务总量是相等的。在一个社会，无论权利和义务如何分配，不管每个社会成员享有的权利和承担的义务怎样不等，也不管规定权利与规定义务的法条是否相等，在数量关系上，权利和义务总是等值的等额的。其次，在具体法律关系中，权利义务互相包含。权利的范围就是义务的界限，义务的范围就是权利的界限。因而权利主体超越义务范围，要求义务主体去从事“超法义务”或“法外义务”是非分主张，义务主体有理由拒绝接受。另外，权利主体有资格要求义务主体不折不扣地履行义务，以保障其权利的实现。

3. 功能上的互补关系

法是以权利和义务双重机制来指引人们的行为，调处社会关系的，并且是在权利和义务的互动中运行的。权利和义务各有其独特的而总体又是互相补充的功能。第一，权利直接体现法律的价值目标，义务保障价值目标和权利的实现。法律总是以确认和维护某种利益为其价值目标，并且以权利的宣告直接体现其价值目标。同时，单纯的权利宣告不足以保障法律价值目标的实现，因此义务的就是必不可少的。而就某些价值目标（如社会秩序）的实现而言，义务的设定或许更重要。第二，权利提供人们不确定的指引，义务提供人们确定的指引。权利与义务都有指引人们行为的功能，但指引的方式和结果是不同的。权利通常与某种对权利有利的后果相联结，至于是不是每个权利主体都认为这种结果是有利的，并愿意先例权利得以实现这种结果，则取决于人意志。权利指引人们留下了较大的自我选择余地，它们设定的法律后果带有较大的或然性和不确定性。义务总是与某种不利的，或一般来说人们不希望发生的后果归结相连，如剥夺财产、自由、生命等处罚。为了避免这种结果的发生，人们必须依法而行，抑制法律禁止的行为，而不容个人任意选择。因而，义务指引能够产生确定的结果。第三，确定指引与不确定指引标志着义务与权利另一功能上的差别。义务以其强制某些积极行为发生、防范某些消极行为出现的特有的约束机制而更有助于建立秩序，权利以其特有的利益导向和激励机制而更有助于建立自由。由于秩序和自由都是社会的基本价值目标，因而义务和权利对一个社会来说是必需的，缺一不可。

4. 价值意义上的主次关系

由于各个历史时期的社会经济、文化、政治的性质和结构不同，法律的价值不同，权利和义务何者为本位，是历史地变化的。古代法律是以义务为本位，现代法律是或应当是以权利为本位。以权利为本位，在法律价值表现为：第一，社会成员皆是法律平等的权利主体。第二，在权利和义务关系上，权利是目的，义务是手段。法律设定义务的目的在于保障权利的实现；权利是第一性的因素，义务是每性的因素，权利是义务存在的依据和意义。第三，在法律没有明确禁止或强制的情况下，可以做出权利推定，即推定公民有权利去作为或不作为。第四，权利主体在先例其权利的过程中，只受法律所规定的限制，而确定这种限制的目的又在于保证其他主体的权利给予应有的同样的承认、尊重和保护，以创造一个尽可能使所有主体的权利都得以实现的自由、公平而且安全的法律秩序。

四、权利和义务的分类

法律权利和义务，可以从不同角度，按照不同的标准进行分类。

（1）从权利和义务的存在形态可划分为应有权利和义务、习惯权利和义务、法定权利和义务、现实权利和义务。

应有权利是权利的初始形态，它是特定社会的人们基于一定的物质生活条件和文化传统而产生出来的权利需要和权利要求，是主体认为或被承认应当享有的权利。由于应有权利又往往表现为道德上的主张（以道德主张出现），所以也被称为“道德权利”。应有义务是虽未被法律明文规定，但根据社会关系的本质和法律精神应当由主体承担和履行的义务，通常以“道德义务”的形式存在，但不是纯粹的道德义务。

习惯权利是人们在长期的社会生活过程中形成的或从先前的社会承传下来的，表现为群体性、重复性自由行动的一种权利。习惯权利也是法外权利。在剥削阶级社会，穷人承担着数不尽的习惯义务。

法定权利是通过实在法律明确规定或通过立法纲领、法律原则加以宣布的、以规范与观念形态存在的权利。在重视法治和人权的国家，法定权利是权利的主要存在形态。法定权利不限于法律明文规定的权利，也包括根据社会经济、政治和文化发展水平，依照法律的精神和逻辑推定出来的权利，即“推定权利”。相对而言，法定义务是通过实在法律明确规定或通过立法纲领、法律原则加以宣布的、以规范与观念形态存在的义务。

现实权利，即主体实际享有与行使的权利，亦称“实有权利”。现实权利是权利运行的终点，又是新权利运行的起点。因而，现实权利是法定权利的另一种参照和评价标准。法定权利只有转化为现实权利，才能成为或再现生活的事实，才对主体有实际的价值，才是真实的和完整的；对于国家来说，才算实现了统治阶级的意志和法律的价值。从法定权利到现实权利是一个决定性的转变。现实义务或实有义务是由主体实际承担和履行的义务，是法定义务的现实化。

（2）根据权利和义务所体现的社会内容（社会关系）的重要程序，亦即它们在权利和义务关系中的地位、功能及社会价值划分为基本权利和义务与普通权利和义务。

基本权利和义务是人们在国家政治生活、经济生活、文化生活和社会生活中的根本权利和义务，是源于社会关系的本质，与主体的生存、发展、地位直接相关的，人们应当有之的，不可剥夺、转让、规避，且为社会公认的，因而也可以说是“不证自明的权利和义务”。它们是人们在基本政治关系、经济关系和社会关系中所处地位的法律表现，一般由《宪法》或基本法律确认或规定。

普通权利和义务是非基本的权利和义务，是人们在普通经济生活、文化生活和社会生活中的权利和义务，通常由《宪法》以外的法律或者法规规定，如《中华人民共和国合同法》《民法通则》中关于缔约人权利和义务的规定。

（3）根据权利和义务对人们的效力范围可划分为一般权利和义务与特殊权利和义务。

一般权利，亦称“对世权利”，其特点是权利主体无特定的义务人与之相对，而以一般人（社会上的每个人）作为可能的义务人。它的内容是排除他人的侵害，通常要求一般人不得做出一定的行为。国家的独立权、公民的自由权、财产权等均属此类。一般义务，亦称“对世义务”，其特点是无例外地适用于每个人，每个义务主体无特定的权利人与之相对。一般义务人的内容通常不是积极的行为，而是消极的行为。例如，任何人不得损害国家的独立和安全，不得损害公民的人身自由。

特殊权利，亦称“相对权利”、“对人权利”或“特定权利”，其特点是权利主体有特定的义务人与之相对，权利主体可以要求义务人做出一定行为或抑制一定行为。特殊义务，亦称“对人义务”或“特定义务”，其特点是义务主体有特定的权利主体与之相对，义务主体应当根据权利主体在合法要求下做出一定行为。

（4）根据权利之间、义务之间的因果关系可划分为第一性权利和义务与第二性权利和义务。

第一性权利，亦称“原有权利”。第一性权利是直接由法律赋予的权利或由法律授权的主体依法通过其积极活动而创立的权利，如财产权、缔约权、合法契约中双方人的权利。第一性义务与第一性权利相对，是由法律直接规定的义务或由法律关系主体依法通过积极活动而设定的义务，其内容是不许侵害他人的权利，或适应权利主体的要求而做出一定行为的义务，义务主体以自己的作为或不作为满足权利主体的合法主张，如《宪法》中规定的纳税义务等。

第二性权利，亦称“补救权利”（或救济权利），补救权利是在原有权利受到侵害时产生的权利，如诉权、恢复合法权益的请求权。第二性义务与第二性权利相对，其内容是违法行为发生后所应负的责任，如违约责任、侵权责任、行政赔偿责任等。

（5）根据权利主体依法实现其意志和利益的方式可划分为行动权利和消极义务与接受权利和积极义务。

行动权使主体有资格做某事或以某种方式采取行动，接受权使主体有资格接受某事物或被以某种方式对待。选举权和被选举权就是一对典型的行动权和接受权。与行动权和接受权相对的是消极义务和积极义务。消极义务的内容是不作为，积极义务的内容是作为。当权利主体有资格做某事或以某种方式做某事时，义务主体处于避免做任何可能侵犯权利主体行动自由之事的消极状态，即不得干预、阻止或威胁权利主体。当权利主体拥有接受权时，义务主体处于给付某物或做出某种对待的积极行动状态。

（6）根据权利和义务主体的不同，划分为个体权利和义务、集体权利和义务、国家权利和义务、人类权利和义务。

个体权利是自然人依法所享有的政治、经济、文化和社会权利，通常叫做公民权利。个体义务是自然人依法承担的义务，其中包括对其他个体的义务，对集体的义务和对国家的义务。集体权利是社会团体、企事业单位、法人等集体所享有的各种权利，集体义务则是它们依法承担的义务。国家权利是国家作为法律关系的主体以国家或社会的名义所享有的各种权利，如对国家财产的所有权、审判权、检察权、外交权等，国家义务是国家依法承担的义务，如保护公民合法权益的义务等。人类权利是指人类作为一个整体或地球上的所有居民共同享有的权利，如环境权、和平权、发展权等。人类义务是指人类每个成员、每个群体、各个国家都应当承担的义务，如尊重人格、不互相伤害、禁止种族歧视和迫害、维护世界和平、维护生态平衡等。

第八节 法 律 责 任

一、法律责任的概念

法律责任是由特定法律事实所引起的对损害予以赔偿、补偿或接受惩罚的特殊义务。

所谓特定法律事实，是指由法律或由依法订立的合同加以规定的具有法律意义的行为和事件，其中行为与当事人的意志有关，而事件则与当事人的意志没有联系。概括地说，与当事人意志有关的违法或违约行为，既可能引起赔偿性法律责任和补偿性法律责任，也可能引起惩罚性法律责任，而与当事人意志没有联系的事件，则只能引起赔偿性和补偿性责任。

二、法律责任的构成

1. 行为的社会危害性

行为的社会危害性即行为人的行为侵害了法律所保护的社会关系，造成了某种损害结果；或虽未造成现实的损害结果，但却使法律所保护的社会关系处于直接的危险之中。后面的情况，主要对刑事责任的构成具有意义。

2. 行为的违法性

在通常情况下，如果行为人的行为造成了某种损害结果，但行为本身并未违反法律义务，则行为人并不承担法律责任。故行为的违法性也是法律责任构成的必要条件之一。

3. 行为人的过错

过错在此指的是某种主观心理状态，包括故意和过失两种形式。故意指行为人明知自己的行为会发生危害社会的结果，并希望或放任结果发生的心理状态。过失指行为人因疏忽大意而未能预见危害结果的发生，或轻信可以避免结果的发生，而最终使危害结果实际发生的心理状态。通常情况下，行为人主观上的过错也是法律责任的必备条件。

三、法律责任的种类

依据不同的标准，可以对法律责任做出许多不同的分类。例如，依据责任主体的不同，可以分为自然人责任、法人责任和国家责任等。目前，通常是根据责任的法律性质进行分类，这是最基本的分类。

1. 刑事责任

刑事责任是由犯罪行为所引起的与刑事制裁相联系的法律责任。犯罪行为是对法律秩序最严重的破坏，与此相适应，刑事责任也是最严厉的法律责任。

2. 民事责任

民事责任是指公民或法人因违反法律、违约或者因法律法定的其他事由而依法承担的法律责任。民事责任的典型形式是由违反民事义务的行为所引起的法律责任，包括违约责任和侵权责任。民事责任主要是一种补偿性的责任，但是，在某些场合也具有一定的惩罚性。民事责任的承担者是具有民事责任能力的自然人和法人。同时，在法律规定的某些条件下，国家也是民事责任的主体。

3. 行政责任

行政责任是指因违反行政法律或因行政法规定的事由而应当承担的法律责任。行政责任既包括行政机关及其工作人员、授权或委托的社会组织及其工作人员在行政管理中因违法失职、滥用职权或行政不当而产生的行政责任，也包括公民、法人或其他社会组织等行政相对人违反行政法律而产生的行政责任。行政责任既可以是财产责任，也可以是人身责任。

4. 违宪责任

违宪责任是指因违反《宪法》而应当承担的法律责任。违宪通常是指有关国家机关制定的某种法律、法规或者规章，以及国家机关、社会组织或公民的某种活动与《宪法》的规定相抵触。现代宪法一般都有“合宪性”规定，即明确规定《宪法》具有最高的法律地位和法律效力，因而任何一种违宪的法律、法规、规章和活动都是无效的，都必须承担违宪责任。在我国，全国人大常委会负责监督《宪法》的实施，认定违宪责任。

第二章 依法行政概述

第一节 依法行政的含义

一、依法的含义

依法行政所讲依据的“法”是一个广义法的含义，通常包括“法”的一般渊源和“法”的特殊渊源。“法”的一般渊源是指国家权力机关或者行政机关制定或者认可的具有普遍约束力的法律文件，包括《宪法》、法律、行政法规、地方性法规、自治条例、单行条例、部门规章和地方性规章等组成的行政法律规范体系。“法”的特殊渊源是指有关法律规范的法律解释，国家权力机关、行政机关和其他国家机关或者社会组织共同制定的规范性文件，以及经全国人大常委会批准的有关国际公约、条约等。法律解释是指有权机关就法律规范的具体适用过程中，为进一步明确界限或作出补充，以及如何具体运用等所作的解释。因此，通常法律解释也称“有权解释”。根据全国人大常委会 1981 年通过的《关于加强法律解释工作的决议》，有权解释包括立法解释、司法解释、行政解释和地方解释。这些解释常常涉及行政机关的法律规范的适用问题，具有规范性，既是行政法的重要补充渊源，也是行政机关依法行政所依“法”的表现形式之一。国家权力机关、行政机关和其他国家机关或者社会组织共同制定的规范性文件，其数量很多，不是所有规范性文件都是依法行政所依之“法”，则要视它们的作用而定。凡我国缔结或参加的国际条约，除保留条款外，即在我国具有直接适用性，它们也是行政机关从事行政管理活动以及法院审理案件的一种依据，是依法行政所依之“法”。

二、行政的含义

依法行政的“行政”是指公共行政。所谓公共行政，是指国家行政机关以及其他法律、法规和规章授权的组织对国家与社会公共事务的决策、组织、管理和调控。公共行政的定义包含 4 层意思：一是行政活动的主体主要是国家行政机关，还包括法律、法规和规章授权的其他组织；二是行政活动的范围非常广泛，不限于管理国家事务，还包括管理社会公共事务；三是行政活动的目的是为了实现对国家事务和社会事务的组织与管理。四是行政活动的方法和手段主要是决策、组织、管理和调控。具体来讲，公共行政有以下特点：

（1）主体的特定性。公共行政的主体是一定的国家组织或者社会组织，主要是行政机关。除行政机关外，其他非行政机关的社会组织也可根据法律、法规和规章的授权从事一定的公共行政管理职能，从而也成为公共行政的主体。

（2）事务的公益性。公共行政的服务对象是广大群众，具有公益性。体现在两个方面：一是管理的事务是公共事务而非私人事务；二是公共管理的目的在于实现生产、经营、建设、保卫、服务等公共职能的正常运作，其最终目的是“为人民服务”。

（3）整体性。公共行政作为一种管理活动，在现实中经常表现为若干单独的行动，但各种具体单独的行动又是与国家职能和政策的整体活动相关联，在整体上的有机统一，并保持在整体上的连续性。公共行政的这种整体性和连续性，不同于司法的个别性和具体性。

（4）能动性，或者称主动性。公共行政具有能动性，它可因时势的需要而主动进行，以便最大限度地保持和增进公共利益和私人利益。大多数情况下，公共行政是主动进行。公共行政不是想做或不想做的问题，而是必须做。公共行政的这种主动性，严格区别于司法的被动性。

（5）过程性。公共行政活动虽然具有明显的实体性的特点，但实体并非公共行政的全部。公共管理包含着完成目标而进行的一系列行动，具有一定的步骤、阶段、顺序、方式和时限等内涵，因此，公共行政表现为一种过程和一套程序，是实体与程序的合二为一。

（6）法定性。公共行政公益性的特点决定公共行政必须公正、公平，必须依法而为，必须受到法律的严格控制。公共行政管理的主体、职权、行为及其过程等必须依据法律，遵照法律规定。

（7）裁量性。由于公共行政管理任务极其广泛，社会关系又变动不居，再加上人们的价值观总是不断发展变化，立法者不可能对所有公共行政事务都加以规定，更不可能都作出详细规定。因此，不得不授权行政机关和其他社会组织在法律允许范围内自由裁量是否为某种行为，或者以某种方式为某种行为。

第二节　依法行政的基本要求

一、合法行政

行政机关实施行政管理，必须依照法律、行政法规、地方性法规和部门规章、地方政府规章的规定进行。法律、行政法规、地方性法规和部门规章、地方政府规章没有规定的，行政机关不得作出影响公民、法人和其他组织合法权益或者增加公民、法人和其他组织义务的规定。在我国，对行政机关的职责还有“三定”的规定，简称“定机构、定职责、定人员”。因此，行政机关必须依据法律、行政法规、地方性法规、部门规章、地方政府规章或者“三定”规定实施行政管理，其他非行政机关的社会组织也应当根据法律、法规和规章的授权或者“三定”规定从事一定的公共行政管理职能。合法行政包括主体合法、权限合法、内容合法、程序合法等要求。主体合法，是指实施公共行政管理的行政机关或者社会组织必须具有行政主体资格，能以自己的名义独立承担法律责任。权限合法，是指行政主体必须在法定职权范围内实施行政行为，作为受委托的社会组织或者个人，只能在委托权限内对委托的行政事项实施行政行为。行政行为内容合法，是指行政行为所涉及的权利、义务，以及对这些权利、义务的影响或处理，均应符合法律规定。如果行政行为的内容违反法律规定，或者行政行为明显违背法律目的或者明显有损公共利益，均属于无效行政行为。行政行为的内容还要明确、适当、公正、合理。行政程序合法，是指行政主体实施行政行为应当遵循相应的方式、步骤、时限和顺序。

二、合理行政

行政机关实施行政管理应当遵循公平、公正原则。要平等对待行政管理相对人，不偏私、不歧视。行使自由裁量权应符合法律目的，排除不相关因素的干扰；所采取的措施和手段应当必要、适当；行政机关实施行政管理可以采用多种方式实现行政目的，应当避免采用损害当事人权益的方式。

合理行政的要求与人们对行政自由裁量权的认识有密切联系。《布莱克法律词典》将行政自由裁量权定义为，行政官员和行政机关拥有的从可能的作为和不作为中做选择的自由权。传统的宪法原则一般都认为广泛的自由裁量权与法律的精神不相容，但是，随着政府行政管理范围的不断扩大，要适应纷繁复杂、变化多端的形势变化，政府就必须享有一定自由裁量权，而且要求尽可能广泛地享有自由裁量权。行政自由裁量权是现代行政权的核心内容。行政自由裁量权的存在和扩大，一方面大大提高了行政效率，另一方面又为行政机关滥用行政权力提供了可乘之机。合理行政的要求就是在这种情况下应运而生，运用法律来控制、规范自由裁量权的行使，从而尽量减少行政自由裁量权可能带来的负面作用和影响。合理行政不仅要求行政机关应当按照法律、法规规定的条件、种类和幅度范围实施行政管理，而且要求行政机关的行为符合法律的意图或者精神，符合公平正义等法律理性。行政机关无论是实施具体行政行为，还是作出抽象行政行为；无论是授予相对人权益，还是要求相对人履行义务；无论是赋予相对人某种资格，还是对相对人处以某种处罚，都必须平等地对待相对人，不能因相对人身份、民族、性别、宗教信仰不同而区别对待。任何法律、法规、规章在授予行政机关自由裁量权时都有其内在的目的。行政机关行使自由裁量权，必须正确理解法律的意图和精神实质。行政机关在行使行政管理职能时，即便是依照法律可以限制相对人的合法权益、设定相对人的义务，也应当使相对人所受的损失保持在最小范围和最低程度。行政机关在行使自由裁量权时所采取的措施和手段应当是最轻微的，不到万不得已时，不得采取激烈手段。行政机关面对多种可能选择的手段时，应当按照目的加以衡量，选择适当的手段。行政机关实施行政管理可以采用多种方式实现行政目的，不能为了自身的管理方便而不顾当事人的权益，应当尽量避免采用损害当事人权益的方式。

三、程序正当

行政机关实施行政管理，除涉及国家秘密和依法受到保护的商业秘密、个人隐私外，应当公开，注意听取公民、法人或其他组织的意见；要严格遵守法定程序，依法保障行政管理相对人、利害关系人的知情权、参与权和救济权。行政机关工作人员履行职责，与行政管理相对人存在利害关系时，应当回避。

程序正当准则最早起源于英国古老的自然正义原则。该原则由两条基本规则组成：一是任何人不应当成为自己案件的法官。根据这一规则，行政机关实施任何行政行为，参与该行为的官员如果与该行为有利害关系，或者被认为有成见或者偏见，即应当回避，否则，该行为无效。二是任何人在受到惩罚或者其他不利处分前，应当为之提供公正的听证或者其他听取意见的机会。美国宪法在此基础上以成文法明确规定了正当程序。我国尚未制定统一的行政程序法，没有规定程序正当原则，但许多单行法对程序正当原则都有体现。《中华人民共和国行政处罚法》（以下简称《行政处罚法》）第四十二条规定，行政机关作出责令停产停业、吊销许可证或者执照、较大数额罚款等行政处罚决定之前，应当告知当事人有要求举行听证的权利；当事人要求听证的，行政机关应当组织听证。行政机关在实施行政管理时，要公开行政机关行使职权的依据。行政机关应当在实施行政行为或者作出行政决定前，以法律规定的方式或者社会公众易于了解的方式向社会公开其行使行政权的依据。要公开有关行政信息。相对人只有了解和掌握相关的行政信息，才能参与行政程序，维护自身的合法权益。没有行政信息公开，程序正当很难实现。除了涉及国家秘密、依法受到保护的商业秘密、个人隐私的信息外，行政机关应当尽可能公开相关的行政信息。要公开行政决定。行政机关在作出影响相对人合法权益的行政决定后，应当及时将行政决定的内容以法定的形式向行政相对人公开，以便行政相对人及时了解行政决定的内容，从而自觉履行行政决定设定的义务。对于一些重大的、涉及社会公共利益的事项还应当采取多种形式向社会公布。行政机关在作出行政行为的过程中，应当遵守法定程序，除法律有特别规定外，还应当尽可能为相对人、利害关系人参与行政管理创造条件，确保相对人、利害关系人能通过行政程序维护自己的合法权益，同时也使行政机关作出的行政行为更加符合社会公共利益。在相对人、利害关系人符合参与行政的条件时，要主动通知相对人、利害关系人参与行政管理。通知的内容既可以包括实体法上的权利和义务（如相对人有申请听证的权利，相对人、利害关系人不服行政决定有申请复议、提起诉讼的权利），也可以包括程序法上的权利和义务（如参与的时间、地点）。为了确保行政管理人和利害关系人能够及时参与，行政机关应当在行政程序正式启动前的合理期限内通知相对人和利害关系人，以便其做好相应的准备工作。要听取相对人、利害关系人的陈述。实施影响公民、法人和其他组织权利和义务的行政行为时，应当听取公民、法人和其他组织的意见。相对人和利害关系人的陈述可以是书面的，也可以是口头的；可以是肯定性的，也可以是否定性的。行政机关不能因为相对人和利害关系人进行有利于自己的陈述就剥夺其陈述权，更不能因此加重其负担。要听取相对人、利害关系人的申辩。听取相对人和利害关系人的陈述和申辩，既可以保证行政决定的正确性，避免行政错误的发生，又可以保护相对人的合法权益。要依法保障相对人、利害关系人享有的救济权。相对人不服行政机关作出的行政决定，有权依法申请行政复议和提起行政诉讼；相对人和利害关系人的合法权益因为行政机关的违法行政行为受到损害的，有权依法要求赔偿；相对人和利害关系人的合法权益因为行政机关的合法行政行为受到损害的，有权依法要求补偿等。回避的事由一般来说是行政机关工作人员与所处理的事务有利害关系。所谓利害关系，是指事务处理的结果会影响到负责处理事务的行政机关工作人员的金钱、名誉、亲情等。行政机关工作人员在实施行政管理时，与行政管理相对人存在利害关系的，应当主动向本机关负责人提出回避的申请。相对人认为行政机关工作人员与案件有利害关系的，在行政程序结束前可以依法向有权行政机关提出要求该行政机关工作人员回避的申请，有关行政机关应当依法及时答复。对于行政相对人和利害关系人的回避请求，行政机关如果驳回，应当说明理由。

四、高效便民

行政机关实施行政管理，应当遵守法定时限，积极履行法定职责，提高办事效率，提供优质服务，方便公民、法人和其他组织。依法高效率、高效益地行使职权，最大程度的方便公民、法人和其他组织，以较少的行政资源投入实现最大化的行政管理目的。《中华人民共和国行政许可法》（以下简称《行政许可法》）规定，实施行政许可，应当遵循便民的原则，提高办事效率，提供优质服务。行政机关应当建立和完善有关制度，积极推行电子政务，在行政机关的网站上公布行政许可事项，方便申请人采取数据电文等方式提出行政许可申请。要与其他行政机关共享有关行政许可信息，提高办事效率，并对期限进行了严格的限制。高效便民是构建社会主义和谐社会的重要要求，直接关系到人民群众的利益和社会效益。行政机关及工作人员要不断增强服务意识，牢固树立全心全意为人民服务的思想。一切以为民、利民、便民为宗旨，端正服务态度，改进工作作风，提高服务效率。按照法律法规要求，规范履行职能，恪守为民之责，增强法治意识，不断提高依法行政的能力，切实提高政府依法行政的能力和水平。

五、诚实守信

行政机关公布的信息应当全面、准确、真实。非因法定事由并经法定程序，行政机关不得撤销、变更已经生效的行政决定。因国家利益、公共利益或者其他法定事由需要撤回或者变更行政决定的，应当依照法定权限和程序进行，并对行政管理相对人因此而受到的财产损失依法予以补偿。诚实，即忠诚老实，就是忠于事物的本来面貌，不隐瞒自己的真实思想，不掩饰自己的真实感情，不说谎，不作假，不为不可告人的目的而欺瞒别人。守信，就是讲信用，讲信誉，信守承诺，忠实于自己承担的义务，答应了别人的事一定要去做。诚实守信是市场经济的基本准则，行政机关、公民、法人和其他组织都应当遵守这个准则。行政机关是实施社会管理的主体，其一言一行影响公民、法人和其他组织的行为，从某种意义讲更应当遵守诚实守信的原则。

六、权责统一

行政机关依法履行经济、社会和文化事务管理职责，要由法律、法规赋予其相应的执法手段。行政机关违法或者不当行使职权，应当依法承担法律责任，实现权力和责任的统一。所谓权责统一原则，是指在一个组织中的管理者所拥有的权力应当与其所承担的责任相适应。有权力就要承担相应的责任，不能拥有权力，而不承担其责任，也不能没有权力，但要承担相应责任。依法做到执法有保障、有权必有责、用权受监督、违法受追究、侵权须赔偿。

第三节 依法行政的基本原则

一、职权法定原则

行政机关以及其他行政公务组织必须在法定的范围内行使职权，否则就因构成越权而无效。两层意思，一是行政机关以及其他行政公务组织的行政职权，必须由法律予以规定和授予；二是行政机关以及其他行政公务组织必须在规定的职权范围内行使，不得越权。

通常而言，越权主要有两种情形：

第一种情形是无权限，即没有行政职权的组织或人员本无行政职权或者管辖权，却行使了一定的权力。这种“无权行使了有权”，主要表现：一是行政机关行使了其他国家机关权力的行为，如无强制执行权的行政机关，对于需要强制执行的案件应当申请人民法院强制执行却自己强制执行了。二是内部行政机构行使外部行政机关的职权，如行政机关的内部科室直接以自己名义对外行使职权。三是行政机关以外的企业事业单位、社会团体和其他组织或个人在无法律、法规或者行政依法委托的情况下，行使了行政机关的职权。四是行政机关被撤销或者由于被分解、合并，其行政职权已丧失或转移后，仍以原行政机关的名义行使职权。五是受委托人的行政委托权限终了后，仍继续以委托行政机关的名义实施行为。六是行政机关工作人员在未任职前或免职后的时间内实施行政行为。

第二种情形是超越了权力的行使界限，即行政机关虽有一定的行政职权却超过了该权力行使的范围。主要表现：一是事务越权，即行政机关行使职权或从事行政管理活动时，超越本机关的主管权限范围。如安监管部门行使了煤监机构行使的职权。二是地域越权，即一个地方的行政机关超越其地域范围而行使了属于另一个地方行政机关的管辖范围。三是层级或纵向越权，即上下级行政机关相互间逾越其法定的权限范围。四是内外越权，即内部机构越权行使外部机关的职权。五是超越授权或委托范围。被授权组织超越法定的授权范围或者受委托组织超越委托的权限范围，都应属于越权无效行为。

二、行政合理原则

由于公共行政管理的复杂性和主动性，法律不可能将一切行政活动及其事项一览无余地予以规定。因此在法律的规定范围内，允许行政机关以及其他行政主体可以行使自由裁量权。但是，自由裁量绝非没有边界，听任行政主体任意而为。行政权不仅要在法定的职权范围内行使，而且其行使必须正当，不得以背离法律的目的或精神、原则的方式滥加行使。行政合理原则（比例原则）正是因行政权的自由裁量的需要而形成的，主要由3个子原则构成：适当性原则、必要性原则和衡量性原则。

1. 适当性原则

适当性原则是对行政行为的一种目的性要求，即行政行为的作出要适合目的的实现，或者说不得与目的相背离。行政机关在作出行政决定时，面对多种可能选择的措施而必须择取能达到法律目的与行政目的的措施。

2. 必要性原则

必要性原则是对行政行为的一种手段要求，即行政行为不超越实现目的的必要程度，也即为达到目的面对多种可能选择的手段须尽可能采取影响最轻微的手段。该原则的基本要求在于使用“最不激烈手段”或者“最温和手段”。如对于违法企业，行政机关可依法给予罚款、吊销执照或者责令停产停业的处罚，如果只需对企业处以罚款即可达到制裁和防止其违法效果时，行政机关即不施以“责令停产停业”等其他影响过于激烈的行政处罚措施。该原则意在防止行政机关在作出决定，特别是影响公民或组织的权益的决定，不要“小题大做”。正是德国谚语所说“不可用大炮打小鸟”。必要性原则要求：一方面必须采取最轻微手段；另一方面只有在最后关键时刻不得不采取激烈手段时方可为之。

3. 衡量性原则

衡量性原则又称狭义比例原则或平衡原则，是指行政手段应按行政目的加以衡量，即任何干涉措施所造成的损害应轻于达成目的所获得的利益，才具有合法性。换言之，行政机关在作出行政行为时，面对多种可能选择的手段，对手段的选择应按目的加以衡量。该原则要求目的与手段之间保持比例，不致行政机关为了实现行政目的而造成公民利益的过度伤害。通学所说行政成本的考虑，也应属于狭义比例原则的范畴。行政管理过程中的收益应大于行政成本支出。

三、行政公正公开原则

1. 行政公正原则

公正，即“公平对待”，其基本要求是同等情况同等对待，不同等情况不同等对待。其基本含义在于行政机关必须平等地、无偏私地行使行政权，做到“同样的案件受到同样地处理”，不相同的情况作出不同的处理和对待。行政公正原则的具体要求主要包括以下两点：

一是权力应当被公正分配。公正是基于法律的公正，如果没有法律上的公正，就不可能有执法上和守法上的公正。公正地分配行政机关与行政相对方的权利和义务，是行政公正性原则的首要要求。由于行政机关在行政管理活动中，作为行政主体的地位，是行政权力的行使者，居于强势。而公民、法人和其他组织处于被管理者的地位，是行政权力的受支配者，居于弱势。因此，为了实现公正或者正义的要求，法律应针对它们不同的地位和角色而有差别地分配它们的权利和义务。但这种差别是平等公正的。

二是权力应当得到公正行使。行政权的行使，必须公平地对待一切事件和行政相对方，对相同的对象采取同样的标准，而对不同的事件则采取不同的措施。不仅要求在实体和内容上做到公正，做到依法办事，不偏私；平等对待相对方，不歧视；合理考虑相关因素，不专断；而且还要求行政程序上也实现公正，做到行政公开、任何人不得做自己案件的法官、听取利害关系人的意见、说明理由、不得单方接触，否则即使具备公正的内容和结果但违背公正程序的，同样也属于对行政公正性原则的违反。行政公正性原则不仅要求实际上已达到公正，而且要求在外观上也不能让人们怀疑为可能不公正。

2. 行政公开原则

公开，即“公布开放透明”。行政行为除依法保密的以外，应一律公开进行；法律、行政法规、规章、行政政策以及行政机关作出影响相对人权利、义务的行为标准、条件、程序应依法公布，让相对人依法查阅、复制；有关行政会议、会议决议、决定以及行政机关及工作人员的活动情况，除依法保密的以外，应允许新闻媒体依法采访、报道和评论等。

一是行政立法和行政政策制定公开。制定法律、行政法规、规章和行政政策的活动应公开。制定之前应广泛征求和充分听取相对方的公众意见，重要的草案在正式制定之前应予以全文公布，允许行政相对方提出异议，必要时还应举行有利害关系人参加的听证会，行政机关对有关问题的背景情况应予以说明和解释，当场答复行政相对方提出的询问、质疑等。法律、行政法规、规章应一律在政府公报或其他刊物上公布。行政政策除保密的以外，也应通过一定的形式予以公布。

二是行政执法行为公开。行政执法行为的标准、条件公开，如批准、许可、征收等行为，张贴于办公地点。行政执法行为的程序、手续公开，如申请、审批、鉴定、报送材料等均应通过公开文件发布或在办公地点张贴等形式，使行政相对方事前了解。另外，某些涉及行政相对方重大权益的行政执法行为，如重大财产权的行政处罚，应采取公开形式，如举办听证会，允许一般公众旁听，甚至允许新闻记者采访、报道。

三是行政司法行为公开。行政司法行为主要包括行政裁决和行政复议行为。行政裁决主要指行政机关裁决作为行政相对方的个人、组织相互之间所发生的特定民事争议，如土地、森林等所有权。行政复议是指行政复议机关审查、裁决作为行政相对方的个人、组织不服行政主体的行政机关或者法律、法规、规章授权级别作出的具体行政行为和有关抽象行政行为的行政争议，如有关行政处罚、行政强制措施、发放许可行为和有关抽象行政行为的争议。

四是行政信息、情报公开。行政机关制定的法规、规章、政策，作出的行政决议、决定，发布的行政命令、指示，实施的行政执法、行政裁决、行政复议行为，除法律、法规明确规定予以保密的外，均应允许新闻媒介予以发布、报道。

四、行政诚信原则

1. 法律规范应具有稳定性与不可溯及性

法治要求法律规范具有稳定性与连续性、可靠性与可预测性。立法者不能随心所欲，朝令夕改，否则就会令人们无所适从，导致法律失去必要的可预期性和权威性。除特殊规定外，行政法律规范一般不得产生溯及既往的法律效力，特别是对公民产生不利影响，更是禁止之列。

2. 行政活动应具有真实性和确定性

行政主体作出行政活动，应出于真实的目的和意图，意思表示真实、准确。真实性不仅适用于行政许可、行政处罚等行政法律行为，也应包括咨询、信息提供等行政事实行为。行政行为一经作出，即具有确定性，具有不可变更力和不争辩力。对于行政主体而言，非依法定理由和程序，不得随意改变其行为内容，或就同一事项重新作出行为。对于行政相对方来说，不得否认行政行为的内容或随意改变行政内容，非依法也不得改变行政行为。

3. 行政主体应信守诺言

行政主体不仅要依法作出行政行为，而且还必须采取行动使行政行为的内容得以实现，不能得以实现的行政行为毫无意义。使行政行为的内容得以实现，应属于行政主体的职责范围。行政主体应当认真地实现行政目的。行政主体作出某种承诺，就应当兑现其承诺，取信于民。

4. 信赖保护

信赖保护原则主要适用于对授益行政的撤销或废止方面，是指公民、法人或其他组织因此类行政行为获得收益，一经撤销将会受损害，因此行政机关撤销授益行政行为时，应考虑补偿行政相对方信赖该行政行为存续而获得的利益。主要包括两个方面：一是因信赖值得保护的不得撤销授益行政行为。由于撤销授益行政行为意味剥夺受益人已获得的利益，因此为了保护当事人对该行政行为的信赖利益，必须对授益行政行为的撤销予以限制。二是撤销补偿。当事人的信赖利益不得保护，授益行政行为被撤销的，自然应返还其所受的利益。对于经过比较，认为受益人的信赖利益小于公共利益从而撤销行政行为的，就应当对受益人所受的损失予以补偿，即撤销补偿制度。

五、公民权益保障原则

这一原则包括消极保障和积极保障两个方面：限制行政权力的滥用从而防止其侵害公民的合法权益；促进行政主体积极保障公共利益和公民个人利益及其实现。

1. 基本人权保障

依法行政必须保障和尊重公民的基本人权。公民的基本人权，如生存权、健康权、自由权、人格权、财产权等必须受法律保障，任何组织或个人都不得非法剥夺、限制或侵害。行政主体既要保障公民的基本权利，更不得在行使行政权的过程中有侵害行为或者事实。

2. 法定权利保障

除基本人权外，对于法律赋予公民的合法权益，无论任何种类的权利及其利益，都应属于保护之列。行政主体自身不仅不得侵害，而且还应当采取措施予以保障并防止其他人的非法或者不当侵害。

3. 正当防卫权保障

在依法行政中，应允许公民充分行使正当防卫权，以保障其人权和合法权益。对因行政主体违法侵害利益的，法律应赋予可能受到侵害之人享有救济权及抵抗权等，从而保障其合法权益。公民的防卫权主要有：对无效行为的抵抗权、对违法行为的申请复议权、提起行政诉讼权、对行政损害的要求赔偿权以及救济过程中的种种权利等，还包括非正式程序的申诉权。

第三章　安全生产法律体系框架

我国安全生产的法律体系比较复杂，不同于美国、英国、日本等国家，是由我国的立法体制和监管体制所决定的。它是一个覆盖整个安全生产领域，包含多种法律形式，表现为梯级法律层次的综合性、多元化、开放式的体系，既包括作为整个安全生产法律法规基础的宪法规范，又包括行政法律规范、技术性法律规范和程序性法律规范。随着我国社会主义市场经济的发展和安全生产监管监察体制的变化，体系的内容不断完善。

经过多年的努力，我国已基本形成了中国特色社会主义的安全生产法律体系，主要由以下几部分组成：①《宪法》；②全国人大及其常务委员会制定颁布的有关安全生产的法律；③国务院制定颁布的有关安全生产的行政法规；④地方人大制定颁布的有关安全生产的地方性法规；⑤国务院有关主管部门、地方人民政府制定发布的有关安全生产的部门规章和地方政府规章。另外，国家和国务院有关部门制定发布了一系列有关安全生产的规程、规范、标准等，这也是我国煤矿安全生产法律法规体系中的重要组成部分。

第一节　安全生产法律体系的层级

一、宪法

《宪法》是我国的根本大法。《宪法》第四十二条明确规定，“加强劳动保护，改善劳动条件”，这是我国有关安全生产方面最高法律效力的规定。这也是我国安全生产法律体系的最高层级。

二、法律和国际公约

法律包括综合性安全生产法律、专门安全生产法律和相关安全生产法律。

综合性安全生产法律指《安全生产法》，它适用于所有生产经营单位，是我国安全生产方面的基本法律。

专门安全生产法律指具体规范某一专业领域安全生产的法律。这类法律主要有《矿山安全法》《中华人民共和国海上交通安全法》（以下简称《海上交通安全法》）、《中华人民共和国消防法》（以下简称《消防法》）、《中华人民共和国特种设备安全法》和《中华人民共和国道路交通安全法》（以下简称《道路交通安全法》）。

相关安全生产法律指综合性安全生产法律、专门安全生产法律以外有安全生产相关规定内容的法律。这类法律有《中华人民共和国劳动法》（以下简称《劳动法》）、《中华人民共和国建筑法》（以下简称《建筑法》）、《中华人民共和国煤炭法》（以下简称《煤炭法》）、《中华人民共和国铁路法》（以下简称《铁路法》）、《中华人民共和国民用航空法》（以下简称《民用航空法》）、《中华人民共和国工会法》（以下简称《工会法》）、《中华人民共和国矿产资源法》(以下简称《矿产资源法》)等。

国际公约主要指国际劳工公约，它属国际法范畴，虽不应包括在我国法律体系内，但凡经全国人大及其常委会批准了的，在我国国内具有法律效力，等同于法律。这类国际公约有《职业安全与卫生及工作环境公约》《作业场所安全使用化学品公约》《预防重大工业事故公约》和《建筑业安全和卫生公约》等。

三、行政法规

行政法规指由国务院制定颁布为执行法律和实施行政管理职权的具体规定。这类行政法规比较多，有《国务院关于特大安全事故行政责任追究的规定》《安全生产许可证条例》《危险化学品安全管理条例》《煤矿安全监察条例》《特种设备安全监察条例》《生产安全事故报告和调查处理条例》和《建设工程安全生产管理条例》等。

四、地方性法规

地方性法规指由地方省级人大及其常委会、省会所在地市人大及其常委会和较大市人大及常委会制定颁布的有关安全生产方面的法律规定。地方性法规虽多系由法律授权制定，但其内容不得和法律、行政法规相抵触，其效力低于法律、行政法规。改革开放以来，地方性安全生产立法有很大进展，目前大多数省、自治区、直辖市都制定了有关安全生产的地方性法规，如《北京市安全生产条例》《河南省安全生产条例》《深圳市安全生产条例》《广州市安全生产条例》和《吉林省实施〈矿山安全法〉办法》等。

五、部门规章和地方政府规章

根据《立法法》的规定，部门规章之间、部门规章与地方政府规章之间具有同等效力，在各自的权限范围内施行。

部门规章指由国务院有关部门或机构制定颁布的有关安全生产工作的具体规定。这类规章较多，如国家安全监管总局颁布的《安全生产违法行为行政处罚办法》、公安部颁布的《火灾事故调查规定》、卫生部颁布的《放射工作人员职业健康管理办法》等。

地方政府规章主要指由地方省级人民政府、省会所在地市人民政府和较大的市人民政府制定颁布的有关安全生产工作的具体规定。地方政府规章一方面从属于法律和行政法规，不得与其抵触，另一方面又从属于地方法规，也不得和地方法规相抵触。这类地方政府规章不是很多，如《四川省小煤矿安全管理规定》《青海省安全生产监督管理规定》《大连市安全生产监督管理规定》等。

六、标准

标准虽在我国法的渊源中没有这一层级，但在安全生产工作中起着十分重要的作用，同样也是组成我国安全生产法律体系的重要内容。

根据《中华人民共和国标准化法》的规定，标准有国家标准、行业标准、地方标准和企业标准。国家标准、行业标准又分为强制性标准和推荐性标准。保障人体健康和人身、财产安全的标准和法律、行政法规规定强制执行的标准是强制性标准，其他标准是推荐性标准。安全生产标准主要指国家标准和行业标准，大部分是强制性标准。

国外都有技术法规，而我国没有技术法规的正式用语且未将其纳入法律体系的范畴，有关技术性的规定主要通过标准来规范。根据WTO/TBT协议，我国有关强制性标准相当于国外的技术法规。正是基于标准的特殊作用，很多法规没有规定的有关技术性内容通过标准进行规范，同时在法律法规中明确标准的法律地位。《安全生产法》第十六条明确规定："生产经营单位应当具备本法和有关法律、行政法规和国家标准或者行业标准规定的安全生产条件；不具备安全生产条件的，不得从事生产经营活动。"第九十三条又规定："生产经营单位不具备本法和其他有关法律、行政法规和国家标准或者行业标准规定的安全生产条件，经停产停业整顿仍不具备安全生产条件的，予以关闭；有关部门应当依法吊销其有关证照。"《安全生产许可证条例》第六条规定，企业取得安全生产许可证应当具备的条件之一是厂房、作业场所和安全设施、设备、工艺符合有关安全生产法律、法规、标准和规定的要求。《煤矿安全监察条例》等法律法规也都对标准作出了相应规定。安全生产标准法律化是我国安全生产立法的重要趋势。安全生产标准一旦成为法律规定必须执行的技术规范，它就具有法律上的地位和效力。因此，从某种意义上讲，安全生产标准是重要的技术性法律规定。随着我国加入WTO以及《安全生产法》《行政许可法》等法律法规的实施以及依法行政的逐步深入，安全生产监督管理和煤矿安全监察工作逐步走上法制化、规范化轨道，安全生产标准的作用越来越重要。目前，我国已制定各类劳动安全卫生国家标准1500多项，行业标准3000多项。

第二节 安全生产法律体系的主要组成

我国的安全生产法律体系大致由综合类法律法规制度、矿山类法律法规制度、危险物品类法律法规制度、建筑类法律法规制度、交通运输类法律法规制度、公众聚集场所及消防类法律法规制度、其他类法律法规制度七类组成。

一、综合类法律法规制度

综合类法律法规制度以《安全生产法》为核心，遵循《劳动法》有关规定，适用于所有生产经营单位，主要由安全生产监督检查类、伤亡事故报告和调查处理类、重大危险源监管类、安全生产中介服务管理类、安全检测检验类、安全培训考核类、事故隐患排查治理类、劳动防护用品管理类、特种设备安全监督管理类和安全生产举报奖励类等通用的法律、法规、规章和标准组成。目前，这类法律法规制度有《安全生产法》《劳动法》《安全生产许可证条例》《生产安全事故报告和调查处理条例》《国务院关于特大安全事故行政责任追究的规定》《特种设备安全监察条例》《安全生产违法行为行政处罚办法》《安全生产行政复议规定》《生产经营单位安全培训规定》以及《爆破安全规程》等。另外，地方还制定了有关地方性法规和地方政府规章，如《北京市安全生产条例》《青海省安全生产监督管理规定》等。

二、矿山类法律法规制度

矿山类法律法规制度以《矿山安全法》为核心，遵循《煤炭法》《中华人民共和国石油天然气管道保护法》有关规定，由适用于煤矿、金属非金属矿山以及石油天然气等安全生产的法律、法规、规章和标准等组成。这类法律法规制度比较健全，国家颁布了《矿山安全法》《煤炭法》《中华人民共和国矿山安全法实施条例》（以下简称《矿山安全法实施条例》）、《煤矿安全监察条例》《国务院关于预防煤矿生产安全事故的特别规定》《乡镇煤矿管理条例》等。另外，北京、河北、山西等省、直辖市人大制定了实施《矿山安全法》办法，原劳动部、原国家经贸委以及国家安全监管总局、国家煤矿安监局先后颁布了一大批部门规章，有关矿山安全生产方面的国家标准和行业标准约有 200 多项。

三、危险物品类法律法规制度

危险物品类法律法规制度以《安全生产法》《危险化学品安全管理条例》为核心，由适用于危险物品的生产、经营、储存、使用、运输及废弃安全生产的法律、法规、规章、标准等组成。对危险物品的安全管理立法，世界各国都比较重视，尤其是工业发达国家，如美国、欧盟、日本等国家和地区，都制定了严格的危险物品安全管理法规和标准，以防止危险物品可能对人体和环境造成的危害。

在我国，这类法律法规制度有《作业场所安全使用化学品公约》《易制毒化学品管理条例》《中华人民共和国监控化学品管理条例》《中华人民共和国农药管理条例》《烟花爆竹安全管理条例》《民用爆炸物品安全管理条例》《使用有毒物品作业场所劳动保护条例》《放射性同位素与射线装置安全和防护条例》《中华人民共和国核材料管制条例》《放射性药品管理办法》和《危险化学品经营许可证管理办法》等。另外，涉及危险物品的生产、经营、储存、使用、运输和报废的标准有 400 多项。

四、建筑类法律法规制度

建筑类法律法规制度以《建筑法》《建设工程安全生产管理条例》为核心，由适用于建筑施工方面安全生产的法律、法规、规章、标准等组成。世界上大多数国家，特别是工业发达国家，如美国、日本等国都非常重视建筑业安全立法，并将防范建筑业伤亡事故列为安全监察工作的重点。国际劳工组织也于 1988 年通过了《建筑业安全和卫生公约》，我国也批准了该公约。目前，这类法律法规制度比较健全，国家颁布了《建筑法》《建设工程安全生产管理条例》等法律法规，我国已经批准了国际劳工组织通过的《建筑业安全和卫生公约》，建筑行业的国家标准、行业标准较多，门类也比较齐全，有关安全生产的标准有 300 多项。

五、交通运输类法律法规制度

交通运输类法律法规制度由铁路、道路交通、水上交通、民用航空等运输行业的法律、法规、规章、标准等组成。《安全生产法》作为安全生产方面的基本法律，原则上适用这些行业。这几类行业主要以行业主管部门的监督管理为主，涉及的地方性法规、地方政府规章很少。总体上讲，这类法律法规制度比较健全，各个行业都有相应法律法规制度，如铁路运输有《铁路法》《铁路运输安全保护条例》《铁路交通事故应急救援和调查处理条例》以及相应规章制度等；民用航空有《民用航空法》《中华人民共和国民用航空器适航管理条例》《中华人民共和国民用航空安全保卫条例》（以下简称《民用航空安全保卫条例》）以及有关国际公约和相关的规则等；道路交通有《道路交通安全法》《中华人民共和国道路交通安全法实施条例》《道路交通事故处理办法》等；水上交通有《海上交通安全法》《中华人民共和国海上交通事故调查处理条例》（以下简称《海上交通事故调查处理条例》）、《中华人民共和国渔港水域交通安全管理条例》《中华人民共和国内河交通安全管理条例》等。此外，铁路、道路交通、水上交通等行业主管部门制定了大量的规章、标准等。

六、公众聚集场所及消防类法律法规制度

公众聚集场所及消防类法律法规制度以《消防法》为核心，由适用于公众聚集场所的法律、法规等组成。目前，这类法律法规制度主要有《消防法》《娱乐场所管理条例》《大型群众性活动安全管理条例》及与之相配套的《公共娱乐场所消防安全管理规定》《建设工程消防监督管理规定》《机关、团体、企业、事业单位消防安全管理规定》《集贸市场消防安全管理办法》《仓库防火安全管理规则》《火灾统计管理规定》等。

七、其他类法律法规制度

其他类法律法规制度以《安全生产法》为核心，适用于石化、电力、机械、建材、造船、冶金、轻纺、军工、商贸等行业，它由安全生产的法律、法规、规章和标准等组成。这类法律法规制度所涉及的行业比较多，其发生事故的概率相对来说比较小，大多数行业以前都有相应的主管部门管理，也制定了很多规章和标准，如石化、纺织、冶金等。因此，总体上讲，这类法律法规制度比较健全，如《中华人民共和国水库大坝安全管理条例》《核电厂核事故应急管理条例》《冶金企业安全生产监督管理规定》等。另外，有关这方面的国家标准、行业标准也有几百项，如《炼钢安全规程》《炼铁安全规程》《轧钢安全规程》。

第四章　安全生产监督管理

第一节　安全生产监督管理的概念

一、安全生产监督管理的基本概念

安全生产监督管理也是依法行政或者公共行政的一种具体形式，它具有依法行政的特征。安全生产监督管理有广义和狭义之分。广义的安全生产监督管理，泛指各级人民政府及其负有安全生产监督管理职责的部门（机构）运用国家权力对安全生产公共事务的管理活动。狭义的安全生产监督管理，专指各级人民政府及其负有安全生产监督管理职责的部门（机构）依照职权实施日常监督检查、行政处罚、行政强制等具体行政管理活动，不包括实施行政许可。本章主要是从广义上阐述安全生产监督管理的内涵和外延。

二、安全生产监督管理的特征

安全生产监督管理具有以下 5 个特征：

（1）权威性。国家对安全生产监督管理的权威性首先源于法律的授权。《安全生产法》《矿山安全法》等有关法律、法规对安全生产监督管理都有明确的规定。安全生产监督管理是依照国家法律、法规、规章的规定或者授权、委托对安全生产工作实施监督管理的活动。

（2）强制性。法律必然要求由国家强制力来保证其实施。各级人民政府安全生产监督管理部门和其他有关部门对安全生产工作实施的监督管理，由于是依法行使的监督管理权，它就是以国家强制力作为后盾的。

（3）普遍约束性。所有在中华人民共和国领域内从事生产经营活动的单位，凡有关涉及安全生产方面的事项，都必须接受政府或者部门、组织依法进行的监督管理，不允许逃避、抗拒法律所规定的监督管理。这种普遍约束性，实际上就是法律的普遍约束力在安全生产工作中的具体体现。

（4）社会管理性。安全生产监督管理既管理社会的公共事务，又执行保障人民群众生产和财产安全的政治职责，履行社会管理的职责。安全生产监督管理通过计划、组织、指挥、控制、协调、监督和改革等方式，最优化地实现安全生产状况的根本好转，最大限度地预防和减少生产安全事故。

（5）手段多样性。实施安全生产监督管理，主要运用法律手段、经济手段和必要的行政手段。

第二节 安全生产监督管理的体制

从概念上来说，安全生产监督管理（以下简称安全监管）既包括对安全生产工作的监督，也包括对安全生产工作的管理。这里讲的监督管理，主要指人民政府及其负有安全生产监督管理职责的部门或者机构对生产经营单位的安全生产实施的监督和管理，不包括生产经营单位内部的管理和监督，如很多矿山企业集团内部设立安全监察局，对下属企业的监督，实际上就是企业内部的监督。从广义上讲，监督也包括监察。监督就是监视检查督促，它的范围很广，有政府的监督，有媒体的监督，有工会的监督等，相对而言，监察主要指有监察权的政府机关、机构及其工作人员对公民、法人和其他组织遵守法律法规和有关规定情况及是否存在违法违纪情况的监督。

安全生产监督管理体制，是指国家负有安全生产监督管理职责的部门或者机构的设置、监督管理执法职权的划分以及为保证监督管理执法职权顺利进行而建立的一切制度的总和。它是一种行政管理体制。总体上来说，目前我国的安全生产监督管理体制可以概括为综合监管与专项（行业）监管相结合、国家监察与地方监管相结合、政府监督与其他监督相结合的格局。

一、综合监管与专项监管

1. 综合监管

综合监管部门是指各级人民政府安全生产监督管理部门，包括国家安全生产监督管理总局和地方各级人民政府安全生产监督管理部门。国家安全生产监督管理总局是国务院主管安全生产综合监督管理的直属机构，也是国务院安全生产委员会办公室，依法对全国安全生产实施综合监督管理。同样，地方各级人民政府也成立相应的安全生产监督管理部门，履行本级人民政府的安全生产综合监督管理职责。

《安全生产法》第九条明确规定：国务院负责安全生产监督管理的部门依照本法，对全国安全生产工作实施综合监督管理；县级以上地方各级人民政府负责安全生产监督管理的部门依照本法，对本行政区域内安全生产工作实施综合监督管理。

2. 专项监管

专项监管部门是指各级人民政府专项负责有关行业（领域）安全生产监督管理的部门，包括公安部、交通运输部等国务院有关部门和地方各级人民政府负责有关的安全生产监督管理的部门。公安、交通、铁道、民航、水利、电监、建设、国防科技、邮政、信息产业、旅游、质检、环保等国务院有关部门分别对交通、铁路、民航、水利、电力、建筑、国防工业、邮政、电信、旅游、特种设备、消防、核安全等行业和领域的安全生产工作负责监督管理，即专项（行业）监管。同样，地方各级人民政府有关部门在各自职责范围内依法履行安全生产监督管理职责。

《安全生产法》第九条明确规定：国务院有关部门依照本法和有关法律、行政法规的规定，在各自的职责范围内对有关的安全生产工作实施监督管理；县级以上地方各级人民政府有关部门依照本法和其他有关法律、法规的规定，在各自的职责范围内对有关的安全生产工作实施监督管理。

3. 综合监管与专项监管的关系

综合监管不替代专项监管，仅从综合角度，对专项监管的安全生产工作进行监督、指导、协调。在国家层面，国家安全生产监督管理总局，仅从综合监督管理全国安全生产工作的角度，指导协调、监督检查国务院有关部门的安全生产监督管理工作。除此之外，综合监督管理还体现在组织起草安全生产方面的综合性法律、行政法规和规章，研究拟定安全生产方针政策等很多方面。在地方层面，地方各级人民政府都成立了相应的安全生产综合监督管理部门和专项监督管理部门，履行综合监管和专项监管的职能。

为了加强国家对整个安全生产工作的领导，加强综合监管与专项监管之间的协调配合，国务院成立了安全生产委员会，下设国务院安全生产委员会办公室，其办公室工作由国家安全生产监督管理总局承担。国务院安全生产委员会办公室具体职责之一就是研究提出安全生产重大方针政策和重要措施的建议，监督检查、指导协调国务院有关部门和各省、自治区、直辖市人民政府的安全生产工作。各省、自治区、直辖市人民政府建立了相应的安全生产委员会，部分市、县也建立了安全生产委员会。通过安全生产委员会的作用，对安全生产的监督管理起到了相互协调、相互配合的作用，大大加强了安全生产的监督管理工作。

因此，综合监督管理和专项监督管理形成了一个网格式的多层次监管体系。

二、国家监察与地方监管

除了综合监管与专项（行业）监管之外，针对在某些危险性较高的特殊领域，国家为了加强安全生产监督管理工作，专门建立了国家监察机制。譬如煤矿，国家专门建立了垂直管理的煤矿安全监察机构，国家设立国家煤矿安全监察局，各省设立省级煤矿安全监察局，省级煤矿安全监察局下设分局，省级煤矿安全监察局及分局与地方政府没有任何关系，财、权、物全部由中央负责，避免实行监察过程中受地方政府的干扰。目前，全国设有25个省级煤矿安全监察局和73个监察分局，共有2800名煤矿安全监察员。美国就是这个体制。同时，考虑到目前全国的煤矿数量很大，有1.2万多个煤矿，点多面广，有些煤矿分布较远，煤矿安全监察机构的力量不足的特点，国家赋予某些权力给地方政府，由地方政府明确相应的部门行使对煤矿安全生产的监督管理权，即实行地方监管。煤矿安全监察机构主要履行以下职责：对煤矿安全实施重点监察、专项监察和定期监察，对煤矿违法违规行为依法做出现场处理或实施行政处罚；对地方煤矿监管工作进行检查指导；负责煤矿安全生产许可证的颁发管理工作和矿长安全资格、特种作业人员的培训发证工作；负责煤矿建设工程安全设施的设计审查和竣工验收；组织煤矿安全事故的调查处理等。地方煤矿安全生产监管部门主要履行以下职责：对本地区煤矿安全进行日常检查，对煤矿违法违规行为依法作出现场处理和实施行政处罚；监督煤矿企业事故隐患的整改并组织复查；依法组织关闭不符合安全生产条件的矿井；负责组织煤矿安全专项整治；参与煤矿事故调查处理；对煤矿职工培训进行监督检查等。目前，各省（区、市）人民政府对煤矿安全生产的监督管理形式也不完全相同，即地方煤矿安全生产监管部门的形式不尽相同，大部分省由安全生产监督管理部门负责，有些省由专门的煤炭管理部门负责，也有个别省专门成立负责煤矿安全生产的监管部门，如甘肃省。

因此，煤矿安全的监管方式比较特殊，实行的是国家监察与地方监管相结合的方式。

除此之外，还有其他领域，也是比较实行国家与地方相结合的监管方式，譬如交通部门的水上监管，一方面由交通部海事局设立垂直监管机构，如长江等重要水域都设立港务局，直接由海事局领导，另一方面有些水上监管机构，行政上归地方政府领导，业务上归海事局指导，垂直与分级相结合。

三、政府监督与其他监督

政府监督主要指各级人民政府及其安全生产监督管理部门和有关部门对安全生产工作的监督，它体现的是政府层面的多方监督。除了前面讲的安全生产监督管理部门和有关部门对安全生产工作实施综合监督管理和专项监督管理外，各级人民政府对安全生产工作也履行相应的监督管理，当然主要是间接性的。法律、法规和有关规定都对政府履行安全生产监督管理职责做出了明确规定。譬如，《安全生产法》第八条规定：“国务院和县级以上地方各级人民政府应当加强对安全生产工作的领导，支持、督促各有关部门依法履行安全生产监督管理职责。建立健全安全生产工作协调机制，及时协调、解决安全生产监督管理中存在的问题。”第五十九条规定：“县级以上地方各级人民政府应当根据本行政区域内的安全生产状况，组织有关部门按照职责分工，对本行政区域内容易发生重大生产安全事故的生产经营单位进行严格检查。”《国务院关于特大安全事故行政责任追究的规定》第五条规定：“地方各级人民政府应当每个季度至少召开一次防范特大安全事故工作会议，由政府主要领导人或者政府主要领导人委托政府分管领导人召集有关部门正职负责人参加，分析、布置、督促、检查本地区防范特大安全事故的工作。会议应当作出决定并形成纪要，会议确定的各项防范措施必须严格实施。”《国务院关于进一步加强安全生产工作的决定》规定地方各级人民政府要建立健全领导干部安全生产责任制，把安全生产作为干部政绩考核的重要内容。

其他监督主要指政府监督以外的监督，包括社会的监督，社区的监督、新闻媒体的监督等。其他监督也是整个安全生产监督管理体制的一个重要组成部分，在安全生产工作中发挥着重要的作用。《安全生产法》第七十一条规定：“任何单位或者个人对事故隐患或者安全生产违法行为，均有权向负有安全生产监督管理职责的部门报告或者举报。”第七十二条规定：“居民委员会、村民委员会发现其所在区域内的生产经营单位存在事故隐患或者安全生产违法行为时，应当向当地人民政府或者有关部门报告。”第七十四条规定：“新闻、出版、广播、电影、电视等单位有进行安全生产公益宣传教育的义务，有对违反安全生产法律、法规的行为进行舆论监督的权利。”第七十三条规定：“县级以上各级人民政府及其有关部门对报告重大事故隐患或者举报安全生产违法行为的有功人员，给予奖励。”

第三节　安全生产监督管理的基本原则

安全生产监督管理也是依法行政或者公共行政的一种具体形式，它具有依法行政的特征，既要遵循依法行政的基本原则，也要遵循安全生产工作的特定原则。

一、坚持有法必依、执法必严、违法必究的原则

社会主义的法治原则就是有法可依、有法必依、执法必严、违法必究。在中国特色社

会主义法律体系基本建成后更强调后三句话，即有法必依、执法必严、违法必究。有法必依是普遍的法治原则，是社会主义法治的中心环节，也是社会主义法治的基本要求之一。首先要求国家机关、公职人员必须按照法令的规定办事，即要依照实体法规定，又要依照程序法的规定，不得滥用国家权力；其次要求一切社会关系的参加者都必须在《宪法》规定的范围内活动，必须遵守国家的法律、法规。执法必严、违法必究是社会主义法治的切实保证。法律不可能被所有社会成员自觉遵守，必然会有违法行为和违法者的存在。法律的强制性主要体现在严格执行法律和制裁违法者，以维护广大人民群众的合法权益，规范社会秩序。执法必严要求执法机关依照各自的职权，严格依法进行监督管理，不得玩忽职守、徇私枉法。违法必究要求实行严格的法律责任追究，对于违法者，不论其身份、地位和权力如何，都要追究其应负的法律责任，绝不姑息、放纵任何违法者，绝不允许任何违法者逍遥法外。安全生产监督管理同样必须遵循这一原则。

二、坚持以事实为依据，以法律为准绳的原则

以事实为根据，是指适用法律时必须尊重客观事实，实事求是，以此作为适用法律的前提。以法律为准绳，是指适用法律时必须严格依照法律规定办事，不得徇私枉法。对于安全生产违法行为的制裁，要以客观的违法事实为依据，正确适用法律、法规或规章，综合考虑违法事实、情节及危害程度，正确行使自由裁量权，遵循法定程序。

三、坚持职权法定、程序正当、内容合法的原则

这一原则要求，一是依法执法。安全生产监督管理的行政执法职责法定，以法律、法规、规章为主要依据，同时结合本部门“三定”规定予以把握。根据法律法规的立、改、废情况，及时调整行政执法依据和法定职责。没有法定职责的规定，不得作出影响监管监察对象权益和增加他们义务的决定。作出影响他们不利的行政决定前，必须告知有关事实、理由、依据，听取他们的陈述和申辩。二是规范执法。安全生产监督管理要依照法定的行政处罚、行政许可、行政强制、事故调查处理等程序行使职权，不得违反程序的规定。没有程序的民主，就没有实质的民主，没有程序的公正，就很难保证实体和结果的公正。加强程序制度建设，细化执法流程、明确执法环节和步骤，保证程序公正。行政许可、行政处罚、行政强制、调查处理等行政执法的每一环节和步骤都要按程序进行，避免执法随意化。规范使用执法文书，重大行政处罚须经集体讨论。严格依照法律、法规、规章的规定实施行政处罚，严格掌握自由裁量规则，不得依据有关规范性文件实施处罚。依法收集证据，实施行政处罚必须做到依据正确、证据确凿，逐步提高证据意识。

四、坚持公正、公平、公开的原则

这一原则要求，一是公正执法。安全生产监督管理中，要做到法律面前人人平等，对任何公民和组织的合法权益都要平等地予以保护，对违法行为都要平等地依法追究。同样的情形同等处理。要建立完善行政裁量权基准制度，加强和规范自由裁量适用规则的使用，避免执法不公。二是文明执法。要树立依法行政、执法为民、公平正义、服从大局、党的领导为基本内容的社会主义法治理念。对违法行为，处理的手段和措施要适当适度，尽量避免或者减少对当事人权益的损害。不得粗暴对待当事人，不得侵害执法对象的人身

权利和人格尊严。三是制定法律、法规以及规范性文件的过程中，要广泛征求社会意见，特别是听取行政相对人的意见。对涉及相对人利害关系的，要遵循听证等有关规定。执法的依据、程序等内容要向社会公开。执法结果应当公开，自觉接受群众监督。

五、坚持惩戒与教育、执法与服务相结合的原则

对安全生产违法行为，必须实施严厉的制裁、惩戒，其目的是促使当事人知法、懂法、遵法，达到自觉守法。处罚是手段，教育是目的，要将惩戒与教育有机结合起来，以保障从业人员生命安全健康，促进安全生产。安全生产监督管理部门是行政执法机构，执法是法定职责。同时，为行政相对人提供各种服务，帮助他们搞好安全生产工作。要把依法执法和为相对人提供服务结合起来，注重行政执法的法律效果和社会效果的统一，树立安全生产监督管理部门的良好形象和公信力。

六、坚持行政执法与技术执法相结合的原则

在生产作业领域，劳动者面临各种形式危害，涉及劳动者如何使用工具，如何操作工具等一系列问题，因此需要制定各种安全技术规范、安全操作规程，以规范劳动者的行为，保障劳动者的安全健康。这些安全技术规范、安全操作规程具有很强的专业性，很大一部分以标准形式发布。在法律层面，《安全生产法》等法律法规已经明确安全标准的法律地位，明确规定企业达不到安全标准规定的安全生产条件的，可以责令停产整顿直至关闭。从某种意义上讲，安全标准已经成为安全生产法律体系的重要组成部分，是贯彻实施法律法规的重要保障，是规范企业安全生产的重要技术规范，是政府部门行政执法的技术依据。安全生产法律、法规和规章与安全生产标准，都是保障安全生产的重要手段。这好比是一个人的两条腿，缺一不可。正是由于安全生产这个特殊性，决定从事安全生产监督管理工作的人员不仅要掌握行政执法的知识，也要掌握安全标准等相应的专业技术知识，以增加监督管理的针对性，提高行政执法的能力和水平。

第四节　安全生产监督管理的职责

一、安全生产监督管理部门的职责

安全生产监督管理部门是负责安全生产工作的综合监督管理部门。根据《安全生产法》《安全生产许可证条例》等法律、行政法规和国务院有关规定，安全生产监督管理部门的主要职责如下所述。

（1）对安全生产工作实行综合监督管理。主要表现为在本级人民政府的领导下，统筹安排安全生产工作，协调、解决安全生产工作中的重大问题，对本级人民政府有关部门实施的安全生产专项监管工作和下一级人民政府的安全生产工作进行协调、指导和监督。依照职权，组织起草安全生产方面的综合性法律、法规、规章和标准，研究拟定安全生产方针政策。《安全生产法》第九条规定："国务院负责安全生产监督管理的部门依照本法，对全国安全生产工作实施综合监督管理；县级以上地方各级人民政府负责安全生产监督管理的部门依照本法，对本行政区域内安全生产工作实施综合监督管理。"国家安全生产监督管理总局“三定”规定：“国家安全生产监督管理总局承担国家安全生产综合监督管理责任，依法行使综合监督职权，指导协调、监督检查国务院有关部门和各省、自治区、直辖市人民政府安全生产工作。承担工矿商贸行业安全生产监督管理职责。”因此，综合监督管理包括多层意思，包括对下一级人民政府安全生产工作履行协调指导、监督检查职责，对本级人民政府其他负有安全生产监督管理职责的部门履行协调指导、监督检查职责，制定有关安全生产方针政策等。

(2) 依照职权对有关生产经营单位的安全生产工作实施监督管理。主要表现为对本行政区域内没有其他行政主管部门负责安全生产监督管理的生产经营单位实施安全生产监督管理。正如前面所说，除公安、交通运输、水利、建设、工业信息、旅游、质检、环保等国务院有关部门分别对交通、铁路、民航、水利、电力、建筑、国防工业、邮政、电信、旅游、特种设备、消防、核安全等行业和领域的安全生产工作负责监督管理外，其他如矿山、危险化学品、冶金、建材等没有相应主管部门的行业或领域，由安全生产监督管理部门负责对其实施安全生产监督管理职责。国家安全生产监督管理总局“三定”明确规定：“承担工矿商贸行业安全生产监督管理职责。”

(3) 宣传法律法规和安全生产知识。《安全生产法》第十一条规定：“各级人民政府及其有关部门应当采取多种形式，加强对有关安全生产的法律、法规和安全生产知识的宣传，增强社会的安全生产意识。”安全生产监督管理部门有责任做好有关安全生产的法律、法规和安全生产知识的宣传工作，增强全社会的安全生产意识，提高广大职工和群众的安全生产意识。

(4) 根据人民政府的指示，配合政府进行安全检查。《安全生产法》第五十九条规定：“县级以上地方各级人民政府应当根据本行政区域内的安全生产状况，组织有关部门按照职责分工，对本行政区域内容易发生重大生产安全事故的生产经营单位进行严格检查。安全生产监督管理部门应当按照分类分级监督管理的要求，制定安全生产年度监督检查计划，并按照年度监督检查计划进行监督检查，发现事故隐患，应当及时处理。”安全生产监督管理部门是负责安全生产工作的专门执法机构，必须按照人民政府的指示，做好本行政区域内的安全检查，防止和减少事故发生。

(5) 依法履行行政许可职责。安全生产监督管理部门应当按照各自权限，依照法律、法规、规章和国家标准或者行业标准规定的安全生产条件和程序，依法履行行政许可职责。安全生产监督管理部门职责范围内有 11 大项行政许可，即：

①矿山建设项目和用于生产、储存危险物品的建设项目的安全设施设计审查。

②安全生产检测检验机构、安全评价机构资质认可。

③特种作业人员操作资格认定。

④危险化学品生产、储存建设项目安全条件审查。

⑤危险化学品（化工企业）安全使用许可。

⑥危险化学品经营许可。

⑦矿山企业、危险化学品、烟花爆竹生产企业安全生产许可。

⑧烟花爆竹经营（批发、零售）许可。

⑨第一类中的非药品类易制毒化学品生产、经营许可。

⑩职业病危害严重的建设项目的防护设施设计审查、建设项目职业病防护设施竣工验

收。

⑪职业卫生检测、评价技术服务机构资质认定。

对未依法取得行政许可或者验收合格擅自从事有关活动的生产经营单位，安全生产监督管理部门发现或者接到举报后，属于本部门行政许可职责范围的，应当及时依法查处；属于其他部门行政许可职责范围的，应当及时移送相关部门。

对已经依法取得本部门行政许可的生产经营单位，发现其不再具备安全生产条件的，安全生产监督管理部门应当依法暂扣或者吊销原行政许可证件。

（6）依法履行日常监督检查职责。安全生产监督管理部门应当按照年度安全监管执法工作计划、现场检查方案，对生产经营单位是否具备有关法律、法规、规章和国家标准或者行业标准规定的安全生产条件进行日常监督检查，并重点监督检查下列事项：

①依法取得有关安全生产行政许可的情况。

②作业场所职业危害防治的情况。

③建立和落实安全生产责任制、安全生产规章制度和操作规程、作业规程的情况。

④按照国家规定提取和使用安全生产费用、安全生产风险抵押金，以及其他安全生产投入的情况。

⑤依法设置安全生产管理机构和配备安全生产管理人员的情况。

⑥从业人员受到安全生产教育、培训，取得有关安全资格证书的情况。

⑦新建、改建、扩建工程项目的安全设施与主体工程同时设计、同时施工、同时投入生产和使用，以及按规定办理设计审查和竣工验收的情况。

⑧在有较大危险因素的生产经营场所和有关设施、设备上，设置安全警示标志的情况。

⑨对安全设备设施的维护、保养、定期检测的情况。

⑩重大危险源登记建档、定期检测、评估、监控和制定应急预案的情况。

⑪教育和督促从业人员严格执行本单位的安全生产规章制度和安全操作规程，并向从业人员如实告知作业场所和工作岗位存在的危险因素、防范措施以及事故应急措施的情况。

⑫为从业人员提供符合国家标准或者行业标准的劳动防护用品，并监督、教育从业人员按照使用规则正确佩戴和使用的情况。

⑬在同一作业区域内进行生产经营活动，可能危及对方生产安全的，与对方签订安全生产管理协议，明确各自的安全生产管理职责和应当采取的安全措施，并指定专职安全生产管理人员进行安全检查与协调的情况。

⑭对承包单位、承租单位的安全生产工作实行统一协调、管理的情况。

⑮组织安全生产检查，及时排查治理生产安全事故隐患的情况。

⑯制定、实施生产安全事故应急预案，以及有关应急预案备案的情况。

⑰危险物品的生产、经营、储存单位以及矿山企业建立应急救援组织或者兼职救援队伍、签订应急救援协议，以及应急救援器材、设备的配备、维护、保养的情况。

⑱按照规定报告生产安全事故的情况。

⑲依法应当监督检查的其他情况。

（7）依法履行现场处理职责。安全生产监督管理部门在监督检查中，发现生产经营单位存在安全生产违法行为或者事故隐患的，应当依法采取下列现场处理措施：

①当场予以纠正。

②责令限期改正、责令限期达到要求。

③责令立即停止作业（施工）、责令立即停止使用、责令立即排除事故隐患。

④责令从危险区域撤出作业人员。

⑤责令暂时停产停业、停止建设、停止施工或者停止使用。

⑥依法应当采取的其他现场处理措施。

在监督检查中，对于被责令限期改正、限期达到要求、暂时停产停业、停止建设、停止施工或者停止使用的生产经营单位提出复查申请或者整改、治理限期届满的，安全生产监督管理部门应当自收到申请或者限期届满之日起 10 日内进行复查，并填写复查意见书，由被复查单位和安全监管监察部门复查人员签名后存档。

对逾期未整改、治理或者整改、治理不合格的生产经营单位，安全生产监督管理部门应当依法给予行政处罚，并依法提请县级以上地方人民政府按照规定的权限决定关闭。

（8）对重大事故隐患进行督办。依据《安全生产法》的规定，安全生产监督管理部门应当建立健全重大事故隐患治理督办制度，督促生产经营单位消除重大事故隐患。生产经营单位的安全生产管理人员在检查中发现重大事故隐患，依照规定向本单位有关负责人报告，有关负责人不及时处理的，安全生产管理人员可以向安全生产监督管理部门报告，接到报告的部门应当依法及时处理。

（9）对违法生产经营单位进行公示。依据《安全生产法》的规定，安全生产监督管理部门应当建立安全生产违法行为信息库，如实记录生产经营单位的安全生产违法行为信息；对违法行为情节严重的生产经营单位，应当向社会公告，并通报行业主管部门、投资主管部门、国土资源主管部门、证券监督管理机构以及有关金融机构。

（10）依法采取强制措施。依据《安全生产法》，安全生产监督管理部门对有根据认为不符合安全生产的国家标准或者行业标准的在用设施、设备、器材以及违法生产、储存、使用、经营、运输的危险物品予以查封或者扣押，对违法生产、储存、使用、经营危险物品的作业场所予以查封，并依法作出处理决定。依据《危险化学品安全管理条例》的规定，安全生产监督管理部门经本部门主要负责人批准，查封违法生产、储存、使用、经营危险化学品的场所，扣押违法生产、储存、使用、经营危险化学品以及用于违法生产、使用危险化学品的原材料、设备等。

实施查封、扣押的，应当当场下达查封、扣押决定书和被查封、扣押的财物清单。在交通不便地区，或者不及时查封、扣押可能影响案件查处，或者存在事故隐患可能造成生产安全事故的，可以先行实施查封、扣押，并在 48 小时内补办查封、扣押决定书，送达当事人。

（11）依法采取强制执行。依据《安全生产法》的规定，安全生产监督管理部门依法对存在重大事故隐患的生产经营单位作出停产停业、停止施工、停止使用相关设施或者设备的决定，生产经营单位应当依法执行，及时消除事故隐患。生产经营单位拒不执行，有发生生产安全事故的现实危险的，在保证安全的前提下，经本部门主要负责人批准，安全生产监督管理部门可以采取通知有关单位停止供电、停止供应民用爆炸物品等措施，强制生产经营单位履行决定。通知应当采用书面形式，有关单位应当予以配合。安全生产监督管理部门依照前款规定采取停止供电措施，除有危及生产安全的紧急情形外，应当提前二十四小时通知生产经营单位。生产经营单位依法履行行政决定、采取相应措施消除事故隐患的，安全生产监督管理部门应当及时解除前款规定的措施。

（12）报告、通报职责。安全生产监督管理部门在监督检查中，发现生产经营单位存在的安全问题涉及有关地方人民政府或其有关部门的，应当及时向有关地方人民政府报告或其有关部门通报。

（13）依法实施行政处罚。安全生产监督管理部门应当严格依照法律、法规和规章规定的行政处罚种类、幅度和程序，按照各自的管辖权限，对监督检查中发现的生产经营单位及有关人员的安全生产非法、违法行为实施行政处罚。

生产经营单位拒不执行安全生产监督管理部门行政处罚决定的，作出行政处罚决定的安全生产监督管理部门可以依法申请人民法院强制执行；拒不执行处罚决定可能导致生产安全事故的，应当及时向有关地方人民政府报告或其有关部门通报。

（14）配合地方政府制定应急救援体系，做好生产安全事故的应急救援工作。接到事故报告后，应当立即按照国家有关规定上报事故情况，不得隐瞒不报、谎报或者拖延不报。应当立即赶到事故现场，组织事故抢救，避免事故扩大，减少人员伤亡和降低事故损失。

（15）事故报告和调查处理职责。根据有关法律、法规的规定和人民政府的指示，组织和参与事故调查。按照实事求是、尊重科学的原则，及时、准确地查清事故原因、查明事故性质和责任，总结事故教训，提出整改措施，并对事故责任者提出处理意见。安全生产监督管理部门应当依法履行下列生产安全事故报告和调查处理职责：

①建立值班制度，并向社会公布值班电话，受理事故报告和举报。

②按照法定的时限、内容和程序逐级上报和补报事故。

③接到事故报告后，按照规定派人立即赶赴事故现场，组织或者指导协调事故救援。

④按照规定组织或者参加事故调查处理。

⑤对事故发生单位落实事故防范和整改措施的情况进行监督检查。

⑥依法对事故责任单位和有关责任人员实施行政处罚。

⑦依法应当履行的其他职责。

（16）举报查处职责。安全生产监督管理部门应当依法受理、调查和处理本部门法定职责范围内的举报事项，并形成书面材料。调查处理情况应当答复举报人，但举报人的姓名、名称、住址不清的除外。对不属于本部门职责范围的举报事项，应当依法予以登记，并告知举报人向有权机关提出。

（17）依法履行行政复议职责。安全生产监督管理部门应当依法受理行政复议申请，审理行政复议案件，并作出处理或者决定。

（18）根据有关法律、法规的规定和人民政府的指示，及时发布有关事故情况和信息。

（19）法律、法规规定的其他职责。

二、安全生产专项监管部门的职责

根据《安全生产法》和有关法律、法规及政府的授权规定，各级人民政府有关部门在各自职责范围内对有关行业领域的安全生产实施监督管理，主要履行以下职责：

（1）在本级人民政府的领导下，研究部署专项安全生产监督管理工作，对有关行业领域的安全生产工作实施专项监督管理。

（2）依照职权，组织起草有关行业领域安全生产的法律、法规，拟定、制定有关行业领域安全生产的规章和标准，研究拟定有关安全生产方针政策。

（3）采取多种形式，加强对有关安全生产的法律、法规和安全生产知识的宣传，提高全社会的安全生产意识，提高广大职工的安全生产意识。

（4）根据本级人民政府的指示，配合政府进行安全检查。法律规定，县级以上地方各级人民政府应当根据本行政区域的安全生产状况，组织有关部门按照职责分工，对本行政区域内容易发生重大生产安全事故的生产经营单位进行严格检查，发现事故隐患，及时处理。

（5）实施法定的安全生产行政许可。依据有关法律、法规和国家标准或者行业标准规定的安全生产条件和程序进行许可。不符合有关法律、法规和国家标准或者行业标准规定的安全生产条件的，不得批准或者验收通过。

（6）对有关行业或者领域的生产经营单位进行执法检查。对生产经营单位贯彻执行有关法律、法规和标准的情况进行监督检查，进入现场进行检查，查阅有关资料，向有关单位和人员了解情况。

（7）对安全生产违法行为依法实施行政处罚。根据有关法律、法规的规定，对安全生产违法行为依法实施警告、罚款、没收违法所得、责令停产停业整顿、吊销有关证照等行政处罚，对不符合安全生产条件的，提请人民政府予以关闭。

（8）对事故隐患进行处理。对发现的事故隐患，责令立即予以纠正或者要求限期改正；重大事故隐患排除前或者排除过程中无法保证安全的，责令从危险区域内撤出作业人员，责令暂时停产停业或者停止使用；重大事故隐患排除后，经审查同意，方可恢复生产经营和使用。

（9）对重大事故隐患进行督办。依据《安全生产法》的规定，安全生产监督管理部门应当建立健全重大事故隐患治理督办制度，督促生产经营单位消除重大事故隐患。生产经营单位的安全生产管理人员在检查中发现重大事故隐患，依照规定向本单位有关负责人报告，有关负责人不及时处理的，安全生产管理人员可以向安全生产监督管理部门报告，接到报告的部门应当依法及时处理。

（10）对违法生产经营单位进行公示。依据《安全生产法》的规定，安全生产监督管理部门应当建立安全生产违法行为信息库，如实记录生产经营单位的安全生产违法行为信息；对违法行为情节严重的生产经营单位，应当向社会公告，并通报行业主管部门、投资主管部门、国土资源主管部门、证券监督管理机构以及有关金融机构。

（11）依法实施行政强制措施。对不符合保障安全生产的国家标准或者行业标准的设施、设备、器材予以查封扣押以及违法生产、储存、使用、经营、运输的危险物品予以查封或者扣押，对违法生产、储存、使用、经营危险物品的作业场所予以查封，并依法作出处理决定。

（12）依法采取强制执行。依据《安全生产法》的规定，依法对存在重大事故隐患的生产经营单位作出停产停业、停止施工、停止使用相关设施或者设备的决定，生产经营单位应当依法执行，及时消除事故隐患。生产经营单位拒不执行，有发生生产安全事故的现实危险的，在保证安全的前提下，经本部门主要负责人批准，可以采取通知有关单位停止供电、停止供应民用爆炸物品等措施，强制生产经营单位履行决定。

（13）受理和查处有关行业或者领域的事故隐患和安全生产违法行为举报。建立举报制度，公开举报电话、信箱或者电子邮件地址，受理有关安全生产举报，发挥社会监督作用。对受理的举报事项经调查核实后，应当形成书面材料；需要落实整改措施的，报经有关负责人签字并督促落实。对报告重大事故隐患或者举报安全生产违法行为的有功人员，依照有关规定给予奖励。

（14）配合地方政府制定应急救援体系，组织实施有关行业或者领域安全生产的应急救援工作。接到事故报告后，应当立即按照国家有关规定上报事故情况，不得隐瞒不报、谎报或者拖延不报。应当立即赶到事故现场，组织事故抢救，避免事故扩大，减少人员伤亡和降低事故损失。

（15）组织和参与有关行业或者领域的事故调查。根据有关法律、法规的规定和人民政府的指示，组织和参与事故调查。按照实事求是、尊重科学的原则，及时、准确地查清事故原因、查明事故性质和责任，总结事故教训，提出整改措施，并对事故责任者提出处理意见。

（16）根据有关法律、法规的规定和人民政府的指示，及时发布有关事故情况和信息。

（17）依法履行行政复议职责。

（18）法律、法规规定的其他职责。

三、安全生产监督管理人员的职责

行政执法部门的职责决定其行政执法人员的职责，根据上述规定，安全生产监督管理人员有以下主要职责：

（1）宣传安全生产法律、法规和国家有关方针和政策。安全生产工作事关国家和人民群众的生命财产安全，做好安全生产工作，必须要有广大职工群众积极主动地参与。安全生产监督管理人员熟悉国家法律、法规和方针政策，向社会公众进行宣传，有其有利条件。另外，安全生产监督管理人员是国家公务人员，宣传法律、法规和方针政策是其应尽的义务。

（2）监督检查生产经营单位执行安全生产法律、法规和标准的情况。根据《安全生产法》规定：负有安全生产监督管理职责的部门依法对生产经营单位执行有关安全生产的法律、法规和国家标准或者行业标准的情况进行监督检查，可以进入生产经营单位进行检查，调阅有关资料，向有关单位和人员了解情况。这是负有安全生产监督管理职责的部门最基本的职权，也是其依法履行监督检查职责的基础。没有这些职权，履行监督检查职责也就无从谈起。同样，这也是安全生产监督管理人员履行监督检查职责的基础。根据这一规定，安全生产监督管理人员在履行监督检查职责时，有权进入生产经营单位，包括进入其行政办公地点和相应的生产、作业场所或者营业场所，并进行检查；有权调阅有关资料，包括可能涉及本单位安全生产情况的所有资料；有权向有关单位和人员了解情况，包括被检查单位及其有关负责人和其他有关人员，也包括可能了解情况的其他有关单位和人员。

（3）严格履行有关行政许可的审查工作。依照有关法律、法规的规定，对涉及安全生产的事项设立了许多行政许可证，如安全生产许可证、建筑施工许可证、危险化学品的经营许可证、主要负责人的安全资格、安全设施的设计审查与竣工验收等，这些都要求负有安全生产监督管理职责的部门严格依法把关并加强监督检查，具体做这些工作的就是安全生产监督管理人员。因此，安全生产监督管理人员有权对这些许可内容进行审查，对符合条件的，建议行政许可部门颁发行政许可；对不符合条件的，建议行政许可部门不予颁发行政许可。配合负有安全生产监督管理职责的部门必须严把审批关，对于不符合有关法律、法规和国家标准或者行业标准规定的安全生产条件的，一律不得批准或者验收通过，也不能搞所谓的“先批准，后整改”等；严肃处理未依法取得批准或者验收合格擅自从事有关活动的单位。无论是在日常监督检查中发现，还是经单位或者个人举报并经查实，都应当立即予以取缔，并依法予以处理。“依法予以处理”，是指在予以取缔的同时，必须依照《安全生产法》和其他有关法律、法规的规定，进行相应的处理：应当给予相应的行政处罚的，给予行政处罚；应当对有关责任人员给予相应的行政处分的，给予行政处分；认为涉嫌犯罪，需要追究有关单位和有关人员刑事责任的，依照《行政执法机关移送涉嫌犯罪案件的规定》移送有关司法机关处理。对不再具备安全生产条件的单位，应当撤销原批准。

（4）依法处理安全生产违法行为，实施行政处罚。根据法律规定，负有安全生产监督管理职责的部门对检查中发现的安全生产违法，当场予以纠正或者要求限期改正；对依法应当给予行政处罚的行为，依照法律、行政法规的规定作出行政处罚。除当场行政处罚，按照简易程序由安全生产监督管理人员代表行政执法机构对违法行为作出行政处罚外，大多数行政处罚都需执行一般程序，即立案调查、作出处罚决定，实施行政处罚，有些还要听证，在整个过程中，安全生产监督管理人员对行政处罚只是建议，最终做出决定的是行政执法部门。但是，行政处罚的多少，是否要给予行政处罚，给予什么样的行政处罚，很大程度上取决于安全生产监督管理人员。另外，针对很多轻微的安全生产违法，不需要实施行政处罚，可由安全生产监督管理人员代表行政执法部门当场予以纠正或者要求限期改正。因此，安全生产监督管理人员对安全生产违法行为有处理权，一方面表现在直接的处理，另一方面表现在间接的建议。

在实际操作中，对检查中发现的生产经营单位及其有关人员的安全生产违法行为，能够立即纠正的，如违章指挥或者违章操作，未按照要求佩戴、使用劳动防护用品等，负有生产监督管理职责的部门有权当场予以纠正；对难以立即纠正的，如未建立安全生产责任制、未按要求建立安全生产管理机构、安全生产资金投入不到位等，有权要求生产经营单位在一定的限期内改正；同时，对依法应当给予行政处罚的行为，有权依照本法和其他有关法律、行政法规的规定作出行政处罚决定。其他有关法律、行政法规，既包括其他有关安全生产的法律、行政法规，如《矿山安全法》《消防法》《建筑法》《煤炭法》《煤矿安全监察条例》《危险化学品安全管理条例》等，也包括《行政处罚法》等专门规定行政处罚程序的法律、行政法规。对安全生产违法行为应当给予的行政处罚的种类、幅度等实体性内容，根据《安全生产法》和其他有关安全生产的法律、行政法规的规定确定；实施行政处罚的具体程序，还要依据《行政处罚法》等法律、行政法规的规定。

（5）正确处理事故隐患，防止事故发生。根据法律规定，负有安全生产监督管理职责的部门对检查中发现的事故隐患，应当责令立即排除；重大事故隐患排除前或者排除过程中无法保证安全的，应当责令从危险区域内撤出作业人员，责令暂时停产停业或者停止使用；重大事故隐患排除后，经审查同意，方可恢复生产经营和使用。实际上，对生产经营单位的现场检查，由安全生产监督管理人员履行。对于轻微的事故隐患，安全生产监督管理人员可以直接责令立即排除；对于较大严重的事故隐患，可责令立即排除，如立即排除难以做到的，可责令立即从危险区域内撤出作业人员，暂时停产停业或者停止使用，同时向行政执法部门报告。实际如何操作，要根据现场的实际情况确定。需要注意的是，这里的“责令暂时停产停业”只是一种临时性的行政强制措施，而不是正式的行政处罚，因此，不需要经过《行政处罚法》规定的有关程序。重大事故隐患排除后，负有安全生产监督管理职责的部门应当对隐患排除情况和安全生产条件依法进行审查，经审查同意后，才能恢复生产经营或者使用相关的设备、器材等。

（6）依法处理不符合法律法规和标准的有关设施、设备、器材。生产经营单位使用的设施、设备、器材是否符合保障安全生产的国家标准或者行业标准的要求，直接关系到生产经营单位的安全生产。因此，《安全生产法》和其他有关安全生产的法律、行政法规都明确要求生产经营单位使用的设施、设备、器材应当符合保障安全生产的国家标准或者行业标准的要求。根据法律规定，安全生产监督管理部门对有根据认为不符合保障安全生产的国家标准或者行业标准的设施、设备、器材予以查封或者扣押，并应当在15日内依法作出处理决定。在检查中，安全生产监督管理人员发现生产经营单位的设施、设备、器材不符合保障安全生产国家标准或者行业标准的，代表或者建议安全生产监督管理部门对其实施采取查封或者扣押措施。查封或者扣押后，经调查确认，该实施行政处罚的，依法实施行政处罚；该移送其他执法部门处理的，及时移送其他执法部门处理。赋予安全生产监督管理部门这项职权，是为了防止生产经营单位继续使用不能保障安全生产的设施、设备和器材，给安全生产造成威胁。查封主要适用于不可移动的设施、设备及器材等。采取查封措施的，未经允许，生产经营单位不得擅自启用。当然，采取查封、扣押措施要慎重，其适用对象只能是“有根据认为不符合保障安全生产的国家标准或者行业标准的设施、设备、器材。”什么是“有根据”，实践中应当视具体情况而定。例如，对属于“三无”产品的设备、器材以及其他不需要检验、检测就可以发现其不符合有关保障安全生产的国家标准或者行业标准的设施、设备、器材等，当然属于“有根据”；对于需要检验、检测后才能判断其是否符合要求的设施、设备、器材等，应当以检验、检测的结果来确定是否属于“有根据”。安全生产监督管理部门采取查封、扣押措施后，应当根据实际情况，在15日内依法作出相应的处理决定：对设备、器材等，能够修理、更换的，责令予以修理、更换；不能修理、更换的，予以没收或者销毁；对于有关设施，能够整改的，责令整改，不能整改的，责令停产停业；需要给予行政处罚的，依法作出处罚决定。总之，一要作出处理，不能不了了之；二要及时处理，不能一再拖延。

（7）依法处理违法生产、储存、使用、经营的危险化学品以及用于违法生产、使用危险化学品的原材料、设备。对违法生产、储存、经营、使用危险化学品的场所，有权予以查封；对违法生产、储存、经营、使用的危险化学品以及用于违法生产、使用危险化学品的设备、原材料等，有权予以扣押。这里所讲“查封”，是指安全生产监督管理部门对违法生产、储存、经营、使用危险化学品的场所以张贴封条或者必要措施封存起来，未经安全生产监督管理部门同意，任何单位或者个人不得启封、动用。这里所讲“扣押”，是指安全生产监督管理部门对违法生产、储存、经营、使用的危险化学品以及用于违法生产、使用危险化学品的设备、原材料等运到另外的场所予以扣留。这里所讲“违法”，是指不符合有关法律、行政法规、规章规定和国家标准、行业标准的要求。安全生产监督管理部门实施查封、扣押权，必须经本部门主要负责人批准。安全生产监督管理部门对查封的违法生产、储存、经营、使用危险化学品的场所，以及扣押的违法生产、储存、经营、使用的危险化学品以及用于违法生产、使用危险化学品的设备、原材料等，应当尽快查明违法行为的事实证据，依法吊销或者暂扣证照，或者依法作出行政处罚。

(8) 依法实施停止供电、停止供应民用爆炸物品行政强制执行。安全生产监督管理部门依法对存在重大事故隐患的生产经营单位作出停产停业、停止施工、停止使用相关设施或者设备的决定后，生产经营单位拒不执行，有发生生产安全事故的现实危险的，在保证安全的前提下，经本部门主要负责人批准，安全生产监督管理部门可以采取通知有关单位停止供电、停止供应民用爆炸物品等措施，强制生产经营单位履行决定。通知应当采用书面形式，有关单位应当予以配合。安全生产监督管理职责的部门依照规定采取停止供电措施，除有危及生产安全的紧急情形外，应当提前二十四小时通知生产经营单位。生产经营单位依法履行行政决定、采取相应措施消除事故隐患的，安全生产监督管理部门应当及时解除前款规定的措施。在采取这项措施时，安全生产监督管理人员必须依据《行政强制法》的规定，严格按照程序进行。

(9) 接受行政监察机关的监督。《中华人民共和国行政监察法》（以下简称《行政监察法》）规定，监察机关是人民政府行使监察职能的机关，依法对国家行政机关、国家公务员和国家行政机关任命的其他人员实施监察。《安全生产法》第六十一条规定，监察机关依照《行政监察法》的规定，对负有安全生产监督管理职责的部门及其工作人员履行安全生产监督管理职责实施监察。这是与《行政监察法》有关规定的衔接。安全生产监督管理人员是国家公务员，应当自觉接受监察机关的监督。

(10) 及时报告事故。发生生产安全事故后，及时报告事故既是安全生产监督管理部门的职责，也是每个安全生产监督管理人员的应尽职责。不论通过何种途径知道事故发生，安全生产监督管理人员都应当及时报告，不得与生产经营单位相互勾结，隐瞒不报、谎报或者拖延不报。

(11) 参加安全事故应急救援与事故调查处理。发生生产安全事故，安全生产监督管理人员应当积极参与政府及其有关部门组织的应急救援，服从应急救援领导机构和指挥部门的指挥，协助政府做好人员的疏散工作及其他相关工作。服从政府及其有关部门的安排，积极参与事故调查工作。

(12) 忠于职守，坚持原则，秉公执法。《安全生产法》第五十八条规定：“安全生产监督检查人员应当忠于职守，坚持原则，秉公执法。安全生产监督检查人员执行监督检查任务时，必须出示有效的监督执法证件；对涉及被检查单位的技术秘密和业务秘密，应当为其保密。”这是对安全生产监督检查人员应当具备的道德素质和执行监督检查任务时应当遵守的义务的规定。安全生产监督检查人员是依法对生产经营单位执行有关安全生产法律、法规情况进行监督检查的具体实施者，肩负着重要的职责。首先要求安全生产监督管理人员应当具备相应的道德素质。第一，忠于职守。这是安全生产监督检查人员应当具备的最基本的道德素质。忠于职守，是指安全生产监督检查人员应当充分认识自己肩负的重大职责，对工作尽职尽责，积极、主动、认真、谨慎地依法履行各项安全生产监督检查职责，完成各项工作任务。既不能不履行职责，对生产经营单位存在的安全生产问题不闻不问，也不能视职责为儿戏，马马虎虎，敷衍了事，使监督检查流于形式。否则，因失职、渎职而造成生产安全事故的，应当依法承担相应的法律责任；构成犯罪的，还要依法追究其刑事责任。第二，坚持原则。坚持原则，是指安全生产监督检查人员依法履行监督检查职责时，在是与非、对与错、合法与违法等原则问题上要旗帜鲜明，不能含糊，不能动摇，不能让步。要始终坚持把国家和人民的利益放在首位，把维护法律的权威和尊严放在首位，过好“权力关”、“人情关”、“利益关”，顶住可能来自各个方面的压力和形形色色的诱惑，对监督检查中发现的有关安全生产问题，坚决依法处理；未得到处理的，绝不放过。第三，秉公执法。秉公执法，是指安全生产监督检查人员履行监督检查职责时，对一切生产经营单位，都应当不折不扣、不偏不倚地执行有关安全生产的法律、法规，公正无私，不徇私情。首先，必须严格按照有关法律、法规和国家标准、行业标准规定的安全生产条件，认真对生产经营单位涉及安全生产的事项进行审查。无论涉及任何单位，符合条件就予以批准，不符合条件的决不批准；其次，在监督检查中发现生产经营单位存在安全问题的，必须严格依照法律规定予以处理，不能徇私枉法，使大事化小，小事化了。同时，处理问题要公正、合理。

另外，安全生产监督检查人员执行监督检查任务时，应当出示有效监督执法证件，并保守生产经营单位的有关技术秘密和业务秘密。这是安全生产监督检查人员执行监督检查任务时必须遵守的义务。

（13）法律、行政法规规定的其他职责。

第五节　安全生产监督管理的方式

安全生产监督管理的方式多种多样，包括监督检查、实施许可、行政强制、专项整治等，综合来说，大体可以分为事前、事中和事后三个阶段。事前监管主要体现在实施安全许可，包括建设项目“三同时”准入等。事中监管主要体现在日常监督检查、采取现场处理措施、采取行政强制措施、实施行政处罚和行政复议等。事后监管主要体现在事故后的应急救援及调查处理、责任追究等。

一、实施安全许可

实施安全许可，严把安全准入关，是安全生产事前监督管理的主要方式。实施安全许可体现在有关安全生产许可事项的审批，包括安全生产许可证、经营许可证，以及生产经营单位主要负责人安全资格证、安全管理人员安全资格证、特种作业人员操作资格证等的审批颁发。

1. 企业安全资质许可

对于矿山、建筑施工单位和危险化学品生产、经营、储存单位等高风险行业，法律规定安全生产监督管理部门和有关部门按照法定的职责对其从事生产经营活动实施资质准入，不符合安全生产条件的，不予颁发资质证书，禁止其从事生产经营活动。这类资质许可有煤矿安全生产许可证核发、非煤矿山安全生产许可证核发、建筑施工单位安全生产许可证核发、危险化学品安全生产许可证核发、危险化学品经营许可证核发、危险化学品安全使用许可证核发、烟花爆竹安全生产许可证核发、烟花爆竹经营（批发、零售）许可证核发、非药品类易制毒化学品生产、经营许可证核发、职业安全卫生许可证核发等。

2. 安全设施“三同时”准入

建设项目的安全设施应当与主体工程同时设计、同时施工、同时投入生产或者使用，是保证建设项目投入生产或者使用达到安全生产目标的关键，也是防止建设项目投入生产或者使用后存在安全隐患的重要手段。法律明确规定建设项目的安全设施必须与主体工程做到“三同时”，安全生产监督管理部门和有关部门按照法定职责对新建、改建、扩建的建设项目的安全设施“三同时”情况进行监督检查，建设项目的安全设施未经审查同意的，建设项目不得施工；建设项目的安全设施未经竣工验收的，建设项目不得投入生产或者使用。此外，《中华人民共和国职业病防治法》（以下简称《职业病防治法》）等法律、法规规定建设项目职业卫生设施也必须与主体工程同时设计、同时施工、同时投入生产或者使用，安全生产监督管理部门对建设项目职业卫生设施“三同时”的情况进行监督检查。这类建设项目“三同时”行政许可有煤矿建设项目安全设施设计审查，非煤矿山建设项目安全设施设计审查，危险化学品生产、储存企业建设项目安全条件审查、安全设施设计审查等，建设项目职业病危害预评价报告审核，建设项目职业病防护设施设计审查等。

3. 安全资质认定

对一些从事安全生产、职业卫生的技术服务机构，法律规定应当由机构提出申请，经法定的行政许可部门对其从业条件进行审查。符合条件的，准予其从事相关服务活动。目前实施安全资质认可的涉及评价、检测、检验、咨询以及应急救援救护等领域，主要有安全生产检测检验机构资质认可、安全评价机构资质认可、职业卫生技术服务机构资质认可等。

4. 安全资格认定

安全资格认定主要适用于需要较高水平的安全知识、技能和能力的专业技术人员。法律规定对这些特殊人员的从业资格设定的准入条件，符合法定条件的才能任职或者从业。目前实施安全资格准入的人员涉及特殊作业人员以及有关服务人员等。

5. 安全审批

除了上述安全许可外，对于某些安全事项实施行政审批，也是安全生产监督管理部门和有关部门实施安全生产监督管理的重要方式之一。法律规定由安全生产监督管理部门和有关部门实施安全事项审批的有矿山闭坑、尾矿库废弃、危险化学品的运输、储存和处置以及消防、文化、娱乐、商贸、教育、旅游等场所、设施、设备及周边环境的安全事项，如烟花爆竹燃放等。

二、监督检查

对各类生产经营单位，无论是已取得安全事项许可或者安全许可的生产经营单位，还是其他高危生产经营单位实施动态的日常监督检查，是安全生产监督管理部门和有关部门的法定职责。日常的监督检查主要有3种方式：计划执法、整改复查、专项整治。

1. 计划执法

计划执法要求各级安全生产监督管理部门和有关部门了解现状，自己有多少人员、多少装备、辖区内有多少生产经营单位，各个生产经营单位的安全状况如何，据此制定详细的执法计划，执法部门依据执法计划制定执法方案来进行执法，做到有计划的执法。

执法工作计划应当包括监管的对象、时间、次数、主要事项、方式和职责分工等内容。针对某个生产经营单位及其工作场所实施监督检查时，可以按照执法工作计划编制具体的现场检查方案，包括重点监督检查的内容和事项，如是否依法取得安全生产许可、从业人员是否安全培训合格，相关人员是否取得安全资格，安全投入是否符合规定等。安全生产监督管理部门和有关部门严格按照年度安全生产执法工作计划、现场检查方案进行监督检查，以避免执法的随意性和盲目性。

2. 整改复查

在执法过程中会发现许多问题，安全生产监督管理部门和有关部门提出整改意见后，生产经营单位是否已经整改，整改到什么程度，是否达到安全生产条件，必须在规定时间内进行复查。具体需要整改的时间，由安全生产监督管理部门和有关部门根据问题的大小、整改难易程度等因素决定。对逾期未整改、治理或者整改、治理不合格的，应当依法给予行政处罚，并依法提请县级以上地方人民政府按照规定的权限决定关闭。通过这样的方式促进生产经营单位加强安全生产工作。

3. 专项整治

针对某些比较突出的危害进行专门的整治。如某一阶段，煤矿瓦斯突出事故或者瓦斯事故比较严重，对其进行瓦斯专项整治。或者某一阶段，如非煤矿山的尾矿库比较危险，导致事故较多，则开展尾矿库专项整治。通过有针对性的专项整治，加大企业的安全生产改进力度，达到安全生产的目的。说明的是，在专项整治活动中，安全生产监督管理部门和有关部门主要起督促作用，加强这方面的重点监督检查，其目的是督促生产经营单位整治这方面的隐患，符合安全生产条件和要求。

三、采取现场处理措施

安全监管部门在现场监督检查过程中，发现生产经营单位存在安全生产违法行为或者事故隐患的，应当依法采取下列现场处理措施，制止非法违法行为，消除事故隐患。现场处理措施是日常监督检查工作中最常用的方式。具体的现场处理措施以及现场处理措施的实施对象、实施权限，都应当遵循相应的法律规范。根据有关安全生产法律法规的规定，可以当场决定采用的现场处理措施，主要有以下8种形式。

1. 责令停止违法行为

这项现场处理措施对发现的各种安全生产非法违法行为均适用，是一项可以适用于各种主体、各种违法行为的现场处理措施。实际上，不论采用何种其他现场处理措施，都应当首先责令当事人停止非法违法行为。个别法律法规规定，实施这类现场处理措施的同时，给予相应的行政处罚。

2. 责令改正

责令改正可以分为责令立即改正和责令限期改正两种情况。个别法律法规规定，实施这两种现场处理措施的同时，给予相应的行政处罚。

（1）责令立即改正。个别法律法规中用当场予以纠正，意思相同。这项现场处理措施主要是针对监督检查中发现的一般的、轻微的并且能够立即进行纠正的违法行为。譬如，发现建筑工人未戴安全帽，即可责令其当场戴上安全帽。

（2）责令限期改正。这项现场处理措施主要是针对监督检查中发现的需要一定时间方可改正、尚不够行政处罚的较严重违法行为。安全生产法律法规未对期限作出具体规定，这要由现场监督检查人员根据需要改正的违法行为的情况来具体判断并决定改正期限的长短。各种违法行为整改的难易程度不同，需要整改的期限也不同。

3. 责令限期达到要求

这项现场处理措施与责令限期改正的意思基本相同，但稍有差别。这项现场处理措施主要是针对监督检查中发现的需要一定时间方可改正的较大事故隐患。除了限期改正外，还要达到规定的要求。安全生产法律法规未对期限作出具体规定，这要由现场监督检查人员根据需要改正的安全隐患或者违法行为的情况来具体判断并决定改正期限的长短。

4. 责令立即排除事故隐患

这项现场处理措施主要是针对监督检查中发现的轻微的、能够立即消除的一般事故隐患。

5. 责令立即停止作业（施工）

这项现场处理措施主要是针对监督检查中发现作业或者施工场所存在重大事故隐患或者违法行为。如不采取现场处理措施，可能就导致严重后果。譬如，现场监督检查人员发现煤矿井下使用非专用升降器提升人员时，应当责令立即停止作业。个别法律法规规定，实施这种现场处理措施的同时，给予相应的行政处罚。

6. 责令立即停止使用

这项现场处理措施主要是针对监督检查中发现存在重大问题的设施、设备、器材、仪表、防护用品等。如不采取现场处理措施，可能就导致严重后果。个别法律法规规定，实施这种现场处理措施的同时，给予相应的行政处罚。

7. 责令从危险区域撤出作业人员

这项措施是针对现场监督检查发现存在重大事故隐患排除前或者排除过程中无法保证安全的，应当责令从危险区域内撤出作业人员。这项措施往往与责令暂时停产停业、停止建设、停止施工或者停止使用一起使用。

8. 责令暂时停产停业、停止建设、停止施工或者停止使用

这项现场处理措施主要是针对监督检查中发现存在重大事故隐患排除前或者排除过程中无法保证安全的，应当责令暂时停产停业、停止建设、停止施工或者停止使用。“暂时”的期限，由现场监督检查人员根据事故隐患的大小和排除的难易程度，视情况决定。这项措施与责令从危险区域撤出作业人员一起使用。

（1）责令暂时停止生产。这项措施是针对生产单位存在重大事故隐患所采取的。对一般事故隐患，应当责令立即排除。

（2）责令暂时停止经营。这项措施是针对经营单位存在重大事故隐患所采取的。对一般事故隐患，应当责令立即消除。

（3）责令暂时停止使用。这项措施是针对生产经营单位违法使用安全设施、设备、

器械、工具或者其存在重大安全缺陷、隐患所采用的。

（4）责令暂时停止建设。这项措施是针对建设单位存在重大事故隐患所采取的。

（5）责令暂时停止施工。这项措施是针对施工单位存在重大事故隐患所采取的。

四、采取行政强制措施

行政强制措施，是指行政机关在实施行政管理的过程中，依法对公民的人身自由暂性限制，或者对公民、法人或者其他组织的财产实施暂时性控制的措施。行政强制措施主要有冻结、扣押、查封、划拨、扣缴、强制许可等。

在安全生产领域，法律对实施行政强制措施的范围作出了严格的规定。譬如，生产经营单位工作场所使用的设施、设备和器材不符合安全生产要求，如果不立即停止使用，可能马上就要发生生产安全事故。但如果生产经营单位不停止使用，《安全生产法》赋予执法部门对有根据认为不符合安全生产国家标准或者行业标准的在用设施、设备、器材，可以先行采取强制措施，予以查封或者扣押，并在作出查封、扣押决定之日起 30 日内再依法作出处理决定。安全生产监督检查部门决定查封、扣押后，应当在 30 日作出以下处理决定：

（1）能够处理、更换的，责令予以修理、更换；不能修理、更换的，不准使用。

（2）依法采取其他行政强制措施或者现场处理措施。

（3）依法给予行政处罚。

（4）经核查予以查封、扣押的设施、设备、器材符合国家标准或者行业标准的，解除查封、扣押措施。

五、采取行政强制执行

行政强制执行，是指行政机关依法作出行政决定后，当事人在行政机关决定的期限内不履行义务的，具有行政强制执行权的行政机关依照规定强制执行，行政机关没有行政强制执行权的，申请人民法院强制执行。

依据《安全生产法》的规定，安全生产监督管理部门和有关部门依法对存在重大事故隐患的生产经营单位作出停产停业、停止施工、停止使用相关设施或者设备的决定，生产经营单位应当依法执行，及时消除事故隐患。生产经营单位拒不执行，有发生生产安全事故的现实危险的，在保证安全的前提下，经本部门主要负责人批准，安全生产监督管理部门和有关部门可以采取通知有关单位停止供电、停止供应民用爆炸物品等措施，强制生产经营单位履行决定。

六、实施行政处罚

实施行政处罚是安全生产监督管理部门和有关部门依法履行职责的重要方式之一，主要针对比较严重的非法违法行为所采取的监督管理方式。在安全生产领域，安全生产监督管理部门和有关部门实施行政处罚的对象主要有 3 类：

（1）生产经营单位。生产经营单位是安全生产的责任主体，法律对生产经营单位的惩罚很大，如发生特别重大生产安全事故对其的惩罚达到 300 万～500 万元，严重的还可以吊销执照、关闭。

（2）生产经营单位主要负责人及相关人员。生产经营单位安全生产状况的好坏关键是企业的主要负责人，生产经营单位主要负责人重视安全，生产经营单位的安全状况就好。因此，在法律中加大了对生产经营单位主要负责人的处罚。除了主要负责人外，安全生产管理人员、特种作业人员等对搞好安全生产工作也很关键，法律对这些人员也作出了相应规定。

（3）安全生产中介机构及相关人员。从事安全评价、检测、检验、认证、培训的中介机构及相关人员对保障安全生产提供重要的技术服务。它们的服务需要进行规范，法律对安全生产中介机构作出了相应规定。

七、调查和处理事故

发生生产安全事故后，安全生产监督管理部门和有关部门依法对其调查处理，是安全生产事后监督的重要手段。《安全生产法》《海上交通安全法》《道路交通安全法》《消防法》和《生产安全事故报告和调查处理条例》《煤矿安全监察条例》《铁路交通事故应急救援和调查处理条例》《特种设备安全监察条例》等法律、行政法规对事故调查的原则、程序等作出了明确规定。按照“四不放过”和“科学严谨、依法依规、实事求是、注重实效”的原则，规范事故调查处理，严肃查处事故者，从以下几个方面开展工作：

（1）查明事故原因、性质及责任，并提出防范措施督促企业落实、整改。

（2）查清事故责任对相关人员进行责任追究。从行政、民事、刑事 3 方面来追究相关责任。

（3）通过事故宣传教育一批人，教育企业如何防范事故，教育群众如何提高安全意识。

（4）严肃查处事故责任单位和责任人员，对事故责任单位和主要负责人依法实施罚款，对有关责任人员给予行政处分，直至追究刑事责任。同时，通过事故案例加大宣传的力度，形成一个安全生产的氛围。

（5）修订完善相关法律法规和标准。通过事故剖析，明确哪些不完善、哪些需要改进，依此修订完善相关的法律法规。

第五章 安全生产监督检查和现场处理程序

第一节 监督检查的程序

一、计划执法的程序

安全生产监督管理部门按照年度安全生产执法工作计划、现场检查方案对生产经营单位作业现场进行监督检查，是安全生产监督管理部门履行法定职责的主要方式。根据监督检查的内容不同，可以分为重点监督检查、专项监督检查和日常监督检查3种类型。根据监督检查的对象不同，可以分为行为监察和技术监察两种方式，行为监察主要是监督检查生产经营单位安全生产的组织管理、规章制度建设、从业人员教育培训、安全生产责任制的实施等工作。其目的和作用在于提高生产经营单位各级管理人员和从业人员的安全意识，落实各项安全措施，对违章操作、违反劳动纪律的不安全行为，严肃纠正和处理，主要对象是生产经营单位及其从业人员的行为。技术监察主要是对物质条件的监督检查，包括对新建、扩建、改建和技术改造工程项目的“三同时”监察，对用人单位现有防护措施与设施完好率、使用率的监察，对个人防护用品的质量、配备与作用的监察，对危险性较大的设备、危害性较严重的作业场所和特殊工种作业的监察等。技术监察的特点是专业性强，技术要求高，主要从设备的本质安全入手。

对作业场所的监督检查，一般程序包括：

（1）根据年度执法工作计划，制定详细的现场监督检查方案。方案要有针对性，必须明确检查重点、检查路线、检查方法、检查人员及职责等。

（2）做好监督检查前的准备。召开有关会议，通知生产经营单位，具体落实监督检查方案等。

（3）进行监督检查。包括两个方面：一是监督检查生产经营单位的合法性和各项制度建设及落实情况等。如检查有关许可证的持证情况，有关会议记录，安全生产管理机构及安全管理人员配备情况，安全投入及安全费用提取使用等。二是作业现场检查。对生产经营单位的作业场所，特别是重点区域、重点场所实施检查。

（4）完成检查笔录等文书资料。检查完毕后，必须按照执法文书的要求，完成相关检查笔录资料，并请被检查单位签字确认。被检查单位拒绝签字的，要求相关证明人员确认或者采取其他方法，并把情况记录在案。

（5）提出意见或建议。检查完毕后，与被检查单位交换意见，提出检查出的问题，并提出相应的整改意见或建议。

（6）针对存在的事故隐患和违法行为，依照规定采取相应现场措施或者依法给予处罚，发出《整改指令书》《处罚决定书》等。

二、整改复查的程序

在执法过程中会发现安全生产违法行为或者事故隐患，安全生产监督管理部门提出整改意见后，生产经营单位是否已经整改，整改到什么程度，是否达到安全生产条件，必须在规定时间内进行复查。复查整改主要是针对安全生产监督管理部门采取现场处理措施后，对生产经营单位的整改情况进行复查。

一般程序包括：

（1）下达责令限期改正或者限期消除事故隐患现场处理决定书。生产经营单位被责令限期改正或者限期进行隐患排除治理的，应当在规定限期内完成。

（2）受理生产经营单位提出的复查验收申请。安全生产违法行为改正或者事故隐患消除后，生产经营单位应当向安全生产监督管理部门提出复查验收申请，申请可以在规定期限届满之日提出，也可以在规定期限届满之前提出。对于生产经营单位提出的申请，一般情况下，安全生产监督管理部门应当受理。因不可抗力无法在规定限期内完成的，生产经营单位应当在进行整改或者治理的同时，于限期届满前10日内提出书面延期申请，安全监管监察部门应当在收到申请之日起5日内书面答复是否准予延期。准予延期的，规定新的期限完成整改。

（3）组织复查验收。生产经营单位提出复查申请或者整改、治理限期届满的，安全监管监察部门应当自申请或者限期届满之日起10日内进行复查。复查完成后，详细填写复查意见书，由被复查单位和安全监管监察部门复查人员签名后存档。

（4）作出处理决定。复查验收结束后，根据复查意见书的结论，有两种情况：第一种情况，生产经营单位改正了安全生产违法行为或者消除了事故隐患，则安全生产监督管理部门不再作任何处理决定，相关资料归档。第二种情况，生产经营单位逾期未整改、未治理或者整改、治理不合格的，安全监管监察部门依法给予罚款、责令停产整顿等行政处罚。

三、专项整治的程序

在某一阶段，针对某些比较突出的危害或者事故多发的行政领域，由政府或者政府部门，如安全生产监督管理部门或者其他部门牵头进行专项整治。专项整治的特点是阶段性、专项性。

一般程序包括：

（1）制定方案。根据专项整治的目的，由安全生产监督管理部门或者其他部门牵头制定专项整治方案。专项整治方案要明确整治的时间，即什么时候开始，什么时候结束，整治的领域和重点，整治的方式，整治的保障措施等。

（2）宣传发动。专项整治的关键是生产经营单位，要利用各种方式宣传专项整治方案，让生产经营单位主要负责人及相关人员了解专项整治的内容、重点。同时，安全生产监督管理部门或者其他部门也可逐一落实方案的具体内容。

（3）专项整治。根据专项整治方案，生产经营单位具体落实责任人员，制定相应措施、重点整治方案确定的内容。

（4）监督检查。安全生产监督管理部门或者其他部门，根据法律、法规、规章和国家标准或者行业标准的规定，对生产经营单位开展专项整治的情况进行监督检查，以督促生产经营单位整治存在的各类事故隐患，符合安全生产条件和要求。监督检查的方式可以采用全面检查，也可以采用重点抽查。

（5）总结。专项整治结束后，生产经营单位、安全生产监督管理部门或者其他部门要对专项整治情况进行总结，为下次开展专项整治提供借鉴。

第二节　现场处理的程序

一、责令停止违法行为的程序

这项现场处理措施对发现的各种安全生产非法违法行为均适用，是一项可以适用于各种主体、各种违法行为的现场处理措施。实际上，不论采用何种其他现场处理措施，都应当首先责令当事人停止非法违法行为。个别法律法规规定，实施这类现场处理措施的同时，给予相应的行政处罚。

对现场监督检查中发现的相关安全生产违法行为，监管执法人员应当按照下列程序责令停止违法行为：

（1）当场确定并指明违法行为。

（2）责令生产经营单位停止违法行为。

（3）当场下达责令停止违法行为的指令。

（4）根据违法行为情形，依法决定是否给予行政处罚。

二、责令改正的程序

责令改正可以分为责令立即改正和责令限期改正两种情况。个别法律法规规定，实施这两种现场处理措施的同时，给予相应的行政处罚。现场监督检查人员根据需要改正的违法行为的情况来具体决定改正期限的长短。

对现场监督检查中发现的相关安全生产违法行为，监管执法人员应当按照下列程序责令改正：

（1）当场确定并指明违法行为。

（2）责令生产经营单位停止生产经营或者停止违法行为。

（3）当场下达责令立即改正或者限期改正的指令。

（4）根据违法行为情形，依法决定是否给予行政处罚。

（5）对整改情况进行验收，或者根据生产经营单位的申请进行整改验收。

（6）对验收不合格的，依法决定行政处罚。

三、责令限期达到要求的程序

这项现场处理措施与责令限期改正的意思基本相同，但稍有差别。这项现场处理措施主要是针对监督检查中发现的需要一定时间方可改正的较大事故隐患。除了限期改正外，还要达到规定的要求。安全生产法律法规未对期限作出具体规定，这要由现场监督检查人员根据需要改正的安全隐患或者违法行为的情况来具体判断并决定改正期限的长短。

安全生产监督管理部门对现场检查时发现的事故隐患，应当按照下列程序采取现场处理措施：

（1）当场确定并指明事故隐患，要求生产经营单位负责人或者相关人员到场确认，并要求生产经营单位制定相应的整改措施。

（2）对一般事故隐患，作出并下达事故隐患整改指令。

（3）对重大事故隐患，作出并下达事故隐患整改指令。同时，视情况决定是否下达挂牌督办指令或者全部、局部停产停业治理的命令。

（4）复查事故隐患治理情况，酌情作出处理决定。

四、责令立即排除事故隐患的程序

这项现场处理措施主要是针对监督检查中发现的轻微的、能够立即消除的一般事故隐患。

安全生产监督管理部门对现场检查时发现的一般事故隐患，应当按照下列程序采取现场处理措施：

（1）当场确定并指明事故隐患，要求生产经营单位负责人或者相关人员到场确认，并要求生产经营单位制定相应的整改措施。

（2）作出并下达事故隐患整改指令。

（3）复查事故隐患治理情况，酌情作出处理决定。

五、责令立即停止作业（施工）的程序

这项现场处理措施主要是针对监督检查中发现作业或者施工场所存在重大事故隐患或者违法行为。如不采取现场处理措施，就可能导致严重后果。譬如，现场监督检查人员发现煤矿井下使用非专用升降器提升人员时，应当责令立即停止作业。个别法律法规规定，实施这种现场处理措施的同时，给予相应的行政处罚。

安全生产监督管理部门对现场检查时发现的事故隐患或者违法行为，应当按照下列程序采取现场处理措施：

（1）当场确定并指明存在的重大事故隐患或者违法行为，要求生产经营单位负责人或者相关人员到场确认。

（2）进一步调查确认，存在的重大事故隐患或者违法行为，如不采取措施，可能导致严重后果。

（3）作出并下达责令立即停止作业（施工）指令。

（4）对重大事故隐患，作出并下达事故隐患整改指令。同时，视情况决定是否下达挂牌督办指令或者全部、局部停产停业治理的命令。

（5）对重大违法行为，依法决定行政处罚。

（6）复查事故隐患治理情况，酌情作出处理决定。

六、责令立即停止使用的程序

这项现场处理措施主要是针对监督检查中发现存在重大问题的设施、设备、器材、仪表、防护用品等。如不采取现场处理措施，就可能导致严重后果。个别法律法规规定，实

施这种现场处理措施的同时，给予相应的行政处罚。

安全生产监督管理部门对现场检查时发现存在的问题，应当按照下列程序采取现场处理措施：

（1）当场确定并指明存在重大问题的设施、设备、器材、仪表、防护用品等，要求生产经营单位负责人或者相关人员到场确认。

（2）作出并下达立即停止使用指令。

（3）复查存在的问题，酌情作出处理决定。

七、责令从危险区域撤出作业人员的程序

这项措施是针对现场监督检查发现存在重大事故隐患排除前或者排除过程中无法保证安全的，应当责令从危险区域内撤出作业人员。这项措施往往与责令暂时停产停业、停止建设、停止施工或者停止使用一起使用。

安全生产监督管理部门对现场检查时发现存在重大事故隐患，应当按照下列程序采取现场处理措施：

（1）当场确定并指明生产经营单位存在重大事故隐患，并要求生产经营单位负责人或者相关人员到场确认。

（2）进一步调查确认，以生产经营单位现有措施和技术能力，在重大隐患排除前或者排除过程中无法保证安全。

（3）作出并下达责令立即停产停业、停止建设、停止施工或者停止使用指令。

（4）作出责令从危险区域撤出作业人员的命令。

（5）作出并下达事故隐患整改指令。同时，视情况决定是否下达挂牌督办指令或者全部、局部停产停业治理的命令。

（6）复查重大事故隐患治理情况，酌情作出处理决定。

八、责令暂时停产停业、停止建设、停止施工或者停止使用的程序

这项现场处理措施主要是针对监督检查中发现存在重大事故隐患排除前或者排除过程中无法保证安全的，应当责令暂时停产停业、停止建设、停止施工或者停止使用。“暂时”的期限，由现场监督检查人员根据事故隐患的大小和排除的难易程度，视情况决定，一般不超过6个月。这项措施与责令从危险区域撤出作业人员一起使用。

安全生产监督管理部门对现场检查时发现存在重大事故隐患，应当按照下列程序采取现场处理措施：

（1）当场确定并指明生产经营单位存在重大事故隐患，并要求生产经营单位负责人或者相关人员到场确认。

（2）进一步调查确认，以生产经营单位现有措施和技术能力，在重大隐患排除前或者排除过程中无法保证安全。

（3）作出并下达责令立即停产停业、停止建设、停止施工或者停止使用的指令。

（4）作出责令从危险区域撤出作业人员的命令。

（5）作出并下达事故隐患整改指令。同时，视情况决定是否下达挂牌督办指令或者全部、局部停产停业治理的命令。

(6) 复查重大事故隐患治理情况，酌情作出处理决定。

第三节　现场处理与行政处罚的区别

现场处理与行政处罚存在以下区别：

(1) 适用的依据不同。安全生产法律、法规、规范针对不同行为和情形，对采用现场处理措施还是实施行政处罚作出了不同的规定，依据不同则决定查处的措施不同。

(2) 适用的对象和情形不同。现场处理主要是针对生产经营作业现场人员操作、现场管理以及情节轻微并且能够当场纠正的违法行为。行政处罚针对的是各种比较严重的违法行为或者存在重大事故隐患或者不安全因素拒不整改以及情节严重的违法行为。

(3) 适用的程序不同。现场处理可由监管执法人员当场决定并执行，程序简便快捷。行政处罚则依照法定程序决定并执行，程序相对复杂。

(4) 惩罚的力度不同。现场处理的惩罚力度较轻，以现场纠错、警示教育为主。行政处罚的惩罚力度较重。

(5) 法律后果不同。采用现场处理措施后，只要当事人及时改正违法行为，则不再实施行政处罚，通常不产生行政复议或者行政诉讼。行政处罚带有惩罚性和可救济性，当事人将受到惩罚性的处理和追究；如其不服行政处罚，尚可通过申请行政复议或者提起行政诉讼的方式进行行政救济。

第六章 安全生产行政处罚适用及自由裁量

第一节 行政处罚的基本原则

一、行政处罚法定原则

《行政处罚法》规定："公民、法人或者其他组织违反行政管理秩序的行为，应当给予行政处罚的，依照本法由法律、法规或者规章规定，并由行政机关依照本法规定的程序实施。没有法定依据或者不遵守法定程序的，行政处罚无效。"行政处罚法定原则包括以下几方面的主要内容或者基本要求。

（一）行政处罚设定法定

实施行政处罚的行为要合法，首先必须是有关设定处罚的规范要合法。设定行政处罚权不是任何国家机关都可以享有的权力，只有法律、法规和规章的制定机关才享有行政处罚设定权，其他国家机关不能创设行政处罚事项和制度。

（二）实施行政处罚的主体合法

实施行政处罚的主体合法包括主体性质合法及职权合法。

1. 主体性质合法

实施行政处罚，必须由具有行政处罚权的机关或者组织作出，即主体性质合法。一是行政机关或者组织本身要合法，即行政机关或者组织有法定的行政处罚权。二是行政机关或者组织授权或委托要合法，即行政机关或者组织本身没有处罚权，但通过合法的授权或者委托取得行政处罚权。三是执法人员要合法，即行政执法人员通过培训，取得法定资格。

2. 职权合法

实施行政处罚，必须由相应职权的机关或者组织作出，即职权合法。一是行政机关或者组织具有法定的职权。法定的职权来自法律法规或者"三定"规定。二是行政机关或者组织不越权，即不超越行使职权的界限，包括地域、手段、程度等。三是不滥用职权。在行政活动中，有些事项该考虑的，没有考虑；不该考虑的，考虑了。或者出于不正当目的，武断专横或者反复无常。

（三）实施行政处罚的依据合法

实施行政处罚，必须有法律法规依据，即依据要合法。一是有事实根据。事实是基础，有违法行为才有处罚。这里讲的事实，是指被证据证明了的事实，即法律事实。没有证据证明了的事实，不是法律事实。证据在诉讼活动中十分重要，有人称之为诉讼之王，同样，在行政活动中也是处于主导地位。因此，依法行政要有强有力的证据意识。在行政活动中，一定要注意证据的采集工作。证据具有"三性"，即关联性、真实性、合法性。

证据的种类也很多，要注意证据的收集。二是对违法行为处罚适用的法律法规正确。包括适用的法律法规文件正确、条款正确以及符合层级效力原则。三是结果要客观、合理、公正、公平。公正、公平是市场经济对政府的要求。处罚要客观、合理，符合自由裁量原则。同等情况，同等对待；不同情况，不同对待；比例规则；过罚相当；遵循先例，前后一致等。

（四）实施行政处罚的程序合法

实施行政处罚，必须符合法定程序，即程序要合法。行政处罚有严格的程序，《行政处罚法》对行政处罚的简易程序、一般程序、听证程序以及处罚决定作出后的执行有明确的规定。

二、行政处罚公正公开原则

《行政处罚法》规定："行政处罚遵循公正、公开的原则。"公正、公开是依法行政的基本原则。行政处罚涉及行政相对人的权益，必须做到公正、公开。

（一）行政处罚的依据公开

所谓行政处罚的依据，就是指行政处罚机关或者组织据以认为相对人行为违法和应当给予何种行政处罚的规定或法律依据，这些适用于具体场合时，即为该具体的行政处罚的法律依据。《行政处罚法》规定："对违法行为给予行政处罚的规定必须公布；未经公布的，不得作为行政处罚的依据。"因此，设定等于行政处罚的法律、法规和规章必须公开。除法律、法规和规章以外，其他可能影响行政处罚实施的规范性文件也应当公开。

（二）行政处罚公开

相对人由于违法行为需要给予行政处罚，该处罚的适用程序和适用内容及结果等都应公开。主要包括以下内容：一是身份公开，即执法人员在执法调查及处罚相对人时，应当明确告知相对人执法人员的身份。二是行政机关在作出行政处罚决定之前，应当告知被处罚人作出行政处罚决定的事实、理由及依据，并告知相对人依法享有的陈述、申辩权以及申请举行听证的权利等。三是所有行政处罚决定必须公开。

（三）行政处罚的设定和适用应当平等对待，没有偏袒

一是相同情况相同对待，不同情况区别对待。二是公平对待违法者与受害人。行政处罚案中，往往都有受害人，受害人与违法行为人是矛盾的双方，行政处罚的设定与适用涉及双方的权益，应当给予公平的对待。三是保障被处罚人的陈述、申辩、听证、复议与诉讼的权利。四是行政处罚机关与被处罚人没有利害关系，公正无私。《行政处罚法》规定："执法人员与当事人有直接利害关系的，应当回避。"这是利害关系的一种形式。

三、行政处罚过罚相当原则

过罚相当原则的基本含义与《刑法》中的罪刑相适应原则相同，是指设定与适用行政处罚，必须使处罚后果与违法行为相适应，不能重过轻罚或轻过重罚。《行政处罚法》规定："设定和实施行政处罚必须以事实为依据，与违法行为的事实、性质、情节以及社会危害程度相当。"

（1）设定行政处罚的种类幅度时，应当根据所要处罚的违法行为的性质、情节、后果等来适当或者"均衡"设定，使立法所规定的处罚轻重与该类或该种危害性相适应。

（2）适用行政处罚时，应当根据违法行为的危害程度适当选择适用的行政处罚。行政机关在具体适用法律对特定对象进行处罚时，应当根据违法行为的程度与危害程度，选择相应的或者相当的处罚措施；法律规定或认可的从轻、减轻、从重情节，适用处罚时也必须予以考虑，并在处罚结果上表现出来。

（3）设定与适用行政处罚时应当坚持一事不再罚原则。

四、处罚与教育相结合原则

《行政处罚法》规定："实施行政处罚，纠正违法行为，应当坚持处罚与教育相结合，教育公民、法人或者其他组织自觉守法。"处罚与教育相结合的原则，是指设定与适用行政处罚既要体现对违法行为者的惩罚或制裁，又要贯彻教育违法人自觉守法的精神。行政处罚是对违法人的惩罚或制裁，但是，惩罚并不是行政处罚的唯一内容，也不是最终目的。适用行政处罚不应当是一个简单的"开罚单"过程，行政机关应当在说服教育的基础上实施处罚，让被处罚人认识到自己行为的危害性与违法性及承担责任的必然性。《行政处罚法》规定："行政机关在作出行政处罚决定之前，应当告知当事人作出行政处罚决定的事实、理由及依据。"这种规定不仅是被处罚人知情权的保障问题，也是教育被处罚人的性质。处罚本身就是一种教育形式，它是通过承担不利后果这一事实教育违法人，并通过此事教育他人。另外，在行政处罚制度中有许多体现教育的功能，如规定对不满14周岁的虽然不予行政处罚，但仍应责令监护人加以管教。对于认识到自己错误，主动消除或减轻违法行为危害后果的，或者能够配合行政机关查处违法行为有立功表现的，应当从轻或减轻处罚。这些，都体现处罚与教育相结合的精神。

五、权利保障原则

设定与实施行政处罚应当保障被处罚相对合法权利，不得剥夺、限制或侵犯相对人的合法权利。《行政处罚法》规定："公民、法人或者其他组织对行政机关所给予的行政处罚，享有陈述权、申辩权；对行政处罚不服的，有权依法申请行政复议或者提起行政诉讼。公民、法人或者其他组织因行政机关违法给予行政处罚受到损害的，有权依法提出赔偿要求。行政机关在作出行政处罚决定之前，应当告知当事人作出行政处罚决定的事实、理由及依据，并告知当事人依法享有的权利。当事人有权进行陈述和申辩。行政机关必须充分听取当事人的意见，对当事人提出的事实、理由和证据，应当进行复核；当事人提出的事实、理由或者证据成立的，行政机关应当采纳。行政机关不得因当事人申辩而加重处罚。行政机关作出责令停产停业、吊销许可证或者执照、较大数额罚款等行政处罚决定之前，应当告知当事人有要求举行听证的权利；当事人要求听证的，行政机关应当组织听证。当事人不承担行政机关组织听证的费用。"

被处罚人权利包括：知情权、陈述权、申辩权、听证权、复议权、诉讼权及行政赔偿请求权等。这些权利有两个特征：一是程序性的权利，而不是实体权利。二是与行政处罚机关的处罚权相对应"平衡"的一种，即对抗权利。行政机关应当为相对人提供行使这些权利的机会和形式，包括告知相对人享有这些权利，遵守并保障他们能够行使这些权利，对于相对人行使这些权利所涉及的事实与证据应当核实和采纳等。

六、一事不再罚原则

行政处罚实施中对当事人的同一个违法行为，一个或者多个行政机关多次处以罚款的行政处罚，既不符合法理，又会出现重复处罚即“一事二罚”的问题。为了规范行政处罚，防止滥施行政处罚权，我国《行政处罚法》第二十四条规定：“对当事人的同一个违法行为，不得给予两次以上罚款的行政处罚。”据此，一事不再罚原则可以界定为，对行为人的同一违法行为，不得给予两次以上同类（罚款）处罚。一个行政机关不得对同一个违法行为多次罚款，其他行政机关不得对已经实施罚款的同一个违法行为再次罚款。但是如果一个违法行为，同时违反了两个以上的法律法规规定，可以分别按照违反的法律进行处罚，但处罚的结果可以在一定范围内折算。

第二节　行政相对人的权利

为了保证行政处罚活动的合法、适当，规范行政处罚实施机关及其工作人员的行政执法活动，防止行政违法和滥施行政处罚权，切实保障行政相对人的合法权利，《行政处罚法》赋予行政相对人5项权利。

1. 陈述权

当行政处罚实施机关对行政相对人实施行政处罚时，行政相对人有权如实陈述与行政处罚相关的事实、情节。行政处罚实施机关应当告知并保证行政相对人行使陈述权，不得以任何理由和借口剥夺、阻止行政相对人行使陈述权。

2. 申辩权

行政相对人对行政处罚实施机关给予的行政处罚的违法事实认定、证据提取、适用法律和行政处罚种类、幅度持有异议的，有权为自己辩解并提出证据，要求行政处罚实施机关予以调查核实。行政处罚实施机关应当对行政相对人申辩的事实、证据和理由予以调查核实，依法作出给予或者不予行政处罚的决定。

3. 复议权

在行政处罚实施过程中难免会出现一些行政违法行为，为了保证行政处罚的正确实施，纠正行政处罚实施机关的错误，必须给予行政相对人法律救济的权利和途径。为此，国家制定了《中华人民共和国行政复议法》（以下简称《行政复议法》），赋予行政相对人申请行政复议的权利。公民、法人或者其他组织认为具体行政行为侵犯其合法权益，有权向行政机关提出行政复议申请，复议机关应当依法受理行政复议、作出行政复议决定。为了保障行政相对人的复议权，《行政处罚法》规定，公民、法人或者其他组织对行政处罚不服的，有权依法申请行政复议。

4. 诉讼权

作出行政处罚具体行政行为，其行政机关或其上一级行政机关依法作出行政复议决定后，行政相对人不服的，仍然有权向人民法院提起行政诉讼，维护自己的合法权利。《中华人民共和国行政诉讼法》（以下简称《行政诉讼法》）规定，公民、法人或者其他组织认为行政机关和行政机关工作人员的具体行政行为侵犯其合法权益，有权依照本法向人民法院提起诉讼。行政诉讼既可以由行政相对人直接向人民法院提起，也可以经行政复议后再向人民法院提起，但法律规定不得提起行政诉讼的除外。因此，《行政处罚法》规定，公民、法人或者其他组织对行政处罚不服的，有权依法提起行政诉讼。

5. 索赔权

一些行政处罚实施机关及其工作人员违法实施行政处罚，侵犯了行政相对人合法权益，造成其人身损害和经济损失。依照《中华人民共和国国家赔偿法》（以下简称《国家赔偿法》）的规定："国家机关和国家机关工作人员行使职权，有本法规定的侵犯公民、法人和其他组织合法权益的情形，造成损害的，受害人有依照本法取得国家赔偿的权利。"行政机关在行使职权时有《国家赔偿法》规定的侵犯受害人的人身权和财产权的情形之一的，受害人有取得赔偿的权利，行政机关应当依法给予行政赔偿。《行政处罚法》第六条第二款规定："公民、法人或者其他组织因行政机关违法给予行政处罚受到损害的，有权依法提出赔偿要求。"

第三节　行政处罚的适用原则

一、行政处罚适用的一般规定

行政处罚的适用是处罚实施主体对违法案件具体运用《行政处罚法》规范实施处罚的活动。行政处罚是一项专业性极强的行政管理手段，因而必须在适用过程中遵循相应的规则，正确地实施行政处罚，为此，《行政处罚法》设定了行政处罚适用一章，对行政处罚的适用规则作了详细的规定。

1. 应受处罚的构成要件

应受处罚的构成要件是指某种行为受到行政处罚所必须具备的条件，它是实施行政处罚时必须加以确认的。具体的构成要件：①必须已经实施了违法行为。违法事实已经客观存在，不能将行为人主观想象或者计划设想当作违法行为。②违法行为属于违反行政法规范的性质，行政处罚只能针对违反行政法规范的行为。③实施违法行为的人是具有责任能力的行政管理相对人。受到行政处罚的相对人是公民、法人和其他组织，其中法人和其他组织都是具有责任能力的责任主体，可以适用行政处罚，而对于公民则必须是达到责任年龄、具备责任能力的，才能实施处罚。因此，《行政处罚法》规定：不满14周岁的人有违法行为的，不予行政处罚；精神病人在不能辨认或者不能控制自己行为时有违法行为的，不予行政处罚。④依法应当受到处罚。相对人有违法行为存在，但因有些违法行为可能尚未达到受处罚的程度，或者因法律有特别规定而不应给予处罚的，行政机关不能对其实施行政处罚，只有法律明确规定应受到处罚的违法行为，才能适用行政处罚。

2. 从轻或减轻处罚

从轻处罚是指在行政处罚的法定种类和幅度内，适用较轻的种类或者处罚的下限给予处罚，但不能低于法定处罚幅度的最低限度。减轻处罚是指在法定处罚幅度的最低限以下给予处罚。根据《行政处罚法》的规定，从轻或减轻处罚适用以下情况：①已满14周岁不满18周岁的人有违法行为的；②主动消除或者减轻违法行为危害后果的；③受他人胁迫有违法行为的；④配合行政机关查处违法行为有立功表现的；⑤其他依法从轻或者减轻行政处罚的。

3. 不予处罚的规定

不予处罚是指行为人虽然实施了违法行为，但由于具有特定的情形而不给予处罚。《行政处罚法》规定有下列情形的不予处罚：①不满 14 周岁的人有违法行为的；②精神病人在不能辨认或者不能控制自己行为时有违法行为的；③违法行为轻微并及时纠正，没有造成危害后果的。

4. 行政处罚的追诉时效

行政处罚的追诉时效是指对违法行为人追究责任，给予行政处罚的有效期限。如果超出这个期限，则不再实施行政处罚。《行政处罚法》第二十九条规定："违法行为在二年内未被发现的，不再给予行政处罚。法律另有规定的除外。前款规定的期限，从违法行为发生之日起计算；违法行为有连续或者继续状态的，从行为终了之日起计算。"连续状态是指行为人连续实施数个同一种类的违法行为，如 1 个月内，每天都在销售盗版光盘。继续状态是指一个违法行为在时间上的延续，如制作盗版光盘先后花了 15 天的时间。追诉时效为 2 年，属一般规定，如果法律有特别规定的，则依法律规定。

5. 适用上的其他问题

（1）对未成年人的适用。未成年人处于发育期，生理和心理尚未成熟，不能独立地控制、辨别自己的行为的合法性，可能会实施违反行政管理秩序的违法行为。针对未成年人的特点，法律规定不满十四周岁的人有违法行为的，不予行政处罚，责令监护人加以管教；已满十四周岁不满十八周岁的人有违法行为的，从轻或者减轻行政处罚。

（2）对精神病人的适用。精神病人在不能辨认或者不能控制自己行为时有违法行为的，不予行政处罚，但应当责令其监护人严加看管和治疗。间歇性精神病人在精神正常时有违法行为的，应当给予行政处罚。

（3）案件移送。《行政处罚法》第二十二条规定："违法行为构成犯罪的，行政机关必须将案件移交司法机关，依法追究刑事责任。"在行政机关查处违反行政管理秩序的违法行为时，发现违法行为涉嫌构成犯罪的，除依法实施行政处罚之外，应当依法将案件移送具有管辖权的司法机关，追究刑事责任。行政机关不得"以罚代刑"。

（4）责令改正规则。《行政处罚法》第二十三条规定："行政机关实施行政处罚时，应当责令当事人改正或者限期改正违法行为。"

（5）罚刑可相抵规则。《行政处罚法》第二十八条规定："违法行为构成犯罪，人民法院判处拘役或者有期徒刑时，行政机关已经给予当事人行政拘留的，应当依法折抵相应刑期。违法行为构成犯罪，人民法院判处罚金时，行政机关已经给予当事人罚款的，应当折抵相应罚金。"

二、行政处罚法律规定的适用

正确、合理地适用相关法律规定，是安全生产监督管理部门和安全监管执法人员实施行政处罚的难点和重点。

（1）对于同一个违法行为违反不同法律、行政法规或者部门规章规定的，在适用具体法律条文时必须遵循以下 3 条原则：

①优先适用法律效力高的规定的原则。譬如，对于非煤矿山建设工程安全设施设计未经审查的安全生产违法行为，《安全生产法》有相关规定，非煤矿山建设工程安全设施设

计审查和竣工验收办法也有相关规定，则适用具体法律条文要选择《安全生产法》的规定。

②法律效力相同，属于特别规定的优先适用的原则。譬如，对于非煤矿山生产经营单位从业人员未经安全教育培训合格上岗作业的安全生产违法行为，《安全生产法》有相关规定，《矿山安全法》有相关规定，则适用具体法律条文要选择《矿山安全法》的规定。

③法律效力相同，生效时间在后的优先适用的原则。譬如，对于煤矿生产经营单位从业人员未经安全教育培训合格上岗作业的安全生产违法行为，《煤矿安全监察条例》有相关规定，《国务院关于预防煤矿生产安全事故的特别规定》也有相关规定，则适用具体法律条文要选择《国务院关于预防煤矿生产安全事故的特别规定》的规定。

（2）法律、行政法规或者部门规章规定应当先予责令改正或者责令限期改正的，应当先予书面责令当事人在规定期限内予以改正；当事人逾期不改正的，再依法决定行政处罚。

（3）法律、行政法规或者部门规章规定的多种处罚应当并处的，不得选择适用；规定可以并处的，可以选择适用。

（4）法律、行政法规或者部门规章明确规定的处罚种类可以单处也可以并处的，可以选择适用，但应分清主罚项和次罚项。

（5）法律、行政法规规定应当先予没收物品、没收违法所得，再作其他处罚的，不得直接选择适用其他处罚。

（6）法律、行政法规或者部门规章已经规定处罚种类的，实施自由裁量权时，不得改变行政处罚种类。

（7）法律、行政法规或者部门规定罚款幅度的，其罚款额不得高于法律、行政法规或者部门规章规定数额的上限，也不得低于其规定数额的下限。

第四节 安全生产行政处罚的自由裁量

一、正确行使自由裁量权的基本要求

1. 符合立法目的

任何一部法律规范都是基于统治阶级的某种利益需求或者统治阶级要追求的某种目的而制定的。实现立法是规范政府执法活动的最基本要求，不仅是满足立法利益需求的最直接途径，也是调整社会关系、稳定社会秩序的重要方式。行使自由裁量要符合立法目的，不得违背立法的本意。

2. 合法、合理

行政处罚要做到行政执法合法性和合理性的统一。特别要考虑必要性原则。使用“最不激烈手段”或者“最温和手段”。要考虑比例原则或平衡原则。任何干涉措施所造成的损害应轻于达成目的所获得的利益，才具有合法性。要求目的与手段之间保持比例，不致行政机关为了实现行政目的而造成公民利益的过度伤害。行使自由裁量既要合法，更要合理。

3. 公平、公正

公平、公正、公开是法所追求的价值。公平要求行政主体以法律法规为依据，平等地对待利害各方当事人。公正就是在行使自由裁量权要出于公心，做到“相同情况相同处理，不同情况不同处理”。行使自由裁量要保证公平、公正。

4. 善意、合乎情理

善意，就是行使自由裁量权是要出于善良的意愿，出于维护法律的权威，维护保障人民的利益。合乎情理，就是行使自由裁量权时，要合乎人们的正常思维，是出于一个正常人的通常考虑而做出的行为。

5. 过错与惩罚相当

行政处罚应当与违法行为的事实、性质、情节以及社会危害程度相当，特别是要与事实要件、情节轻重、行为时限相当。行使自由裁量权并不等于不要事实根据，随意自由裁量。认定事实是基础。因此，要实事求是、客观、公正地认定违法事实的存在，在认清事实的基础上，根据情节轻重、行为时限，选择相应的自由裁量标准。

6. 教育与惩罚相结合

对违法行为以教育为主，处罚为辅，轻微违法行为提倡批评教育，责令整改。对确存在重大违法行为的，予以重罚。体现“安全发展”理念和“以人为本”、构建“和谐社会”时代主题。

二、安全生产行政处罚自由裁量的适用

为了正确、合理地行使安全生产行政处罚自由裁量权，国家安全生产监督管理总局制定出台了《安全生产行政处罚自由裁量标准》。安全生产监督管理部门和安全监管执法人员行使自由裁量权时，遵循以下规则。

(1) 同一法律规定实施某个违法行为应当（可以）处以罚款的行政处罚确定的，按照《安全生产行政处罚自由裁量标准》对其罚款幅度予以细化，给予相应的行政处罚。

(2) 同一法律规定实施某个违法行为应当（可以）处以不同种类（包括警告、没收违法所得、暂扣或者吊销许可证等）的行政处罚的，按照《安全生产行政处罚自由裁量标准》给予相应种类的行政处罚。

(3) 同一法律规定实施某个违法行为根据情节轻重不同处以不同行政处罚的，按照《安全生产行政处罚自由裁量标准》确定的情节给予相应种类的行政处罚。

(4) 生产经营单位及其有关人员违反不同的法律规定，或者违反同一条款的不同违法情形，有两个以上应当给予行政处罚的违法行为的，应当适用不同的法律规定或者同一法律条款规定的不同违法情形，分别裁量。

三、安全生产行政处罚自由裁量的基准原则

《安全生产行政处罚自由裁量标准》结合安全生产违法行为的不同形态，根据实施行政处罚的相关法律规定，确定了 7 项裁量基准原则，供安全生产监督管理部门及安全监管执法人员实施行政处罚自由裁量时参考。

1. 违法所得的裁量基准

对于法律、行政法规和部门规章中规定按照违法所得数额处以罚款的条款，按照违法

所得的多少，划分不同的处罚档次。具体裁量时，分为违法所得固定数额和按照违法所得的倍数处以罚款两种情形分别设定。

2. 事故或者职业危害程度的裁量基准

对于法律、行政法规和部门规章中规定事故责任者处罚的条款，按照不同的事故等级和行为、情节等因素，划分不同的处罚档次。对于职业危害的处罚，借鉴卫生部门有关处罚细化的规定，按照建设项目职业病危害轻重程度，划分不同的处罚档次。

3. 项目投资额的裁量基准

对于法律、行政法规和部门规章中规定建设项目违法的条款，按照建设项目的投资额度大小，划分不同的处罚档次。

4. 违法行为期限的裁量基准

对于法律、行政法规和部门规章中明确规定申请许可证的有关手续办理期限或者周期的条款，按照违法行为的逾期长短，划分不同的处罚档次。

5. 违法行为方式的裁量基准

对于法律、行政法规和部门规章中规定不同违法行为方式或者程度明显不同、可以分解的违法行为的条款，通过具体细化和分解相应的违法行为方式或者危害程度，划分不同的处罚档次。

6. 违法行为当事人数量的裁量基准

对于法律、行政法规和部门规章中明确规定负责人、安全生产管理人员、从业人员等当事人的教育培训、持证上岗、配发劳动防护用品等的条款，按照当事人的数量多少，划分不同的处罚档次。具体裁量时，分为固定人数标准和按照比例确定人数标准两种情形分别设定。

7. 构成违法行为的场所、设备等构成要素的裁量基准

对于法律、行政法规和规章中没有可以按照构成要素作为裁量标准的条款，通过细化违法行为的发生频次、违法设备数量安全投入数额、违法行为内容等构成要素的数量作为具体量化的标准，划分处罚幅度或者不同档次。

第五节　安全生产行政处罚的特殊适用

在实施行政处罚过程中，有时会出现一些特殊、复杂情况的法律适用问题。《行政处罚法》《安全生产违法行为行政处罚办法》《安全生产行政处罚自由裁量适用规则》等法律、法规和规章对此作出了相关规定。

一、从轻或者减轻处罚

《行政处罚法》对从轻或者减轻给予行政处罚的情形作出了明确规定。为体现安全生产行政处罚“宽严适度”的原则，安全生产立法对从轻或者减轻作出了相关规定。从轻处罚是指在法定同一行政处罚种类及其幅度内，实施较轻或者最轻的行政处罚，但不得低于法定处罚幅度的下限。减轻处罚是指在应当依法给予行政处罚种类的基础上，降低一个及一个以上档次实施行政处罚，不予处罚除外。当事人有下列情形之一的，应当依法从轻或者减轻处罚：

（1）已满 14 周岁不满 18 周岁的公民实施安全生产违法行为的。

（2）主动消除或者减轻安全生产违法行为危害后果的。

（3）受他人胁迫实施安全生产违法行为的。

（4）配合安全监管执法机关查处安全生产违法行为，有立功表现的。

（5）主动投案，向安全监管执法机关如实交待自己的违法行为的。

（6）具有法律、行政法规规定的其他从轻处罚情形的。

二、从重或者加重处罚

《行政处罚法》对从重或者加重给予行政处罚的情形并没有作出明确规定。为体现安全生产行政处罚“宽严适度”的原则，对严重违法行为或者屡次违法行政，应当给予从重或者加重处罚。从重处罚是指在法定同一行政处罚种类及其幅度内，实施较重或者最重的行政处罚，但不得高于法定处罚幅度的上限。加重处罚是指在应当依法给予行政处罚种类的基础上，加重一个及一个以上档次实施行政处罚，但不得突破法定的行政处罚种类。当事人有下列情形之一的，应当依法从重或者加重处罚：

（1）危及公共安全或者其他生产经营单位及其人员安全，经责令限期改正，逾期未改正的。

（2）一年内因同一种安全生产违法行为受到两次以上行政处罚的。

（3）拒不整改或者整改不力，其违法行为处于持续状态的。

（4）拒绝、阻碍或者以暴力威胁行政执法人员的。

（5）在处置突发事件期间实施安全生产违法行为的。

（6）隐匿、销毁违法行为证据的。

（7）违法行为情节恶劣，造成人身死亡（重伤、急性工业中毒）或者严重社会影响的。

（8）故意实施违法行为的。

（9）对举报人、证人打击报复的。

（10）未依法排查治理事故隐患的。

（11）发生生产安全事故后逃匿或者瞒报、谎报的。

（12）非法从事生产经营活动造成生产安全事故的。

（13）具有法律、行政法规规定的其他从重处罚情形的。

三、不予处罚

《行政处罚法》对责任主体不适、违法行为轻微等不予行政处罚的情形作出了明确规定。结合安全生产行政处罚实际，安全生产立法对不予处罚的情形作出了相应的规定。当事人有下列情形之一的，不予处罚：

（1）证据不足，安全生产违法事实不能成立的。

（2）安全生产违法行为轻微并及时纠正，没有造成危害后果的。

（3）不满 14 周岁的公民实施安全生产违法行为的。

（4）精神病人在不能辨认或者不能控制自己行为时实施安全生产违法行为的。

（5）安全生产违法行为在两年内未被发现的，法律另有规定的除外。

（6）具有法律、行政法规、部门规章规定的其他情形的。

四、没收违法所得

违法所得，是指违法取得的财物，主要是财产形式。我国诸多行政法律和刑事法律都有没收违法所得的处罚，但在法学界和行政执法、司法实践中，对违法所得的内涵和外延没有统一的、权威的规定。如何界定安全生产违法行为中的违法所得，是安全监管执法机关和行政执法人员正确实施行政处罚的基础。这里要注意行政执法中的违法所得与司法实践中的违法所得的区别。行政执法中的违法所得，通常是指实施违法行为所取得的总收入，包括钱币、财物等，不扣除成本。司法实践中的违法所得，通常是指实施违法行为扣除合理成本后的总收入，包括钱币、财物等。安全生产违法所得按照下列规定计算：

（1）生产、加工产品的，以生产、加工的产品及其销售收入作为违法所得。

（2）销售商品的，以销售收入作为违法所得。

（3）提供安全生产中介、租赁等服务的，以服务收入或者报酬作为违法所得。

（4）销售收入无法计算的，按照当地同类同等规模的生产经营单位的平均销售收入计算。

（5）服务收入、报酬无法计算的，按照当地同行业同种服务的平均收入或者报酬计算。

违法所得数额的计算，是以上列各种收入的实际数额为准，不扣除违法者事前投入的各项成本。因为设定没收违法所得行政处罚的立法精神和目的，就是要对违法者实施经济（财产）上的处罚，加大其违法的成本和代价，所以不扣除所谓的各种“合理成本（投入）”。

五、合并处罚

合并处罚是对同一违法责任主体实施多个违法行为、适用多个法条，合并作出行政处罚的具体行政行为。《行政处罚法》没有对合并处罚问题直接作出规定。为提高效率、简化程序，依法加大违法责任主体的处罚，国家安全生产监督管理总局制定的《安全生产违法行为行政处罚办法》等部门规章对合并处罚作出了相应规定。这里要注意行政执法中的合并处罚与司法实践中的合并惩罚有所不同。行政执法中的合并处罚，通常是指实施各个违法行为应当受的行政处罚相互叠加，罚款由累加计算。司法实践中的合并惩罚，通常是指实施各个违法行为应当受的惩罚综合考虑后给予一个适当加重的惩罚，不是简单的相互叠加。

1. 同一违法责任主体

合并处罚的违法责任主体应当是同一个生产经营单位、同一个安全生产中介机构或者同一个责任人员，实施一个或者两个以上违反安全生产法律条文并且应当受行政处罚的行为，可以依法对其各个行为分别裁量，一并作出行政处罚。对不同的违法责任主体的多个违法行为的行政处罚，不适用合并处罚。

2. 违反的法律条文不同

违法责任主体实施多个违法行为，违反了多个安全生产法律条文应当受两个以上行政处罚的，可以合并处罚。譬如，矿山的建设项目安全设施未履行竣工验收程序，同时从业人员未经培训合格上岗作业，就涉及违反两个法律条文的违法行为，可以合并处罚。

3. 实施的违法行为不同

违法责任主体实施多个不同违法行为的，可能违反同一法律条文的不同情形，也可能违反两个以上法律条文，可以合并处罚。譬如，发生生产安全事故后，生产经营单位主要负责人不立即组织事故抢救，又在事故调查处理期间擅离职守的，就涉及违反同一法律条文的两个违法情形，可以合并处罚。

4. 适用的法律规定不同

这种情形等同于违反的法律条文不同。通常指，对同一违法责任主体实施的多个违法行为，涉及不同的法律规定，则按照不同的法律规定分别裁量，在一个行政处罚决定中作出合并处罚。

5. 合并处罚的程序

对于合并处罚，原则上适用单处行政处罚的程序，即对于多个违法行为不需要分别立案、分别报批、分别调查，而是简化立案调查和审查决定的程序，合并立案、一并调查、综合裁量、一次报批、一纸文书。

六、一事不二罚

《行政处罚法》第二十四条规定："对当事人的同一个违法行为，不得给予两次以上罚款的行政处罚。"这就是实施行政处罚必须遵循的"一事不二罚"原则。对于"一事不二罚"应当从以下几方面予以把握。

1. 必须是同一违法责任主体

"一事不二罚"的违法责任主体必须是同一个生产经营单位、同一个安全生产中介机构或者同一个责任人员。

2. 必须是同一违法行为

在同一违法责任主体的前提下，适用罚款的行政处罚必须是针对同一违法行为。如果对同一生产经营单位的不同违法行为，依照不同法律条文实施两次以上罚款，则不属于"一事不二罚"。这里需注意，同一违法行为通常是指某一时间、某一地点的违法行为，不同时间、不同地点的违法行为，可能情形相似，也不得认为是同一违法行为。除非有特别说明，一定时间内持续违法，等同于一次违法。

3. 一个部门不得处以两次以上的罚款

对于同一违法责任主体的同一违法行为，根据安全生产法律法规规定应当处以罚款时，一个部门只能处以一次罚款的行政处罚，不得连续两次以上对此实施罚款的行政处罚。

4. 多个部门不得各处以一次以上的罚款

综合安全生产监督管理部门和专项安全生产监督管理部门在履行各自的职责时，如果都发现了同一违法责任主体的同一违法行为并且都有处罚权，只能由一个部门处以罚款。在具体把握上，可以采取两种方式：

（1）由首先发现违法行为的部门罚款。哪个部门首先发现违法责任主体的违法行为，应当由其依法决定处以罚款，并将行政处罚的情况及时通报有关部门，以免有关部门发现同一违法责任主体的同一违法行为重复罚款。

（2）由商定的部门罚款。两个以上对同一违法责任主体的同一违法行为均有行政处罚权的部门可以商定由其中一个部门处以罚款，但是不能依据各自不同的法律条文对同一违法责任主体的同一违法行为各处一次以上的罚款。

第六节　行政处罚的审核审查

一、自由裁量的审核

建立行政处罚自由裁量审核制度，是保证正确行使行政处罚自由裁量权的关键，也是一项规范行政处罚行为的事前监督措施。对某类安全生产违法行为需要实施行政处罚自由裁量前，通过对行政处罚自由裁量情况的审核，可以避免自由裁量适用不当情况，以保证行政处罚公正、公平、合理，从而有效防止和减少行政复议和行政诉讼。

1. 审核的内容

这里所讲“审核”，主要是指审查拟实施的行政处罚自由裁量，是否综合考量了违法的事实、性质、手段、后果、情节和改正措施等因素，是否正确、适当地确定行政处罚的种类、幅度。除当场行政处罚外，对于一般行政处罚，待案件调查终结后，案件承办人员应当对拟作出行政处罚的种类和幅度提出建议，并说明行使自由裁量权的事实、理由和依据。案件审核的内容：存在的违法事实及相关证据材料，违法的性质、手段，造成的不良后果，是否存在从轻或者从重的情节，采取哪些改正措施等。案件审核人员或者审核委员会通过审核达到两个目的：一是确定行政处罚的种类是否合适，即是处以罚款，还是给予暂扣或者吊销证照；二是确定行政处罚的幅度是否合适，即罚款多少，暂扣证照的期限长短。

2. 审核的程序

案件承办人员提出行政处罚的种类和幅度建议后，案件审核人员应当对处罚依据、额度等提出审核意见，并将审核意见报送主管领导或者本机关负责人审查决定。案件审核人员应当熟悉安全生产法律法规和程序。这里讲的案件审核人员主要指部门内设机构的负责人。有条件的安全监管执法机关，案件审核应当由负责法制工作的机构人员担任。对于已经成立行政处罚案件审核委员会的安全监管执法机关，案件审核人员提出的审核意见要报案件审核委员会审查决定。另外，对安全生产违法行为给予从轻或者从重处罚的自由裁量结果，应当由安全监管执法机关的负责人集体讨论决定。

二、行政处罚的备案审查

建立行政处罚的备案审查制度，是规范和加强行政处罚权行使的重要措施，也是一项规范行政处罚行为的一种事后监督措施。通过对行政处罚案件的备案审查，一是可以促进行政处罚案件的归档，加强案件管理；二是可以及时发现行政处罚存在哪些不足和问题，便于今后改进行政处罚工作；三是可以发现行政处罚工作的好经验和好做法，通过推广交流，促进行政执法人员积极学法，提高行政执法水平。行政处罚案件的备案审查是一项专业性的工作，由各级安全监管执法机关负责法制工作的机构负责。负责法制工作的机构要对各类安全生产行政处罚案件的实体内容、执法程序、自由裁量的合法性、适当性以及相关证据进行事后审查，并定期对行政执法案卷进行复查和监督。

第七章　安全生产行政处罚程序及实施

第一节　安全生产行政处罚的种类

一、行政处罚设定原则

法律可以设定各种行政处罚。限制人身自由的行政处罚，只能由法律设定。行政法规可以设定除限制人身自由以外的行政处罚。法律对违法行为已经作出行政处罚规定，行政法规需要作出具体规定的，必须在法律规定的给予行政处罚的行为、种类和幅度的范围内规定。地方性法规可以设定除限制人身自由、吊销企业营业执照以外的行政处罚。法律、行政法规对违法行为已经作出行政处罚规定，地方性法规需要作出具体规定的，必须在法律、行政法规规定的给予行政处罚的行为、种类和幅度的范围内规定。部门规章可以在法律、行政法规规定的给予行政处罚的行为、种类和幅度的范围内作出具体规定。尚未制定法律、行政法规的，部门规章对违反行政管理秩序的行为，可以设定警告或者一定数量罚款的行政处罚。地方政府规章可以在法律、法规规定的给予行政处罚的行为、种类和幅度的范围内作出具体规定。尚未制定法律、法规的，地方政府规章对违反行政管理秩序的行为，可以设定警告或者一定数量罚款的行政处罚。

二、安全生产行政处罚种类

行政处罚的种类，是行政处罚外在的具体表现形式。根据不同的标准，行政处罚有不同的分类。以对违法行为人的何种权利采取制裁措施为标准，行政法学上通常将行政处罚的种类分为4种：①人身自由罚，即对违法公民的人身自由权利进行限制或剥夺的处罚，如行政拘留、劳动教养等；②行为罚，又称能力罚、资格罚，即以剥夺或限制人的资格为内容的处罚，如责令停产停业、吊销营业执照等；③财产罚，即使被处罚人的财产权利和利益受到损害的行政处罚，如罚款、没收违法所得、销毁违禁物品等；④声誉罚，即对违法者的名誉、荣誉、信誉或精神上的利益造成一定损害的行政处罚，如警告、通报批评、剥夺荣誉称号等。

为了规范行政处罚，《行政处罚法》对最常见的、实施最多的主要行政处罚的种类作了统一的概括性规定，但有关法律、法规和规章针对不同领域设定了多种行政处罚。根据《安全生产法》《矿山安全法》等有关安全生产法律法规，安全生产违法行为行政处罚的种类主要有：

（1）警告。

（2）罚款。

（3）责令改正、责令限期改正、责令停止违法行为。

（4）没收违法所得、没收非法开采的煤炭产品、采掘设备。

（5）责令停产停业整顿、责令停产停业、责令停止建设、责令停止施工。

（6）暂扣或者吊销有关许可证，暂停或者撤销有关执业资格、岗位证书。

（7）关闭。

（8）拘留。

（9）安全生产法律、行政法规规定的其他行政处罚。

注意两点：一是关于责令改正、责令限期改正、责令停止违法行为是行政处罚，还是现场处理措施。目前有两种观点，一种观点认为是行政处罚，因其在法律责任部分描述，如未对从业人员进行安全生产教育培训的，责令改正，逾期未改正的，再给予相应处罚；另一种观点认为是现场处理措施，因其在法律处置部分描述，如发现轻微违法行为，责令改正或者限期改正。因此，法律、行政法规将责令改正、责令限期改正、责令停止违法行为规定为现场处理措施的，按照现场处理措施进行处理；将责令改正、责令限期改正、责令停止违法行为规定为行政处罚种类的，按照行政处罚进行处理，并遵循行政处罚的一般程序规定。安全生产监督管理部门在行政执法中，哪种情形按照行政处罚处理，哪种情形按照现场处理措施处理，要针对具体违法行为，相应的法律法规是如何规定的而确定。

二是安全生产行政处罚有这么多种类，不都由安全生产监督管理部门实施。关闭是最严厉的行政处罚，即取消生产经营资格。鉴于企业破产、职工安置等因素，法律规定由安全生产监督管理部门提请当地人民政府按照规定权限实施。政府作出关闭决定后，有关部门依法吊销相应证照。拘留由公安机关依法作出。除此以外，其他行政处罚都由安全生产监督管理部门依法实施。

第二节　安全生产行政处罚的管辖

行政处罚的管辖，是指行政处罚实施主体之间对违法案件实施行政处罚的权限分工。管辖所要解决的问题，是对一个具体的处罚案件确定由哪个享有处罚权的主体实施处罚。

一、行政处罚管辖的一般原则

1. 职能管辖

行政处罚的职能管辖是依法管理不同事项的行政机关依据各自的法定职权在实施行政处罚上所作的分工。《行政处罚法》第十五条规定：“行政处罚由具有行政处罚权的行政机关在法定职权范围内实施。”

2. 地域管辖

地域管辖又称一般管辖或者属地管辖，它是以违法行为发生地作为确定管辖权的依据，以违法行为发生地的行政机关管辖为一般原则，即违法行为发生在何处，就由当地有行政处罚权的行政机关管辖，这样便于及时发现和查处违法行为。《行政处罚法》第二十条规定：“行政处罚由违法行为发生地的县级以上地方人民政府具有行政处罚权的行政机关管辖。法律、行政法规另有规定的除外。”我国绝大多数行政处罚适用地域管辖。

3. 级别管辖

行政处罚的级别管辖是根据行政机关的级别确定其管辖范围。《行政处罚法》第二十条规定："行政处罚由违法行为发生地的县级以上地方人民政府具有行政处罚权的行政机关管辖。法律、行政法规另有规定的除外。"据此，县级以上人民政府具有行政处罚权的行政机关有权实施行政处罚，县级以下的行政机关无权实施行政处罚。我国行政机关各职能部门的设置大多在县级以上，县级又是我国按区域实行管理较为基层的单位，这些都为行政处罚的实施提供了保障。如果法律、行政法规对级别管辖有特别规定的，应按特别规定进行管辖。

4. 指定管辖

指定管辖主要是由于共同管辖的存在而产生的，两个以上行政机关对同一违法行为均享有行政处罚权时，为共同管辖，而共同管辖的处理规则一般是由行政机关相互协商或按惯例等方式解决，但当异议无法消除，行政机关管辖权发生争议时，应当报请他们共同的上一级行政机关，由上一级行政机关来确定由谁管辖。《行政处罚法》第二十一条规定："对管辖发生争议的，报请共同的上一级行政机关指定管辖。"

二、安全生产行政处罚的管辖

1. 管辖的一般原则

根据《行政处罚法》精神，安全生产行政处罚采用职能管辖和地域管辖相结合，即安全生产违法行为的行政处罚，由安全生产违法行为发生地的县级以上安全生产监督管理部门管辖。另外，考虑到关闭和行政拘留行政处罚的特殊性，规定给予关闭的行政处罚，由县级以上安全生产监督管理部门提请县级以上人民政府按照规定的权限决定。给予拘留的行政处罚，由县级以上安全生产监督管理部门建议公安机关依照《中华人民共和国治安管理处罚法》（以下简称《治安管理处罚法》）的规定决定。

2. 中央企业的管辖

在我国，考虑到中央企业的特殊性，其安全生产的监管工作由设区的市级以上人民政府安全生产监督管理部门负责。为有利于对中央企业安全生产的监管，防止和减少生产安全事故，实行监管与处罚相统一，对中央企业行政处罚的管辖采用别级管辖的原则。因此，中央企业及其所属企业、有关人员的安全生产违法行为的行政处罚，由安全生产违法行为发生地的设区的市级以上安全生产监督管理部门管辖。

3. 有关证照的管辖

按照谁发证、谁负责的原则，对有关证照的行政处罚由发证机关实施。因此，有关安全生产许可证、安全生产中介机构资质证及主要负责人、安全管理人员、特种作业人员资格证等处罚，由负责发证的安全生产监督管理部门管辖。但规章已规定可以委托下级安全生产监督管理部门或者组织实施的，按照规定实施，但法律责任仍由原负责发证的安全生产监督管理部门承担。

4. 管辖权的异议处理

两个以上安全生产监督管理部门因行政处罚管辖权发生争议的，由其共同的上一级安全生产监督管理部门指定管辖。对报告或者举报的安全生产违法行为，安全生产监督管理部门应当受理；发现不属于自己管辖的，应当及时移送有管辖权的部门。受移送的安全生产监督管理部门对管辖权有异议的，应当报请共同的上一级安全生产监督管理部门指定管辖。安全生产违法行为构成犯罪的，安全生产监督管理部门应当将案件移送司法机关，依法追究刑事责任；尚不够刑事处罚但依法应当给予行政处罚的，由安全生产监督管理部门管辖。

5. 管辖权的上下级处理

上级安全生产监督管理部门可以直接查处下级安全生产监督管理部门管辖的案件，也可以将自己管辖的案件交由下级安全生产监督管理部门管辖。下级安全生产监督管理部门可以将重大、疑难案件报请上级安全生产监督管理部门管辖。上级安全生产监督管理部门有权对下级安全生产监督管理部门违法或者不适当的行政处罚予以纠正或者撤销。

6. 乡镇处罚权的委托

《行政处罚法》规定法律、法规授权的具有管理公共事务职能的组织可以在法定授权范围内实施行政处罚。行政机关依照法律、法规或者规章的规定，可以在其法定权限内委托符合本法第十九条规定条件的组织实施行政处罚。行政机关不得委托其他组织或者个人实施行政处罚。委托行政机关对受委托的组织实施行政处罚的行为应当负责监督，并对该行为的后果承担法律责任。受委托组织在委托范围内，以委托行政机关名义实施行政处罚；不得再委托其他任何组织或者个人实施行政处罚。同时，《行政处罚法》第十九条规定受委托组织必须符合以下条件：①依法成立的管理公共事务的事业组织；②具有熟悉有关法律、法规、规章和业务的工作人员；③对违法行为需要进行技术检查或者技术鉴定的，应当有条件组织进行相应的技术检查或者技术鉴定。

安全生产监督管理部门根据需要，可以在其法定职权范围内委托符合《行政处罚法》第十九条规定条件的组织或者乡镇人民政府、城市街道办事处设立的安全生产监管机构实施行政处罚。受委托的单位在委托范围内，以委托的安全生产监督管理部门名义实施行政处罚。委托的安全生产监督管理部门应当监督检查受委托的单位实施行政处罚，并对其实施行政处罚的后果承担法律责任。

第三节　简　易　程　序

行政处罚的简易程序也称当场处罚程序，是指在具备法定条件的情况下，由安全生产监督管理部门及安全监管执法人员当场作出行政处罚的程序。

一、简易程序适用的条件

依照《行政处罚法》的规定，在安全生产领域的违法行为，适用简易程序必须符合的条件包括以下 3 点：

（1）违法事实确凿。该程序适用于对当场发现并能取证的较轻违法行为的情形。

（2）有法定的行政处罚依据。

（3）较小数额的罚款或者警告的行政处罚。仅限于对个人处以 50 元以下的罚款或者警告，对生产经营单位处以 1000 元以下的罚款或者警告的行政处罚。

二、简易程序的步骤

依照《行政处罚法》的规定，简易程序包括以下 5 大步骤：

（1）安全监管执法人员表明身份。

（2）查明违法行为，确认违法事实。

（3）告知当事人处理理由和依据，并听取陈述。安全监管执法人员根据违法行为、事实，拟决定实施当场处罚的，填写行政处罚告知书，告知当事人作出行政处罚决定的事实、理由、依据，以及当事人依法享有的权利，并当场送达当事人。安全监管执法人员应当充分听取当事人的陈述和申辩；对当事人提出的事实、理由和证据，应当进行复核；当事人提出的事实、理由和证据成立的，应当采纳；不得因当事人陈述或者申辩而加重处罚。

（4）当场制作并交付行政处罚决定书。除当事人放弃陈述、申辩权外，安全监管执法人员听取当事人陈述、申辩后，当场作出行政处罚决定书，填写预定格式、编有号码、加盖公章的行政处罚决定书，并当场交付当事人。这里务必填写两名安全监管执法人员的姓名和证件号。

（5）备案。安全监管执法人员当场作出行政处罚决定后，应当及时向所在安全生产监督管理部门报告，并在5日内将有关处罚的材料报所属的安全生产监督管理部门备案归档。

三、救济

当事人对当场作出的行政处罚决定不服的，可以依法申请行政复议或者提起行政诉讼。

第四节 一 般 程 序

一般程序也称普通程序，即作出行政处罚决定应当遵循的正常普通程序。除了当场作出的行政处罚以外，其他行政处罚都适用一般程序的规定。

一、案件时限

根据《行政处罚法》的规定，行政处罚案件一般自立案之日起30日内办理完毕；由于客观原因不能完成的，经安全生产监督管理部门负责人同意，可以延长，但不得超过90日；特殊情况需进一步延长的，应当经上一级安全生产监管监察部门批准，可延长至180日。

二、一般程序

《行政处罚法》和安全生产立法对此作出了明确规定。一般程序包括以下步骤。

1. 立案

立案是实施行政处罚的必经程序。立案是对违法事实初步审查的过程。案件一经立案就必须有结果，其结果不论是否给予行政处罚都要再经过行政机构负责人批准，执法人员不得随意停止办案或者自行销案。立案的案件来源包括：日常监督检查或者抽查中发现、群众举报、有关部门移送、受害人申诉、上级交办等。

生产经营单位及其有关人员在生产经营活动中实施了违反法律、法规、规章，国家标准或者行业标准的行为，有证据表明违法行为存在，不适合当场处罚范畴，并属于本安全生产监督管理部门管辖的，应当进行立案。拟决定立案的，安全监管执法人员应当按照规定向本部门提出立案的建议，填写立案审批表；由主管人员审核同意后报安全生产监督管理部门负责人审批正式立案。经批准立案后，然后可以开始全面、客观公正地进行调查了。对确需立即查处的安全生产违法行为，可以先行调查取证，并在5日内补办立案手续。譬如，在事故调查中，除查找事故发生原因和查明责任外，发现生产经营单位及其有关人员还存在其他违法行为的，可以结合事故调查，查明违法行为及相关事实，补办有关立案手续，再依法实施行政处罚。

2. 调查取证

《行政处罚法》第三十六条规定："除本法第三十三条规定的可以当场作出的行政处罚外，行政机关发现公民、法人或者其他组织有依法应当给予行政处罚的行为的，必须全面、客观、公正地调查，收集有关证据；必要时，依照法律、法规的规定，可以进行检查。"第三十七条规定："行政机关在调查或者进行检查时，执法人员不得少于两人，并应当向当事人或者有关人员出示证件。当事人或者有关人员应当如实回答询问，并协助调查或者检查，不得阻挠。询问或者检查应当制作笔录。行政机关在收集证据时，可以采取抽样取证的方法；在证据可能灭失或者以后难以取得的情况下，经行政机关负责人批准，可以先行登记保存，并应当在七日内及时作出处理决定，在此期间，当事人或者有关人员不得销毁或者转移证据。执法人员与当事人有直接利害关系的，应当回避。"

在安全生产行政执法活动中，具体调查取证步骤包括：

（1）确认承办人员。对于已经立案的案件，由立案审批人指定两名或者两名以上安全监管执法人员进行调查。有下列情形之一的，承办案件的安全监管执法人员应当回避：

①本人是本案的当事人或者当事人的近亲属的。

②本人或者其近亲属与本案有利害关系的。

③与本人有其他利害关系，可能影响案件的公正处理的。

安全监管执法人员的回避，由派出其进行调查的安全生产监督管理部门的负责人决定。进行调查的安全生产监督管理部门负责人的回避，由该部门负责人集体讨论决定。回避决定作出之前，承办案件的安全监管执法人员不得擅自停止对案件的调查。

（2）承办人员进行调查取证。承办人员按照规定制作调查笔录，收集证据，勘查物品。进行案件调查时，安全监管执法人员不得少于两名。这样规定有利于约束安全监管执法人员依法实施调查，便于安全监管执法人员之间相互监督，防止出现非法调查，侵犯当事人合法权益的行为。同时也可以防止当事人诬陷、诬告、贿赂安全监管执法人员。当事人或者有关人员应当如实回答安全生产行政执法人员的询问，并协助调查或者检查，不得拒绝、阻挠或者提供虚假情况。拒绝、阻挠或者提供虚假情况的，依法予以处理。

（3）询问或者检查应当制作笔录。笔录应当记载时间、地点、询问和检查情况，并由被询问人、被检查单位和安全监管执法人员签名或者盖章。被询问人、被检查单位要求补正的，安全监管执法人员应当允许，不得拒绝。被询问人或者被检查单位拒绝签名或者盖章的，安全监管执法人员应当在笔录上注明原因并签名。

（4）安全监管执法人员应当收集、调取与案件有关的原始凭证作为证据。调取原始凭证确有困难的，可以复制，但复制件应当注明"经核对与原件无异"的字样和原始凭证存放的单位及其处所，并由出具证据的人员签名或者单位盖章。

安全监管执法人员在收集证据时，可以采取抽样取证的方法。在证据可能灭失或者以后难以取得的情况下，应当报告本部门负责人，经本部门负责人批准，可以先行登记保存。

对于先行登记保存的，应当在7日内按照下列规定作出处理决定：①违法事实成立依法应当没收的，作出行政处罚决定，予以没收；依法应当扣留或者封存的，予以扣留或者封存；②违法事实不成立，或者依法不应当予以没收、扣留、封存的，解除登记保存。有关行政处罚、行政强制措施按照相关程序执行。

（5）证据做实。安全监管执法人员对与案件有关的物品、场所进行勘验检查时，应当通知当事人到场，制作勘验笔录，并由当事人核对无误后签名或者盖章。当事人拒绝到场的，可以邀请在场的其他人员作证，并在勘验笔录中注明；也可以采用录音、录像等方式记录有关物品、场所的情况后，再进行勘验检查。

3. 处罚告知

处罚告知是必经程序。安全生产监督管理部门在调查取证结束后，拟决定给予行政处罚的，填写行政处罚告知书，依法向当事人告知给予行政处罚的事实、理由和依据，以及当事人依法享有的权利，并送达当事人。如果拟作出吊销证照、责令停产停业等行政处罚以及数额较大罚款的行政处罚，还应当告知当事人有要求举行听证的权利。送达方式与行政处罚决定书的送达方式相同。

当事人应当在收到行政处罚告知书之日起3日内进行陈述、申辩，或者依法提出听证要求，逾期视为放弃上述权利。

注意：安全生产监督管理部门违反告知规定的，其最后作出的行政处罚决定不能成立，当事人放弃陈述和申辩权利的除外。

4. 听取当事人陈述和申辩（或者组织听证）

注意：该程序是行政处罚的非经法定程序，当事人放弃陈述、申辩或者要求听证的权利的除外。

当事人有权进行陈述和申辩。当事人进行陈述和申辩的，安全生产监督管理部门必须充分听取当事人的意见，对当事人提出的事实、理由和证据，应当进行复核；当事人提出的事实、理由和证据成立的，安全生产监督管理部门应当采纳。安全生产监督管理部门不得因当事人陈述或者申辩而加重处罚。

当事人要求听证的，安全生产监督管理部门应当依照听证程序的规定组织听证，听取当事人、代理人、执法人员的意见。

5. 正式裁决

案件调查终结、处罚告知后，负责承办案件的安全监管执法人员应当填写案件处理呈批表，连同有关证据材料一并报本部门负责人审批，决定是否给予行政处罚。如果当事人陈述、申辩的，安全生产监督管理部门应当在对当事人提出的事实、理由和证据进行复核后，正式决定是否给予行政处罚。对于当事人依法提出听证要求的，在对听证报告进行审核后，正式决定是否给予行政处罚或者给予何种行政处罚。

根据《行政处罚法》第三十八条的规定，安全生产监督管理部门负责人应当审查案件调查结果，结合陈述、申辩情况或者听证报告的情况，酌情分别作出如下决定：

（1）确有应受行政处罚的违法行为的，根据情节轻重及具体情况，作出行政处罚决定。

（2）违法行为轻微，依法可以不予行政处罚的，不予行政处罚。

（3）违法事实不能成立的，不得给予行政处罚。

（4）违法行为已构成犯罪的，移送司法机关。

对于严重安全生产违法行为给予责令停产停业整顿、责令停产停业、责令停止建设、责令停止施工、吊销有关许可证、撤销有关执业资格或者岗位证书、3万元以上罚款、没收违法所得、没收非法开采的煤炭产品或者采掘设备价值3万元以上的行政处罚的，应当由安全生产监督管理部门的负责人集体讨论决定。集体讨论由本部门负责人参加，其讨论过程和结果应当以会议纪要或者其他形式记录，并保存。

6. 制作行政处罚决定书

经正式裁决，决定给予行政处罚的，依照《行政处罚法》规定的事项制作行政处罚决定书。行政处罚决定书应当载明下列事项：

（1）当事人的姓名或者名称、地址。

（2）违反法律、法规或者规章的事实和证据。

（3）行政处罚的种类和依据。

（4）行政处罚的履行方式和期限。

（5）不服行政处罚决定，申请行政复议或者提起行政诉讼的途径和期限。

（6）作出行政处罚决定的行政机关名称和作出决定的日期。

行政处罚决定书必须盖有作出行政处罚决定的安全生产监督管理部门的印章。

7. 送达

行政处罚决定书应当在宣告后当场交付当事人；当事人不在场的，安全生产监督管理部门应当在7日内依照《中华人民共和国民事诉讼法》（以下简称《民事诉讼法》）的有关规定，将行政处罚决定书送达当事人或者其他的法定受送达人。送达的方式主要有：直接送达、留置送达、委托送达、邮寄送达、公告送达。

直接送达：当事人是生产经营单位的，交其收发部门签收；当事人是个人或者个体工商户，交其本人签收。当事人不在场，交其同住的成年亲属签收，并且在行政处罚决定书送达回执的备注类内写明与当事人的关系；当事人指定代收人的，交代收人签收并注明受当事人委托的情况。

留置送达：当事人拒绝签收的，送达人应当邀请有关基层组织的代表或者有关人员到场，注明情况，在行政处罚决定书回执上记明拒收的事由和日期，由送达人、见证人签名或者盖章，将文书放在当事人的收发部门或者住所，即视为送达。

委托送达：直接送达有困难的，可以委托当地安全生产监管部门代为送达。委托机关应当出具委托函，并附需要送达的行政处罚决定书和送达回执，以受送达人在送达回执上签收的日期为送达日期。

邮寄送达：直接送达有困难的，可以通过邮局用挂号方式邮寄给受送达人。邮寄送达应附有送达回证。挂号信回执上注明的收件日期与送达回证上注明的日期不一致的，或者送达回证没有寄回的，以挂号信回执上的收件日期为送达日期。

公告送达：无法采取以上方式送达的，可以公告，自公告发布之日起经过60日，即视为送达。

8. 执行

行政处罚决定一旦作出，就具有法律效力，处罚决定中所确定的义务必须得到履行。当事人对行政处罚决定不服申请行政复议或者提起行政诉讼的，行政处罚不停止执行，法律另有规定的除外。行政处罚的执行参照本章第六节的规定。

9. 备案和归档

行政处罚执行完毕后，按照本章第七节的规定进行备案和归档。

三、救济

当事人对依照一般程序实施的行政处罚决定不服的，可以依法申请行政复议或者提起行政诉讼。

第五节　听　证　程　序

一、适用情形

听证程序是指在作出较重行政处罚决定前，在违法案件调查承办人员和当事人一方的参与下，由行政机关专门人员主持听取当事人申辩、质证和意见，进一步核实证据和查清事实，以保证处理结果合法、公正的程序。听证程序是一种特殊程序，专门适用于对严重违法行为实施较重行政处罚的情形。这是防止行政机关作出违法、不当的行政处罚的前置和制约程序。

安全生产立法规定的听证程序，适用于安全生产监督管理部门作为责令停业整顿、吊销有关许可证、撤销有关执业资格、岗位证书或者较大数额罚款等行政处罚决定之前。

二、听证程序

听证程序是准司法程序，其具体包括 5 个步骤。

1. 听证告知

安全生产监督管理部门对当事人决定实施责令停产停业整顿、吊销有关许可证、撤销有关执业资格、岗位证书或者较大数额罚款等行政处罚的，应当告知当事人有要求听证的权利。这里讲的较大数额罚款，为省、自治区、直辖市人大常委会或者人民政府规定要求组织听证的罚款数额；没有规定数额的，按照对个人罚款 1 万元以上，对生产经营单位罚款 3 万元以上的规定执行。

当事人要求听证的，应当在安全生产监督管理部门告知后 3 日内提出；逾期视作放弃听证权利。当事人要求听证的，安全生产监督管理部门应当组织听证，不得向当事人收取听证费用。

2. 发出听证通知书

当事人要求听证的，安全生产监督管理部门应当在听证的 7 日前发出听证通知书，通知当事人举行听证的时间、地点。当事人应当按期参加听证。当事人有正当理由要求延期的，经组织听证的安全生产监管监察部门负责人批准可以延期 1 次；当事人未按期参加听证，并且未事先说明理由的，视为放弃听证权利。

3. 组织听证

听证参加人由听证主持人、听证员、案件调查人员、当事人及其委托代理人、书记员组成。听证主持人、听证员、书记员应当由组织听证的安全生产监督管理部门负责人指定的非本案调查人员担任。当事人可以委托 1 ~2 名代理人参加听证，并提交委托书。

除涉及国家秘密、商业秘密或者个人隐私外，听证应当公开举行。

当事人在听证中的权利和义务：

（1）有权对案件涉及的事实、适用法律及有关情况进行陈述和申辩。

（2）有权对案件调查人员提出的证据质证并提出新的证据。

（3）如实回答主持人的提问。

（4）遵守听证会场纪律，服从听证主持人指挥。

4. 听证

有关参加听证的人员到齐后，听证按照下列行程进行。当出现听证中止和终止的情形时，听证中止或者终止。

（1）书记员宣布听证会场纪律、当事人的权利和义务。听证主持人宣布案由，核实听证参加人名单，宣布听证开始。

（2）案件调查人员提出当事人的违法事实、出示证据，说明拟作出的行政处罚的内容及法律依据。

（3）当事人或者其委托代理人对案件的事实、证据、适用的法律等进行陈述和申辩，提交新的证据材料。

（4）听证主持人就案件的有关问题向当事人、案件调查人员、证人询问。

（5）案件调查人员、当事人或者其委托代理人相互辩论。

（6）当事人或者其委托代理人作最后陈述。

（7）听证主持人宣布听证结束。

（8）听证完后，听证笔录应当当场交当事人核对无误后签名或者盖章。

5. 听证结束

听证结束后，听证主持人应当依据听证情况，填写听证会报告书，提出处理意见并附听证笔录报安全生产监督管理部门负责人审查。依据行政处罚的一般程序，负责人根据听证情况决定是否实施拟定的行政处罚。决定给予行政处罚的，制作行政处罚决定书并送达当事人。

三、听证中止

听证中止是暂时性的停止，当听证的条件具备后，应当恢复听证。在听证过程中，有下列情形之一的，应当中止听证：

（1）需要重新调查取证的。

（2）需要通知新证人到场作证的。

（3）因不可抗力无法继续进行听证的。

四、听证终止

听证终止是听证的终结。在听证过程中，有下列情形之一的，应当终止听证：

（1）当事人撤回听证要求的。

（2）当事人无正当理由不按时参加听证的。

（3）拟作出的行政处罚决定已经变更，不适用听证程序的。

第六节　行政处罚的执行

行政处罚执行程序，是指确保行政处罚决定所确定的内容得以实现的程序。执行程序是完成行政处罚的重要程序，行政处罚决定一旦作出，就具有法律效力，处罚决定中所确定的义务必须得到履行。当事人对行政处罚决定不服申请行政复议或者提起行政诉讼的，行政处罚不停止执行，法律另有规定的除外。如果当事人没有正当理由逾期不履行的，则采取强制执行。强制执行包括：到期不缴纳罚款的，每日按罚款数额的3%加处罚款；将查封、扣押的财物拍卖或者将冻结的存款划拨抵缴罚款；申请人民法院强制执行。具体工作中注意以下4点：

（1）对于给予罚款行政处罚的，当事人在规定时间内到指定的银行缴纳罚款，银行将收缴的罚款直接上缴国库。被处罚的当事人确有困难，需要延期或者分期缴纳的，经当事人申请，并经安全生产监督管理部门批准，可以暂缓或者分期缴纳。如果当事人没有正当理由逾期不履行义务的，安全生产监督管理部门可以强制执行。

安全监管行政执法人员当场收缴罚款的，应当出具省、自治区、直辖市财政部门统一制发的罚款收据；当场收缴的罚款，应当自收缴罚款之日起2日内，交至所属安全生产监督管理部门；安全生产监管监察部门应当在2日内将罚款缴付指定的银行。

（2）依法拍卖查封、扣押物品，抵缴罚款。除依法应当予以销毁的物品外，需要将查封、扣押的设施、设备、器材拍卖抵缴罚款的，依照法律或者国家有关规定处理。对哪些查封、扣押的物品不能或者不宜拍卖的，可以交由有关部门按照国家有关规定处理；没有规定的，经县级以上安全监管监察部门负责人批准，由两名以上安全监管执法人员监督销毁，并制作销毁记录。处理物品，应当制作清单。

（3）严格实行收支两条线。罚款、没收违法所得的款项和没收非法开采的煤炭产品、采掘设备，必须按照有关规定上缴国库，任何单位和个人不得截留、私分或者变相私分。

（4）对于当前有些地方存在着行政处罚执行不到位的“执行难”问题。遇有这类问题，安全生产监督管理部门应当依法采取相应措施，保证行政处罚不折不扣地得以执行。一是加强法律意识知识普及和宣传教育，说明利害关系，责令当事人接受处罚。二是依法向人民法院申请强制执行。三是向所在地人民政府报告，请求给予支持，或者由其执行。

第七节　行政处罚的备案和归档

一、行政处罚的备案

实施行政处罚是履行安全生产监管执法职责的重要内容。建立健全严格的备案制度，既可以规范安全生产监管执法工作，又可以加强上级安全生产监督管理部门对下级安全生产监督管理部门的层级监督。上级安全生产监督管理部门发现下级安全生产监督管理部门实施的行政处罚存在违法、不当的，可以及时予以纠正。

根据国家安全生产监督管理总局的规定，安全生产行政处罚依照下列要求备案：

（1）县级安全生产监督管理部门处以2万元以上罚款、没收违法所得、没收非法生产的煤炭产品或者采掘设备价值2万元以上、责令停产停业、停止建设、停止施工、停产停业整顿、撤销有关资格、岗位证书或者吊销有关许可证的行政处罚的，应当自作出行政处罚决定之日起10日内报设区的市级安全生产监督管理部门备案。

（2）设区的市级安全生产监督管理部门处以5万元以上罚款、没收违法所得、没收非法生产的煤炭产品或者采掘设备价值5万元以上、责令停产停业、停止建设、停止施工、停产停业整顿、撤销有关资格、岗位证书或者吊销有关许可证的行政处罚的，应当自作出行政处罚决定之日起10日内报省级安全生产监督管理部门备案。

（3）省级安全生产监督管理部门处以10万元以上罚款、没收违法所得、没收非法生产的煤炭产品或者采掘设备价值10万元以上、责令停产停业、停止建设、停止施工、停产停业整顿、撤销有关资格、岗位证书或者吊销有关许可证的行政处罚的，应当自作出行政处罚决定之日起10日内报国家安全生产监督管理总局备案。

（4）对上级安全生产监督管理部门交办案件给予行政处罚的，由决定行政处罚的安全生产监督管理部门自作出行政处罚决定之日起10日内报上级安全生产监督管理部门备案。

二、文书资料的归档

行政处罚执行完毕后，所有安全监管执法的各种文书、证据和相关资料是履行监管执法职责的书面凭证，由实施安全监管执法的部门和机构归档立卷，妥善保存。案卷立案归档后，任何单位和个人不得擅自增加、抽取、涂改和销毁案卷材料。未经安全生产监督管理部门负责人批准，任何单位和个人不得借阅案卷。

案卷立案归档，应当按照有关档案管理的要求进行，并按照国家规定保存年限。

第八章　安全生产行政许可程序及实施

2003 年 8 月 27 日，第十届全国人民代表大会常务委员会第四次会议通过了《行政许可法》，自 2004 年 7 月 1 日起施行。该法第一条规定："为了规范行政可的设定和实施，保护公民、法人和其他组织的合法权益，维护公共利益和社会秩序，保障和监督行政机关有效实施行政管理，根据宪法，制定本法。"这是关于立法目的和立法依据的规定。该法是我国第一部统一的综合性《行政许可法》，是继《国家赔偿法》《行政处罚法》《行政复议法》之后又一部规范政府共同行为的重要法律。它适应了我国经济体制全面转轨和社会整体转型对行政审批制度进行根本改革和全面规范的迫切需要，它的颁布实施，对于保护公民、法人和其他组织的合法权益，保障和监督行政机关有效实施行政管理，巩固行政审批的改革成果，进一步推动行政审批改革，从源头上预防和治理腐败，具有十分重要的意义和作用。

第一节　行政许可的概念和特征

一、行政许可的概念

《行政许可法》第二条规定："本法所称行政许可，是指行政机关根据公民、法人或者其他组织的申请，经依法审查，准予其从事特定活动的行为。"该法第三条第二款的规定："有关行政机关对其他机关或者对其直接管理的事业单位的人事、财务、外事等事项的审批，不适用本法。"

根据《行政许可法》的上述规定，结合我国行政法学界近年来的研究成果，可以对行政许可的概念作如下界定：所谓行政许可，是指行政机关根据公民、法人或者其他组织的申请，经依法审查准予其从事特定活动的行为。在社会生活中，对于公民来说，凡是法律不禁止的，就是公民可以自由从事的。法律上禁止的行为有的是"禁绝"的，即任何人都不能从事；但有些法律上禁止的行为，则是出于公共利益、公共安全的考虑，加以一定的控制，其目的并不是要"禁绝"，具备一定条件经有关行政机关批准仍然可以从事，这就是我们所说的行政许可。

二、行政许可的特征

行政许可，是一项重要的行政权力。它涉及政府与市场，政府与社会，行政权力与公民、法人或者其他组织的权利的关系，涉及行政权力的配置及运作方式等诸多问题。《行政许可法》将"行政许可"界定为，行政机关根据公民、法人或者其他组织的申请，经依法审查，准予其从事特定活动的行为。据此，行政许可具有以下 5 个方面的特征：

（1）行政许可是行政机关管理性的行政行为。《行政许可法》第二条将"行政许可"

界定为“行政机关的行为”。当然，行政机关的行为不都是行政行为，作出行政许可行为的主体也不一定都限于行政机关。“行政许可”特指行政机关依法对相对人的申请进行审查，准予或者不准予相对人从事特定活动的职权行为，不包括行政机关的一般行为，如行政机关确认民事财产权利（如房地产登记）和确认民事关系（如婚姻登记）的行为，不具有行政管理的性质，不属于行政许可。这里的“行政机关”也并非限于严格意义上的“行政机关”，而是包括法律、法规授权的具有管理公共事务职能的组织。

（2）行政许可是对社会实施的外部管理行为。行政机关对内部的管理行为，如对其他行政机关或者对其直接管理的事业单位的人事、财务、外事等事项的审批，不属于行政许可。

（3）行政许可是根据公民、法人或者其他组织提出的申请产生的行政行为。根据《行政许可法》规定，行政许可必须“根据公民、法人或者其他组织的申请”进行，可见行政许可行为无疑应归入“依申请的行政行为”的范畴。行政相对人提出申请，是行政许可的前提条件。无申请即无许可。行政许可是基于行政相对人的申请作出的行政行为，行政许可是行政机关基于行政权而为的单方行为，申请并不意味着必定得到行政机关的许可。行政相对人提出申请，是其从事某种法律行为之前必须履行的法定义务。

（4）行政许可是准予相对人从事特定活动的行为。与行政处罚和行政强制等基于法律对行政相对人的权益剥夺和限制不同，行政许可是赋予行政相对人某种权利和资格的授益性行政行为。取得行政许可，表明申请人符合法定条件，可以依法从事有关活动。

（5）行政许可是要式行政行为。所谓要式行政行为，是指必须遵循一定的法定程序并具备某种书面形式的行政行为。行政许可应遵循一定的法定程序，并应以正规的文书、格式、日期、印章等形式予以批准、认可和证明，必要时还应附加相应的辅助性文件。这种明示的书面许可是行政许可在形式上的特点。

第二节　行政许可的种类和原则

一、行政许可的种类

为了全面了解我国许可制度的现状及存在的合理性，从理论上对行政许可制度进行总体的概括和研究，有必要对行政许可进行种类划分。类型不同，其间规则也有区别。根据不同标准，行政许可会有不同的分类，下面介绍行政许可最常见的几种分类。

1. 行政许可的一般分类

《行政许可法》实际上是将行政许可分为5类：一般许可（或称普通许可）、特许、认可、核准和登记。针对不同许可的特点，《行政许可法》规定了不同的特别程序。

（1）一般许可。一般许可又称普通许可，是指许可机关不需要特殊条件的许可，只要申请人依法向主管行政机关提出申请，经有权机关审查核实其符合法定的条件，该申请人就能够获得从事某项活动的权利或者资格，对申请人并无特殊限制，如驾驶许可、营业许可等。它是运用最广泛的一种行政许可，适用于直接涉及国家安全、公共安全、经济宏观调控、生态环境保护以及直接关系人身健康、生命财产安全等特定活动，需要按照法定条件予以批准的事项。一般许可的功能主要是防止危险、保障安全，通常没有数量限制。

根据《行政许可法》第十二条第一项规定，对“直接涉及国家安全、公共安全、经济宏观调控、生态环境保护以及直接关系人身健康、生命财产安全等特定活动，需要按照法定条件予以批准的事项”所设定的许可，都可归为一般许可的范畴。对于一般许可，申请人的申请符合法定条件、标准的，行政机关应当依法作出准予行政许可的书面决定。行政机关依法作出不予行政许可的书面决定的，应当说明理由，并告知申请人享有依法申请行政复议或者提起行政诉讼的权利。

(2) 特许。特许是指直接为相对人设定权利能力、行为能力、特定的权利或者总括性法律关系的行为，又称为设权行为。它是许可机关在特别情况下向申请人发放的含有特别内容的许可，是基于行政、社会或者经济上的需要，将本来属于国家或者某行政机关的某种权利（力）赋予私人的行政行为，是由行政机关代表国家向被许可人授予某种特定的权利。特许这类许可的申请条件比一般许可严格，适用范围更窄。特许适用的范围主要包括有限自然资源开发利用、有限公共资源的配置、直接关系公共利益的特定垄断性行业的市场准入等，需要赋予特定权利的事项。特许的主要功能是分配稀缺资源，一般有数量控制。对特许事项，除法律、行政法规另有规定外，行政机关原则上应当通过招标、拍卖等公开、公平竞争的方式作出许可决定。

(3) 认可。认可是由行政机关对申请人是否具备特定技能的认定，主要适用于为公众提供服务、直接关系公共利益的职业、行业，需要确定具备特殊信誉、特殊条件或者特殊技能等资格、资质的事项。常见的需要认可的资格、资质有律师资格、会计师资格、医师资格、注册安全工程师资格、建筑企业经营资质等。

认可的主要功能是为提高从业者从业水平或者某种技能、信誉而设，没有数量限制。认可主要是通过考试的方式进行，行政机关一般应当通过考试、考核方式决定是否予以认可。具体说来，赋予公民特定资格，依法应当举行国家考试的，行政机关根据考试成绩和其他法定条件作出行政许可决定；赋予法人或者其他组织特定的资格、资质的，行政机关根据申请人的专业人员构成、技术条件、经营业绩和管理水平等的考核结果作出行政许可决定。

(4) 核准。核准是由行政机关对某些事项是否达到规定的技术标准、经济技术规范等进行核对、判断和审查确定，申请人符合要求，即允许其从事某项活动。核准主要适用于直接关系公共安全、人身健康、生命财产安全的重要设备、设施的设计、建造、安装和使用以及直接关系人身健康、生命财产安全的特定产品、物品的检验、检疫事项。根据《行政许可法》第十二条第四项规定，“直接关系公共安全、人身健康、生命财产安全的重要设备、设施、产品、物品，需要按照技术标准、技术规范，通过检验、检测、检疫等方式进行审定的事项”，可以设定行政许可。核准的主要功能是为了防止社会危险、保障安全，没有数量限制。核准事项，行政机关一般要实地按照技术标准、技术规范依法进行检验、检测、检疫，并根据检验、检测、检疫的结果作出行政许可决定。例如，根据《消防法》的规定，建筑工程竣工时，必须经消防机构进行消防验收；未经验收或验收不合格的，不得投入使用。

(5) 登记。登记是指行政机关通过形式审查确定个人、企业或者其他组织符合规定的条件，确立个人、企业或者其他组织的特定主体资格。登记的功能是确立申请人的市场主体资格。登记事项没有数量限制，行政机关一般只对申请登记的材料进行形式审查，申请人对申请材料的真实性负责。《行政许可法》第三十一条规定：“申请人申请行政许可，应当如实向行政机关提交有关材料和反映真实情况，并对其申请材料实质内容的真实性负责。”《行政许可法》第五十六条规定：“申请人提交的申请材料齐全、符合法定形式的，行政机关应当当场予以登记。”实践中由于行政登记非常混乱，其性质、归类等也有多种说法。《行政许可法》中规定的登记，主要针对企业或者其他组织的设立等，需要确定主体资格的事项。所谓确定主体资格，主要是指市场组织、事业组织、社会团体等企业或者其他组织设立时所需要的主体资格。相应的，诸如婚姻登记、产权登记之类的登记行为则被排除在《行政许可法》调整的范围之外。

从广义上讲，登记和备案都可以作为行政许可的一种类型。但是，从前述行政许可的特征来看，登记和备案都不具有法律的一般禁止这个前提。尽管登记、备案时也要进行审查，但是，此时的审查皆（应）是形式审查，只要符合形式要件，有关行为便告完成，并不存在解禁与否的问题。因此，应该将登记和备案制度与狭义上的行政许可区分开来。

许可制和登记（备案）制的区别，在于许可制以事前审查为重点，而登记（备案）制更侧重事后监督检查。因此，实行登记（备案）制的一个前提条件是相应的事后监管体制的完善。在市场经济条件下，伴随着政府职能的转变和私人权利意识的确立，许多领域的事前审查制转为事后监管制，已是形势发展的必然。

除了前述 5 种类型外，法律、行政法规还可以设定其他行政许可。

2. 行为许可与资格许可

行为许可，是指行政机关根据相对人的申请，允许其从事某种活动的许可形式。这类许可的目的是允许符合条件的相对人从事某种活动。相对人只要取得行政机关某项许可，就可以从事某种活动，如开业、生产、经营等活动。行为许可具有以下特点：第一，行政机关发放的许可证是从事某种活动的证明，没有该许可，任何公民、法人或其他组织不得进行某种行为。第二，许可仅限于某种行为、活动，不含有资格权能的特别证明。第三，申请该类许可不必经过严格的考试程序。如生产管理部门发放的产品生产许可证、安全生产监督管理部门发放的安全生产许可证、林业部门核发的采伐许可证、环保部门发放的排污许可证都是行政机关对相对人某种行为的允许证明。行为许可是相对于资格许可而言的，其主要目的是限制普通人在规定领域的行为自由，保护公共安全和国有资源等。

资格许可，是指行政机关根据相对人的申请，通过考核程序核发一定证明文书，允许持有人从事某一职业或进行某种活动。资格许可具有以下特点：第一，许可证是个人某种资格的证明，如律师证、注册安全工程师执业资格证、建筑师证等是持证人资格水平的证明。第二，资格许可的有效期限较稳定，在相对较长时间内能起到资格证明作用，持证人超过一定期限不行使某权能或采取某种行为则可能导致许可证失效。资格许可的目的是通过制定最低限度标准限制某一行业的从业人员，以避免不合格人员从事该行业可能造成的损失。在我国，资格许可主要存在于专业性、技术性较强的行业和领域。

资格许可与行为许可相比，有以下特征：一是获得资格许可一般要经过专门训练和考核才能取得，并非所有人都能够获得此类许可。二是并非所有取得资格许可的人都有从事某活动的行为自由，如果要从事某一行为，还必须在获得资格许可的基础上再次申领行为许可证。如获得律师资格的人要从事律师职业，还必须以律师资格为条件向司法行政机关申请到律师执照才能够从事律师职业，取得注册安全工程师执业资格证书的人要从事注册安全工程师职业，还必须以注册安全工程师资格为条件经过申请注册登记才能以注册安全工程师名义执业。从国外的情况看，这种资格许可大都由行业公会等社会中介组织负责。《行政许可法》中也规定，公民特定资格的考试由行政机关或行业组织实施。

3. 权利性许可与附义务许可

根据是否附加义务可以把行政许可分为权利性许可和附义务许可。

权利性许可，是指被许可人可以自由放弃行使该项许可所赋予的权利，而他本人并不需要为此承担某些法律责任和后果。如特殊刀具购买证、射击运动枪支购买证、个体户的营业执照、出国护照、驾驶执照、捕捞许可证、律师执照、倾废许可证等，申请人获得以上许可证后，有权随时放弃从事该项许可所允许的活动，行政许可机关不会因此追究其责任。

附义务许可，是指行政许可证的持有人在获得该许可证的同时便承担了在一定期限内从事该项活动的义务，如果在此期限内没有从事该项活动，便会因此承担一定的法律责任。如获得建设用地许可后的两年内不进行建设，该建设用地将被收回。

行政许可分为权利性许可和附义务许可，主要是由许可证持有人取得的权利是附条件的，受到一定限制的权利所决定。由于许可对象在内容上具有特定性、独占性，所以许可证持有人对该许可事项无法与其他申请人共享，必然排斥其他申请人，为此，必须对许可证持有人加以一定限制，如果许可证持有人无视这种限制，他将被剥夺行使这一权利的资格。

4. 长期许可、短期许可与临时许可

根据行政许可有效期的长短，还可以把行政许可分为长期许可、短期许可和临时许可。

长期许可，是指许可机关赋予申请人许可证的有效期较长的一种许可。根据我国《电视剧制作许可证管理规定》规定，长期许可证的有效期为 3 年。期满时，若需继续制作电视剧，须重新申请。

行政许可机关根据申请人的条件和法律赋予其许可证的有效期较短，可称这种许可为短期或临时许可。例如，我国《电视剧制作许可证管理规定》规定，临时许可证只限于所申报的剧目使用，对其他戏剧无效。持有临时许可证单位，办理电视剧播出手续后，应及时将许可证交回发证单位。

二、行政许可的原则

《行政许可法》遵循合法与合理、效能与便民、监督与责任原则的总体思路，把制度创新摆在突出位置，确立了行政许可必须遵循的 6 项原则。

（1）合法原则。我国《行政许可法》第四条规定：“设定和实施行政许可，应当依照法定的权限、范围、条件和程序。”

（2）公开、公平、公正原则。我国《行政许可法》第五条第一款规定：“设定和实施行政许可，应当遵循公开、公平、公正的原则。”有关行政许可的规定必须公布，未经公布的，不得作为实施行政许可的依据；行政许可的实施和结果，除涉及国家秘密、商业秘密或者个人隐私的外，应当公开；对符合法定条件、标准的申请人，要一视同仁，不得歧视。

（3）便民、效率原则。我国《行政许可法》第六条规定：“实施行政许可，应当遵循便民的原则，提高办事效率，提供优质服务。”行政机关在实施行政许可过程中，应当减少环节、降低成本，提高办事效率，提供优质服务。

（4）救济原则。公民、法人或者其他组织对行政机关实施行政许可，享有陈述权、申辩权；有权依法申请行政复议或者提起行政诉讼；其合法权益因行政机关违法实施行政许可受到损害的，有权依法要求赔偿。

（5）信赖保护原则。公民、法人或者其他组织依法取得的行政许可受法律保护，行政机关不得擅自改变已经生效的行政许可，除非行政许可所依据的法律、法规、规章修改或者废止，或者准予行政许可所依据的客观情况发生重大变化，为了公共利益的需要，确需依法变更或者撤回已经生效的行政许可。但是，由此给公民、法人或者其他组织造成财产损失的，行政机关应当依法给予补偿。

（6）监督检查原则。我国《行政许可法》第十条规定："县级以上人民政府应当健全对行政机关实施行政许可的监督制度，加强对行政机关实施行政许可的监督检查。行政机关应当对公民、法人或者其他组织从事行政许可事项的活动实施有效监督。"县级以上人民政府必须建立健全对行政机关实施行政许可的监督制度，上级行政机关应当加强对下级行政机关实施行政许可的监督检查，及时纠正行政许可实施中的违法行为。同时，行政机关也要对公民、法人或者其他组织从事行政许可事项的活动实施有效监督，发现违法行为应当依法查处。

第三节　行政许可的基本制度

一、行政许可的设定制度

行政许可的设定，是指有关国家机关依照法定权限、范围创设行政许可的行为。它属于立法行为的范畴。

1. 行政许可的设定范围

行政许可的设定范围，是指在立法上什么事项可以设定行政许可，什么事项不能设定行政许可，以及按照什么原则设定行政许可。

第一，可以设定行政许可的事项范围。

《行政许可法》规定了6项可以设定行政许可的事项：

（1）直接涉及国家安全、公共安全、经济宏观调控、生态环境保护以及直接关系人身健康、生命财产安全等特定活动，需要按照法定条件予以批准的事项。

（2）有限自然资源开发利用、公共资源配置以及直接关系公共利益的特定行业的市场准入等，由于数量有限，如何开发和配置，让其发挥到最大限度，需要赋予特定权利的事项。

（3）提供公众服务并且直接关系公共利益的职业、行业，需要确定具备特殊信誉、特殊条件或者特殊技能等资格、资质的事项。

（4）直接关系公共安全、人身健康、生命财产安全的重要设备、设施、产品、物品，需要按照技术标准、技术规范，通过检验、检测、检疫等方式进行审定的事项。

（5）企业或者其他组织的设立等，需要行政机关确定其主体资格的事项。

（6）法律、行政法规规定可以设定行政许可的其他事项。也就是说，法律、行政法规可以对上述5类事项以外的其他事项设定行政许可。

第二，可以不设定行政许可的事项范围。

《行政许可法》规定，在可以设定许可的事项中通过下列方式能够予以规范的，可以不设行政许可：

（1）公民、法人或者其他组织能够自主决定的。

（2）市场竞争机制能够有效调节的。

（3）行业组织或者中介机构能够自律管理的。

（4）行政机关采用事后监督等其他行政管理方式能够解决的。

2. 行政许可的设定权

行政许可的设定，是指有关国家机关依照法律规定的权限、范围创设行政许可的行为，包括设定的权限和方式。

《行政许可法》规定下列4种情形可以设立许可：

（1）全国人大及其常委会制定法律设定任何许可。

（2）国务院制定行政法规或者作出决定的方式设定行政许可。国务院设定行政许可的权力和方式有两种：一是在法律未设定行政许可的情况下，有权通过制定行政法规的方式，设定行政许可事项；二是在特殊情况下来不及制定行政法规设定行政许可的，国务院可以采用发布决定的方式设定行政许可。国务院可以决定设定临时性的行政许可事项和其他行政许可事项。

（3）地方人民代表大会及其常务委员会通过制定地方性法规的方式设定行政许可。法律、行政法规已经设定的行政许可事项，地方性法规不得另设；没有设定的行政许可事项，地方性法规有权设定。

（4）省级人民政府通过制定行政规章的方式设定行政许可。鉴于我国幅员辽阔，地方政府承担的行政管理事务纷繁复杂，所以需要赋予省级人民政府一定的行政许可设定权。《行政许可法》规定，尚未制定法律、行政法规和地方性法规的，因行政管理的需要，确需立即实施行政许可的，省、自治区、直辖市人民政府可以通过制定行政规章设定临时性的行政许可。临时性行政许可实施满1年需要继续实施的，应当提请本级人民代表大会及其常务委员会制定地方性法规。

同时，《行政许可法》规定了禁止性地方性法规和省级人民政府行政规章设定行政许可事项。为了适当集中行政许可设定权，保证重要行政许可事项的国家设定权，规范地方行政许可权的行使，防止滥用行政许可设定权，法律从两方面对地方性法规和省级人民政府行政规章不得设定的行政许可事项，明确作出了禁止性规定。一是规定某些行政许可事项，地方无权设定。地方无权设定行政许可的事项包括：应当由国家统一确定的公民、法人或者其他组织的资格、资质的行政许可；企业或者其他组织的设立登记及其前置性行政许可。二是对地方有权设定的行政许可事项中有关地方保护的问题，作出了禁止性规定。地方设定的行政许可中，不得限制其他地区的个人或者企业到本地区从事生产经营和提供服务，不得限制其他地区的商品进入本地区市场。

《行政许可法》对无权设定行政许可的行政机关和设定方式作出了明确的规定，国务院各部门、直属机构以及设区的市、县、乡镇人民政府没有行政许可设定权，并且不得以法律、法规和省级政府行政规章以外的其他规范性文件的形式设定行政许可。

二、行政许可的实施制度

行政许可的实施，是指国家行政机关和有关组织依法为公民、法人或者其他组织具体办理行政许可的行为。

1. 实施行政许可的主体

根据《行政许可法》规定，实施行政许可的主体有：

（1）行政机关。《行政许可法》第二十二条规定：“行政许可由具有行政许可权的行政机关在其法定职权范围内实施。”

（2）法律、法规授权的具有管理公共事务职能的组织。《行政许可法》第二十三条规定：“法律、法规授权的具有管理公共事务职能的组织，在法定授权范围内，以自己的名义实施行政许可。被授权的组织适用本法有关行政机关的规定。”

（3）行政机关在其法定职权的范围内委托的其他行政机关。《行政许可法》第二十四条第一款规定：“行政机关在其法定职权范围内，依照法律、法规、规章的规定，可以委托其他行政机关实施行政许可。委托机关应当将受委托行政机关和受委托实施行政许可的内容予以公告。”

另外，为了方便群众，提高行政效率，根据行政管理体制改革的精神，《行政许可法》对行政许可的实施体制还作了3个方面的规定：一是相对集中行政许可权，就是经国务院批准，省、自治区、直辖市人民政府根据精简、统一、效能的原则，可以决定一个行政机关行使有关行政机关的行政许可权；二是“一个窗口”对外，就是行政许可需要行政机关内设的多个机构办理的，该行政机关应当确定一个机构统一受理行政许可申请，统一送达行政许可决定；三是统一办理、联合办理或者集中办理，行政许可依法由地方人民政府两个以上部门分别实施的，本级人民政府可以确定一个部门受理行政许可申请并转告有关部门分别提出意见后统一办理，或者组织有关部门联合办理、集中办理。

2. 实施行政许可的程序

程序法定既是行政许可的重要特征，又是维护被许可人合法权益，保证行政许可实施机关公正、高效履行职责的必要条件。《行政许可法》按照公开、效能与便民的原则，对行政许可的申请、受理、审查、决定等程序和时限作了明确规定。

（1）有关方便申请人的程序。譬如，规定申请人可以通过信函、电报、电传、传真、电子数据交换和电子邮件等方式提出申请，不必事事都亲自到行政机关去申请；行政机关应当将法律、法规、规章规定的有关行政许可的事项、依据、条件、数量、程序、期限以及需要提交的全部材料的目录和申请书示范文本等在办公场所公示，便于申请人查询等。

（2）有关确保行政机关及时、公正地办理行政许可的程序。譬如，对涉及公共利益的重大行政许可事项或者直接涉及申请人与他人之间重大利益关系的行政许可事项，在作出决定之前依法需要听证的，应当举行听证，并根据听证笔录作出行政许可决定；行政机关应当自受理申请之日起20日内作出行政许可决定；行政机关作出的准予行政许可的决定应当公开，公众有权查阅等。

（3）特别程序。针对不同种类的行政许可的特点，规定了相应的特别程序。例如，规定对有限自然资源开发利用等赋予特定权利的行政许可，应当通过招标、拍卖等公平竞争方式作出决定；对赋予公民特定资格（律师、医师等）的行政许可，依法应当举行国家考试的，行政机关必须根据考试成绩和其他法定条件作出行政许可决定等。

3. 实施行政许可的费用

《行政许可法》规定，行政机关实施行政许可和对行政许可事项进行监督检查，不得收取任何费用，除非法律、行政法规另有规定。即使按照法律、行政法规规定要收取费用的，也要按照公布的法定项目和标准执行，所收取的费用必须全部上缴国库，并严格执行收支两条线的规定。

三、行政许可的监督与责任制度

1. 监督检查制度

《行政许可法》规定，上级行政机关应当加强对下级行政机关实施行政许可的监督检查，及时纠正行政许可实施中的违法行为。同时，针对一些行政机关重事前审批、轻事后监督的现象，《行政许可法》着重对实施行政许可之后的监督检查作了4个方面的规定：书面监督检查制度；实地监督检查制度；属地管辖制度；举报制度。

2. 法律责任制度

行政许可的责任主体是双向的，包括许可人的法律责任和被许可人的法律责任。不论是许可人还是被许可人，只要实施了法律禁止的行为，就要承担相应的法律责任。

（1）违法设定行政许可的法律责任。行政机关违法设定行政许可的，有关机关应当责令设定该行政许可的机关改正，或者依法予以撤销。

（2）违法实施行政许可的法律责任。《行政许可法》规定：对于行政机关违反法定程序实施行政许可；办理行政许可、实施监督检查，索取、收受他人财物或者谋取其他利益；违反法定条件实施行政许可，该许可的不许可，对不该许可的乱许可；违反规定乱收费等违法行为，由其上级行政机关或者监察机关责令改正，对直接负责的主管人员和其他直接责任人员依法给予行政处分；构成犯罪的，依法追究刑事责任。行政机关违法实施行政许可，给当事人的合法权益造成损失的，还应当依法承担赔偿责任。

（3）实施许可后不履行监督职责的法律责任。行政机关不依法履行监督职责或者监督不力，造成严重后果的，由其上级行政机关或者监察机关责令改正，对直接负责的主管人员和其他直接责任人员依法给予行政处分；构成犯罪的，依法追究刑事责任。

第四节　安全生产行政许可

《行政许可法》明确规定了6个方面行政许可事项，即直接涉及国家安全、公共安全、经济宏观调控、生态环境保护以及直接关系人身健康、生命财产安全等特定活动，需要按照法定条件予以批准，取得行政许可。安全生产行政许可是《行政许可法》规定的6个方面行政许可事项之一，即直接关系人身健康、生命财产安全的特定活动，是矿山、危险物品、烟花爆竹等高危行业领域实施安全准入的门槛，是安全监管监察部门实施监管监察的重要抓手。

一、安全生产行政许可的种类

自2002年以来，经过国务院多次行政审批的清理，依据有关法律法规，截至2014年12月，涉及国家安全生产监督管理总局（含国家煤矿安全监察局）负责的各类安全生产（含职业健康）行政许可项目有11大项，27小项，涉及企业类行政许可、建设项目“三同时”类行政许可、中介机构类行政许可、人员资格类行政许可4个方面。行政许可11

大项：

（1）矿山建设项目和用于生产、储存危险物品的建设项目的安全设施设计审查。

（2）安全生产检测检验机构、安全评价机构资质认可。

（3）特种作业人员操作资格认定。

（4）危险化学品生产、储存建设项目安全条件审查。

（5）危险化学品（化工企业）安全使用许可。

（6）危险化学品经营许可。

（7）矿山企业、危险化学品、烟花爆竹生产企业安全生产许可。

（8）烟花爆竹经营（批发、零售）许可。

（9）第一类中的非药品类易制毒化学品生产、经营许可。

（10）职业病危害严重的建设项目的防护设施设计审查、建设项目职业病防护设施竣工验收。

（11）职业卫生检测、评价技术服务机构资质认定。

（一）按照类型来划分

按照行政许可的类型进行划分，对上述11大项行政许可进一步细化可分解为19项行政许可，其中企业类有9项，建设项目“三同时”类有6项，中介机构类有3项，人员资格类有1项。

1. 企业类行政许可

（1）煤矿企业安全生产许可。

（2）非煤矿山企业安全生产许可。

（3）危险化学品安全生产许可。

（4）危险化学品经营许可。

（5）危险化学品安全使用许可。

（6）烟花爆竹生产许可。

（7）烟花爆竹经营（批发、零售）许可。

（8）第一类中的非药品类易制毒化学品生产许可。

（9）第一类中的非药品类易制毒化学品经营许可。

2. 建设项目类行政许可

（1）煤矿建设项目安全设施设计审查。

（2）非煤矿山建设项目安全设施设计审查。

（3）危险化学品建设项目安全条件审查。

（4）危险化学品建设项目安全设施设计审查。

（5）建设项目职业病危害严重防护设施设计审查。

（6）建设项目职业病危害防护设施竣工验收。

3. 中介机构类行政许可

（1）安全评价机构资质认可。

（2）安全生产检测检验机构资质认可。

（3）职业卫生技术服务机构资质认可。

4. 人员资格类行政许可

特种作业人员操作资格认定。

（二）按照行政许可领域来划分

按照行政许可的领域行划分，19 项行政许可分为煤矿 2 项、非煤矿山 2 项、危险化学品 7 项、烟花爆竹 2 项、安全中介 2 项、人员资格 1 项、职业健康 3 项。

1. 煤矿行政许可

（1）煤矿建设项目安全设施设计审查。

（2）煤矿企业安全生产许可。

2. 非煤矿山行政许可

（1）非煤矿山建设项目安全设施设计审查。

（2）非煤矿山企业安全生产许可。

3. 危险化学品行政许可

（1）危险化学品建设项目安全条件审查。

（2）危险化学品建设项目安全设施设计审查。

（3）危险化学品安全生产许可。

（4）危险化学品经营许可。

（5）危险化学品安全使用许可。

（6）第一类中的非药品类易制毒化学品生产许可。

（7）第一类中的非药品类易制毒化学品经营许可。

4. 烟花爆竹行政许可

（1）烟花爆竹安全生产许可。

（2）烟花爆竹经营（批发、零售）许可。

5. 安全中介行政许可

（1）安全评价机构资质认可。

（2）安全生产检测检验机构资质认定。

6. 人员资格行政许可

特种作业人员操作资格认定。

7. 职业健康行政许可

（1）职业卫生技术服务机构资质认可。

（2）建设项目职业病危害严重防护设施设计审查。

（3）建设项目职业病危害防护设施竣工验收。

二、安全生产行政许可的实施主体

（一）企业类行政许可

1. 煤矿企业安全生产许可证核发

煤矿企业安全生产许可证核发由国家煤矿安全监察局和省级煤矿安全监察局二级分别实施。

国家煤矿安全监察局指导、监督全国煤矿企业安全生产许可证的颁发管理工作，负责中央管理的煤矿企业（集团公司、总公司、上市公司）安全生产许可证的颁发和管理。

省级煤矿安全监察局负责其他煤矿企业安全生产许可证的颁发和管理；未设立煤矿安

全监察局的省、自治区，由省、自治区人民政府指定的部门负责本行政区域内煤矿企业安全生产许可证的颁发和管理。

2. 非煤矿山企业安全生产许可证核发

非煤矿山企业安全生产许可证核发由国家安全生产监督管理总局、省级安全生产监督管理部门二级分别实施。

国家安全生产监督管理总局指导、监督全国非煤矿山企业安全生产许可证的颁发管理工作，负责金属非金属矿山中管企业总部、石油天然气开采中管企业（包括集团公司、总公司和上市公司）总部及其下属的跨省（自治区、直辖市）运营的石油天然气管道储运分（子）公司和海洋石油天然气企业安全生产许可证的颁发和管理。

省、自治区、直辖市人民政府安全生产监督管理部门负责其他非煤矿山企业安全生产许可证的颁发和管理。

3. 危险化学品安全生产许可证核发

危险化学品安全生产许可证核发由国家安全生产监督管理总局、省级安全生产监督管理部门二级分别实施。

国家安全生产监督管理总局指导、监督全国安全生产许可证的颁发管理工作，并负责涉及危险化学品生产的中央企业及其直接控股涉及危险化学品生产的企业（包括集团公司、总公司和上市公司）总部安全生产许可证的颁发管理。

省级安全监管部门负责中央管理的危险化学品生产企业（包括集团公司、总公司和上市公司）所属分公司、子公司以及分公司、子公司下属的生产单位和中央管理的危险化学品生产企业以外的其他危险化学品生产企业的安全生产许可证的颁发和管理。

4. 危险化学品经营许可证核发

危险化学品经营许可证核发由市级安全生产监督管理部门、县级安全生产监督管理部门二级分别实施。

市级安全生产监督管理部门负责经营剧毒化学品的企业、经营易制爆危险化学品的企业、经营汽油加油站的企业、专门从事危险化学品仓储经营的企业、从事危险化学品经营活动的中央企业所属省级、设区的市级公司（分公司）和带有储存设施经营除剧毒化学品、易制爆危险化学品以外的其他危险化学品的企业的许可证审批、颁发。

县级安生产监督管理部门负责经营不带储存设施的其他危险化学品的许可证审批、颁发。没有设立县级安全生产监督管理部门的，其经营许可证由市级安全生产监督管理部门审批、颁发。

5. 危险化学品安全使用许可证核发

危险化学品安全使用许可证由设区的市级安全生产监督管理部门负责审批、颁发。

这是一项新设立的行政许可，目前还没有发证。

6. 烟花爆竹安全生产许可证核发

烟花爆竹安全生产许可证核发由省级安全生产监督管理部门实施。

7. 烟花爆竹经营（批发、零售）许可证核发

烟花爆竹经营（批发、零售）许可证核发由省级安全生产监督管理部门、市级安全生产监督管理部门、县级安全生产监督管理部门分别实施。

烟花爆竹经营（批发）许可证由省级安全生产监督管理部门或其委托的市级安全生

产监督管理部门负责；烟花爆竹经营（零售）许可证由县级安全生产监督管理部门负责。

8. 第一类中的非药品类易制毒化学品生产许可证核发

第一类中的非药品类易制毒化学品生产许可证核发，由省（自治区、直辖市）安全生产监督管理部门实施。

9. 第一类中的非药品类易制毒化学品经营许可证核发

第一类中的非药品类易制毒化学品经营许可证核发，由省（自治区、直辖市）安全生产监督管理部门实施。

（二）建设项目“三同时”类行政许可

1. 煤矿建设项目安全设施设计审查

该项行政许可由国家煤矿安全监察局、省级煤矿安全监察局和监察分局三级分别实施。

国家煤矿安全监察局负责设计或者新增生产能力在 120×10^4 t/a 以上（含）的井工煤矿、设计或者新增生产能力在 400×10^4 t/a 以上（含）的露天煤矿。省级煤矿安全监察局负责设计或者新增生产能力在 45×10^4 t/a 以上 120×10^4 t/a 以下的井工煤矿、设计或者新增生产能力在 400×10^4 t/a 以下的露天煤矿。煤矿监察分局负责生产能力在 45×10^4 t/a 以下的井工煤矿。

改建项目的安全设施设计审查，由项目所在地省级煤矿安全监察局或者煤矿安全监察分局负责。

2. 非煤矿山建设项目安全设施设计审查

该项行政许可由国家安全生产监督管理总局、省级安全生产监督管理部门和国家安全生产监督管理总局委托海洋石油作业安全办公室中石油、中石化、中海油分部分别实施。

国家安全生产监督管理总局负责：金属、非金属矿山建设项目中的国务院或者国务院有关审批的建设项目；国务院或者国务院有关部门核准的建设项目；国务院有关部门备案的建设项目；跨省、自治区、直辖市行政区域的建设项目；核工业矿山或者其他有特殊要求的建设项目。陆上油气田开采项目、油气长输管道建设项目中的 100×10^4 t 及以上新油田、20×10^8 m^3 新气田、新建进行液化天然气、跨省（区、市）原油长输管道、跨省（区、市）或者输气能力 10×10^8 m^3 及以上的输气管道等建设项目。海洋石油建设项目中的海洋石油新建油气田一期建设项目。

省级安全生产监督管理部门负责：除国家安全生产监督管理总局负责以外的金属、非金属矿山建设项目和陆上油气田开采项目、油气长输管道建设项目。

国家安全生产监督管理总局委托海洋石油作业安全办公室中石油、中石化、中海油分部负责，除国家安全生产监督管理总局负责以外的海洋石油建设项目。

3. 危险化学品生产、储存企业建设项目安全审查

该项行政许可由新建、改建、扩建危险化学品生产、储存建设项目安全条件审查、安全设施的设计审查两项行政许可组成，由国家安全生产监督管理总局、省级安全生产监督管理部门、市级安全生产监督管理部门三级分别实施。

国家安全生产监督管理总局负责实施国务院审批（核准、备案）和跨省、自治区、直辖市的危险化学品生产、储存建设项目。

省级安全生产监督管理部门负责国务院投资主管部门审批（核准、备案）、生产剧毒

化学品和确定的其他建设项目；除国家安全生产监督管理总局和省级安全生产监督管理部门负责实施安全生产行政许可以外的危险化学品生产、储存建设项目，由设区的市级安全生产监督管理部门负责实施。

4. 建设项目职业病危害防护设施设计审查和竣工验收

该项许可由建设项目职业病危害防护设施设计审查和竣工验收两项行政许可组成，由国家安全生产监督管理总局、省级安全生产监督管理部门、市级安全生产监督管理部门和县级安全生产监督管理部门四级分别实施。

国家安全生产监督管理总局负责国务院及其有关主管部门审批、核准或者备案的建设项目职业病危害防护设施设计审查和竣工验收。

县级以上地方各级安全生产监督管理部门负责本行政区域内的建设项目职业病危害防护设施设计审查和竣工验收，具体办法由省级安全生产监督管理部门制定，并报国家安全生产监督管理总局备案。

（三）中介机构类行政许可

1. 安全生产检测检验机构资质认可

安全生产检测检验机构资质认可由国家安全生产监督管理总局和省级安全生产监督管理部门、煤矿安全监察机构二级分别实施。

国家安全生产监督管理总局指导、协调、监督全国安全生产检测检验工作和检测检验机构资质管理工作，负责甲级检测检验机构的资质认定。

省级安全生产监督管理部门负责本行政区域内乙级非煤矿检测检验机构的资质认定。省级煤矿安全监察机构负责所辖区域内乙级煤矿检测检验机构资质的认定。

2. 安全评价机构资质认可

安全评价机构资质认可由国家安全生产监督管理总局和省级安全生产监督管理部门、煤矿安全监察机构二级分别实施。

国家安全生产监督管理总局指导、协调、监督全国安全评价工作和安全评价机构资质管理工作，负责甲级安全评价机构的资质认定。原委托中国安全生产科学研究院具体承担，2008年以后委托中国安全生产协会安全评价工作委员会具体承担。

省级安全生产监督管理部门负责本行政区域内乙级非煤矿安全评价机构的资质认定。省级煤矿安全监察机构负责所辖区域内乙级煤矿安全评价机构资质的认定。

3. 职业卫生技术服务机构资质认可

职业卫生技术服务机构的资质从高到低分为甲级、乙级、丙级3个等级，由国家安全生产监督管理总局、省级安全生产监督管理部门、市级安全生产监督管理部门三级分别实施。涉及为煤矿服务的职业卫生技术服务机构的资质，由国家安全生产监督管理总局委托省级煤矿安全监察机构承担。

甲级资质由国家安全生产监督管理总局认可及颁发证书。

乙级资质由省、自治区、直辖市安全生产监督管理部门（简称省级安全生产监督管理部门）认可及颁发证书，并报国家安全生产监督管理总局备案。

丙级资质由设区的市级人民政府安全生产监督管理部门（简称市级安全生产监督管理部门）认可及颁发证书，并报省级安全生产监督管理部门备案，由省级安全生产监督管理部门报国家安全生产监督管理总局进行登记。

（四）人员资格类行政许可

特种作业人员操作资格认定由省级安全生产监督管理部门、煤矿安全监察机构负责。省级安全生产监督管理部门、煤矿安全监察机构可以委托有资质的单位承担。

省级安全生产监督管理部门负责组织特种作业人员的培训、考核、发证工作。省级煤矿安全监察机构负责组织煤矿特种作业人员培训、考核、发证工作。

三、安全生产行政许可的一般程序

根据《行政许可证法》的规定，结合安全生产工作的特点，有关安全生产事项的行政许可，一般程序包括：

（1）申请。申请人向安全生产许可颁发管理机关提交申请书、文件、资料。

（2）受理。许可颁发管理机关按有关规定受理。申请事项不属于本机关职权范围的，应当即时作出不予受理的决定，并告知申请人向有关机关申请；申请材料存在可以当场更正的错误的，应当允许或者要求申请人当场更正，并即时出具受理的书面凭证；申请材料不齐全或者不符合要求的，应当当场或者在规定时间内告知申请人需要补正的全部内容，逾期不告知的，自收到申请材料之日起即为受理；申请材料齐全、符合要求或者按照要求全部补正的，自收到申请材料或者全部补正材料之日起为受理。

（3）征求意见。对有些行政许可，按照有关规定应当听取有关单位和人员的意见，有些还要向社会公开，征求社会的意见。

（4）审查和调查。许可颁发管理机关指派有关人员对申请材料和安全生产条件进行审查；需要到现场审查的，应当到现场进行审查。负责审查的有关人员应当提出审查意见。

（5）作出决定。许可证颁发管理机关对负责审查的有关人员提出的审查意见进行讨论，并在受理申请之日起规定的时间内作出颁发或者不予颁发安全生产许可的决定。

（6）送达。对决定颁发的，许可颁发管理机关应当自决定之日起在规定的时间内送达或者通知申请人领取安全生产许可决定书；对决定不予颁发的，应当在规定时间内书面通知申请人并说明理由。送达遵循民事法律的规定，与行政处罚决定书送达的规定相同。

说明：

（1）行政许可是授益性的行政行为，行政许可的开启不是安全生产监督管理部门主动的，而是由公民、法人或者其他组织申请后，才进入到行政许可的程序阶段。换句话来说，如果申请人不提出申请，安全生产监督管理部门就不能自动进入行政许可程序。申请程序因行政相对人行使申请权而开始，安全生产监督管理部门负有针对该项申请做出答复的义务，应当及时答复申请人有关问题。

（2）安全生产监督管理部门对行政许可申请进行审查时，发现行政许可事项直接关系他人重大利益的，应当告知该利害关系人。申请人、利害关系人有权进行陈述和申辩。行政机关应当听取申请人、利害关系人的意见。符合《行政许可法》规定的听证条件的，依法组织听证。

（3）申请人提交的申请材料齐全、符合法定形式，依照规定不需要对行政许可申请做实质性审查，且能够当场决定的，安全生产监督管理部门能够当场做出决定的，应当当场做出书面的行政许可决定；对在申请人的申请经实质性审查后，认为符合法定条件和标准，且没有数量限制的，可以作出准予行政许可；在有数量限制的情况下，经审查，认为申请符合法定条件和标准，且在提出申请的顺序中处于优势地位的，准予其行政许可。反之，对申请材料进行审查、核实以后，对申请人的申请经实质性审查后，认为不符合法定条件和标准，作出不予行政许可决定；在有数量限制的情况下，经审查，认为不属于条件优先者，作出不予行政许可决定。

（4）符合《行政许可法》规定的听证条件的，依法组织听证。行政许可的听证包括以职权听证和应申请听证两种形式。听证按照下列程序进行：①行政机关应当于举行听证的七日前将举证的时间、地点通知申请人、利害关系人，必要时予以公告；②听证应当公开举行；③行政机关应当指定审查该行政许可申请的工作人员以外的人员为听证主持人，申请人、利害关系人认为主持人与该行政许可事项有直接利害关系的，有权申请回避；④举行听证时，审查该行政许可申请的工作人员应当提供审查意见的证据、理由，申请人、利害关系人可以提出证据，并进行申辩和质证；⑤听证应当制作笔录，听证笔录应当交听证参加人确认无误后签字或者盖章。行政机关应当根据听证笔录，做出行政许可决定。

（5）行政许可的变更与延续。取得许可的相对人，其活动超出范围的，提请安全生产监督管理部门申请变更许可内容。安全生产监督管理部门在监督检查过程中，发现相对人活动明显超越许可范围的，亦可主动变更行政许可。这种变更实质上是对原许可证的变更，由安全生产监督管理部门重新核发许可证。许可证有效期届满后，许可证自行失效。如果持证人希望继续从事许可活动，则必须在许可证有效期届满前或届满后一定期限内向许可机关提出延续、变更许可证申请。安全生产监督管理部门经审查认为符合继续持证条件的，必须在法定期限内负责更换许可证或延续许可证有效期。

第九章　安全生产行政强制

《中华人民共和国行政强制法》（以下简称《行政强制法》）于2011年6月30日由第十一届全国人民代表大会常务委员会第二十一次会议通过，自2012年1月1日起施行。它是一部规范行政强制的设定和实施，保障和监督行政机关依法履行职责，维护公共利益和社会秩序，保护公民、法人合法权益的重要法律，与《行政处罚法》《行政许可法》并称为行政程序立法“三部曲”。《行政强制法》从1999年开始酝酿，经过2005年、2007年、2009年、2011年4月和6月共5次审议，是一部自始至终贯彻“限权”（限制和约束行政机关的公权力）思想的法律，其对行政权力的态度是警惕、规范和限制，与现代社会的法治运作理念相吻合。《行政强制法》第一条明确了其立法目的，即为了规范行政强制的设定和实施，保障和监督行政机关依法履行职责，维护公共利益和社会秩序，保护公民、法人和其他组织的合法权益。在强调“强制”的同时，更多的是“限权”。“强制”是必要的，但对“强制”的约束也是必要的，以解决目前我国行政强制制度存在的两个方面问题，即一是“滥”，滥设行政强制和滥用行政强制，侵害公民合法权益；二是“软”，对有些违法行为不能有效制止，有些行政决定不能得到及时执行。同样，在安全生产领域存在很多违法行为，需要安全生产监督管理部门依法实施查封、扣押措施，需要提请人民法院强制执行，以保障人民群众的生命安全健康，实现社会的科学发展、安全发展。

第一节　行政强制的概念和特点

一、行政强制

行政强制是指行政机关为了实现行政目的，对相对人的人身、财产和行为采取的强制性措施。行政强制分为行政强制措施和行政强制执行。

行政强制既有一般具体行政行为的特点，又有别于其他具体行政行为。行政强制有以下特点：

（1）行政性。行政强制是发生在行政管理领域中，为了实现行政管理目的，主要由行政机关依照有关行政程序作出的行政行为。至于申请人民法院强制执行中执行机关的人民法院，具有理论上行政的司法权，但考虑到我国行政强制执行体制的现状，可将其理解为行政权的延升。

（2）服从性。行政强制是典型的行政机关单方行为，当事人必须服从决定，没有自由选择的余地。

（3）物理性。行政强制是直接作用于当事人人身、财产等权利，具有强制人身和改变财产物理状态效果的具体行政行为。

（4）依附性。行政强制尽管作为一类独立的具体行政行为存在，但依附性仍然是其特点。行政强制本身不是目的，不能为了强制而强制，是为其他行政行为的作出或者实现而服务的。

二、行政强制措施

行政强制措施是指行政机关在行政管理过程中，为制止违法行为、防止证据损毁、避免危害发生、控制危险扩大等情形，依法对公民的人身自由实施暂时性限制，或者对公民、法人或者其他组织的财物实施暂时性控制的行为。

行政强制措施有以下特点：

（1）行政强制措施是一种具体行政行为。

（2）行政强制措施是在行政决定作出前，行政机关所采取的强制手段。如行政执法人员在执法过程中发现违法行为，可以将违法行为涉及的财物进行查封、扣押，行政机关实施查封、扣押要交付查封、扣押决定书。

（3）行政强制措施是一种暂时性控制措施，不是对当事人人身、财产权利的最终处分或者剥夺。譬如，没收是对当事人财产权利的剥夺，但查封、扣押并不改变财产的所有权。《行政强制法》规定，查封、扣押的期限不得超过三十日；情况复杂的，经行政机关负责人批准，可以延长，但是延长期限不得超过三十日，法律、行政法规对其另有规定的除外。

（4）行政强制措施是为了便于行政决定的作出或者行政目的的实现，不能作为制裁手段。制止违法行为、防止证据损毁、避免危害发生、控制危险扩大是实现行政强制措施的前提，也是行政强制措施的特点，是为设定行政强制措施提供指引，而不是普遍授权，不能作为实施行政强制措施的直接依据。根据法律规定，行政强制措施是没有制裁性体现，为此规定期限较短，行政机关不能久扣、久封不决，不能将行政强制措施当成行政处罚。

三、行政强制执行

行政强制执行是指具有强制执行权的行政机关或者行政机关申请人民法院，对不履行行政决定的公民、法人或者其他组织，依法强制履行义务的行为。

行政强制执行的特点：

（1）行政强制执行是在行政决定作出后，为了执行该行政决定所采取的强制手段。行政强制执行的前提是存在一个生效的行政决定。实施行政强制的目的是保障行政决定内容得到实现。譬如，对违法人加处罚款，当事人逾期不缴纳罚款的，行政机关或者人民法院可以依法从该违法行为人的银行账户上划拨相应的款项。

（2）行政强制执行是终局性的。譬如，执行罚款，将从当事人那里执行的罚款上缴国库，即执行终结。

（3）行政强制执行的效果是对当事人人身、财产权利的剥夺。但这种处分来自于原行政决定，而不是来源于行政强制执行。

（4）行政强制执行包括两种方式，行政机关自行执行强制执行和申请人民法院强制执行。行政机关自行执行强制执行的具体方式包括 3 类：执行罚、代履行和直接强制执行。人民法院执行强制执行，适用《行政诉讼法》《民事诉讼法》中有关强制执行的规定。

第二节　行政强制的种类和设定

一、行政强制措施的种类和设定

1. 行政强制措施的种类

根据《行政强制法》的规定，行政强制措施有以下几种：

（1）限制公民人身自由。

（2）查封场所、设施或者财物。

（3）扣押财物。

（4）冻结存款、汇款。

（5）其他行政强制措施。

在实践中，行政强制措施手段多种多样，可以分为限制人身自由，处置财物，进入住宅、场所3类。

关于限制公民人身自由。限制公民人身自由是法律的专属立法权，根据《立法法》的规定，只有法律才能设定限制人身自由的行政强制措施。目前我国设定限制公民人身自由的法律主要有《中华人民共和国人民警察法》《治安管理处罚法》《中华人民共和国公民出入境管理法》《中华人民共和国外国人入境出境管理法》《中华人民共和国戒严法》《中华人民共和国集会游行示威法》《中华人民共和国军事设施保护法》《中华人民共和国海关法》（以下简称《海关法》）、《中华人民共和国海商法》《道路交通安全法》《铁路法》《中华人民共和国渔业法》等。上述法律规定的限制公民人身自由的措施有：拘留、扣留、盘问、留置盘问、传唤、强制传唤、人身检查、强制检测、约束、隔离、强制隔离、强行带离现场、强行驱散、驱逐、禁闭等。

关于查封场所、设施或财物。查封是行政机关限制当事人对其财产的使用、处分的强制措施，主要针对不动产或者其他不便移动的财产，由行政机关以加贴封条的方式限制当事人对财产的移动或者使用。法律、法规中除使用“查封”外，有时也用“封存”一词，譬如，《职业病防治法》规定封存造成职业病危害事故或者可能导致职业病危害发生的材料和设备。少数情况下也使用“封闭”、“关闭或者限制使用场所”、“禁止或者限制使用设备、设施”等表述。

关于扣押财物。扣押是行政机关解除当事人对其财物的占有，并限制其处分的强制措施。扣押主要是针对可移动的动产，扣押的财产由行政机关保管。法律、法规中除使用“扣押”外，有时也使用“扣留”等，如《海关法》规定对违反法律、行政法规进出境的运输工具、货物、物品可以扣留。

关于冻结存款、汇款。冻结主要是限制金融资产流动的强制，包括冻结银行存款、汇款和邮政企业汇款，也包括股票等有价证券。除使用“冻结”外，还使用“暂停支付”一词。“冻结”存款、汇款，只有法律才能规定。

关于其他行政强制措施。这是一个兜底性的规定。譬如，《行政处罚法》第三十七条规定的“登记保存”，《中华人民共和国价格法》规定的“采取临时集中定价权限”、“部分或者全面冻结价格的紧急措施”等。

2. 行政强制措施的设定

行政强制措施涉及对公民的人身自由和财产权的限制，公民的人身权和财产权是《宪法》保护的公民权利。因此，根据法治原则，《行政强制法》从 4 个方面对行政强制措施的设定作出强制性规定。

（1）法律可以设定各类行政强制措施。但是，法律也不能随意设定行政强制措施，要受两种制约：一是适当限制，设定行政强制措施要适当，也就是合理，确实需要设定的才设定，能不设定的，就不要设定，千万不能为了设定而设定；二是程序限制，拟定行政强制措施时要采取听证会、论证会等形式听取意见，并进行必要性分析。通过公众参与和程序制约，使设定的行政强制措施处在合理的限度内。

（2）行政法规可以设定部分行政强制措施。行政法规是国务院制定的规范性文件，其效力仅次于《宪法》和法律。根据法律优先、法律保留的原则，一是对尚未制定法律，且属于国务院行政管理职权事项的，行政法规可以设定除限制人身自由、冻结存款、汇款和其他应当由法律规定的行政强制措施以外的其他行政强制措施；二是对已经制定法律，法律对行政强制措施的对象、条件、种类作了规定的，行政法规不得作出扩大规定；三是对已经制定法律，法律中未设定行政强制措施，但规定特定事项由行政法规规定具体管理措施的，行政法规可以设定除限制人身自由、冻结存款、汇款和应当由法律规定的行政强制措施以外的其他行政强制措施。

（3）地方性法规可以设定部分行政强制措施。地方性法规是由有立法权的地方人大及其常委会制定的规范性文件，包括省、自治区、直辖市人大及其常委会制定的地方性法规和较大的市的人大及其常委会制定的地方性法规，其效力低于《宪法》、法律和行政法规。我国是单一制国家，立法权主要集中在中央，地方性立法权限较小。根据法制统一的原则，以及行政强制“限权”思想的要求，对地方性法规设定行政强制措施作出了严格规定，一是对尚未制定法律、行政法规，且属于地方性事务的，地方性法规可以设定查封场所、设施或者财物和扣押财物两种行政强制措施，不得设定其他行政强制措施；二是对已经制定法律，法律对行政强制措施的对象、条件、种类作了规定的，地方性法规不得作出扩大规定；三是对已经制定法律，法律中未设定行政强制措施的，地方性法规不得设定行政强制措施。

（4）法律、法规以外的其他规范性文件不得设定行政强制措施。除法律、行政法规、地方性法规外，国务院有关部门制定的部门规章和省、自治区、直辖市人民政府及较大的市人民政府制定的地方政府规章，以及其他规范性文件均不得设定行政强制措施。

二、行政强制执行的种类和设定

1. 行政强制执行的种类

行政强制执行是具有强制执行权的行政机关或者行政机关申请人民法院对不履行行政决定确定的义务的公民、法人或者其他组织，依法强制履行义务的行为。行政强制执行制度包括两部分，一是行政机关自己强制执行；二是申请人民法院强制执行。人民法院强制执行的方式由《民事诉讼法》规定，这里不作陈述，可以参阅《民事诉讼法》。行政机关自己强制执行的种类，根据执行手段的不同，可以分为间接强制和直接强制。间接强制的特点是手段相对平和，不直接作用于当事人的财产，包括加处罚款或者滞纳金、代履行。直接强制的特点是手段直接作用于当事人的财产和人身，是指在采用间接手段不能达到执行目的，或无法采用间接手段时，执行主体可依法对义务人的人身或者财产直接实施强制，迫使其履行义务或者实现与履行义务相同状态的强制执行方法，其形式较多，包括划拨存款、汇款，拍卖或者依法处理查封、扣押的场所、设施或者财物等。

根据《行政强制法》的规定，行政机关自己执行的行政强制执行方式主要有以下几种：

（1）加处罚款或者滞纳金。

（2）划拨存款、汇款。

（3）拍卖或者依法处理查封、扣押的场所、设施或者财物。

（4）排除妨碍、恢复原状。

（5）代履行。

（6）其他强制执行方式。

关于加处罚款或者滞纳金。这种强制执行方式在学理上属于执行罚，是间接强制的方式，是对拒不履行行政决定确定的金钱给付义务的当事人，以加处新的金钱给付义务的方式，迫使当事人履行。譬如，《行政处罚法》规定，到期不缴纳罚款的，每日按罚款数额的百分之三加处罚款。执行罚超过一定期限后，当事人仍不履行的，可以采取直接强制执行。加处滞纳金是针对不缴纳税费的行为，加处滞纳金的数额由单行法律、行政法规和地方性法规规定。目前，我国共有 2 部法律、15 部行政法规对滞纳金的标准作出了规定。

关于划拨存款、汇款。这是直接强制执行的方式。根据《中华人民共和国商业银行法》的规定，采取划拨存款、汇款方式执行，需要由法律明确授权。

关于拍卖或者依法处理查封、扣押的场所、设施或者财物。这是执行金钱给付义务采取的强制执行方式，属于直接强制的方式。根据《行政处罚法》的规定，行政机关采取拍卖或者变卖等处理措施执行方式的，应当由法律规定。目前，《中华人民共和国税收征收管理法》《海关法》等法律作出了相应规定。此外，《行政强制法》还规定，当事人在法定期限内不申请行政复议或者提起行政诉讼，经催告仍不履行的，在实施行政管理过程中已经采取查封、扣押措施的行政机关，可以将查封、扣押的财物依法拍卖抵缴罚款。

关于排除妨碍、恢复原状。排除妨碍、恢复原状的概念源于《民法通则》和《中华人民共和国侵权责任法》规定的民事责任形式。排除妨碍就是排除对权利人行使人身权或者财产权的阻碍，恢复原状就是通过修理等手段使受到损坏的财产恢复到损坏前的状况。实施排除妨碍、恢复原状主要针对公民、法人或者其他组织的行为侵害公共财产，或者影响了行政管理程序等情形。譬如，《道路交通安全法》规定，“在道路两侧及隔离带上种植树木、其他植物或者设置广告牌、管线等，遮挡路灯、交通信号灯、交通标志，妨碍安全视距的，由公安机关交通管理部门责令行为人排除妨碍；拒不执行的，处二百元以上二千元以下的罚款，并强制排除妨碍，所需费用由行为人负担。”《中华人民共和国水法》《中华人民共和国放射性污染防治法》《中华人民共和国气象法》等法律都有相应的规定。

关于代履行。这是间接强制的方式。代履行就是当事人拒绝履行行政决定的义务时，由行政机关或者第三人代替当事人履行行政决定的义务，并向当事人收取履行费用的执行方式。譬如，《中华人民共和国固体废物污染环境防治法》（以下简称《固体废物污染环境防治法》）规定，“产生危险废物的单位，必须按照国家有关规定处置危险废物，不得擅自倾倒、推放；不处置的，由所在地县级以上地方人民政府环境保护行政主管部门责令限期改正；逾期不处置或者处置不符合国家有关规定的，由所在地县级以上人民政府环境保护行政主管部门指定单位按照国家有关规定代为处置，处置费用由产生危险废物的单位承担。”目前，我国《中华人民共和国森林法》《中华人民共和国防洪法》等法律、行政法规规定了代履行。

关于其他强制执行方式。这是一个兜底性的规定。除了以上强制执行方式外，还有一些强制执行方式，如《中华人民共和国城乡规划法》（以下简称《城乡规划法》）规定的强制拆除，《煤炭法》规定的强制停产、强制清除等。

2. 行政强制执行的设定

根据《行政强制法》的规定，行政强制执行只能由法律设定。法律规定行政强制执行由行政机关予以实施的，由行政机关依法实施；法律没有规定行政机关强制执行的，作出行政决定的行政机关应当申请人民法院强制执行。

《行政诉讼法》明确规定：“公民、法人或者其他组织对具体行政行为在法定期间不提起诉讼又不履行的，行政机关可以申请人民法院强制执行，或者依法强制执行。”这一规定确立了行政机关自己强制执行和申请人民法院强制执行并行的模式，也是由我国的实际情况决定的。

第三节 安全生产查封、扣押的主体和程序

查封、扣押是行政机关直接对当事人的场所、设备或者财产予以暂时性控制的行政强制措施。为了防止生产安全事故的发生，有关安全生产的法律、法规对查封、扣押行政强制措施作出了明确规定，如《安全生产法》第六十二条规定：“对有根据认为不符合保障安全生产的国家标准或者行业标准的设施、设备、器材以及违法生产、储存、使用、经营、运输的危险物品予以查封，安全生产监督管理部门应当依法作出处理决定。”《危险化学品安全管理条例》第七条规定：“经本部门主要负责人批准，查封违法生产、储存、使用、经营危险化学品的场所，扣押违法生产、储存、使用、经营、运输的危险化学品以及用于违法生产、使用、运输危险化学品的原材料、设备、运输工具。”《易制毒化学品管理条例》（国务院令第 445 号）第三十二条第二款：“前款规定的行政主管部门在进行易制毒化学品监督检查时，可以依法查看现场、查阅和复制有关资料、记录有关情况、扣押相关的证据材料和违法物品；必要时，可以临时查封有关场所。”

一、实施查封、扣押的主体

《行政强制法》规定实施行政强制措施的主体必须符合下列条件：一是只有法律、法规授予行政强制措施权的行政机关才能实施行政强制措施。二是法律、行政法规授权的具有管理公共事务职能的组织在法定授权范围内，可以实施行政强制措施。三是依据《行政处罚法》的规定行使相对集中行政处罚权的行政机关，可以实施法律、法规规定的与

行政处罚权有关的行政强制措施。四是行政强制措施由行政机关具备资格的行政执法人员实施，其他人员不得实施。

根据上述规定，在安全生产领域实施查封、扣押行政强制措施的主体资格满足以下规定：

（1）安全生产监督管理部门可以实施查封、扣押措施。《安全生产法》第九条规定："国务院负责安全生产监督管理的部门依照本法，对全国安全生产工作实施综合监督管理；县级以上地方各级人民政府负责安全生产监督管理的部门依照本法，对本行政区域内安全生产工作实施综合监督管理。"《危险化学品安全管理条例》第六条规定："安全生产监督管理部门负责危险化学品安全监督管理综合工作，组织确定、公布、调整危险化学品目录，对新建、改建、扩建生产、储存危险化学品（包括使用长输管道输送危险化学品，下同）的建设项目进行安全条件审查，核发危险化学品安全生产许可证、危险化学品安全使用许可证和危险化学品经营许可证，并负责危险化学品登记工作。"因此，安全生产监督管理部门是行政执法机关，符合实施行政强制措施的主体资格规定。

（2）实施查封、扣押的人员必须取得安全生产相关执法资格证。执法资格证是安全监督执行人员实施查封、扣押的资格要求。根据目前行政执法的规定，执法资格证可以是国务院安全生产监督管理部门颁发的安全生产行政执法资格证，也可以是地方人民政府及有关部门颁发的统一执法资格证。地方人民政府颁发的统一执法资格证通常由省级人民政府法制部门颁发，也有是其他部门颁发，但要符合当地人民政府的规定。

（3）安全生产专业执法队不得实施查封、扣押措施。目前，各类省级、市级、县级安全生产专业执法队伍有2700多个，情况也各不相同，有的是行政编制，有的是事业编制。《行政强制法》第七十条规定："法律、行政法规授权的具有管理公共事务职能的组织在法定授权范围内，以自己的名义实施行政强制，适用本法有关行政机关的规定。"但我国《安全生产法》等有关法律、行政法规没有对安全生产专业执法队伍的职责作出规定。

二、实施查封、扣押的程序

根据《行政强制法》的规定，在安全生产领域，发现安全生产违法行为，安全生产监督管理部门依照《安全生产法》《危险化学品安全管理条例》等法律、法规实施查封、扣押行政强制措施，应当遵守下列程序：

（1）实施前须向安全生产监督管理部门负责人报告并经批准，或者事后报告并补办手续。

（2）由两名以上行政执法人员实施。

（3）出示执法身份证件。

（4）通知当事人到场。

（5）当场告知当事人采取行政强制措施的理由、依据以及当事人依法享有的权利、救济途径。

（6）听取当事人的陈述和申辩。

（7）制作现场笔录。

（8）现场笔录由当事人和行政执法人员签名或者盖章，当事人拒绝的，在笔录中予以注明。

（9）当事人不到场的，邀请见证人到场，由见证人和行政执法人员在现场笔录上签名或者盖章。

（10）制作并当场交付查封、扣押决定书和清单。

（11）查清事实，在规定期限内作出处理决定。

（12）法律、法规规定的其他程序。

实施查封、扣押行政强制措施时，要注意以下几点：

（1）实施前须向安全生产监督管理部门负责人报告并经批准。这是实施行政强制措施的一般程序，也是安全生产监督管理部门实施行政强制措施的内部程序，其目的是防止安全监管执法人员随意作出行政强制措施，保障公民、法人或者其他组织的人身权、财产权等权利。安全监管执法人员违反了内部程序，将承担违法违纪责任，但不直接导致实施行政强制措施的行为违法。

通常情况下，安全监管执法人员实施行政强制措施必须遵循上述一般程序。但是，在紧急情况下，安全监管执法人员如不采取行政强制措施就会损害公共利益和他人利益时，如可能发生生产安全事故或者危及作业人员生命安全健康，则可以采取即时强制，但必须事后报告并补办手续。这种紧急情况下实施行政强制措施的特殊程序，也称即时强制。实施即时强制，需要遵守以下基本条件：一是只有在紧急情况时，才可以实施。《安全生产法》《危险化学品安全管理条例》等有关法律、法规对紧急情况作出明确规定的，必须严格按照规定实施；没有规定紧急情况的情形的，由安全监管执法人员根据实际情况作出判断，原则上把握只有可能发生生产安全事故或者职业危害事故，或者其他必须强制措施的情形，才可以实施。二是事后必须报告和补办手续。事后报告必须在实施行政强制措施后24小时内，当然，也可以当场实施行政强制措施时当场报告。补办手续是指补办经安全生产监督管理部门负责人批准的手续。

（2）必须通知当事人到场。这是为了便于安全监管执法人员向当事人说明实施行政强制措施的有关事实、依据，也便于当事人进行陈述、申辩和对实施的过程进行监督，维护自己的合法权益。在当事人不到场的情况下，应当邀请与当事人或者案件没有利害关系的人员到现场，发挥群众的监督作用。

（3）当场告知当事人采取行政强制措施的理由、依据以及当事人依法享有的权利、救济途径。这是实施查封、扣押行政强制措施的必经程序，不可缺少。告知应在实施行政强制措施时当场进行，具体形式可以在行政强制措施决定书中载明，同时也要当场向当事人宣读应告知的内容，紧急情况下可以口头告知。如果安全生产监督管理部门及安全监管执法人员未依法履行告知程序就实施行政强制措施，则违反了程序规定，其结果导致行政行为违法。但是，在当事人不到场的情况下，送达的行政强制措施决定书视为告知。

（4）听取当事人的陈述和申辩。安全监管执法人员向当事人告知了采取行政强制措施的有关情况后，当事人有权表明自己的意见，提出自己的主张和证据，也有权进行解释、辩解，或者反驳对自己不利的意见和证据。陈述权和申辩权是当事人的重要权利，听取当事人的陈述和申辩也是安全生产监督管理部门的法定义务。安全监管执法人员必须认真听取当事人的陈述和申辩。

（5）制作现场笔录。安全监管执法人员应当对实施行政强制措施的现场情况予以书面记录下来，制作成完整的现场笔录。现场笔录应当包括以下几方面内容：一是实施行政强制措施的事由、时间、地点、当事人、实施人员、其他参加人员的到场情况。二是实施行政强制措施的过程和结果。三是当事人的陈述和申辩，或者见证人对实施提出的意见等。四是其他需要记录的有关情况。现场笔录一定要客观真实地反映实施行政强制措施的情况。

（6）制作完成现场笔录后，当事人如果对现场笔录没有异议，当事人和安全监管执法人员应当在现场笔录上共同签名或者盖章，证明现场笔录的记载属实。签名或者盖章是现场笔录发生法律效力的要件之一。如果当事人拒绝签名的，安全监管执法人员应当在笔录上注明，这种情况下不影响笔录的效力。当事人不到场的，邀请见证人到场，由见证人和安全监管执法人员在现场笔录上签名或者盖章。

（7）查封、扣押决定书的性质。查封、扣押决定书是作出查封、扣押决定的法律文书，是采取查封、扣押措施的书面凭证，当事人对查封、扣押措施不服的，可以据此申请行政复议或者提起行政诉讼。因此，除紧急情况外，查封、扣押决定书必须当场交付当事人，安全生产监督管理部门不得以任何理由拒绝拖延交付查封、扣押决定书。查封、扣押决定书包括下列5项法定内容，缺一不可：

①当事人的姓名或者名称、地址。当事人是自然人的，载明其姓名和地址；当事人是法人或者其他组织的，载明其名称和地址。

②查封、扣押的理由、依据和期限。需要注意的是查封、扣押的理由和依据是应当当场告知当事人的事项，除当场告知当事人外，在查封、扣押决定书中也要载明，此外还要载明查封、扣押的期限。期限不得超过规定。《行政强制法》规定："查封、扣押的期限不得超过三十日；情况复杂的，经行政机关负责人批准，可以延长，但是延长期限不得超过三十日。法律、行政法规另有规定的除外。"载明查封、扣押的理由、依据和期限，尽量做到准确和详细，以便为将来复议机关或者人民法院审查其合法性提供基础。

③查封、扣押场所、设施或者财物的名称、数量等。与查封、扣押清单相比，查封、扣押决定书中载明的所查封、扣押场所、设施或者财产的信息可以较为简要，只要包括所查封、扣押场所、设施或者财物的名称、数量等信息，详细可以在查封、扣押清单中列明。

④申请行政复议或者提起行政诉讼的途径和期限。与实施行政处罚一样，除了要当场告知当事人救济途径，为保护当事人清楚自己享有的申请救济的权利，并在法定期限内行使，查封、扣押决定书中既要载明申请行政复议或者提起行政诉讼的途径，也要载明其各自期限。

⑤安全生产监督管理部门的名称、印章和日期。

（8）查封、扣押清单的性质。查封、扣押清单是记载被查封、扣押场所、设施或者财物的详细情况的书面凭证，主要也是财物的详细情况。因为往往被查封、扣押的财物难以理清。对于查封、扣押的财物，安全监管执法人员要会同当事人或者见证人逐一查点清楚，当场开列查封、扣押清单。清单应当尽可能涵盖所查封、扣押财物的名称、材料、规格、质地、数量等详细情况，并保证有关信息准确无误，防止事后出现纠纷。查封、扣押清单应当一式二份，分别由当事人和安全生产监督管理部门保存。

（9）必须在查封、扣押法定期限内查清事实。一是查封、扣押措施的法定期限。《行政强制法》规定："查封、扣押的期限不得超过三十日；情况复杂的，经行政机关负责人批准，可以延长，但是延长期限不得超过三十日。法律、行政法规另有规定的除外。"也就是说，其他法律、行政法规没有规定期限的，查封、扣押的期限一般不得超过 30 日，最长 60 日；其他法律、行政法规有规定期限的，适用其规定。《安全生产法》第六十二条规定："对有根据认为不符合保障安全生产的国家标准或者行业标准的设施、设备、器材以及违法生产、储存、使用、经营、运输的危险物品予以查封或者扣押，对违法生产、储存、使用、经营危险物品的作业场所予以查封，安全监管监察部门应当予以查封或者扣押，并依法作出处理决定。"《危险化学品安全管理条例》第七条规定："经本部门主要负责人批准，查封违法生产、储存、使用、经营危险化学品的场所，扣押违法生产、储存、使用、经营、运输的危险化学品以及用于违法生产、使用、运输危险化学品的原材料、设备、运输工具。"这里讲的依法，即依照《行政强制法》的规定。因此，对查封、扣押不符合安全生产的国家标准或者行业标准的在用设施、设备、器材以及违法生产、储存、使用、经营、运输的危险物品予以查封或者扣押，对违法生产、储存、使用、经营危险物品的作业场所予以查封，其法定期限是 30 d。情况复杂的，经行政机关负责人批准，可以延长，但是延长期限不得超过 30 日。而对于查封违法生产、储存、使用、经营危险化学品的场所，扣押违法生产、储存、使用、经营、运输的危险化学品以及用于违法生产、使用、运输危险化学品的原材料、设备、运输工具，其法定期限也遵循一般 30 d，最长 60 d 的规定。二是检测、检验所需时间不计入查封、扣押法定期限内。由于检测、检验或者技术鉴定的时间一般较长，如果算入查封、扣押期间，可能会超过查封、扣押的期限，即使未超过，也会大大挤压行政机关工作时间，从而变相缩短查封、扣押的期限，致使难以在规定的期限内完成案件调查处理工作。因此，对查封、扣押的物品需要进行检测、检验或者技术鉴定的，查封、扣押的期限不包括检测、检验或者技术鉴定的期间。三是查封、扣押的期限要履行告知义务。告知包括：检测、检验或者技术鉴定的期限应当明确，并书面告知当事人；需要延长查封、扣押期限的，也须向当事人告知，并说明理由。

（10）查清事实后，必须在查封、扣押的期限内作出处理决定。查封、扣押是一项暂时性、临时性强制措施，在查封、扣押法定期限结束前，必须作出处理决定。作出处理决定是实施查封、扣押的最终目的。作出处理决定有以下多种方式：

①对违法事实清楚、依法应当没收的非法财物予以没收。这里讲的非法财物，包括违禁物品和直接用于实施违法行为的工具等。没收是一种较为严厉的行政处罚，因此，必须是违法事实清楚，同时有关法律、法规有明确规定依法应当没收的非法财物，才可以依法没收。非法通常指未经依法批准或者未取得相关证照。譬如，《安全生产法》第九十七条规定，未经依法批准，擅自生产、经营、运输、储存、使用危险物品或者处置废弃危险物品的，依照有关危险物品安全管理的法律、行政法规的规定予以处罚；构成犯罪的，依照《刑法》有关规定追究刑事责任。

②对法律、行政法规规定应当销毁的，依法销毁。这是指在依法没收的非法财物中，法律、行政法规规定应当销毁的，应当依法予以销毁。销毁的对象限于毒品、淫秽物品等违禁品和法律、行政法规规定应当销毁的其他非法财物。

③对应当解除查封、扣押的，作出解除查封、扣押的决定。实施查封、扣押措施后，安全生产监督管理部门经查清事实，发现存在下列 5 种情形的，应当解除查封、扣押措

施：一是当事人没有违法行为。采取查封、扣押措施，主要目的是制止违法行为，经调查后发现当事人没有违法行为的，采取查封、扣押的前提就不存在了，应当予以解除。二是查封、扣押的场所、设施或者财物与违法行为无关。这一点是理所当然的，经调查后一旦发现查封、扣押的场所、设施或者财物与违法行为无关，应当立即解除查封、扣押。三是安全生产监督管理部门对违法行为已经作出处理决定。行政强制措施的一个属性就是对场所、设施或者财物的暂时性控制，而不涉及最终的处分。这里讲的处理决定，就是最终处分，不仅包括前面讲的对非法财物的处理，即没收非法财物以及销毁法律、行政法规规定应当销毁的非法财物，也包括其他行政处罚。既然处理决定都已经作出了，自然就不需用暂时性控制措施了。安全生产监督管理部门经过调查，认为当事人已经构成违法，将依法作出行政处罚等行政处理决定。譬如，决定没收非法财物，此时查封、扣押的财物将直接没收，自然不存在解除查封、扣押措施；如果作出吊销营业执照、安全许可等行政处罚，而处罚内容不涉及查封、扣押的财物的，则对于这些不再需要查封、扣押的财物，自然应当解除查封、扣押。四是查封、扣押期限已经届满。查封、扣押是一项暂时性控制，有法定的期限。安全生产监督管理部门必须在法定期限内，对查封、扣押作出处理决定，包括解除决定。也就是说，查封、扣押期限届满时，如果安全生产监督管理部门还没有作出没收非法财物以及销毁法律、行政法规应当销毁的非法财物，或者其他行政处罚等处理决定的，只有解除查封、扣押措施。五是其他不再需要采取查封、扣押措施的情形。这是兜底性规定。

(11) 法律、法规规定的其他程序。这是指实施查封、扣押一般应当遵守上述程序，但是有关法律、法规对查封、扣押程序还有其他规定的，安全生产监督管理部门也应当同样一并遵守。这里需要指出的是个别地方性法规是否有其他的程序要求。

三、其他需要说明的事项

安全生产监督管理部门实施查封、扣押措施除遵循上述规定外，还应当注意以下几点：

(1) 解除查封、扣押后，查封、扣押的财物应当立即退回；造成损失的，应当给予补偿。查封、扣押是一项暂时性、临时性强制措施，在查封、扣押法定期限结束后，必须作出处理决定。作出处理决定是实施查封、扣押的最终目的，也是终点。作出解除查封、扣押决定，就是处理决定。因此，如果安全生产监督管理部门在查清当事人没有违法行为，或者查封、扣押的场所、设施或者财物与违法行为无关，或者查封、扣押的条件消失，不再需要采取查封、扣押措施的，应当及时作出解除查封、扣押的决定。作出解除查封、扣押的决定后，必须立即退回扣押的财物。如果在实施查封、扣押措施时，对已依法将不易保管的财物拍卖或者变卖的，作出解除查封、扣押的决定后，必须退还拍卖或者变卖所得款项。因拍卖或者变卖的原因，给当事人造成损失的，应当给予补偿。譬如，某些不易保管的危险化学品或者烟花爆竹原料等。

(2) 查封、扣押的场所、设施或者财物由安全生产监督管理部门或者委托第三人保管，保管费用由安全生产监督管理部门承担。查封、扣押是一项暂时性控制措施，为了防止查封、扣押的场所、设施或者财物损失、毁坏或者转移，《行政强制法》对此作出了相应规定。一般情况下，对查封、扣押的场所、设施或者财物，由安全生产监督管理部门本身予以妥善保管，并不得使用或者损毁。如因保管不善造成损失的，由安全生产监督管理部门承担赔偿责任，赔偿当事人。特殊情况下，譬如安全生产监督管理部门没有相应的人力、物力或者财力，对查封、扣押的场所、设施或者财物，安全生产监督管理部门可以委托第三人保管。委托第三人保管的，第三人不得损毁或者擅自转移、处置。因第三人的原因造成的损失，由于安全生产监督管理部门与第三人之间存在委托关系，而当事人与第三人之间不存在委托关系，故由安全生产监督管理部门向当事人先行赔付。安全生产监督管理部门先行赔付后，可以根据《行政强制法》的规定和委托协议，向第三人追偿。总之，不论是安全生产监督管理部门本身保管，还是委托第三人保管，其保管费用均由安全生产监督管理部门承担。这里讲的保管费用既包括安全生产监督管理部门本身保管查封、扣押的场所、设施或者财物所产生的费用，也包括委托第三方承担查封、扣押的场所、设施或者财物所产生的费用。

（3）不得查封、扣押与违法行为无关的场所、设施或者财物。前面已经讲过，查封、扣押仅仅限于涉案的场所、设施或者财物，不得查封、扣押与违法行为无关的场所、设施或者财物。涉案的场所、设施和财物，是指违法者从事违法行为所使用的场所、设施或者财物，以及违法所得、非法持有的违禁品等与违法行为有关的场所、设施或者财物。《安全生产法》《危险化学品安全管理条例》等有关法律、法规对查封、扣押的范围有限制性规定的，必须依照法律、法规的规定执行，不得超出规定的范围；没有规定的，由安全监管执法人员根据上述精神予以把握。

（4）不得重复查封已被其他国家机关依法查封的场所、设施或者财物。查封场所、设施或者财物由于不转移物的占有，一般只是加贴封条。在安全生产领域，可能涉及安全生产监督管理部门和其他部门都有职责依法对生产经营单位实施监督管理，在实际工作中，如果其他部门已经依法实施查封措施后，安全生产监督管理部门不得对同一场所、设施或者财物依法实施查封措施。这里不涉及谁为主、谁为副的问题，如果多个部门都去实施查封措施，势必造成不同主体之间的权力冲突，损害国家机关的形象。注意，这里的国家机关不仅包括政府部门，也包括法院。因此，如果法院已经依法查封的场所、设施或者财物，安全生产监督管理部门也不得再重复查封。

第四节　安全生产加处罚款的程序

根据《行政强制法》的规定，行政机关自己执行的行政强制执行方式主要有以下几种：①加处罚款或者滞纳金；②划拨存款、汇款；③拍卖或者依法处理查封、扣押的场所、设施或者财物；④排除妨碍、恢复原状；⑤代履行；⑥其他强制执行方式。《行政处罚法》明确规定，当事人到期不缴纳罚款的，每日按罚款数额的 3% 加处罚款。如果有的法律对加处罚款或者滞纳金有明确规定，依照其规定执行。因此，《行政处罚法》通过普遍授权的形式，赋予行政机关对不履行缴纳罚款的当事人，可以实施加处罚款的行政强制执行。但是，加处罚款是一种间接强制方式，虽然能起到督促当事人履行缴纳罚款的作用，但如果当事人不理会、不畏惧加处罚款带来的经济上和心理上的压力，这种间接强制有可能对当事人起不到应有的作用，缴纳罚款义务的行政决定仍得不到履行，行政管理的目的仍没有实现。在这种情况下，必须通过采取强制执行的手段实现行政管理目的。《行政强制法》规定，行政机关依照规定实施加处罚款或者滞纳金超过 30 日，经催告当事人仍不履行的，具有行政强制执行权的行政机关可以强制执行；没有行政强制执行权的行政机关应当申请人民法院强制执行。

根据上述规定，结合安全生产领域实施罚款的相关法律规定，安全生产监督管理部门可以对未履行缴纳罚款义务的当事人依法实施加处罚款的间接行政强制执行（即执行罚），如果当事人仍不履行的，应当向人民法院申请直接行政强制执行。

一、加处罚款的法定期限

《行政强制法》规定："行政机关依法作出行政决定后，当事人在行政机关决定的期限内不履行义务的，具有行政强制执行权的行政机关依照第四章规定强制执行。"这是行政强制执行的一般规定。针对金线给付义务的执行，《行政强制法》规定："行政机关依法作出金线给付义务的行政决定，当事人逾期不履行的，行政机关可以依法加处罚款或者滞纳金。加处罚款或者滞纳金的标准应当告知当事人。加处罚款或者滞纳金的数额不得超过金线给付义务的数额。"此外，《行政处罚法》的规定：行政决定一经作出，当事人就应当按照行政处罚决定要求的期限履行，即使对行政处罚决定不服，申请行政复议或者提起行政诉讼，行政处罚决定不停止执行。因此，安全生产监督管理部门履行加处罚款行政强制执行的法定期限，就是行政处罚决定书规定的缴纳罚款的期限，超过该期限的，安全生产监督管理部门可以实施加处罚款的间接强制执行。

二、加处罚款的行政强制执行程序

当事人超过法定期限不履行缴纳罚款义务的，安全生产监督管理部门依法履行行政强制执行，应当遵守下列程序规定：

（1）送达罚款决定时，告知当事人加处罚款的标准。

（2）当事人逾期不履行罚款决定的，制作并送达加处罚款强制执行决定书。

（3）当事人不履行加处罚款决定的，制作并送达催告书。

（4）加处罚款超过 30 日，经催告仍不履行的，申请人民法院直接强制执行。但是，已经实施查封、扣押措施的，可以将查封、扣押的财物依法拍卖抵缴罚款。

安全生产监督管理部门履行上述行政强制执行程序时，需要注意以下几点：

（1）告知当事人加处罚款的标准。这是安全生产监督管理部门实施加处罚款前的一项法定义务，必须履行。加处罚款是执行罚，是间接强制执行的一种，是对于拒不履行行政决定确定的金钱给付义务的当事人，以加处新的金钱给付义务的方式，迫使当事人履行。《行政处罚法》普遍授权行政机关执行罚，明确当事人到期不缴纳罚款的，每日按罚款数额的 3% 加处罚款。如果有关法律对加处罚款或者滞纳金有明确规定的，依照其规定执行。《行政强制法》也规定行政机关依法作出金钱给付义务的行政决定，当事人逾期不履行的，行政机关可以依法加处罚款或者滞纳金。因此，当事人逾期不履行罚款行政处罚决定的，安全生产监督管理部门可以实施加处罚款的强制执行决定，但在实施加处罚款的强制执行决定前，必须履行告知义务，告知当事人加处罚款的标准，即每日按罚款数额的 3% 加处罚款。

实际操作中，告知当事人加处罚款的义务，可以在行政处罚决定书中一并予以说明。

另外，因加处罚款的数额是按日累计，根据《行政强制法》的规定，最终加处罚款的数额不得超过罚款本身的数额，即加处罚款的最大数额等于罚款数额。

（2）加处罚款强制执行决定书。《行政强制法》对行政机关实施行政强制执行的一般程序中规定，行政机关作出强制执行决定前，应当事先催告当事人履行义务。当事人收到催告书后有权进行陈述和申辩。行政机关应当充分听取当事人的意见，对当事人提出的事实、理由和证据，应当进行记录、复核。经催告，当事人逾期仍不履行行政处罚决定，且无正当理由的，行政机关可以作出强制执行决定。强制执行决定应当以书面形式作出，并载明当事人的姓名或者名称、地址，强制执行的理由和依据，强制执行的方式和时间，申请行政复议或者提起诉讼的途径和期限，行政机关的名称、印章和日期等事项。同时，《行政强制法》也规定行政机关依法作出金钱给付义务的行政决定，当事人逾期不履行的，行政机关可以依法加处罚款或者滞纳金。因此，加处罚款作为一项行政强制执行决定，与一般的行政强制执行决定一样，具有以下特点：一是强制执行决定应当以书面形式作出。二是强制执行决定必须以行政处罚决定为基础，依据行政处罚决定而作出。三是强制执行决定必须以当事人逾期不履行已经生效的行政处罚决定所确定的义务为前提，其目的是当事人不自觉履行义务的情况下，保证义务的履行。四是强制执行决定书符合法定形式。

根据上述原则，加处罚款强制执行决定书应当包括下列内容：①当事人的姓名或者名称、地址。其表述的内容应当与安全生产监督管理部门给予当事人罚款的行政处罚决定书中的内容相一致。②强制执行理由和依据。理由是指当事人在安全生产监督管理部门行政处罚决定的期限内不履行罚款义务的具体情况，为什么没有履行，如果没钱，是否申请延期或者分期交付罚款等。依据是指安全生产监督管理部门实施强制执行所依据的法律上的具体规定，引用《行政处罚法》的规定，即当事人到期不缴纳罚款的，每日按罚款数额的 3% 加处罚款。③强制执行的方式和时间。强制执行的方式这里是指加处罚款，时间由安全生产监督管理部门根据具体情况确定。在这里，《行政强制法》对强制执行的时间也没有作出规定，因此，这实际操作中，可以由安全生监督管理部门根据当事人的具体情况酌情确定，其目的是促使当事人尽快履行法定义务。④申请行政复议或者提出行政诉讼的途径和期限。行政强制执行是一项具体行政行为，加处罚款是行政强制执行的一种，当然也有救济的途径。《行政复议法》规定："公民、法人或者其他组织认为具体行政行为侵犯其合法权益的，可以自知道该具体行政行为之日起六十日内提出行政复议申请；但是法律规定的申请限期超过六十日的除外。""因不可抗力或者其他正当理由耽误法定申请期限的，申请期限自障碍消除之日起继续计算。"《行政诉讼法》规定："申请人不服复议决定的，可以在收到复议决定之日起十五日内向人民法院提起诉讼。复议机关逾期不作出决定的，申请人可以在复议期满之日起十五日内向人民法院提起诉讼。法律另有规定的除外。""公民、法人或者其他组织直接向人民法院提起诉讼的，应在知道作出具体行政行为之日起三个月内提出。法律另有规定的除外。""公民、法人或者其他组织因不可抗力或者其他特殊情况耽误法定期限的，在障碍消除后的十日内，可以申请延长期限，由人民法院决定。"因此，加处罚款强制执行书与行政处罚决定书一样，要明确写明申请行政复议或者提出行政诉讼的途径和期限。⑤行政机关的名称、印章和日期。与行政处罚决定书一样，加处罚款强制执行书同样要写明实施的安全生产监督管理部门名称，并加盖公章，注明日期。

（3）催告书。《行政强制法》关于行政强制执行的一般程序中，规定有一个催告，即行政机关作出强制执行决定前，应当事先催告当事人履行义务。当事人收到催告书后有权进行陈述和申辩；在金钱给付义务的执行中，规定还有一个催告，即“行政机关依照本法第四十五条规定实施加处罚款或者滞纳金超过 30 日，经催告当事人仍不履行的，具有行政强制执行权的行政机关可以强制执行；没有行政强制执行权的行政机关应当申请人民法院强制执行。”加处罚款是执行罚，行政机关无须在作出强制执行决定前，事先催告当事人履行义务。因此，这里讲的催告是指第二个催告。

催告是督促当事人在一定期限内履行义务，否则承担被强制执行后果的一种程序。对安全生产监督管理部门来讲，催告是一项法定义务。安全生产监督管理部门在当事人实施加处罚款后，仍不履行时，如需提请人民法院强制执行，则必须进行事前催告。催告必须以书面形式作出。催告必须包括以下内容：①履行义务的期限。安全生产监督管理部门应当根据当事人承担义务的具体情况，合理设定履行义务的期限，考虑两个因素，一是预留当事人履行义务的时间；二是预留当事人陈述和申辩的时间。②履行义务的方式。行政处罚决定确定了当事人的义务，催告书应当明确当事人以何种方式履行义务，一般情况下，履行义务的方式应与行政处罚决定书中规定的一致。③涉及金钱给付的，应当有明确的金额和给付方式。给付方式包括现金、支票、银行转账等。④当事人依法享有的陈述权和申辩权。这是当事人的一项基本权利，当事人进行陈述和申辩是强制执行的必须程序。

（4）关于催告书、加处罚款强制执行书的送达。与罚款决定书的送达方式相同，一般情况下，催告书、加处罚款强制执行书必须优先直接送达当事人。当事人拒绝或者无法直接送达当事人的，再依照《民事诉讼法》的规定，采取其他方式送达当事人。根据《民事诉讼法》的规定，其他送达方式还包括留置送达、邮寄送达、委托送达、转交送达和公告送达。

直接送达，是指催告书、强制执行书在执行时当场交付当事人。当事人是公民的，直接交付给本人；当事人是法人或者其他组织的，送交法人的法定代表人、其他组织的主要负责人。

留置送达，是指当事人拒收送达文书时，行政机关把送达文书留在当事人住处的送达方式。当事人拒绝接受送达文书时，送达人应当邀请有关基层组织或者其所在单位的代表到场，说明情况，将送达文书留在当事人的住所，即视为送达。

委托送达，是指行政机关直接送达方式有困难时，委托当事人所在地行政机关代为送达的方式。委托送达一般是在当事人不在行政机关的辖区内，直接送达有困难时适用，接受委托的只能是其他行政机关。行政机关需要委托送达时，应当出具委托函，将委托的事项和要求明确告知委托的行政机关。

邮寄送达，是指行政机关直接送达有困难时，将送达文书交邮局用挂号信寄给当事人的送达方式。

转交送达，是指在特定情况下，不宜或者不便直接送达时，行政机关将送达文书通过当事人所在单位转交的送达方式。根据《民事诉讼法》的规定，转交送达是在当事人身份特殊的情况适用，包括：当事人是军人的，通过其所在部队团以上单位的政治机关转交；当事人被监禁的，通过其所在监所或者劳动改造单位转交；当事人被劳动教养的，通过其所在劳动教养单位转交。代为转交的机关、单位在收到送达文书后，必须立即交付当事人。

公告送达，是指行政机关以公告的方式，将需要送达的文书的有关内容告知当事人的送达方式。无论当事人是否知悉公告内容，经过法定的公告期限，即视为已经送达。公告送达。可以在行政机关的公告栏、当事人原住所地张贴公告，也可以在报纸上刊登公告；对公告送达方式有特殊要求的，应按要求的方式进行公告。

（5）关于查封、扣押财物的处理。《行政强制法》规定，行政机关依照本法规定实施加处罚款或者滞纳金超过 30 日，经催告当事人仍不履行的，具有行政强制执行权的行政机关可以强制执行。没有行政强制执行权的行政机关应当申请人民法院强制执行。但是，当事人在法定期限内不申请行政复议或者提起行政诉讼，经催告仍不履行的，在实施行政管理过程中已经采取查封、扣押措施的行政机关，可以将查封、扣押的财物依法拍卖抵缴纳罚款。依法拍卖财物，由行政机关委托拍卖机构依照《中华人民共和国拍卖法》的规定办理。

这里需要注意的是，执行罚的决定和实施主体往往不同。根据《行政处罚法》的普遍授权，行政机关都是执行罚的决定主体。但是，只有具有强制执行权的行政机关才可以强制执行，如果法律没有授权强制执行，决定采取执行罚的行政机关只能依法申请人民法院执行。

因此，根据上述规定，在安全生产领域，安全生产监督管理部门对当事人实施加处罚款强制执行决定后，经催告当事人仍不履行的，只能申请人民法院强制执行。但是，有一个例外，也可以不经向人民法院申请，而自行执行，即当事人在法定期限内不申请行政复议或者行政诉讼，经催告仍不履行的，在实施行政管理过程中已经采取查封、扣押措施的行政机关，可以将查封、扣押的财物依照《中华人民共和国拍卖法》的规定进行拍卖，拍卖所得抵缴纳罚款。

三、其他需要说明的事项

1. 关于中止执行的规定

中止执行是指强制执行程序开始后，由于出现致使强制执行无法进行下去的特殊情况，行政机关暂时停止强制执行程序，待该情况消除后，继续执行。

中止执行有 4 种法定情形：

（1）当事人履行行政决定确有困难或者暂时无履行能力的。确有困难或者暂无履行能力的包括：一是不可抗力，发生当事人无法预见、无法预防、无法避免和无法控制的事件，以致当事人不能如期履行义务，如地震；二是经济或者生活困难，除维持家庭基本生活外，当事人无力履行金钱给付等义务；三是因突发疾病等身体健康原因暂不能履行义务的；四是其他情形。

（2）第三人对执行标的主张权利，确有理由的。第三人是指当事人以外的，法律上利益或者权利将受到强制执行的影响的公民、法人或者其他组织。第三人主张权利的内容主要是物权或者债权。如第三人对执行标的主张抵押权、质权、所有权以及因租赁关系享有的使用权等。此种情况下执行标是有争议的标的，需要确定权属后才能执行；如果第三人确有理由的，应当中止执行。

（3）执行可能造成难以弥补的损失，且中止执行不损害公共利益的。强制执行应坚持比例原则，应采取最小损害的方式实现行政管理目的。在可能难以弥补损失的情况下，如果不中止执行，会使强制执行得不偿失。

（4）行政机关认为需要中止执行的其他情形。这是一个兜底性条款。如强制执行可能导致被执行人过激行为，如自杀。需要注意的是，法律没有规定在行政复议或者行政诉讼期间停止强制执行。中止执行是暂时停止执行，不是永久停止执行。中止执行的情形消失后，行政机关应当恢复执行。但对没有明显社会危害，当事人确无能力履行，中止执行满三年未恢复执行的，行政机关不再执行。

根据上述规定，安全生产监督管理部门在对当事人加处罚款过程中，同样遵守中止执行的相关规定。特别是当出现第一种情况、第二种情况时，即当事人履行行政决定确有困难或者暂时无履行能力，或者第三人对执行标的主张权利，确有理由的，应当中止执行，待中止执行的情形消失后，再恢复执行。

2. 关于终结执行的规定

终结执行是指在执行过程中，由于发生某种特殊情况，执行程序没有必要或者不可能继续执行，从而结束执行程序。终结执行有以下特点：一是发生了特殊情况，执行程序没有必要或者不可能继续执行；二是执行程序永远停止，以后也不再恢复；三是终结执行的决定权只能由行政机关行使。

终结执行有以下 5 种情形：

（1）公民死亡，无遗产可供执行，又无义务承受人的。

（2）法人或者其他组织终止，无财产可供执行，又无义务承受人的。

（3）执行标的灭失的。

（4）据以执行的行政决定被撤销的。行政决定是基础行政行为，是行政强制执行的依据。行政决定被撤销，行政强制终结执行；行政决定部分撤销，执行机关就原决定撤销部分终结执行。行政决定撤销包括 3 种情况：一是行政机关主动撤销；二是诉讼撤销；三是复议撤销。

（5）行政机关认为需要终结执行的其他情形。这是一个兜底性条款，也是弹性条款，行政机关可以根据终结执行的基本精神和实际情况，决定其他需要终结执行的情形。

根据上述规定，安全生产监督管理部门在对当事人加处罚款过程中，同样遵守终结执行的相关规定。

3. 关于执行回转的规定

行政强制执行回转制度是一项错误弥补制度，是指在执行中或者执行完毕后，据以执行的行政决定被撤销、变更，或者执行错误的，行政机关对已经被执行的财产重新恢复到执行程序开始前状态的执行制度。执行回转的前提包括 3 个方面：被执行的行政决定撤销、变更，或者执行错误。既包括实体上的撤销、变更，也包括程序上的执行错误。执行回转标的只能是财物。执行标的为特定物的，返回特定物；执行标的为种类物的，返回相同规格、数量和品质的种类物；执行标的为给付金钱的，返还相同数额的金钱及其孳息。不能恢复原状或者退还财物的，依照《国家赔偿法》给予行政赔偿。

根据上述规定，安全生产监督管理部门在对当事人加处罚款过程中，同样遵守执行回转的规定，返还相同数额的金钱及其孳息。

4. 关于执行和解

实施行政强制执行，行政机关可以在不损害公共利益和他人合法权益的情况下，与当事人达成执行协议。注意的是，一是执行协议属于行政合同，既不同于由行政机关单方面决定的行政决定，需要由行政机关与被执行人自愿协商达成，共同约定协议的内容；又不同于民事合同的平等性，在执行和解中，行政机关居主导地位，被执行人即使不同意订立执行协议，也要履行行政决定的义务。法律对执行协议是否需要书面协议没有规定，建议最好是书面协议，即使口头协议，也要有相应的材料证明。二是执行协议虽然是执行机关与被执行人之间自愿达成的，但协议的内容也不能自由约定，不能违反行政决定所要实现的目的，不能放弃行政机关的责任，也不能损害公共利益和他人利益。三是行政执行协议的内容分为两种情况，一种情况是就被执行人自动履行义务的时间进行协商，可以约定分阶段履行义务。另一种情况是对于当事人采取补救措施的，可以减免加处罚款或者滞纳金，不能减免罚款本金。四是执行协议必须履行。执行协议对行政机关和被执行人都有约束力，双方都应履行执行协议的内容。如果当事人未按照执行协议履行义务，行政机关可以单方面恢复强制执行。

根据上述规定，安全生产监督管理部门在对当事人加处罚款过程中，可能通过签订行政执行协议达到和解的目的，以督促当事人履行义务。

第五节　安全生产强制停电、停止供应民用爆炸物品的程序

根据《行政强制法》的规定，行政机关自己执行的行政强制执行方式主要有以下6种：①加处罚款或滞纳金；②划拨存款、汇款；③拍卖或依法处理查封、扣押的场所、设施或者财物；④排除妨碍、恢复原状；⑤代履行；⑥其他强制执行方式。《安全生产法》第六十七条规定：“负有安全生产监督管理职责的部门依法对存在重大事故隐患的生产经营单位作出停产停业、停止施工、停止使用相关设施或者设备的决定，生产经营单位应当依法执行，及时消除事故隐患。生产经营单位拒不执行，有发生生产安全事故的现实危险的，在保证安全的前提下，经本部门主要负责人批准，负有安全生产监督管理职责的部门可以采取通知有关单位停止供电、停止供应民用爆炸物品等措施，强制生产经营单位履行决定。通知应当采用书面形式，有关单位应当予以配合。负有安全生产监督管理职责的部门依照前款规定采取停止供电措施，除有危及生产安全的紧急情形外，应当提前24小时通知生产经营单位。生产经营单位依法履行行政决定、采取相应措施消除事故隐患的，负有安全生产监督管理职责的部门应当及时解除前款规定的措施。”

根据上述规定，生产经营单位拒不执行安全生产监督管理部门作出的停产停业、停止施工、停止使用相关设施或者设备决定的，安全生产监督管理部门可以采取通知有关单位停止供电、停止供应民用爆炸物品等措施，强制生产经营单位履行决定。这是一种强制执行方式，形式上相当于代履行，但又不同于代履行。代履行是指当事人拒绝履行或者没有能力履行义务时，行政机关决定由他人代替当事人履行义务，履行费用由当事人承担。《行政强制法》规定：“行政机关依法作出要求当事人履行排除妨碍、恢复原状等义务的行政决定，当事人逾期不履行，经催告仍不履行，其后果已经或者将危害交通安全、造成

环境污染或者破坏自然资源的，行政机关可以代履行，或者委托没有利害关系的第三人代履行。”

一、停止供电、停止供应民用爆炸物品的法定期限

《行政强制法》规定：“行政机关依法作出行政决定后，当事人在行政机关决定的期限内不履行义务的，具有行政强制执行权的行政机关依照第四章规定强制执行。”这是强制执行的一般规定。此外，《行政处罚法》的规定：“行政决定一经作出，当事人就应当按照行政决定要求的期限履行，即使对行政决定不服，申请行政复议或者提起行政诉讼，行政决定不停止执行。”因此，安全生产监督管理部门履行停止供电、停止供应民用爆炸物品行政强制执行的法定期限，即安全生产监督管理部门作出停产停业、停止施工、停止使用相关设施或者设备决定的期限。如果决定是立即执行，则无法定期限；如果决定有期限，则其限期就是法定期限。

二、停止供电、停止供应民用爆炸物品的程序

（1）经本部门主要负责人批准。这属于内部程序的限定，实施这项措施前必须经本部门主要负责人批准。这项行政强制执行措施直接关系到公民的人身权、财产权等基本权利，不能任由行政执法人员随意作出。这里所称的本部门主要负责人，一般是指安全生产监督管理部门的正职负责人，也可以是主持工作的其他负责人。

（2）向有关单位发书面通知。通知要采用书面形式，这是实施的形式要件。书面形式具有意思表示准确、有据可查、便于预防纠纷的优点。为保证实施过程的公开、公正、可追溯，书面形式应为相应的行政执法文书，这相当于代履行决定书。书面的行政执法文书应当明确载明当事人的姓名或者名称、地址，实施的方式、时间。这里所讲的有关单位，是指供电部门、供电公司或者民用爆炸物品的供应单位。

（3）催告当事人履行。按照《安全生产法》第六十七条规定，安全生产监督管理部门实施停止供应民用爆炸物品的强制执行措施可以直接执行，也可以给予一定限期催告当事人履行。但是采取停止供电的强制执行措施，一般情况下，应当提前 24 小时书面通知生产经营单位。主要考虑到停止供电可能会对安全造成一些不可预计的影响，所以进行了本款的补充规定，要求除有危及生产安全的紧急情形的外，负有安全生产监督管理职责的部门应当提前 24 小时通知生产经营单位，以便被强制执行单位做好停电准备，避免不必要的危险和损失发生。但是，如果遇有紧急情形的，负有安全生产监督管理职责的部门可以不提前 24 小时，少于 24 小时，甚至在不通知生产经营单位的情况下，直接依照本条第一款的规定要求供电单位停止供电。

（4）实施强制执行。经催告，生产经营单位不履行义务的，依法强制执行。有关单位根据安全生产监督管理部门的书面通知要求依法实施停止供电、停止供应民用爆炸物品，强制生产经营单位履行停产停业、停止施工、停止使用相关设施设备的义务。

（5）依法解除强制执行。《安全生产法》第六十七条规定，生产经营单位依法履行行政决定、采取相应措施消除事故隐患的，负有安全生产监督管理职责的部门应当及时解除前款规定的措施。因此，解除强制执行的条件：一是生产经营单位依法履行行政决定。即生产经营单位已经按照负有安全生产监督管理职责的部门行政决定的要求，正确履行了停

产停业、停止施工、停止使用相关设施设备的义务。二是采取相应措施消除事故隐患。除履行行政决定外，生产经营单位还必须采取措施消除事故隐患后，负有安全生产监督管理职责的部门才能解除前款规定的行政强制措施。如何判断事故隐患已经被消除呢？依照本法第六十二条的规定，必须经负有安全生产监督管理职责的部门审查同意，认为已经满足有关安全生产条件，可以继续生产经营的，生产经营单位方可恢复生产经营或使用相关设施设备。

安全生产监督管理部门履行上述行政强制执行程序时，需要注意以下6点：

（1）负有安全生产监督管理职责的部门依法对存在重大事故隐患的生产经营单位作出停产停业、停止施工、停止使用相关设施或者设备的决定。这里所称的决定，既包括依照本法第六十二条或者其他法律法规规定作出的责令暂时停产停业、停止使用相关设施设备的现场处理决定，也包括依照本法法律责任一章作出的责令停产停业或者责令停产停业整顿的行政处罚决定。

（2）生产经营单位存在重大事故隐患。生产经营单位不存在重大事故隐患，不得采取强制执行。

（3）生产经营单位存在重大事故隐患，拒不执行安全生产监督管理部门依法作出的停产停业、停止使用相关设施设备的现场处理决定，有发生生产安全事故的现实危险。安全生产监督管理部门依法履行职责，作出行政决定，是代表国家执行公务的行为，具有强制性，生产经营单位应当依法执行，及时采取相应措施消除事故隐患。实践中，一些生产经营单位拒绝执行安全生产监督管理部门依法作出的行政决定，这种情况不仅严重影响行政执法工作的正常进行，无法实现本法规定的保障安全生产立法目的，也给生产经营单位的安全生产埋下了隐患。针对这种情况，本法明确规定，生产经营单位拒不执行相关决定，继续生产、经营、作业的，有发生生产安全事故的现实危险的，通知有关单位采取停止供电、供应民用爆炸物品措施，强制生产经营单位履行行政决定。这里所称的重大事故隐患，通常是指危害和整改难度较大，应当全部或者局部停产停业，并经过一定时间整改治理方能排除的隐患，或者因外部因素影响致使生产经营单位自身难以排除的隐患。这里所称的有发生生产安全事故的现实危险，是指现实存在的、紧迫的危险，如果这种危险持续存在，生产经营单位就可能随时发生事故。由于存在各种复杂情况，很难作出明确的界定，需要在实践中予以把握。一般认为，有明显的证据和迹象表明，如果不执行相关决定，事故马上或者很快就会发生，就可以认为“有发生生产安全事故的现实危险”。在现实执法中，至于考量是否发生生产安全事故的现实危险，一定要牢记“血的教训不能再用血的代价去印证”。甚至在大致相同的情形下，已经发生事故的深刻教训。

（4）必须在保证安全的前提下才能采取相关强制执行措施。从根本上说，实施停产停业等强制执行的最终目的之一就是为了避免生产经营单位发生重大安全事故，从而保证其生产经营活动的正常进行。在有的情况下，采取停电等措施反而会加大事故发生的危险性，如煤矿井下瓦斯超限时，如果强制停电，造成通风设备停止运转，可能就会造成事故。因此，安全生产监督管理部门实施行政强制执行的过程中要以保证安全为第一原则，特别是从业人员的生命安全为前提。在实施停止供应民用爆炸物品，特别是停止供电的强制措施的情况下，要严格遵守程序规定，以保障实现行政强制目的。

（5）催告通知的送达，遵守有关执法文书送达的规定。

(6) 如果出现《行政强制法》第三十九条、第四十条有关行政强制执行中止、终结的情形，依照有关法律的规定办理。

第六节　申请人民法院强制执行的程序

一、申请强制执行的范围

安全生产监督管理部门哪些事宜可以申请人民法院强制执行。根据《行政诉讼法》的规定，人民法院的行政强制执行包括两种：一是对人民法院行政判决、裁定的强制执行；二是非诉行政案件。因此，行政机关申请人民法院强制执行也包括两种：一是公民、法人或者其他组织拒绝履行人民法院生效的行政判决、裁定的，行政机关可以向第一审人民法院申请强制执行；二是具体行政行为的相对人对具体行政行为在法定期限内没有提起行政复议或者行政诉讼，行政机关可以申请人民法院强制执行，即非诉行政执行。

根据《行政诉讼法》的上述规定，安全生产监督管理部门除对公民、法人或者其他组织拒绝履行人民法院生效的行政判决、裁定外，对下列具体行政行为可以申请人民法院强制执行：

(1) 罚款、吊销许可证和执照、责令停产停业、没有违法所得等行政处罚。

(2) 查封、扣押等行政强制措施。

(3) 加处罚款、代履行等间接强制执行。

(4)《行政复议法》《行政诉讼法》及其他法律法规规定的具体行政行为。

二、申请强制执行的条件和期限

1. 申请强制执行的条件

根据《行政强制法》的规定，安全生产监督管理部门申请人民法院强制执行的前提条件：①当事人（义务人）在法定期限内不申请行政复议或者提起行政诉讼，又不履行行政决定；②申请人民法院强制执行前，履行了催告义务，催告当事人履行义务，且催告书送达十日后当事人仍未履行义务。

关于法定期限，《行政复议法》规定，公民、法人或者其他组织申请行政复议的法定期限是60日，自知道该具体行政行为之日起60日内提出。《行政诉讼法》规定："公民、法人或者其他组织直接向人民法院提起诉讼的，应当在知道作出具体行政行为之日起3个月内提出。"但是，如果其他法律对当事人提起行政复议或者行政诉讼的期限另有规定的，依照特别规定的规定为准，遵循特别法优于一般法原则。

催告程序，是指当义务人逾期不履行生效法律文书中指定的行政义务时，安全生产监督管理部门通知义务人在一定期限内自觉履行义务，并告知相对人不履行义务将要产生对其不利后果的程序。催告书同样要具备以下条件：①催告书应当以书面形式作出；②催告书应当载明当事人履行义务的期限、履行义务的方式，涉及金钱给付的，应当载明金额和给付方式、当事人依法享有的陈述权和申辩权；③当事人不履行义务的后果。

注意的是，这里的"十日"可以理解就是催告书中所列的"履行期限"，即催告书中所列的履行期限不应超过十日。至于这个期限如何计算，有两种方式：第一种方式，可以在行政复议或者行政诉讼期限届满之日的前十日向当事人发出催告书，如果当事人在此十日内不履行义务，又赶上当事人申请行政救济的期限届满，则安全生产监督管理部门即可以从届满之日起向人民法院申请强制执行。第二种方式，安全生产监督管理部门在当事人申请行政救济的期限届满后向当事人发出催告书，如果这样，则只能是在催告书送达十日后当事人仍未履行义务的情况，安全生产监督管理部门方可向人民法院申请强制执行。这样的话，第二种方式要比第一种方式延后十日。

2. 申请强制执行的期限

根据《行政强制法》规定，没有行政强制执行权的行政机关申请人民法院强制执行的期限是从当事人行使行政救济的法定期限届满之日起三个月内，可以申请人民法院强制执行。

注意两点：①申请执行期限的起算点问题。《民法通则》规定的期间计算方式是以历法为计算方式，即以日、月、年计算期间。按此规定，安全生产监督管理部门申请人民法院强制执行的3个月的起算点应从当事人申请行政救济期间届满之日的次日起算。如某人于2011年4月30日收到行政处罚决定书，他向法院提起诉讼的3个月的期限应从5月1日至7月31日。如果他在该期间内没有提起行政诉讼，则行政机关申请人民法院强制执行的期间应从8月1日至10月31日。②3个月的期间为除斥期间，没有中止、中断之说。

三、人民法院受理强制执行案件的管辖

（1）关于诉讼强制执行的管辖。公民、法人或者其他组织拒绝履行人民法院生效的行政判决、裁定的，安全生产监督管理部门可以向第一审人民法院申请强制执行。

（2）关于罚款、吊销许可证和执照、责令停产停业、没有违法所得等具体行政行为的非诉强制执行的管辖。根据《行政强制法》规定，安全生产监督管理部门可以向所在地有管辖权的人民法院申请强制执行；执行对象是不动产的，向不动产所在地有管辖权的人民法院申请强制执行。如何理解管辖权，《最高人民法院关于执行〈中华人民共和国行政诉讼法〉若干问题的解释》第八十九条规定："行政机关申请人民法院强制执行其具体行政行为，由申请人所在地的基层人民法院受理；执行对象为不动产的，由不动产所在地的基层人民法院受理。"根据1998年最高人民法院《关于人民法院执行工作若干问题的规定（试行)》的规定，对于专利处理决定和处罚决定的管辖，由被执行人住所地或者财产所在地的省、自治区、直辖市有权受理专利纠纷案件的中级人民法院执行。国务院各部门、各省、自治区、直辖市人民政府和海关依照法律、法规作出的处理决定和处罚决定，由被执行人住所地或者财产所在地的中级人民法院执行。因此，对于有管辖权的人民法院的理解，要具体情况分析确定，一般案件是基层人民法院，但有些案件可能就是中级人民法院。

四、申请强制执行需要提供的材料

根据《行政强制法》的规定，安全生产监督管理部门向人民法院申请强制执行，应当提供下列材料：

（1）强制执行申请书。

（2）行政决定书及作出决定的事实、理由和依据。

（3）当事人的意见及行政机关催告情况。

（4）申请强制执行标的情况。

（5）法律、行政法规规定的其他材料。

强制执行申请书应当由行政机关负责人签名，加盖行政机关的印章，并注明日期。

注意以下5点：

（1）强制执行申请书。强制执行申请书是安全生产监督管理部门申请人民法院强制执行其具体行政行为的书面表现形式，也是申请行为的形式要件。强制执行申请书应当包括以下内容：表明安全生产监督管理部门申请法院强制执行的意见；申请安全生产监督管理部门的名称、法定代表人；被执行人的姓名或者名称、住址等内容；由安全生产监督管理部门负责人签名，加盖安全生产监督管理部门的印章，并注明日期。

（2）行政决定书及作出该决定的事实、理由和依据。除需要提交法律文书外，应当载明与执行有关的事项，这些事项包括：具体行政行为的主要内容、理由和依据，以及义务人拒不履行义务的事实等。还需要提交证明被执行的具体行政行为的合法材料。这些材料包括：安全生产监督管理部门具有作出该具体行政行为的权限，包括法律法规的规定和本部门的“三定”规定；安全生产监督管理部门据以作出该具体行政行为的事实和相关证据；安全生产监督管理部门作出该具体行政行为的法律依据等。

（3）当事人的意见及安全生产监督管理部门催告情况。催告是申请人民法院强制执行的先决条件。安全生产监督管理部门是否履行催告程序，当事人是否接到催告书，催告书规定的履行期限是否已经到达，当事人是否提出异议等。这些都是必须的。如当事人在催告期间履行了应当履行的义务，安全生产监督管理部门就不需要申请人民法院强制执行，人民法院也将不予受理。

（4）申请强制执行标的情况。执行程序中，执行标的是具有给付内容的法律文书所确定的给付内容，是法院强制执行行为所指向的对象，包括财产和行为两个方面。人民法院的执行活动，目的是要使生效的法律文书得以实现，落实生效法律文书既定的权利和义务的给付内容。因此，执行标的是生效法律文书所确定的权利、义务的给付内容，包括：①权利和义务关系；②给付方式，即以何种方式兑现既定的权利和义务，如给付金钱、交付财物、完成行为等；③给付的物质种类，如现金、实物、行为等；④数额或者要求，即物的价值、数目和具体标准。

（5）法律、行政法规规定的其他材料。这是一项兜底性条款。

五、人民法院的受理、审查和裁定

人民法院收到安全生产监督管理部门的申请及提供的有关材料后，将依照有关规定决定是否受理，对内容进行审查，最后作出裁定。

1. *受理*

根据《行政强制法》的规定，人民法院接到安全生产监督管理部门强制执行的申请，应当在五日内受理。人民法院裁定不予受理的，安全生产监督管理部门对人民法院不予受理的裁定有异议的，可以在十五日内向上一级人民法院申请复议，上一级人民法院应当自收到复议申请之日起十五日内作出是否受理的裁定。

受理是人民法院依据国家司法权力对行政机关提出强制执行的申请进行审查的单方面

行为的结果，是执行程序能否开始的关键。根据最高人民法院《关于执行〈中华人民共和国行政诉讼法〉若干问题的解释》第八十六条规定，安全生产监督管理部门的申请及所提供的材料只要符合下列条件的，人民法院应当受理。否则，不予受理：

（1）具体行政行为已经生效并具有可执行内容。已经生效是指具体行政行为已经符合条件，包括行政行为期限条件等已经满足，法律程序符合规定，法律文书已经生效。具有可执行的内容是指行政行为具体可强制执行的标的，如金钱给付，能够强制作为或者替代履行，或者其他可执行的标的。

（2）申请人是作出该具体行政行为的安全生产监督管理部门，即谁作出具体行政行为，谁就是申请人。

（3）被申请人是该具体行政行为所确定的义务人，即该义务人是行政行为确定的直接的行政相对人。义务人必须明确，与行政决定所确定的义务人相一致。

（4）被申请人在具体行政行为确定的期限内或者安全生产监督管理部门另行指定的期限内未履行义务。第一种情况，被申请人在具体行为确定的期限人未履行，要有证据证明；第二种情况，被申请人在安全生产监督管理部门另行指定的期限内未履行，包括被申请人与安全生产监督管理部门达成和解，由安全生产监督管理部门另行指定履行期限等情况。如果被申请人在指定的期限内履行了行政行为确定的义务，人民法院就不受理行政强制执行的申请。

（5）安全生产监督管理部门在法定期限内提出申请。第一种情况，注意“法定期限”，义务人在法定期限内不申请行政复议或者提起行政诉讼，又不履行行政决定的，安全生产监督管理部门可以自期限届满之日起三个月内，依照规定申请人民法院强制执行。超过3个月申请人民法院强制执行的，人民法院不予受理。第二种情况，注意“催告期”，催告书送达十日内义务人仍未履行义务的，安全生产监督管理部门可以向有管辖权的人民法院申请强制执行。

（6）被申请执行的行政案件属于受理申请执行的人民法院管辖，即安全生产监督管理部门必须向有管辖权的人民法院提出申请，遵照人民法院管辖的规定提出申请。

安全生产监督管理部门对人民法院不予受理的裁定有异议的，可以在十五日内向上一级人民法院申请复议，上一级人民法院应当自收到复议申请之日起十五日内作出是否受理的裁定。如果上一级人民法院经过复议，作出不予受理的裁定，该裁定为终局裁定。在具体过程中，安全生产监督管理部门可以分情况对行政决定的执行问题作出说明，如对行政决定的形式瑕疵或者内容瑕疵作出相应修改，以符合人民法院受理条件，如果是因为人民法院没有管辖权，可以向有管辖权的人民法院提出申请。

2. 审查

人民法院接到安全生产监督管理部门强制执行的申请材料后，要进行审查。审查是作出执行裁定的前提。审查分为书面审查和实质审查两种形式。一般情况下，人民法院进行书面审查，认为需要时，也可以进行实质审查。

书面审查，主要以安全生产监督管理部门提供的书面材料为主进行审查，相当于形式审查。书面审查主要审查以下内容：

（1）安全生产监督管理部门是否在法定期限内提出的申请。安全生产监督管理部门应当在当事人申请行政救济（行政复议或者行政诉讼）的法定期限届满之日起3个月内申请人民法院强制执行。安全生产监督管理部门逾期提出申请的，除有正当理由外，人民法院不予受理。

（2）安全生产监督管理部门是否按照规定提供了齐备的申请材料。包括：强制执行申请书；行政决定书及作出决定的事实、理由和依据；当事人的意见及行政机关催告情况；申请强制执行标的情况；法律、行政法规规定的其他材料。强制执行申请书应当由安全生产监督管理部门负责人签名，加盖安全生产监督管理部门的印章，并注明日期。

（3）行政决定是否具备法定执行效力。行政决定具备法定执行效力是指行政决定已经发生法律效力，包括在复议、诉讼期间没有申请行政复议或者提起行政诉讼，加处罚款或者滞纳金超过三十日后，当事人仍未履行的情形。

（4）行政决定不具有需要实质审查的情形，即存在3种情况：明显缺乏事实根据的；明显缺乏法律、法规依据的；其他明显违法并损害被执行人合法权益的。

实质审查。人民法院在进行书面审查时，发现明显缺乏事实根据，或者明显缺乏法律、法规依据，或者存在其他明显违法并损害被执行人合法权益的情况，将进行实质审查，可以听取被执行人和行政机关的意见。实质审查的期限是三十日。

3. 裁定

人民法院通过书面审查，认为没有问题的，应当自受理之日起七日内作出执行裁定。

需要进行实质审查的，人民法院依法进行实质审查。实质审查的期限是三十日。人民法院应当自受理之日起三十日内作出是否执行的裁定。裁定不予执行的，应当说明理由，并在五日内将不予执行的裁定送达安全生产监督管理部门。安全生产监督管理部门对人民法院不予执行的裁定有异议的，可以自收到裁定之日起十五日内向上一级人民法院申请复议，上一级人民法院应当自收到复议申请之日起三十日内作出是否执行的裁定。

六、紧急情况下申请人民法院立即执行的特殊规定

根据《行政强制法》的规定，因情况紧急，为保障公共安全，安全生产监督管理部门可以申请人民法院立即执行。经人民法院院长批准，人民法院应当自作出执行裁定之日起五日内执行。

1. 申请立即执行的条件

根据《行政强制法》的规定，只有符合“情况紧急”和“保障公共安全”所需要两个条件，才可申请人民法院立即执行，不受人民法院对行政机关申请强制执行受理、审查和裁定的限制。实际工作中，至于如何把握“情况紧急”和“保障公共安全”，由安全生产监督管理部门根据具体情况作出判断，最后由人民法院进行裁量。

2. 申请立即执行的程序

根据《行政强制法》的规定，因情况紧急，为保障公共安全，安全生产监督管理部门可以申请人民法院立即执行。人民法院收到安全生产监督管理部门的申请后，也应当对申请情况进行书面审查，譬如申请材料是否齐全、自己是否有管辖权、申请是否逾期等。如果安全生产监督管理部门的申请不存在以上问题，并且人民法院也认为安全生产监督管理部门的申请属于情况紧急的情形，经人民法院院长批准，应当及时受理作出执行裁定，并在作出执行裁定之日起五日内执行。

第十章 安全生产法

2002年6月29日，第九届全国人民代表大会常务委员会第二十八次会议通过《安全生产法》，第70号主席令予以公布，自2002年11月1日起施行。根据2009年8月27日第十一届全国人民代表大会常务委员会第十次会议关于《关于修改部分法律的决定》第一次修正。根据2014年8月30日第十二届全国人民代表大会常务委员会第十次会议审议通过了《安全生产法修正案决定》第二次修正。《安全生产法》的贯彻实施，有利于依法规范各类生产经营单位的安全生产工作；有利于加强各级人民政府对安全生产的领导；有利于加强各级安全生产监督管理部门和有关部门对安全生产的监督管理和依法行政；有利于保障职工劳动安全的权利和提高从业人员的素质；有利于依法制裁各种安全生产违法行为，防止和减少生产安全事故，促进经济社会持续健康发展。

第一节 《安全生产法》在安全生产法律体系中的地位

《安全生产法》是我国第一部安全生产领域的基本法律，是一部安全生产领域的综合法律，是安全生产法律体系的主体法，是各类生产经营单位及其从业人员实现安全生产所必须遵循的行为准则，是各级人民政府和各有关部门进行监督管理和行政执法的法律依据，是制裁各种安全生产违法犯罪行为的法律武器。它确立了安全生产的7项基本法律制度，明确了安全生产法律责任。《安全生产法》是我国安全生产法制建设的重要里程碑。正确认识《安全生产法》在安全生产法律体系中的地位，对贯彻实施好《安全生产法》十分重要。要科学地对《安全生产法》进行定位，必须重全方位、多角度地把握。

一、《安全生产法》的立法背景

法律是上层建筑的重要组成部分。社会主义的经济基础决定了社会主义法律的本质。《安全生产法》的制定，是由我国现阶段的生产力发展水平和安全生产水平决定的。改革开放以来，在党中央、国务院和各级地方党委和人民政府的领导下，我国的安全生产状况逐步好转。进入21世纪以来，随着经济的快速发展，生产经营规模逐步增大，安全生产状况极不稳定，重大、特别重大事故频繁发生。为了加强安全生产监督管理，遏制重特大事故发生，减少人民生命安全和财产损失，保证社会主义现代化建设的顺利进行，党中央、国务院坚持安全第一的方针，先后采取了安全生产专项整治等一系列重大举措，为实现安全生产的稳定好转奠定了外部条件。在党中央提出依法治国，建设社会主义法治国家的基本方略以后，安全生产法制建设被提到前所未有的重要位置上，安全生产法制建设的进程不断加快。《安全生产法》正是在这种背景下提出并制定出来的。

2002年实施以来，对加强安全生产监督管理，规范生产经营单位安全生产行为，防止和减少生产安全事故起到了重要作用。但是，在施行中也遇到一些新情况、新问题，迫切需要通过修法予以解决。一是经济社会背景发生了变化。现行《安全生产法》的研究、起草开始于20世纪90年代后期，当时企业都比较困难，对企业安全生产条件的规定不够严格。随着经济发展水平的不断提高，党中央、国务院和人民群众更加重视安全生产，将其作为深入贯彻落实科学发展观，保障国民经济可持续发展的重要举措之一。二是进一步遏制重特大生产安全事故的需要。全国安全生产形势总体保持稳定，但重大事故和较大涉险事故时有发生，一些行业领域事故频发，非法违法生产经营建设行为屡禁不止，安全生产形势依然严峻。特别是2011年下半年以来，接连发生了甬温线“7·23”动车追尾等多起特别重大事故，造成了严重的人员伤亡和财产损失，社会影响很大，暴露出我国生产经营领域仍然存在安全责任落实不到位、防范措施不到位、安全监管不到位、治理整顿不到位等突出问题。三是进一步落实国务院有关安全生产决策部署的需要。近年来国务院采取了一系列行之有效的安全生产工作措施，如2004年发布了《国务院关于进一步加强安全生产工作的决定》（国发〔2004〕2号），2010年发布了《国务院关于进一步加强企业安全生产工作的通知》（国发〔2010〕23号），2011年发布了《国务院关于坚持科学发展安全发展促进安全生产形势持续稳定好转的意见》（国发〔2011〕40号），其中很多内容都需要上升为法律规定。四是着力解决有关安全生产突出问题的需要。如，进一步完善安全生产工作的方针，推进安全生产标准化建设，规范建设项目安全设施“三同时”工作，明确注册安全工程师的法律地位，推进安全生产责任保险，完善安全生产应急救援制度，加大安全生产责任追究力度等。正时基于上述情况，为适应当前安全生产工作的需要，国家决定对《安全生产法》进行修改。2011年7月27日国务院召开第165次常务会议，明确要求加快《安全生产法》的修订工作，以适应当前安全生产工作的迫切需要。

二、《安全生产法》的调整对象

从《安全生产法》的调整对象看，它是一部全面调整安全生产方面社会关系的专门法律。法律的调整对象是指法律所调整的社会关系，经法律调整后所产生的权利和义务关系就是法律关系。安全生产法律关系是指各行各业的公民、法人和社会组织之间，在从事生产经营和监督管理的活动中所发生的安全生产权利和义务关系。安全生产法律关系错综复杂，其中基本的社会关系有以下5种：

（1）各级人民政府及其安全生产综合监督管理部门、有关安全生产专项监督管理部门以及安全生产检查监督人员，在履行法定职权时与生产经营单位、有关社会组织和从业人员之间所发生的监督管理关系。这是一种自上而下的基于国家行政管理活动所发生的纵向的行政管理关系。《安全生产法》第四章专门对此作出了规定。

（2）各级安全生产监督管理部门与其他有关部门之间的综合监督管理与专项监督管理的协调、指导和监督关系。这是各级人民政府所属的平行的各有关负有安全生产监督管理职责的部门之间，依照法定职权和本级人民政府的授权，在安全生产监督管理工作中各司其职，相互配合时所发生的横向的协同关系。综合监督管理部门主要负责拟定综合性安全生产法律、法规、规章、政策和规划，协调解决重大安全生产问题，调查处理重大、特大生产安全事故，查处安全生产违法行为，指导、监督有关部门的专项安全生产监督管理工作。

（3）生产经营单位内部管理者与从业人员的安全生产管理关系。作为一个生产经营单位，它依法进行安全生产，必然要建立内部安全生产管理体系。生产经营单位的主要负责人、分管负责人、安全管理机构负责人、内设机构负责人和作业单位负责人与从业人员之间以及从业人员之间，存在大量的安全管理关系，主要负责人对生产经营单位的安全生产工作全面负责，从业人员应当服从管理遵章守纪等。

(4) 生产经营单位之间及其与社会组织、公民之间的安全生产权利义务关系。生产经营活动的对象是为社会公众服务的，生产经营单位的生产经营活动是否安全，事关相关单位和从业人员以及不特定的公民的人身安全和财产安全。譬如，工厂、商厦、饭店、博物馆等生产经营单位，承包、租赁场所的安全条件是否符合法律规定，直接涉及从业人员、居民、顾客和观众的人身安全。《安全生产法》对此进行必要的调整，规范生产经营单位的行为，明确各自的权利义务，有利于建立正常、可靠的安全生产秩序，为社会创造一个安定、祥和的环境。

(5) 涉外安全生产管理关系。目前我国的中外合资、中外合作和外商独资等“三资”企业数量很多，遍及许多行业。随着我国加入WTO，对“三资”企业的安全管理日益与国际接轨，“三资”企业也必须严格依照我国法律进行生产经营活动，保证安全生产。因此，《安全生产法》同样适用于“三资”企业。

三、《安全生产法》的基本原则

《安全生产法》的基本原则是贯穿于立法和法律实施中的指导思想和基本思路，是统率7项基本法律制度的总纲。它高度概括了党和国家重视安全生产的一贯方针政策，集中体现了“三个代表”的重要思想，总结了多年来安全生产工作的经验教训，抓住了当前安全生产工作的薄弱环节和突出矛盾，提供了规范生产经营活动安全的法律武器。

1. 以人为本、安全发展的原则

以人为本是科学发展观的核心，“国家尊重和保障人权”已经载入《宪法》。我们社会主义国家的本质是人民当家做主，人民的利益高于一切。我们的每一项工作，都是为人民服务。而作为人民群众主要组成部分的大批从业人员，他们从事着各种各样生产经营活动，往往面临着各种危险因素、事故隐患的威胁。一旦发生生产安全事故，从业人员的生命和健康将受到直接的损害。全国每年因事故死亡和受伤的从业人员多达十几万人，严重损害了人民群众的生命安全和健康，带来了大量的社会问题。随着社会经济发展和民主法制的进步，人的社会地位尤其是人的生命权必然受到前所未有的重视和保障。安全生产最根本、最重要的目的就是保障从业人员的人身安全，保障他们的生命权不受侵犯。随着经济社会的发展，人的生命至高无上。当然，安全生产的目的是防止和减少生产安全事故，保障人民群众生命和财产安全，包括国家财产和私人财产，但是，要以保障人的生命为首位。2013年6月3日吉林省长春市宝源丰禽业有限公司特别重大火灾爆炸事故，习近平总书记明确指出，“人命关天，发展决不能以牺牲人的生命为代价。这必须作为一条不可逾越的红线。”2013年11月22日山东省青岛市中石化东黄输油管道泄漏爆炸特别重大事故发生，习近平亲临事故现场，并发表了重要讲话，要求各级党委和政府、各级领导干部要牢固树立安全发展理念，始终把人民群众生命安全放在第一位。2011年《国务院关于坚持科学发展安全发展促进安全生产形势持续稳定好转的意见》明确指出安全生产工作要始终把保障人民群众生命财产安全放在首位，大力实施安全发展战略。按照这个原则，

《安全生产法》第三条明确规定:“安全生产工作应当以人为本,坚持安全发展。”

2. 预防为主的原则

“安全第一,预防为主”是党和国家的一贯方针。防止和减少生产安全事故,关键要在预防上下工夫,及时消除各类事故隐患,减少发生事故的可能性。这就要求生产经营单位要建立健全安全生产责任制,建立安全生产管理机构和配备相应的安全管理人员,制定完善安全生产规章制度和操作规程,加大安全资金投入,搞好从业人员安全培训,加强作业现场安全管理等,《安全生产法》对此做出了具体的规定。为了检查督促生产经营单位的安全预防工作,法律同时要求政府及其负有安全生产监管职责的部门把监督工作的重点前移,放在事前监管和事中监管上,重在预防性、主动性的监督。为此,法律明确规定负有安全生产监管职责的部门要对生产经营单位的安全生产条件,安全设施的设计、验收和使用,生产经营单位主要负责人和特种作业人员的资格,安全机构及其人员,安全培训,安全规章制度,特种设备,重大危险源监控,危险物品和危险作业,作业现场安全管理等加强监管,由被动监管转向主动预防,将事故隐患消灭在萌芽状态,防止和减少重大、特大事故的发生。

3. 权责一致的原则

这也是依法行政的基本原则。当前重大事故不断发生的重要原因之一,是一些拥有安全事项行政审批许可及安全监管权力的有关政府部门及其工作人员只要权力,不要责任,出了事故,推卸责任。这种有权无责,权责分离现象的蔓延,必然导致某些政府部门及其工作人员玩忽职守,徇私枉法,对该审批的安全事项不依法审批,不该批准的安全事项违法批准,应当实施严格监督管理的不负责任,其结果是一旦出了事故,负责行政审批发证和监督管理的部门和人员想方设法置身法外,不承担任何责任。要从根本上解决这个问题,必须按照权责一致的原则依法建立权责追究制度,明确和加重地方各级人民政府的安全生产责任,使其在拥有职权的同时承担相应的职责,权力越大,责任越重。为了加强安全生产的监督管理,《安全生产法》强化了各级人民政府和负有安全生产监管职责的部门的负责人和工作人员的相关职权和手段,同时也对其应负的法律责任及约束监督机制做了明确规定。

4. 社会监督、综合治理的原则

安全生产涉及社会各个方面和千家万户,仅靠负责安全生产监督管理职责的部门是难以实现的,还必须调动社会的力量进行监督,并发挥各有关部门的职能作用,齐抓共管,综合治理。要依靠群众、企业职工、工会等社会组织、新闻舆论的大力协助和监督,实行群防群治。要提高全社会的安全意识,才能形成全社会关注安全、关爱生命的社会氛围和机制。《安全生产法》主要是通过建立社区基层组织和公民对安全生产的举报制度和加强舆论监督来强化社会监督的力度,将安全生产的视角和触角延伸到社会的各个领域、各个方面和各个地方,以协助政府和部门加强监管。各级安全生产监督管理部门在依法履行职责的同时,还应当在政府的统一领导下,依靠公安、监察、交通、工商、建筑、质检等有关部门的力量,加强沟通,密切配合。只有加强社会监督,实现综合治理,才能从根本上扭转安全意识淡薄、安全隐患多、事故多发的状况,把事故降下来,实现安全生产的稳定好转。

5. 依法从重处罚的原则

安全生产形势严峻、重大责任事故频繁发生的另一个原因，是相关立法的处罚力度过轻，不足以震慑和惩治各种安全生产和造成重大事故的违法犯罪分子。随着社会主义市场经济的发展，非公有制经济成分逐渐增加。据统计，20 世纪末及 21 世纪初期间，全国每年各类生产安全事故的 60% ~80% 发生在非公有制生产经营单位。一些私营生产经营单位的老板，只求效益不顾安全，草菅人命，出了事故便逃之夭夭，把大量的遗留问题推给政府和社会。以往的有关安全立法主要是针对国有企业制定的，对非公有制企业的安全生产缺乏明确的、严格法律规范，对违法者存在着法律责任的缺失和处罚偏轻的问题。这也是少数私营业主敢以身试法的原因之一。对违法者的仁慈，就是对人民的犯罪。所以，对那些严重违反安生产法律、法规的违法者，必须追究其法律责任，依法从重处罚。正是基于这个原则，2002 年《安全生产法》设定了安全生产违法应当承担的行政责任和刑事责任，设定了 11 种行政处罚，有 11 条款规定构成犯罪的要依法追究其刑事责任，还破例地设定了民事责任，其法律责任形式之全、处罚种类之多、刑罚之严厉都是前所未有的。但随着经济社会的快速发展，原《安全生产法》对安全生产违法行为追究力度相对还是偏轻，修订后的《安全生产法》加大了行政处罚的力度，处罚数额普遍提高 2 至 5 倍，增加了发生重大、特别重大生产安全事故的责任人，终身禁入本行业生产经营单位主要负责人的规定。这些充分反映了国家对严重的安全生产违法者和造成重大、特大生产安全事故的责任者依法课以重典的指导思想。

第二节 《安全生产法》的立法目的、适用范围

一、《安全生产法》的立法目的

立法目的亦称立法宗旨，它是每一部法律都不可缺少的。在《安全生产法》的立法过程中，围绕着立法宗旨进行了长期的调研、论证、争论，其中争论最多的问题之一，就是如何确定它的立法宗旨，即《安全生产法》到底按照什么思路来制定，着重解决什么问题。当前在安全生产工作中存在着许多问题，到底哪些是法律问题，哪些问题需要在《安全生产法》中规定并且能够通过法律加以解决。安全生产中存在的问题千头万绪，不仅有法律问题，还有经济问题和社会问题。法律的规范作用是很强的，但它不是万能钥匙，更不是百科全书，它也不可能把所有的问题统统包揽无余，只能将其中最重要、最紧迫和立法条件成熟的法律问题纳入其调整范围，《安全生产法》也不例外。

要科学地确定《安全生产法》的立法宗旨，必须从当时我国安全生产的实际情况出发，准确地抓住最突出的安全生产法律问题，有的放矢，符合实际。当时，20 世纪末及进入 21 世纪的初期，各类安全生产问题纷繁复杂，造成百人以上的生产安全事故频繁发生，其中影响最大、危害最严重的因素主要有 4 个：

（1）安全生产监督管理薄弱。首先应当肯定，党和国家高度重视安全生产监督管理工作。不论机构如何改革，各级人民政府都有负责对安全生产监督管理工作的机构。国家先后制定了几十部有关安全生产的法律、行政法规，安全生产监督管理工作初步做到了有法可依。但是必须看到，我国尚处在社会主义初级阶段，低水平的社会生产力决定了安全

生产的低水平。由于政府机构多次改革，新旧安全生产监督管理体制交替，目前尚未建立健全有中国特色的、有权威的、高效率的、统一的安全生产监督管理体制，缺少集中统一管理的安全生产监督执法队伍。虽然从中央到大部分省级和部分市县人民政府都建立了分级管理的安全生产监督管理机构，但其规格、职能、隶属关系、人员编制、经费和监督执法手段各不相同，普遍存在着规格较低、职能不一、隶属关系复杂、人员紧缺、经费匮乏、监督执法手段乏力的问题。有些地方虽有机构，但形同虚设，有些地方至今仍无安全生产监督管理机构。安全生产监督管理不到位的主要原因，是一些政府领导人不重视安全生产工作，没有真正从政治高度深刻认识安全生产事关人民群众生命和财产安全，事关改革稳定和现代化建设的大局，事关党、国家的政治威信和我国的国际形象，他们把发展经济与安全生产对立起来，缺乏对人民群众高度负责的政治责任感，不讲安全生产，监督管理工作不到位。

（2）生产经营单位安全生产基础工作薄弱，生产安全事故居高不下。由于安全生产工作监督管理不到位，生产经营单位的安全条件、主要负责人和特种作业人员安全资质及其安全责任、安全机构设置、安全设施设备管理、现场作业安全保障、交叉作业和承包租赁场所安全管理、危险物品和重大危险源管理和从业人员工伤社会保险等企业生产经营安全方面的重要问题没有基本的法律规范，许多生产经营单位特别是大量非国有生产经营单位的安全生产条件差，管理混乱，各种事故隐患和不安全因素不能及时有效地发现和消除，以致重大、特别重大事故频繁发生，连续发生多起死亡百人以上的事故。譬如，2000年12月25日，河南洛阳东都商厦特大恶性火灾事故，死亡309人。

（3）从业人员的人身安全缺乏应有的法律保障。作为生产安全事故的直接受害者，每年我国有十几万人死于各种伤亡事故，远远高于发达国家。据初步统计，2001年各类事故死亡近14万人。事故造成大量的人员伤亡和巨大的经济损失，造成了无可弥补的损失和恶劣的社会影响，使从业人员及其亲属没有安全感，引发了一系列社会问题。我国是人民民主专政的社会主义国家，人民的利益高于一切，生命的安全高于一切。各级人民政府的宗旨是为人民服务。如果连人民群众最基本的人身安全都不能得到有效的保障，代表最广大人民群众的根本利益和全心全意为人民服务便无从谈起。因此，保证生产经营单位从业人员的生命安全，是安全生产工作的主要任务和目标，是各级人民政府和各有关部门义不容辞的责任。这些必须从法律上予以明确，切实保障从业人员的生命安全的健康。

（4）安全生产问题严重制约和影响了经济社会的顺利发展。很多地方和生产经营单位把发展经济和提高经济效益列为首要任务，但是不能正确处理安全生产与发展经济的关系，不是把两者有机结合而是加以对立。个别地方片面追求经济发展，忽略安全工作，导致事故多发、频发。一些生产经营单位尤其是非国有企业，“要钱不要命”，为了赚钱不惜以牺牲从业人员生命和发生事故为代价，减少甚至不进行安全生产投入，以降低短期成本追求长期利润。而一旦发生重大、特大事故，除了人员死亡之外，还要不同程度地造成经济损失，其代价往往要等于或者高于安全生产投入成本，最终厂毁人亡，得不偿失。据统计，近几年我国平均每天因生产安全事故死亡300余人，每年直接经济损失为1500亿元左右。

正是基于此情况，为了解决上述问题，2002年制定出台的《安全生产法》第一条开宗明义地规定：“为了加强安全生产监督管理，防止和减少生产安全事故，保障人民群众生命和财产安全，促进经济发展，制定本法”。但是，随着经济社会的快速发展，安全生产工作又面临新情况、新问题、新矛盾，为此，2014年对《安全生产法》进行了修改。修改后的《安全生产法》，与原《安全生产法》相比，法律第一条由原“为了加强安全生产监督管理，防止和减少生产安全事故，保障人民群众生命和财产安全，促进经济发展，制定本法”修改为“为了加强安全生产工作，防止和减少生产安全事故，保障人民群众生命和财产安全，促进经济社会持续健康发展，制定本法”，由单一的加强安全生产监督管理，变化为全面的加强安全生产工作，由单一的促进经济发展，变化为全面的促进经济社会持续健康发展，立法目的或者立法宗旨更加明确和体现当前安全生产工作的要求。因此，修改后的《安全生产法》的立法目的，包括下面3层意思：

一是加强安全生产工作。

所谓“安全生产”，就是指在生产经营活动中，为避免发生造成人员伤害和财产损失的事故而采取相应的事故预防和控制措施，以保证从业人员的人身安全，保证生产经营活动得以顺利进行的相关活动。这里讲的“安全生产”，是广义的概念，是大安全的范畴，不仅包括各种产品的生产活动，也包括各类工程建设和商业、娱乐业以及其他服务业的经营活动。

在市场经济条件下，从事生产经营活动的市场主体以盈利为目的，在生产经营活动中努力追求利润的最大化，这当然是无可非议的。但生产经营主体追求自身利益的最大化，决不能以牺牲从业人员甚至公众的生命安全为代价。事实上，如果不注重安全生产，一旦发生事故，不但给他人的生命财产造成损害，生产经营者自身也会遭受损失，甚至会受到难以弥补的重大损失，生产经营活动不能正常进行，甚至因此破产，还谈什么利益的最大化？因此，保证生产安全，首先是生产经营单位自身的责任，既是对社会负责，也是对生产经营者自身利益负责。同时，国家作为社会公共利益的维护者，为了保障人民群众的生命财产安全，为了全体社会成员的共同利益，也必须运用国家权力，对安全生产实施有效的监督管理。

国家对安全生产实施有效的监督管理，最根本的是要建立起切实有效的保障安全生产、维护劳动者安全的法律制度，以国家强制力保证实施。从国际上看，现代文明国家都制定了本国有关安全生产的法律，如美国在20世纪六七十年代分别制定了《职业安全卫生法》《矿山安全卫生法》等法律；日本制定了《劳动安全卫生法》；德国于1996年制定了新的《联邦劳动保护法》等。有关国际组织也制定了有关安全生产的国际条约、建议或有关的国际标准。如国际劳工组织制定了《职业安全和卫生公约》《矿山安全卫生公约》《建筑业安全卫生公约》防止工业事故建议书等；欧洲共同体制定了关于某些工业活动的严重事故的指令、工作场所最低安全要求、关于生产设备使用的安全与健康的最低要求等。

除了加强政府及部门对安全生产的监督管理外，关键是强化和落实生产经营单位的安全生产主体责任。生产经营单位是生产、经营活动的主体，在安全生产工作中处于核心地位。保障安全生产，生产经营单位是关键。生产经营单位对本单位的安全生产负责，是安全生产的责任主体。当前，非法违法生产经营行为屡禁不止，安全责任不落实、安全投入不到位等问题在一些生产经营单位还比较突出。违章指挥、强令从业人员冒险作业等现象比较多，广大从业人员的安全生产意识和法制观念还有待于提高，导致生产安全事故仍然严重。为此，《安全生产法》在对生产经营单位安全生产条件的基本要求；生产经营单位主要负责人的安全生产责任；安全生产责任制的内容及考核；对生产经营单位安全生产投入的要求；生产经营单位安全生产管理机构的设置及安全生产管理人员的配备；安全生产管理机构以及安全生产管理人员的职责及履责保障；对生产经营单位主要负责人及安全生产管理人员的考核要求；生产经营单位对从业人员进行安全生产教育和培训的义务；对被派遣劳动者的安全生产教育和培训的要求；对生产经营单位特种作业人员的特殊资质要求；生产经营单位建设工程项目的安全设施与主体工程的“三同时”要求以及对危险性较大的行业的建设项目进行安全评价的特殊要求；对建设项目安全设施的设计、施工、竣工验收的要求；对生产经营单位排查治理事故隐患的要求；对生产经营单位设施、设备、生产经营场所、工艺的安全要求；对危险物品生产、经营、运输、储存、使用以及危险性作业的特殊要求；生产经营单位对从业人员负有的义务；对两个以上生产经营单位共同作业的安全生产管理特别规定；对生产经营单位发包、出租的特别规定以及生产经营单位发生生产安全事故时对主要负责人的要求；对生产经营单位参加工伤社会保险，鼓励投保安全生产责任保险的要求等方面作出了严格的法律规定。

二是防止和减少生产安全事故，保障人民群众生命和财产安全。

这是安全生产的根本目的。人们在各类生产经营活动中，可能要在室内、室外、井下、高空、高温等不同的环境和场所中工作，使用不同的机器设备和工具，进行采掘、砌筑、提取、填充、切屑、冲压、浇铸、焊接、切割、装配、爆破、驾驶、吊装、监控等不同的作业活动。而许多作业活动都或多或少、或大或小存在着某些可能会对人身和财产安全造成损害的危险因素。至于那些在井下、高空、高温等场所，接触、使用易燃易爆、高压、高速等高危设备及物品从事的高危作业对从业人员和周围环境构成的潜在危险，就更是不言而喻。如果在生产经营活动中对各种潜在的危险因素缺乏充分的认识，或者虽有认识但没有采取有效的预防、控制措施，这种潜在的危险就有可能造成如触电、淹溺、灼烫、火灾、坠落、坍塌、冒顶片帮、透水、爆炸、中毒、窒息等导致人身伤害和财产损害的生产安全事故，一些严重的恶性事故往往会酿成重大人员伤亡和巨额财产损失的惨剧。人类的生产经营活动不可能停止，伴随生产经营活动的危险也难以完全避免，事实上，大工业生产以来，生产中的危险因素还在增加，如何保证生产安全，预防和减少事故发生，成为生产经营活动中永恒的主题。

从人类生产经营活动的现实情况看，要想在生产经营活动中完全避免各类事故还难以达到。但只要对安全生产有高度的重视、尊重科学、措施得当，事故是可以预防和大大减少的。制定《安全生产法》的目的，就是从法律制度上规范生产经营单位的安全生产行为，确立保障安全生产的法定措施，并以国家强制力保障这些法定制度和措施得以严格贯彻执行，以保障人民群众的生命和财产安全，维护社会稳定，保证社会主义现代化建设的顺利进行。

三是促进经济社会持续健康发展。

安全生产事关人民群众生命财产安全，改革开放、经济发展和社会稳定，事关党和政府形象和声誉。安全生产是要在生产经营活动的过程中保证安全，不是单纯为安全而安全，不能脱离生产经营活动讲安全。安全生产不再仅仅是经济领域的范畴，更多体现社会管理的范畴。安全生产是社会管理的重要内容，纳入国家治理体系和治理能力现代化建设中，是构建安全保障型社会的客观要求。保证生产经营安全，不仅要促进经济发展，而且要促进社会持续健康发展。

二、《安全生产法》的适用范围

法律的适用范围，也称法律的效力范围，包括法律的时间效力，即法律从什么时候开始发生效力和什么时候失效；法律的空间效力，即法律适用的地域范围；以及法律对人的效力，即法律对什么人（指具有法律关系主体资格的自然人、法人和其他组织）适用。《安全生产法》是对所有生产经营单位的安全生产普遍适用的基本法律。

1. 时间的适用

根据《安全生产法》第一百一十四条规定，本法自2002年11月1日起施行。

2. 空间的适用

《安全生产法》第二条规定："在中华人民共和国领域内从事生产经营活动的单位（以下统称生产经营单位）的安全生产，适用本法……"。即所有在中华人民共和国陆地、海域和领空的范围内从事生产经营活动的生产经营单位，必须依照《安全生产法》的规定进行生产经营活动，违法者必将受到法律制裁。但是，按照我国香港、澳门两个特别行政区基本法的规定，只有列入这两个基本法附件三的全国性法律，才能在这两个特别行政区适用。《安全生产法》没有列入两个基本法的附件三中。因此，《安全生产法》不适用于我国已恢复行使主权的香港特别行政区和澳门特别行政区。香港和澳门的安全生产立法，由这两个特别行政区的立法机关自行制定。

3. 主体和行为的适用

主体和行为的适用即法律对人的适用。《安全生产法》所称的"生产经营单位"是指所有从事生产经营活动的基本生产经营单元，具体包括：各种所有制和组织形式的公司、企业、社会组织和个体工商户等。

《安全生产法》之所以称为我国安全生产领域的基本法律，不是指国家法律体系和法学对《宪法》、基本法律、法规进行分类的概念，而是就其在各个有关安全生产的法律、法规中的主导地位和作用而言的，是指它在安全生产领域内具有适用范围的广泛性、法律制度的基本性、法律规范的概括性，主要解决安全生产领域中普遍存在的基本法律问题。换言之，《安全生产法》的基本法律制度和新的法律规范是其他有关法律、法规所没有而且也不可能有的"通用件"。除了消防安全和道路交通安全、铁路交通安全、水上交通安全、民用航空安全以及核与辐射安全、特种设备安全适用有关法律、行政法规原有特殊规定以外的所有生产经营单位的安全生产，都要适用《安全生产法》。排除适用的上述有关法律、行政法规，今后也要依照《安全生产法》的基本法律规范，制定新法或者修订旧法时，不应与《安全生产法》确立的基本方针、基本原则和基本法律制度相悖。

4. 排除适用

《安全生产法》第二条规定："……有关法律、行政法规对消防安全和道路交通安全、铁路交通安全、水上交通安全、民用航空安全以及核与辐射安全、特种设备安全另有规定的，适用其规定"。对这种排除规定适用的特殊规定，应当从以下3个方面理解：

（1）《安全生产法》确定的安全生产领域基本的方针、原则、法律制度和新的法律规定，其他法律、行政法规无法确定并且没有规定的，它们普遍适用于消防安全和道路交通安全、铁路交通安全、水上交通安全、民用航空安全以及核与辐射安全、特种设备安全。今后制定和修订有关消防安全和道路交通安全、铁路交通安全、水上交通安全、民用航空安全以及核与辐射安全、特种设备安全的法律、行政法规时，也要符合《安全生产法》确定的基本的方针原则、法律制度和法律规范，不应抵触。

(2) 消防安全和道路交通安全、铁路交通安全、水上交通安全、民用航空安全以及核与辐射安全、特种设备安全的有关法律、行政法规已有规定的，不适用《安全生产法》。这些有关法律、行政法规是专门解决消防、交通、核与辐射、特种设备领域安全生产特殊问题的单行立法。涉及这些领域的安全生产问题，应当首先考虑和优先适用特殊法的规定。《安全生产法》正是根据这个原则，充分考虑和界定了它与相关特殊法的衔接和关系，在其普遍适用的前提下，对特别法的适用做出了除外规定。这样规定，在同一问题上就不存在普通法与特殊法之间有关法律条文规定不一致的“法律冲突”，更不存在安全生产监督管理部门与公安、交通、铁道、民航等负责专项安全生产监督管理的部门之间的职责交叉。

(3) 有关法律、行政法规对消防安全和道路交通安全、铁路交通安全、水上交通安全、民用航空安全以及核与辐射安全、特种设备安全没有规定的，适用《安全生产法》。

总之，在我国安全生产法律体系中，《安全生产法》的法律地位和法律效力是最高的。《安全生产法》是我国第一部安全生产领域的基本法律。只有科学地认识《安全生产法》的法律性质及其法律地位，才能处理好《安全生产法》与其他安全生产法律、法规的关系，使这部法律得以完整地、准确地贯彻实施。

第三节 《安全生产法》的行政执法主体

正确理解行政执法主体，对宣传贯彻法律十分重要。行政执法主体，通常也是对违法行为实施行政处罚的决定机关，是指法律、法规授权履行法定职责和负责追究有关法律责任的行政机关或者组织。依法实施行政处罚是有关行政机关的法定职权。一般来讲，每部法律只有一个或者两个行政执法主体，如《矿山安全法》有两个执法主体，矿山行业管理部门和矿山安全监督部门。但是，安全生产工作涉及多个领域，目前我国的安全生产监督管理体制是综合监管与专项监管相关的体制。因此，《安全生产法》的执法主体不是一个而是多个。具体地说，《安全生产法》规定的行政执法主体有4种。

一、县级以上人民政府安全生产监督管理部门

《安全生产法》第九条规定：“国务院安全生产监督管理部门依照本法，对全国安全生产工作实施综合监督管理；县级以上地方各级人民政府安全生产监督管理部门依照本法，对本行政区域内安全生产工作实施综合监督管理。”第一百一十条规定：“本法规定的行政处罚，由安全生产监督管理部门和其他负有安全生产监督管理职责的部门按照职责分工决定。”安全生产监督管理部门有权依据《安全生产法》的规定作出处罚决定。

二、县级以上人民政府其他负有安全生产监督管理职责的部门

《安全生产法》第九条规定：“国务院有关部门依照本法和其他有关法律、行政法规

的规定，在各自的职责范围内对有关行业、领域的安全生产工作实施监督管理；县级以上地方各级人民政府有关部门依照本法和其他有关法律、法规的规定，在各自的职责范围内对有关行业、领域的安全生产工作实施监督管理。”第一百一十条规定：“本法规定的行政处罚，由安全生产监督管理部门和其他负有安全生产监督管理职责的部门按照职责分工决定。”其他负有安全生产监督管理职责的部门，如公安、交通运输、住房城乡建设等部门，根据其职责分工，在其负责的有关行业、领域内有权依据《安全生产法》的规定作出处罚决定。

三、县级以上人民政府

《安全生产法》第一百零八条、第一百一十条针对不具备本法和其他法律、行政法规和国家标准或行业标准，经停产整顿仍不具备安全生产条件的生产经营单位，规定由负有安全生产监督管理职责的部门报请县级以上人民政府按照国务院规定的权限决定予以关闭。这就是说，《安全生产法》规定的关闭的行政处罚，其执法主体只能是县级以上人民政府，安全生产监督管理部门和其他负有安全生产监督管理职责的部门均无权决定此项行政处罚。

四、公安机关

《安全生产法》第一百零六条规定：“生产经营单位的主要负责人在本单位发生生产安全事故时，不立即组织抢救或者在事故调查处理期间擅离职守或者逃匿的，给予降级、撤职的处分，对逃匿的处十五日以下的拘留……生产经营单位主要负责人对生产安全事故隐瞒不报、谎报和迟报的，依照前款规定处罚。”《安全生产法》第一百一十条规定：“给予拘留的行政处罚由公安机关依照治安管理处罚法的规定决定。”这里讲的拘留，是限制人身自由的行政处罚，由公安机关实施，其他政府部门均无权实施。

第四节　安全生产方针和工作机制

一、安全生产方针

根据《安全生产法》第三条的规定，安全生产方针是“安全第一、预防为主、综合治理”。所谓“方针”，是指指导一个领域、一个方面各项工作的总的原则，这个领域、这个方面的各项具体制度、措施，都必须体现、符合这个方针的要求。安全生产法在总结我国安全生产管理实践经验的基础上，将“安全第一，预防为主、综合治理”规定为我国安全生产工作的基本方针，“安全第一”是理念，“预防为主”是措施，“综合治理”是机制。

(1) 所谓“安全第一”，就是说，在生产经营活动中，在处理保证安全与实现生产经营活动的其他各项目标的关系上，要始终把安全特别是从业人员和其他人员的人身安全放在首要的位置，实行“安全优先”的原则。在确保安全的前提下，努力实现生产经营的其他目标。安全生产管理，是以保证生产经营过程中的人身安全和财产安全为目标的管理活动，是在生产经营活动中对安全的管理。从根本上说，保证生产安全与实现生产经营活动本身的目标是一致的。因为就各方面对生产经营活动本身的目标期望而言，投资者是希望取得盈利，得到尽可能多的投资回报；从业人员是希望获得劳动报酬，增加个人收入；政府则是希望因此多提供一些就业岗位，并增加社会需要的产品或服务的供应，促进社会的稳定和繁荣。而要使生产经营活动自身所承载的这些目标能够实现，一项基本前提，就是必须保证生产安全。显然，如果不能保证生产安全，在生产经营活动中发生人身伤亡或财产损失的事故，投资者、从业人员和政府的目标都难以实现或者要大打折扣，甚至会给各方面造成巨大损失，产生严重的负效应。而从另一方面说，生产经营活动中保证安全的目标与其他目标之间，又会在一定情况下发生矛盾。比如，在企业资金一定的情况下，投到安全生产方面的资金多一些，投到其他方面的资金就会少一些；企业用于安全生产的费用多一些，成本就会高一些，利润就会少一些；严格按安全生产的操作规程办事，生产效率就可能会受到一些影响；等等。在保证安全与生产经营活动中的其他目标发生冲突时，如何处理，这就是安全生产管理方针所要回答的问题，答案就是“安全第一”。当然，对于“安全第一”的方针，也要有正确的理解。不是说用于安全生产的投入越多越好，安全系数越高越好，更不能理解为为了保证安全而将一些高危作业统统关掉。而是要在保证生产安全的同时，促进生产经营活动的顺利进行，促进经济的发展。也就是在处理生产与安全的问题上常说的“生产必须安全，安全为了生产”，这与“安全第一”的提法是一致的。

从实际情况看，当前一些地方和企业违背“安全第一”的方针的一个突出表现，就是在市场经济条件下不能正确处理发展经济、追求效益与保证生产安全的关系，受利益驱动，片面追求发展速度，忽视甚至放弃安全生产管理，致使一些企业安全生产基础工作薄弱，规章制度松弛，安全生产责任制形同虚设，不具备基本的安全生产条件；一些企业没有必要的安全管理机构和人员，企业负责人的安全责任不明确，有关事故责任追究制度不落实；一些企业安全生产投入严重不足，企业安全技术装备老化、落后，甚至带病运转，存在大量事故隐患。

(2) 所谓“预防为主”，就是说，对安全生产的管理，主要不是在发生事故后去组织抢救，进行事故调查，找原因、追责任、堵漏洞，这些当然都是安全生产管理工作中不可缺少的重要方面，对预防同类或者相近事故也有亡羊补牢的作用。但更为重要的，是要谋事在先，尊重科学、探索规律，采取有效的事前控制措施，千方百计预防事故的发生，做到防患于未然，将事故消灭在萌芽状态。虽然人类在生产活动中还不可能完全杜绝安全事故的发生，但只要思想重视，预防措施得当，事故特别是重大恶性事故是可以大大减少的。根据事故致因理论，一切事故都是可以预防的。江泽民同志对消防工作所作的“隐患险于明火，防范胜于救灾”的指示，对安全生产工作同样适用，一个意思就是要预防在先。

(3) 所谓“综合治理”，就是说，对安全生产工作中存在的问题或者事故隐患，要从多个方面入手，齐抓共管，标本兼治，重在治本。综合运用科技手段、法律手段、经济手段和必要的行政手段，从发展规划、行业管理、安全投入、科技进步、经济政策、教育培训、激励约束、企业管理、监管体制、社会监督、责任追究等方面入手，解决影响制约安全生产的历史性、深层次问题，做到思想认识上警钟长鸣，制度保证上严禁有效，技术支撑上坚强有力，监督检查上严格细致，事故处理上严肃认真，建立安全生产长效机制，保证生产经营活动的顺利进行。具体到各个方面：生产经营单位是安全生产的责任主体，是第一责任方，应当加大安全生产投入，加强从业人员安全生产教育和培训，强化基础安全管理，建立事故隐患排查治理制度，及时消除事故隐患等。政府应当加大科技研究力度，推广先进安全科学技术和装备，制定出台相应的政策措施，建立重大隐患治理资金等。安全生产监督管理部门和其他负有安全生产监督管理职责的部门应当加强安全生产工作的监督检查，对重大事故隐患实施挂牌督办，督促事故隐患的整改，加大处罚力度，严肃事故责任追究等。从业人员作为安全生产工作的承担者，应当切实提高安全意识和相应的操作技能，遵章守纪，依法依规作业，及时发现和报告事故隐患和安全问题等。

二、安全生产工作机制

工作机制也就是通常讲的工作格局。根据《安全生产法》第3条的规定，我国安全生产的工作机制是“生产经营单位负责、职工参与、政府监管、行业自律和社会监督”。它是一个从内部到外部，从生产经营单位到政府、社会、行业的全方位工作格局。在这个格局中，核心是生产经营单位和职工，主要是生产经营单位，外部监督包括政府、社会和行业。

（1）生产经营单位负责，即生产经营单位是安全生产的责任主体，对本单位的安全生产负责。生产经营单位应当遵守安全生产的法律、法规，加强安全生产管理，建立、健全安全生产责任制和安全生产规章制度，改善安全生产条件，推进安全生产标准化建设，提高安全生产水平，确保安全生产。生产经营单位应当具备法律、行政法规和国家标准或者行业标准规定的安全生产条件，依法从事生产经营活动。生产经营单位的主要负责人对本单位的安全生产工作全面负责，是第一责任者。

（2）职工参与，即职工参与安全生产的民主管理和民主监督。在我国，依照工会法的规定，职工都参加工会，职工参与的形式主要由工会来表达。生产经营单位的工会依法组织职工参加本单位安全生产工作的民主管理和民主监督，维护职工在安全生产方面的合法权益。生产经营单位制定或者修改有关安全生产的规章制度，应当听取工会的意见。职工有权对本单位安全生产工作中存在的问题提出批评、检举、控告。

（3）政府监督，即政府依法对安全生产工作实施监督。这里讲的政府包括政府及安全生产监督管理部门和其他负有安全生产监督管理职责的部门。政府监督主要通过按照“党政同责、一岗双责”的要求，落实安全生产责任，建立完善安全考核机制，制定并实施安全生产规划，建立安全生产保障资金，督促安全生产监督管理部门和其他负有安全生产监督管理职责的部门依法履行监督检查职责等形式。安全生产监督管理部门和其他负有安全生产监督管理职责的部门，依法加强对生产经营单位的监督检查，按照“管行业必须管安全、管业务必须管安全、管生产经营必须管安全”要求，建立安全生产监督管理部门综合监管、行业业务部门专项监管的联合执法格局。

（4）行业自律，即行业的协会组织依照行业、行政法规和章程等规定，向生产经营单位提供安全技术、管理服务，实行行业自律。协会组织是指介于政府、生产经营单位之间，并为其服务、咨询、沟通、监督、公正、自律、协调的社会中介组织。协会组织属于中国《民法通则》规定的社团法人，是中国民间组织社会团体的一种，即国际上统称的非政府机构（又称NGO），属非营利性机构。协会组织具有非政府性、自治性、非营利性、公益性、中介性等特征。这里讲的协会组织，是指依照《社会团体登记管理条例》成立的社会团体，如中国安全生产协会、中国职业安全健康协会、中国化学品安全协会等。《社会团体登记管理条例》中所称社会团体，是指中国公民自愿组成，为实现会员共同意愿，按照其章程开展活动的非营利性社会组织。国家机关以外的组织可以作为单位会员加入社会团体。

（5）社会监督，即公民、法人及其他经济组织对生产经营单位存在的安全问题或者事故隐患进行监督，督促其整改治理。这是一种外部监督，也是一种重要的监督，对保障安全生产至关重要。为了发挥社会公众的监督，安全生产法规定：任何单位或者个人对事故隐患或者安全生产违法行为，均有权向负有安全生产监督管理职责的部门报告或者举报。负有安全生产监督管理职责的部门应当建立举报制度，公开举报电话、信箱或者电子邮件地址，受理有关安全生产的举报；受理的举报事项经调查核实后，应当形成书面材料；需要落实整改措施的，报经有关负责人签字并督促落实。居民委员会、村民委员会发现其所在区域内的生产经营单位存在事故隐患或者安全生产违法行为时，应当向当地人民政府或者有关部门报告。新闻、出版、广播、电影、电视等单位有对违反安全生产法律、法规的行为进行舆论监督的权利。

第五节　安全生产法律制度

《安全生产法》是安全生产领域的基本法律，它确立安全生产的基本准则和原则，确立了安全生产7项基本法律制度。

一、安全生产监督管理制度

这是一项广泛的监督管理制度，它既包括各级人民政府及其负有安全生产监督管理职责的部门对安全生产工作的监督和管理，也包括社会、媒体、监察等方面对安全生产的监督。

（一）各级人民政府的安全生产职责

各级人民政府也是实施安全生产监督管理的主体，在安全生产工作中举足轻重。要明确各级人民政府的领导地位，发挥其监督管理主体的作用，必须将各级人民政府在安全生产中的地位和基本职责法律化。为此，《安全生产法》第八条规定：“国务院和县级以上地方人民政府应当加强对安全生产工作的领导，支持、督促各有关部门依法履行安全生产监督管理职责，建立健全安全生产工作协调机制，及时予以协调、解决安全生产监督管理中存在的重大问题。国务院和县级以上地方各级人民政府应当根据国民经济和社会发展规划制定安全生产规划，并组织实施。安全生产规划应当与城乡规划衔接”。安全生产法第五十九条规定：“县级以上地方各级人民政府应当根据本行政区域内的安全生产状况，组织有关部门按照职责分工，对本行政区域内容易发生重大生产安全事故的生产经营单位进行严格检查。”安全生产法第七十七条、第八十三条还对应急救援、事故抢救等作出了规定。

总体来讲，县级以上人民政府对安全生产监督管理主要有以下职责：

（1）确定安全生产工作的领导职责。各级人民政府在安全生产工作中居于中心的地位，担负着确保一方平安的重要领导职责。人民政府必须立党为公、执政为民，坚持以人为本，高度重视安全生产工作，对人民群众的生命和财产高度负责。《安全生产法》把加强对安全生产工作的领导作为一项法定义务加以规定，这就要求各级人民政府切实负起责任，加强领导，真抓实干，把生产安全事故降下来，避免和减少人员伤亡和财产损失。

（2）支持、督促各有关部门依法履行监督管理职责。政府除了组织贯彻实施党和国家有关安全生产的方针政策和法律法规，部署、检查安全生产工作之外，主要依靠和督促其职能部门依法履行各自的监督管理职责。政府对有关部门履行安全生产监督管理职责，应当支持、督促。

（3）建立健全安全生产工作协调机制。安全生产监督管理涉及多个部门，安全生产法规定，国务院和县级以上地方各级人民政府应当建立健全安全生产工作协调机制，主要指安全生产委员会方式。

（4）对安全生产中存在的重大问题及时予以协调、解决。由于负有安全生产监督管理职责的部门较多，不可避免地存在着一些有关部门职责交叉或者难以解决的问题。这时处于居于中心地位的政府，必须及时协调、解决。通过协调、解决有关问题，保证有关部门依法履行职责。根据有关法律法规的规定，如果政府领导人对安全生产中存在的重大问题麻木不仁、当断不断、久拖不决，由此引发生产安全事故，要承担失职、渎职责任。

（5）制定实施安全生产规划。国务院和县级以上地方各级人民政府应当根据国民经济和社会发展规划制定安全生产规划，并组织实施。安全生产规划应当与城乡规划衔接。

（6）组织进行安全生产检查。《安全生产法》规定："县级以上地方各级人民政府应当根据本行政区域内的安全生产状况，组织有关部门按照职责分工，对本行政区域内容易发生重大生产安全事故的生产经营单位进行严格检查；发现事故隐患，应当及时处理。"这一条对县级以上地方各级人民政府应当组织有关部门对相关生产经营单位进行严格检查，并及时处理事故隐患作出了明确规定。

（7）组织制定应急救援预案和建立应急救体系。《安全生产法》第七十七条规定："县级以上地方各级人民政府应当组织有关部门制定本行政区域内特大生产安全事故应急救援预案，建立应急救援体系。"

（8）组织事故抢救和调查处理。《安全生产法》第八十二条规定："有关地方人民政府和负有安全生产监督管理职责的部门的负责人接到重大生产安全事故报告后，应当立即赶到事故现场，组织事故抢救。"国务院颁布的《生产安全事故报告和调查处理条例》对人民政府有关事故调查处理作出了相应规定。

此外，乡镇人民政府、街道办事处、开发区管理机构有以下安全生产职责：

乡镇人民政府是安全生产监管工作的重点和基础，乡镇人民政府最熟悉当地生产经营单位的情况，大量小微企业都在乡镇，乡镇企业数量众多，也是安全生产监管和难点。但是，乡镇人民政府又是不完整的一级政府，没有公检法等相应部门。目前，我国部分经济发达地区对乡镇政府的安全监管进行了尝试，例如，《浙江省安全生产条例》规定：乡镇人民政府和街道办事处应当根据安全生产监督管理工作的需要，建立或者确定安全生产监督管理机构，配备安全生产监督管理人员，加强安全生产监督管理工作。《湖南省安全生产条例》规定：乡镇人民政府、街道办事处安全生产监督管理机构或者安全生产监察员，按照本条例规定和县级人民政府安全生产监督管理部门的委托，负责本辖区内安全生产监督管理的具体工作。为了加强乡镇人民政府的安全监管，《安全生产法》第九条规定："乡、镇人民政府加强对本行政区域内安全生产的领导，按照职责对生产经营单位的安全生产状况进行监督检查，协助上级人民政府有关部门依法履行安全生产监督管理职责。"根据法律的规定，乡镇人民政府在安全生产方面主要有两项职责：

①按照职责对生产经营单位的安全生产状况进行监督检查。乡镇人民政府对安全生产工作的主要职责是监督检查，基于主要考虑是乡镇人民政府没有相应的机构、装备及专业人员，难以适应对本行政区域内生产经营单位全面的安全生产执法工作。这里的职责，是指法律、法规以及有关地方人民政府的规定赋予乡镇人民政府的职责。

②协助上级人民政府有关部门依法履行安全生产监督管理职责。乡镇人民政府原则不能行使本法和其他法律、法规规定的监督管理职责，如行政处罚权、行政强制权等。但是，地方性法规等已经赋予了乡镇人民政府一定的执法权，则乡镇人民政府可以依照相应的规定执行。

（二）负有安全生产监督管理职责的部门及其职责

目前，我国的安全生产监督管理是综合监管与专项监管相结合的体制，明确各级人民政府安全生产监督管理部门和其他有关部门在安全生产监督管理工作中的职责分工，对于加强安全生产监督管理极为必要。为此，《安全生产法》第九条规定："国务院安全生产监督管理部门依照本法，对全国安全生产工作实施综合监督管理；县级以上地方各级人民政府安全生产监督管理部门依照本法，对本行政区域内安全生产工作实施综合监督管理。国务院有关部门依照本法和其他有关法律、行政法规的规定，在各自的职责范围内对有关行业、领域内的安全生产工作实施监督管理；县级以上地方各级人民政府有关部门依照本法和其他有关法律、法规的规定，在各自的职责范围内对有关行业、领域内的安全生产工作实施监督管理。安全生产监督管理部门和对有关行业、领域的安全生产工作实施监督管理的部门，统称负有安全生产监督管理职责的部门。"

《安全生产法》第九条所称的"安全生产监督管理部门"包括国务院和县级以上地方人民政府安全生产监督管理部门。国务院安全生产监督管理部门是指国家安全生产监督管理总局。国家安全生产监督管理总局是国务院的正部级直属机构，依照法律和国务院批准的"三定"方案确定的职责，对全国安全生产工作实施综合监督管理。县级以上地方人民政府安全生产监督管理部门负责本行政区域内安全生产综合监督管理工作。

依照《安全生产法》的规定，国务院安全生产监督管理部门和县级以上地方人民政府安全生产监督管理部门的主要职责包括：依法对有关安全生产的事项进行审批、验收；依法对生产经营单位执行有关安全生产的法律、法规和国家标准或者行业标准的情况进行监督检查；依照有关行政法规组织生产安全事故的调查处理；对违反安全生产法律、法规的行为依法实施行政处罚；指导、协调和监督本级人民政府其他有关负责安全生产监督管理工作的部门等。

《安全生产法》第九条所称的"有关部门"是指县级以上各级人民政府安全生产综合监督管理部门以外的负责专项安全生产监督管理的部门，包括国务院负责专项安全生产监督管理的部门和县级以上地方人民政府负责专项安全生产监督管理的部门。国务院有关部门是指公安部、交通运输部、住房城乡建设部、质检总局等国务院的部、委和其他有关机构。国务院有关部门依照法律、行政法规和国务院批准的"三定"方案的规定，负责有关行业、领域的专项安全生产监督管理工作。如公安部门，负责对道路交通安全、剧毒化学品道路运输以及消防安全等实施监督管理；住房城乡建设部门，负责对建筑工程安全的监督管理；交通运输部门，负责对铁路、公路、水路、民航安全的监督管理；质检部门负责特种设备安全的监督管理；煤矿安全监察机构，负责对煤矿安全的监督管理；工商行政管理部门等部门也在各自职责范围内，负责有关的安全生产监督管理工作。

地方人民政府有关部门依照法律、法规的规定和本级人民政府的授权，负责本行政区域内的专项安全生产监督管理工作，并接受同级人民政府安全生产综合监督管理部门的指导和监督。主要包括：研究部署专项安全生产监督管理工作，对有关行业、领域的安全生产工作实施专项监督管理；依法对有关安全生产的事项进行审批、验收；对有关行业、领域的生产经营单位贯彻执行有关法律、法规和标准的情况进行监督检查，进入现场进行检查，查阅有关资料，向有关单位和人员了解情况；依法实施行政处罚；依法实施行政强制措施；组织和参与有关行业或者领域的事故调查等。

《安全生产法》的上述规定，实现了安全生产综合监督管理与专项监督管理相结合的监督管理体制的法律化、制度化。安全生产监督管理部门履行安全生产综合监督管理的职责，负责解决各行各业安全生产工作中存在的普遍性、共性的问题；其他有关部门履行安全生产专项监督管理的职责，负责解决某一方面或者行业安全生产工作中的特殊性、个性的问题。

根据《安全生产法》的规定，负有安全生产监督管理职责的部门有以下职责：

1. 进行法律法规和安全生产知识宣传

《安全生产法》第十一条规定：“各级人民政府及其有关部门应当采取多种形式，加强对有关安全生产的法律、法规和安全生产知识的宣传，提高全社会的安全生产意识。”

2. 根据本级人民政府的指示，配合政府进行安全检查

《安全生产法》第五十九条规定：“县级以上地方各级人民政府应当根据本行政区域内的安全生产状况，组织有关部门按照职责分工，对本行政区域内容易发生重大生产安全事故的生产经营单位进行严格检查；发现事故隐患，应当及时处理。”

3. 依法实施安全生产事项行政许可

对有关安全生产事项实施行政许可，也是安全生产监督管理部门和其他有关部门对安全生产实施监督管理的重要形式之一。以前大都称之为行政审批，《行政许可法》颁布实施以来，统一称作行政许可。为了加强安全生产事项的行政许可，《安全生产法》第六十条、第六十一条对负有安全生产监督管理职责的部门从 4 个方面作出了规定：

（1）依照法律、法规的规定，对涉及安全生产的事项需要审查批准（包括批准、核准、许可、注册、认证、颁发证照等）或者验收的，必须严格依照有关法律、法规和国家标准或者行业标准规定的条件和程序进行审查，既不能降低标准，放宽条件，也不能违反程序要求，更不能不加审查。不符合法律、法规和国家标准或者行业标准规定的安全生产条件的，不得批准或者验收通过。也不能搞所谓的“先批准，后整改”。这项职责主要是通过行政许可解决安全生产主体的市场准入问题。负有安全生产监督管理职责的部门应当严格依照法定授权，按照法定程序，对申请人应当符合的法定安全生产条件实施审查，对需要进行验收的安全生产事项进行验收。符合安全生产条件或者验收合格的，有权批准或者验收通过。否则，不得给予行政许可。我国很多相关法律、行政法规对有关安全生产

事项设定了行政许可。如《煤炭法》规定，开办煤矿应当经过煤炭管理部门审查批准；《煤矿安全监察条例》规定，对煤矿建设工程的安全设施要进行竣工验收；《安全生产许可证条例》规定，煤矿企业必须取得安全生产许可证；《危险化学品安全管理条例》规定，设立危险化学品生产企业要取得行政审批，等等。

（2）对未依法取得批准或者验收合格的单位擅自从事有关活动的，负责行政审批的部门发现或者接到举报后应当立即予以取缔，并依法予以处理。实践中，一些单位未向有关负有安全生产监督管理的部门申请批准或者验收，即擅自从事涉及有关安全生产事项的活动；有的单位虽然向有关部门进行了申请，但因不符合法律、法规以及国家标准或者行业规定的安全生产条件而未获得批准或者验收通过，也从事有关的活动。这些未依法取得批准或者验收合格的单位，绝大部分都不具备基本的安全生产条件，其擅自从事有关的生产经营活动，不但严重威胁人民群众的生命和财产安全，同时也是一种严重的违法行为，必须依法予以严肃处理。这是针对未依法提出安全生产行政许可的申请、未取得行政许可擅自从事生产经营活动的生产经营单位而设定的监督管理职权，查处人们常说的“无证非法生产经营”的违法行为。依照法律的规定，负有安全生产监督管理职责的部门对自己检查发现或者经举报发现的非法从事生产经营活动的单位，有权予以取缔，并依法实施行政处罚。这里讲的“依法予以处理”，是指在予以取缔的同时，必须依照《安全生产法》和其他有关法律、法规的规定，进行相应的处理：应当给予相应的行政处罚的，给予行政处罚；应当对有关责任人员给予相应的处分的，给予处分；认为涉嫌犯罪，需要追究有关单位和有关人员刑事责任的，依照《行政执法机关移送涉嫌犯罪案件的规定》移送有关司法机关处理。

（3）对已经依法取得批准的单位，负责行政审批的部门发现其不再具备安全生产条件的，应当撤销原批准。这是对已经取得安全生产事项行政许可的生产经营单位安全生产条件的动态监督管理职责。一些已经依法取得批准的生产经营单位，随着时间的推移，可能会由于生产规模的扩大以及各种人为或者自然的原因不再具备安全生产条件。这种情况下，如果允许其继续从事相关的生产经营活动，势必会给安全生产带来严重威胁。因此，法律对已经依法取得批准的单位，就加强行政审批的监督检查作出了相应规定。依照法律规定，一是要对取得行政许可的生产经营单位生产经营过程中的安全生产条件继续实施监督管理；二是在日常监督检查中发现生产经营单位不再具备安全生产条件的，必须撤销原行政许可。不再具备安全生产条件，包括降低安全生产条件和安全生产条件不适应安全生产需要等。被撤销批准的单位不得继续从事相关的生产经营活动，否则，应当按未经批准擅自从事有关活动予以处理。

（4）履行审查、验收职责不得收费，不得要求被审查、验收单位购买指定产品。对安全生产事项实施行政许可是负有安全生产监督管理职责部门的一项重要权力，容易产生违法违纪现象，滋生腐败。如利用职权，巧立名目收费或者变相收费，私分或者贪污；向申请行政许可或者验收的单位强行指定购买某种产品，或者要求购买指定生产、销售单位的安全设备、器材或者其他产品，从中牟利。因此，有必要对行政许可中的不规范行为或者违法行为作出法律规定。《安全生产法》第六十一条规定：“负有安全生产监督管理职责的部门对涉及安全生产的事项进行审查、验收，不得收取费用；不得要求接受审查、验收的单位购买其指定品牌或者指定生产、销售单位的安全设备、器材或者其他产品。”这是对负责安全生产监督管理职责的部门对涉及安全生产的事项进行审查、验收时的行为规范的要求。包括两个方面：

一是对涉及安全生产的事项进行审查、验收，不得收取费用。对生产经营单位涉及安全生产的事项进行审查、验收，其目的是保障生产经营单位具备法律、法规和国家标准或者行业标准规定的安全生产条件，保障从业人员以及其他社会公众的生命和财产安全。因此，从性质上来看，这种审查、验收是代表国家进行的公共监督行为，不是为特定的生产经营单位提供的一种服务，从行政收费的一般原则上来说，这种审查、验收不应当收费。对负有安全生产监督管理的部门来讲，其进行审查、验收，是履行法定职责的公务行为，所需经费应当由各级政府财政予以保证，而不应当向被审查、验收的生产经营单位收取。

二是不得要求生产经营单位购买指定品牌或者指定生产、销售单位的安全设备、器材或者其他产品。实践中，一些负有安全生产监督管理职责的部门在对生产经营单位涉及安全生产的事项进行审查、验收时，滥用职权，以“有利于加强安全管理”、“保证安全设备质量”等为借口，要求生产经营单位购买其指定品牌或者指定生产、销售单位的安全设备、器材或者其他产品。这种行为严重地侵犯了生产经营单位的生产经营自主权，干扰了其正常的生产经营活动，也妨碍了公平竞争，损害了同类产品的其他生产者、销售者的合法利益，不利于建立公平竞争、统一有序的市场体系。这种行为也损害了政府部门的形象，影响安全生产监督管理的权威性和严肃性，也为腐败的滋生提供了土壤。因此，法律规定，在对生产经营单位涉及安全生产的事项进行审查、验收时，不得要求生产经营单位购买其指定品牌或者指定生产、销售单位的设备、器材或者其他产品。对于要求购买指定产品的，生产经营单位有权拒绝购买并有权向有关方面检举。当然，负有安全生产监督管理职责的部门可以依法对生产经营单位使用的安全设备、器材等是否符合保障安全生产的国家标准或者行业标准进行检查并作出相应处理。

4. 监督检查

这是负有安全生产监督管理职责的部门最基本的职权，也是其依法履行监督检查职责的基础。没有这些职权，履行监督检查职责也就无从谈起。为了履行日常安全生产监督管理的职责，安全生产监督检查人员需要经常进入有关生产经营单位的作业现场进行实地检查，受检的生产经营单位应当服从并予以配合。但在实际执行过程中有的生产经营单位不予配合，甚至设置障碍，拒绝、阻挠甚至暴力抗拒检查，致使监督检查人员无法履行职责。《安全生产法》第六十二条规定，安全生产监督检查人员有权进入生产经营单位进行检查，调阅有关资料，向有关单位和人员了解情况。同时，《安全生产法》第六十三条规定，生产经营单位对监督检查人员依法履行监督检查职责，应当予以配合，不得拒绝、阻挠。《安全生产法》第六十四条、第六十五条、第六十六条还对监督检查的要求作出了规定。

5. 依法处理违法行为

在安全生产检查中，在生产经营作业现场常会发现一些安全生产违法行为，需要当场进行处理，以免发生生产安全事故。为此，《安全生产法》第六十二条规定，对检查中发现的安全生产违法行为，当场予以纠正或者要求限期改正；对依法应当给予行政处罚的行为，依照本法和其他有关法律、行政法规的规定作出行政处罚决定。具体可以分为 3 种情况：一是对于检查中发现的生产经营单位及其有关人员的安全生产违法行为，能够立即纠正的，如违章指挥或者违章操作，未按照要求佩戴、使用劳动防护用品等，有权当场予以纠正；二是安全生产违法行为难以立即纠正的，如未建立安全生产责任制、未按要求建立安全生产管理机构、安全生产资金投入不到位等，有权要求生产经营单位在一定的限期内改正；三是比较严重，依法应当给予行政处罚的行为，依法作出行政处罚。

6. 依法处理事故隐患

在安全生产监督检查中，除了发现安全生产违法行为外，还有就是事故隐患，特别是重大事故隐患。安全生产监督检查的重要目的之一，就是发现事故隐患并及时处理。因此，《安全生产法》第六十二条在赋予安全生产违法行为处理权的同时，也赋予了事故隐患处理权。具体分为3种情况：一是对检查中发现的事故隐患，有权并应当责令生产经营单位立即采取措施，予以排除。二是对于重大的、有现实危险的事故隐患，在隐患排除前或者排除过程中无法保证安全的，有权并应当责令从危险区域内撤出作业人员，责令暂时停产停业，或者停止使用有关设备、器材等；需要注意的是，这里的“责令暂时停产停业”只是一种临时性的行政强制措施，而不是正式的行政处罚，因此，不需要经过《行政处罚法》规定的有关程序。三是重大事故隐患排除后，应当对隐患排除情况和安全生产条件依法进行审查，经审查同意后，才能恢复生产经营或者使用相关的设备、器材等。

7. 强制实施查封扣押

生产经营单位的安全设施、设备、器材是否符合国家标准或者行业标准，处于良好的安全状态，对于确保安全生产具有重要影响。许多事故教训表明，一些生产经营单位擅自采购、使用不符合安全标准的设施、设备、器材，以次充好，导致安全无保证，经常引发事故，因此必须依法查处。《安全生产法》第六十二条规定，对有根据认为不符合保障安全生产的国家标准或者行业标准的设施、设备、器材以及违法生产、储存、使用、经营、运输的危险物品予以查封或者扣押，对违法生产、储存、使用、经营危险物品的作业场所予以查封，并依法作出处理决定。已被查封、扣押的，未经允许，生产经营单位不得擅自启用。采取查封、扣押措施后，应当根据实际情况，在十五日内依法作出相应的处理决定：对设备、器材等，能够修理、更换的，责令予以修理、更换；不能修理、更换的，予以没收或者销毁；对于有关设施，能够整改的，责令整改，不能整改的，责令停产停业；需要给予行政处罚的，依法作出处罚决定。

8. 强制实施停止供电、停止供应民用爆炸物品

《安全生产法》第六十七规定，负有安全生产监督管理职责的部门依法对存在重大事故隐患的生产经营单位作出停产停业、停止施工、停止使用相关设施或者设备的决定，生产经营单位应当依法执行，及时消除事故隐患。生产经营单位拒不执行，有发生生产安全事故的现实危险的，在保证安全的前提下，经本部门主要负责人批准，负有安全生产监督管理职责的部门可以采取通知有关单位停止供电、停止供应民用爆炸物品等措施，强制生产经营单位履行决定。通知应当采用书面形式，有关单位应当予以配合。负有安全生产监督管理职责的部门依照前款规定采取停止供电措施，除有危及生产安全的紧急情形外，应当提前二十四小时通知生产经营单位。生产经营单位依法履行行政决定、采取相应措施消除事故隐患的，负有安全生产监督管理职责的部门应当及时解除前款规定的措施。

9. 对存在严重安全生产违法行为的生产经营单位向社会公告

《安全生产法》第七十五条规定：“负有安全生产监督管理职责的部门应当建立安全

生产违法行为信息库，如实记录生产经营单位的安全生产违法行为信息；对违法行为情节严重的生产经营单位，应当向社会公告，并通报行业主管部门、投资主管部门、国土资源主管部门、证券监督管理机构以及有关金融机构。”这就是通常讲的黑名单制度，对存在违法行为的生产经营单位，向社会公告，让社会知道，同时把有关信息通报给投资、国土、证券、银行等部门，作为信用的凭证，从而促进生产经营单位重视安全生产，搞好安全生产。

负有安全生产监督管理职责的部门应当建立安全生产违法行为信息库，如实记录生产经营单位的安全生产违法行为信息。根据目前安全生产监督管理体制的情况，安全生产监督管理部门和其他负有安全生产监督管理职责的部门按照各自职责范围负责相应生产经营单位的安全生产违法行为信息记录，建立违法行为信息档案。同时，按照国家企业信息信用管理的规定，安全生产监督管理部门和其他负有安全生产监督管理职责的部门的安全生产违法信息系统应当与工商行政部门的信息信用系统互接，实行信息共享。

发挥市场机制的作用，让社会监督是促进生产经营单位安全生产的有效手段。负有安全生产监督管理职责的部门对安全生产违法行为情节严重的生产经营单位应当采取各种方式向社会公告，让社会知道和监督。公告的方式，可以利用政府网站、微博、微信、广播、电视等电子媒体，也可以采用报纸、公告栏等传统媒体。同时，应当将对违法行为情节严重的生产经营单位通报行业主管部门、投资主管部门、国土资源主管部门、证券监督管理机构以及有关金融机构，违法行为情节严重的信息作为生产经营单位的信用凭证和今后投资、征地、证券银行融资等重要依据。

（三）社会公众的监督

为了发挥社会公众的监督，《安全生产法》第七十条规定：“负有安全生产监督管理职责的部门应当建立举报制度，公开举报电话、信箱或者电子邮件地址，受理有关安全生产的举报；受理的举报事项经调查核实后，应当形成书面材料；需要落实整改措施的，报经有关负责人签字并督促落实。”从法律上规定负有安全生产监督管理职责的部门应当建立举报制度，以使举报监督制度化、法定化。在此基础上，《安全生产法》第七十一条进一步规定：“任何单位或者个人对事故隐患或者安全生产违法行为，均有权向负有安全生产监督管理职责的部门报告或者举报。”受理举报的事项主要包括：

一是安全生产违法行为，即生产经营单位及其有关人员违反有关安全生产的法律、法规、国家标准或者行业标准、安全生产规章制度和安全操作规程等的行为。例如，生产经营单位不建立安全生产管理制度，不保证必要的安全生产资金投入，不为从业提供符合国家标准或者行业标准的劳动防护用品，安全生产管理人员违章指挥或者强令冒险作业以及不按照规定上报生产安全事故等。

二是事故隐患。由于事故隐患具有隐蔽性、危险性、形态多样性等特征，规定任何单位和个人有权向负有安全生产监督管理职责的部门报告事故隐患，有利于及时发现更多的、特别是较为隐蔽的事故隐患，便于有关部门及时采取适当措施，消除隐患，防止生产安全事故发生，保障生产安全。

三是有关地方人民政府、负有安全生产监督管理职责的部门及其工作人员在履行职责过程中的失职或者违法行为。负有安全生产监督管理职责的部门实施监督管理的情况如何，与本区域内的安全生产关系密切。其在履行职责过程中的失职或者违法行为，如对不符合法定安全生产条件的涉及安全生产的事项予以批准或者验收通过，发现未依法取得批准、验收的单位擅自从事有关活动或者接到举报后不予取缔或者不依法予以处理，对已经依法取得批准的单位不履行监督管理职责，发现其不再具备安全生产条件而不撤销原批准或者发现安全生产违法行为而不予查处，要求被审查、验收的单位购买其指定的安全设备、器材或者其他产品以及对安全生产事项的审查、验收时收取费用等。对这些事项，任何单位或者个人都可以举报。

为了调动单位和个人报告事故隐患、举报安全生产违法行为的积极性，《安全生产法》第七十三条还规定："县级以上各级人民政府及其有关部门对报告重大事故隐患或者举报安全生产违法行为的有功人员，给予奖励。具体奖励办法由国务院安全生产监督管理部门会同国务院财政部门制定。"这是对报告重大事故隐患或者举报安全生产违法行为的有功人员给予奖励的规定，也是从实际出发作出的一条实事求是、切实可行的规定。2012年，国家安全生产监督管理总局、财政部制定出台了《安全生产举报奖励办法》（安监总财〔2012〕63号），办法对奖励的范围和程序作出了规定。

（四）专业机构的监督

安全生产专业机构包括承担安全评价、认证、检测、检验等工作的机构，它们属于服务性的社会服务机构，其主要职责是接受有关生产经营单位或者负有安全生产监督管理职责的部门的委托，进行相应的安全评价、认证、检测、检验等技术服务工作。安全评价、认证、检测、检验是安全生产工作的重要环节。安全评价是指对生产经营单位的有关安全生产条件是否符合有关法律、法规和国家标准或者行业标准所提出的综合性意见。安全认证，是指根据生产经营单位申请，由有关机构对其安全生产条件是否达到一定的要求进行的证明，并发给其证书或者标志。安全检验、检测主要是指通过一定的技术手段，对与安全生产有关的设施、设备的质量、性能或者某些物质的成分、含量等指标、参数所进行的验证、测量等。

安全评价、认证、检测、检验等中介机构对安全生产工作是一种技术上的监督，也是整个安全生产监督管理工作的组成部分。为了发挥中介机构的作用，规范中介机构的行为，《安全生产法》第六十九条规定："承担安全评价、认证、检测、检验的机构应当具备国家规定的资质条件，并对其作出的安全评价、认证、检测、检验的结果负责。"国家规定的资质条件，是指有关法律、行政法规和规章规定的安全生产中介机构必须具备的条件。譬如，要有一定数量的专业技术人员，要有一定的设备、器材和仪器，要有健全的内部管理制度和执业规则等。承担安全评价、认证、检测、检验的机构必须具备相应的资质条件。否则，不得开展安全评价、认证、检测、检验业务。根据有关法律、法规、规章规定承担安全生产中介服务机构管理的部门加强对中介机构市场的监督管理，以促使安全生产中介服务机构依法依规执业。

（五）基层群众性自治组织的监督

《安全生产法》第七十二条规定："居民委员会、村民委员会发现其所在区域内的生产经营单位存在事故隐患或者安全生产违法行为时，应当向当地人民政府或者有关部门报告。"这是对基层群众性自治组织的安全生产监督职责的规定。

根据《宪法》《中华人民共和国城市居民委员会组织法》和《中华人民共和国村民委员会组织法》的规定，居民委员会、村民委员会是城乡居民（村民）自我管理、自我教育、自我服务的基层群众性自治组织。它向居民（村民）会议负责，代表所在区域的居民（村民）的利益，履行宣传国家法律和政策，维护居民（村民）合法权益，办理本区域公共事务，向人民政府反映居民（村民）的意见、要求和提出建议等法定职责。居民委员会、村民委员会所在区域生产经营单位的生产安全问题，是事关全体居民（村民）生命和财产安全等重大切身利益的大事。因此，居民委员会、村民委员会对此加强监督是其本身职责的必然要求。同时，在监督生产经营单位的安全生产工作方面，居民委员会、村民委员会也有一定的便利条件。根据法律规定，企业、事业单位不能参加所在地的居民委员会，但是，所在地的居民委员会讨论同这些单位有关的问题，需要他们参加会议时，他们应当派代表参加，并且遵守居民委员会的有关决定。驻在农村的全民所有制企业、事业单位的人员不参加村民委员会组织，但是应当遵守有关村规民约。此外，很多事故发生率较高的乡镇企业是由农村集体经济组织举办的，发挥好村民委员会的监督作用，是降低生产安全事故发生率的一项有效措施。因此，《安全生产法》规定，居民委员会、村民委员会发现所在区域内的生产经营单位存在事故隐患或者安全生产违法行为时，有义务向当地人民政府或者有关部门报告。

（六）新闻媒体的监督

《安全生产法》第七十四条规定："新闻、出版、广播、电影、电视等单位有进行安全生产公益宣传教育的义务，有对违反安全生产法律、法规的行为进行舆论监督的权利。"这是对新闻媒体等宣传舆论单位的安全生产公益宣传教育义务和监督安全生产违法行为的权利的规定。

宣传教育以及舆论监督，对安全生产工作有特殊重要的意义。通过安全生产宣传教育，可以普及安全生产知识，传播先进的安全生产管理经验，提高社会公众的安全生产意识；舆论监督更是有着十分特殊而重要的作用，通过舆论监督，可以增强生产经营单位及其有关人员、政府、有关部门及其工作人员的责任心，促使他们加强安全生产管理。新闻、出版、广播、电影、电视等单位的性质和特点，决定了他们在安全生产宣传教育中的独特地位和作用。安全生产不仅关系到生产经营单位及其从业人员的生命财产安全，更重要的是它还关系到国家改革开放和社会稳定，关系到党和政府的形象和声誉，需要全社会各方面的共同努力和长期奋斗，其中也离不开广大新闻媒体的支持和配合。广大新闻媒体尤其是国有新闻媒体掌握着大量的公共资源，这些资源由国家出资建设，并且在全民的支持下日益发展壮大，理应在安全生产这个关系国家和全体人民福祉的问题上发挥更大作用。为了确保安全生产宣传教育工作取得更好效果，加强对安全生产违法行为的监督，《安全生产法》明确规定了新闻、出版、广播、电影、电视等单位有进行安全生产公益宣传教育的义务，同时有权利对安全生产违法行为进行舆论监督。

新闻、出版、广播、电影、电视等单位的舆论监督透明度高、传播面广、影响力大，对违反安全生产法律、法规的单位和个人有特殊的威慑作用，是一种有效的监督方式。因此，法律赋予它们以舆论监督的权利。任何单位和个人不得阻挠、干预对安全生产违法行为进行正常的舆论监督。舆论监督的对象包括生产经营单位及其管理人员、从业人员，也应当包括滥用职权或者不依法履行安全生产监督管理职责的政府部门及其工作人员。舆论监督主要采取对安全生产违法行为进行曝光的方式。实践中需要注意的是，对安全生产违法行为进行曝光，必须有充分的事实依据，不能捕风捉影，以避免造成不良影响。

（七）监察机关的监督

《行政监察法》第二条规定："监察机关是人民政府行使监察职能的机关，依照本法对国家行政机关及其公务员和国家行政机关任命的其他人员实施监察。"负有安全生产监督管理职责的部门属于行政机关，其工作人员是国家公务员，因此，他们应当属于监察机关的监察对象。为了加强对负有安全生产监督管理职责的部门及其工作人员履行安全生产监督管理职责的监督，《安全生产法》第六十八条规定："监察机关依照行政监察法的规定，对负有安全生产监督管理职责的部门及其工作人员履行安全生产监督管理职责实施监察。"这是对监察机关依法对负有安全生产监督管理职责的部门及其工作人员依法履行职责实施监察的规定，也是和《行政监察法》有关规定的衔接。

因此，监察机关的监察是"对监督者的监督"，目的是加强对负有安全生产监督管理职责的部门及其工作人员履行职责的监督，防止行政不作为和"乱作为"，防止滥用行政权力，严肃国法政纪，惩治行政违法行为。发现违法违纪的，依法予以处理。

二、生产经营单位的安全保障制度

生产经营单位是生产经营活动的主体，也是搞好安全生产的责任主体。《安全生产法》确立了生产经营单位的安全保障制度，从组织、基础和管理 3 个方面对生产经营单位的生产经营活动作出相应规定。

（一）生产经营单位安全生产的组织保障

这主要从生产经营单位的安全生产管理机构设置，以及主要负责人、安全生产管理人员、特种作业人员的资质要求及从业人员安全教育培训要求作出相应的法律规定。

1. 安全生产管理机构及安全生产管理人员的配备规定

这里讲的安全生产管理机构，是指生产经营单位专门负责本单位安全生产监督和管理工作的内设机构，其工作人员都是专职安全生产管理人员。安全生产管理机构的作用是落实国家有关安全生产法律法规，组织生产经营单位内部各种安全检查活动，负责日常安全检查，及时整改各种事故隐患，监督安全生产责任制落实等。它是生产经营单位安全生产的重要组织保证。从理论上讲，每个生产经营单位都应该设立安全管理机构，但在实际工作中，某些生产经营单位危险性很小，如电子行业等，可以不设立专职安全生产管理机构，由专职或者兼职安全生产管理人员来负责安全生产工作就可以。因此，是否设立安全生产管理机构，以及配备多少专职安全生产管理人员，还是配备兼职安全管理人员，这要根据生产经营单位的危险性、规模大小等因素来确定。因此，《安全生产法》第二十一条分别根据情况作出相应的规定：

（1）矿山开采、金属冶炼、建筑施工、道路运输单位和危险物品生产、经营、储存等高危行业的生产经营单位，必须设置安全生产管理机构或者配备专职安全生产管理人员。

目前发生重大、特大事故最多、危害最大的是从事矿山开采、金属冶炼、建筑施工、道路运输单位和危险物品生产、经营、储存的生产经营单位，其中许多生产经营单位没有配置专门的安全生产管理机构或者专职安全管理人员，管理混乱。为从组织上确保这些生产经营单位内部的安全管理工作，《安全生产法》第二十一条第一款规定："矿山、金属冶炼、建筑施工、道路运输单位和危险物品生产、经营、储存单位，应当设置安全生产管理机构或者配备专职安全生产管理人员”。关于配备专职安全生产管理人员的规定，是针对那些生产经营规模小、无法设置专门安全生产管理机构的生产经营单位而言的。

（2）除高危行业外，其他生产经营单位按照从业人员的数量，配置安全生产管理机构或者安全生产管理人员。

《安全生产法》对此又分两种情况分别做出规定：一是强制性规定，必须配置安全生产管理机构或者专门人员的，即除矿山、建筑施工和危险物品生产、经营、储存单位以外的其他生产经营单位，其从业人员超过 100 人以上的，应当设置安全生产管理机构或者配备专职安全生产管理人员。二是选择性规定，即从业人员在 100 人以下的，可以不设专门机构，但应当配备专职或者兼职的安全生产管理人员。

2. 安全生产管理机构及安全生产管理人员的职责规定

为保证生产经营单位安全生产管理机构以及安全生产管理人员切实负起责任，更好地发挥作用，安全生产法从 4 个方面作出了规定：

一是明确了生产经营单位安全生产管理机构以及安全生产管理人员应当履行的 7 项职责。根据《安全生产法》第二十二条规定，生产经营单位的安全生产管理机构以及安全生产管理人员履行职责：①组织或者参与拟订本单位安全生产规章制度、操作规程和生产安全事故应急救援预案。根据安全生产法的规定，制定本单位安全生产规章制度、操作规程和生产安全事故应急救援预案的职责是主要负责人，安全生产管理机构以及安全生产管理人员受主要负责人的委托组织有关单位进行起草，或者参与主要负责人组织的起草制定工作。②组织或者参与本单位安全生产教育和培训，记录安全生产教育和培训情况。根据安全生产法的规定，制定本单位并实施安全生产教育和培训工作是主要负责人职责，安全生产管理机构以及安全生产管理人员是协助主要负责人抓好落实，组织或者参与计划起草，做好安全生产教育和培训情况的记录工作，以备检查。③督促落实本单位重大危险源的安全管理措施。安全生产法对重大危险源的管理作出了规定，安全生产管理机构以及安全管理人员要抓好督促落实。④组织或者参与本单位应急救援演练。受主要负责人的委托组织本单位应急预案演练，或者参与相应工作。⑤检查本单位的安全生产状况，及时排查生产安全事故隐患，提出改进安全生产管理的建议。⑥制止和纠正违章指挥、强令冒险作业、违反操作规程的行为。⑦督促落实本单位安全生产整改措施。

二是生产经营单位的安全生产管理机构以及安全生产管理人员应当恪尽职守，依法履行职责。恪尽职守是安全生产管理人员应当具备的最基本的道德素质。恪尽职守，是指安全生产管理人员应当充分认识自己肩负的重大职责，对工作尽职尽责，积极、主动、认真、谨慎地依法履行各项安全生产管理职责，完成各项工作任务。既不能不履行职责，对生产经营单位存在的安全生产问题不闻不问，也不能视职责为儿戏，马马虎虎，敷衍了事，使安全管理和现场检查流于形式。这里讲的依法履行职责，即指依照本法和其他有关法律、法规、规章规定的职责。如本法第二十二条规定了安全生产管理机构以及安全生产管理人员的 7 项职责，同法第四十三条规定，生产经营单位的安全生产管理人员应当根据本单位的生产经营特点，对安全生产状况进行经常性检查；对检查中发现的安全问题，应当立即处理；不能处理的，应当及时报告本单位的负责人，有关负责人应当及时处理。检查及处理情况应当如实记录在案。生产经营单位的安全生产管理人员在检查中发现的重大事故隐患，依照前款规定向本单位有关负责人报告，有关负责人不及时处理的，安全生产管理人员可以向主管的负有安全生产监督管理职责的部门报告。同法第五十六条规定，从业人员发现事故隐患或者其他不安全因素，应当立即向现场安全生产管理人员或者本单位负责人报告；接到报告的人员应当及时予以处理。这些规定，安全生产管理人员都应当依法执行。

三是规定了生产经营单位要保证安全生产管理机构以及安全生产管理人员能够参与涉及安全生产的经营决策。根据《安全生产法》第二十三条的规定，生产经营单位作出涉及安全生产的经营决策，应当听取安全生产管理机构以及安全生产管理人员的意见。也就是说，安全生产工作要从源头着手，从经营决策抓起，凡生产经营单位作出的新建、改建、扩建设项目及工程设计、安全生产费用提取和使用、劳动防护用品配备和使用、生产工艺更新、出租发包生产经营场所设备等可能涉及安全生产事宜的决策，必须听取安全生产管理机构以及安全生产管理人员的意见。

四是规定了生产经营单位不得因安全生产管理人员依法履行职责而对其打击报复，包括降低其工资、福利等待遇，或者解除与其订立的劳动合同。为了保证安全生产管理人员履行职权，《安全生产法》第二十三条的规定，生产经营单位不得因安全生产管理人员依法履行职责而降低其工资、福利等待遇，或者解除与其订立的劳动合同。这是一条禁止性规定。如果生产经营单位做了，其结果也是违法的，解除劳动合同的行为也是无效的。

3. 高危生产经营单位安全生产管理人员的任免告知规定

根据《安全生产法》第二十四条的规定，危险物品的生产、储存单位以及矿山、金属冶炼单位的安全生产管理人员的任免，应当告知主管的负有安全生产监督管理职责的部门。

从事危险物品生产、储存以及矿山开采、金属冶炼活动，安全风险较大，极易发生生产安全事故。为此，本法对危险物品的生产、储存单位以及矿山、金属冶炼单位作出了相应规定，涉及建设项目安全管理、安全生产管理机构及安全生产管理人员配备、应急救援物资器材配备等多个方面。依照本法第二十三条的规定，危险物品的生产、储存单位以及矿山、金属冶炼单位的安全生产管理人员必须具有较高的安全生产知识水平和安全管理技能，并经主管的负有安全生产监督管理职责的部门对其考核合格。为了加强危险物品的生产、储存单位以及矿山、金属冶炼单位安全管理，及时了解、掌握安全生产管理人员的配备及调整情况，本条规定，危险物品的生产、储存单位以及矿山、金属冶炼单位的安全生产管理人员的任免，应当告知主管的负有安全生产监督管理职责的部门。这里讲的告知，是一种告知性备案，仅是向主管的负有安全生产监督管理职责的部门告知，不是行政审批。危险物品的生产、储存单位以及矿山、金属冶炼单位有权任免安全生产管理人员，这是一项生产经营自主权利，主管的负有安全生产监督管理职责的部门不得干涉，更不能打击报复。生产经营单位有权利根据本单位情况更换安全生产管理人员，但根据《安全生产法》第二十四条的规定，更换后的安全生产管理人员必须经负有安全生产监督管理职责的部门考核合格。

4. 主要负责人和安全生产管理人员的规定

生产经营单位主要负责人和安全生产管理人员是生产经营单位搞好安全生产工作的关键。根据生产经营单位的危险程度不同，《安全生产法》从两个方面作出了相应规定：

一是生产经营单位的主要负责人和安全生产管理人员必须具备与本单位所从事的生产

经营活动相应的安全生产知识和管理能力。这是一条普遍性的条件规定，是所有生产经营单位主要负责人和安全生产管理人员都必须具备的要求，即生产经营单位的主要负责人和安全生产管理人员必须具备一定的知识和能力，并能适应本单位的工作。

二是危险物品的生产、经营、储存单位以及矿山、金属冶炼、建筑施工、道路运输单位的主要负责人和安全生产管理人员，应当由有关主管部门对其安全生产知识和管理能力考核合格。这里指高危行业的生产经单位主要负责人和安全生产管理人员的资格规定，主要负责人和安全生产管理人员没有取得相应资质的，不得上岗作业。必须经有关主管部门考核合格。

5. 特种作业人员的资格规定

特种作业人员是从事特殊作业的从业人员的简称。几十年来，一直沿用这个名称。根据国家安全生产监督管理总局关于特种作业人员的范围规定，包括瓦斯检查工、起重机械工、爆破工、通风工、信号工、拥罐工、电工、金属焊接（切割）工、矿井泵工、瓦斯抽放工、主要通风机操作工、主提升机操作工、绞车操作工、输送机操作工、尾矿工、安全检查工和矿内机动车司机等十多个特种作业岗位的从业人员。这些特殊岗位的工作，对保障生产经营活动的安全至关重要。

鉴于特种作业人员所从事岗位比较特殊，不同于一般的从业人员，因此，法律规定实行资格管理。《安全生产法》第二十七条规定："生产经营单位的特种作业人员必须按照国家有关规定经专门的安全作业培训，取得相应资格，方可上岗作业。"这里讲的专门培训，是指由有关主管部门组织的专门针对特种作业人员的培训，不论在内容上，还是在时间上，都不同于普通从业人员的安全培训，具有较强的针对性，以保证特种作业人员达到规定的要求。特种作业人员的考核由有关主管部门负责组织，对考核合格的，颁发特种操作资格证书。未经专门安全培训并取得特种操作资格证书，上岗作业的，将依法给予行政处罚。

6. 从业人员的安全生产教育和培训规定

除主要负责人、安全生产管理人员和特种作业人员外，其他从业人员的安全素质和意识也是保障安全生产的基础。从业人员是生产经营活动的具体承担者，从业人员素质的高低，直接影响到本单位的安全生产。我国正处在工业化和城镇化的进程中，生产经营单位从业人员不同程度地存在着安全素质的问题，特别是以小煤矿、小工厂、小运输（公路、水路）等"三小"生产经营单位，这些单位从业人员的安全素质最差，管理最乱，事故最多。大量事故教训证明，多数生产安全事故的发生都是由于从业人员没有经过严格的安全生产教育和培训，缺乏安全生产意识，缺乏安全操作技能。提高从业人员安全素质的重要措施之一，就是加强并强制进行全员安全教育和培训。劳动派遣人员，也称被派遣劳动者，以及实习学生也必须进行强制安全生产教育和培训。为此，《安全生产法》第二十三条、第二十六条从4个方面对此做出了规定。

一是明确生产经营单位应当对从业人员、被派遣劳动者、实习学生进行安全教育和培训。《安全生产法》规定，生产经营单位必须对从业人员、被派遣劳动者、实习学生进行安全教育和培训，并设定为生产经营单位的一项重要义务。生产经营单位必须按照有关规定对新招收录用、重新上岗、转岗的从业人员进行安全教育和培训，并要进行考试合格，保证从业人员的安全专业知识和安全技能与其从事的作业要求相适应。生产经营单位使用被派遣劳动者的，应当将被派遣劳动者纳入本单位从业人员统一管理，对被派遣劳动者进行岗位安全操作规程和安全操作技能的教育和培训。劳务派遣单位应当对被派遣劳动者进行必要的安全生产教育和培训。生产经营单位接收中等职业学校、高等学校学生实习的，应当对实习学生进行相应的安全生产教育和培训，提供必要的劳动防护用品。学校应当协助生产经营单位对实习学生进行安全生产教育和培训。《安全生产法》还规定，生产经营单位采用新工艺、新技术、新材料或者使用新设备，必须了解、掌握其安全技术特性，采取有效的安全防护措施，并对从业人员进行专门的安全生产教育和培训。生产经营单位要采取多种途径，加强对从业人员的安全生产教育和培训。要逐步形成灵活的教育培训机制，完善教育培训制度，建立健全各项管理制度，使教育培训工作走上正规化的轨道。

二是明确安全生产教育和培训的要求。

（1）具备必要的安全生产知识。这是安全教育和培训所要达到的最基本的要求。一是了解和掌握有关安全生产法律、法规的规定，依法从事生产经营作业。二是了解和掌握有关生产经营作业过程中的安全知识。生产经营是非常复杂的系统工程，涉及生产、运输、储存、经营等诸多环节，其中任何一个环节出现问题，都可能发生生产安全事故。从业人员通过安全教育和培训后，必须了解和掌握基本的安全知识。三是了解和掌握有关事故应急救援和撤离的知识。在从业人员的生命受到威胁的紧急情况下，必须具备有关紧急处置知识和自救知识，以便停止作业，紧急撤离到安全地点，防止人身伤害。

（2）熟悉有关安全生产规章制度和安全操作规程。有关安全生产规章制度和安全操作规程是规范从业人员生产经营作业的守则，是进行安全管理的依据，具有很强的操作性。要通过教育和培训，使从业人员熟悉这些规章制度和操作规程，养成遵守规章制度、按照规程操作的习惯，并能够自觉执行。

（3）掌握本岗位安全操作技能。经过教育和培训，要达到从业人员掌握本岗位安全操作技能的目的。这也是检验和考核生产经营单位安全教育和培训质量和效果的主要标准。从业人员对本岗位安全操作的技术和能力，必须符合安全生产的要求，做到“应知”、“应会”。

（4）了解事故应急处理措施。发生事故后，在第一时间开展现场必要的抢救和处置，是减少人员伤亡和财产损失的有效手段。通过教育和培训，让从业人员知道、了解本单位、本岗位可能发生事故的相应应急处理措施，掌握必要的应急处理能力，达到实现自我保护，减少人员伤亡的目的。

（5）知悉自身在安全生产方面的权利和义务。从业人员是生产经营活动的主体，也是安全生产的保护对象。作为保护对象的从业人员有权知道安全生产方面的权利，包括作业场所不安全因素、应急措施等知情权，享受工伤保险和伤亡求偿权，安全管理的批评检控，拒绝违章指挥和强令冒险作业，紧急情况下的停止作业和紧急撤离等权利。作为活动主体的从业人员必须知道安全生产方面的义务，包括遵章守规、服从管理，正确佩戴和使用劳动防护用品，接受安全培训，掌握安全生产技能，发现事故隐患和事故及时报告等义务。通过安全教育和培训，让从业人员熟知相应的权利和义务，以便能够正确行使权利、履行义务，促进生产经营单位的安全生产工作。

从业人员只有经过考试合格方可上岗作业。未经安全生产教育和培训合格的从业人员，不得上岗作业。

三是建立健全安全生产教育和培训的档案管理制度。根据《安全生产法》第二十五条的规定，生产经营单位应当建立安全生产教育和培训档案，如实记录安全生产教育和培训的时间、内容、参加人员以及考核结果等情况。

建立完善的安全生产教育和培训档案，是保证安全生产教育和培训质量的基础。安全生产教育和培训档案，不仅是从业人员安全生产教育和培训的记录轨迹，也是生产安全事故发生后，追究相关人员的重要依据。生产经营单位应当指定专人负责本单位的安全生产教育和培训档案。档案的内容应当详细记录每位从业人员参加安全生产教育培训的时间、内容、考核结果以及复训情况等，包括按照规定参加政府组织的安全培训的主要负责人、安全生产管理人员和特种作业人员的情况。档案应当按照有关法律法规的要求进行保存，不得擅自修改、伪造。档案除电子文档形式保存外，原则上还应当有纸质形式。

7. 注册安全工程师的配置规定

我国中小企业安全生产“无人管、不会管”问题非常突出。当前，全国中小企业就业人数占规模以上工业企业总人数的 80% 左右，工矿商贸中小企业事故起数和死亡人数占全国生产安全事故的总起数和总死亡人数的 50% 左右。究其原因，中小企业从业人员安全素质偏低，无专业化的安全生产管理人员，安全生产“无人管、不会管”是其主要原因，亟须借鉴注册律师、执业医师、注册会计师等制度，依法建立规范的注册安全工程师制度，为企业提供安全生产服务。

为了发挥注册安全工程师在安全生产工作中的作用，新修订的《安全生产法》第二十四条规定：“危险物品的生产、储存单位以及矿山、金属冶炼单位应当有注册安全工程师从事安全生产管理工作。鼓励其他生产经营单位聘用注册安全工程师从事安全生产管理工作。注册安全工程师按专业分类管理，具体办法由国务院人力资源社会保障部门、国务院安全生产监督管理部门会同国务院有关部门制定。”

根据法律规定，一是高危生产经营单位必须配备注册安全工程师。危险物品的生产、储存单位以及矿山、金属冶炼单位应当有注册安全工程师从事安全生产管理工作。这是强制性规定，但是，生产经营单位到底配备多少名注册安全工程师，或者什么岗位配备注册安全工程师，由生产经营单位根据自身的安全生产状况决定。如果国家作出了相应规定，按照规定执行。二是鼓励其他生产经营单位聘用注册安全工程师从事安全生产管理工作。

此外，法律规定注册安全工程师按专业分类管理，即矿山、危险化学品等领域按专业进行划分不同类别的注册安全工程师。具体办法由国务院人力资源社会保障部门、国务院安全生产监督管理部门会同国务院有关部门制定。

（二）生产经营单位安全生产的基础保障

这是从生产经营单位安全投入、“三同时”、安全评价、设计审查和竣工验收等安全生产的基础工作出发，对生产经营单位的生产经营活动作出相应的规定。

1. 安全生产标准化

什么是安全生产标准化？根据安全生产标准《企业安全生产标准化基本规范》的定义，安全生产标准化是指通过建立安全生产责任制，制定安全管理制度和操作规程，排查治理隐患和监控重大危险源，建立预防机制，规范生产行为，使各生产环节符合有关安全生产法律法规和标准规范的要求，人、机、物、环处于良好的生产状态，并持续改进，不断加强企业安全生产规范化建设。从定义可以看出，安全生产标准化涵盖了企业安全生产工作的全局，是企业开展安全生产工作的基本要求。

安全生产标准化与职业健康安全管理体系的区别和类同。安全生产标准化既包括硬件(即设备、设施等)，也包括软件（即职业健康安全管理体系的策划、实施、检查、改进，PDCA 现代安全管理模式)，是指根据对设备设施的安全状况、企业管理体制和操作规程的评估情况，各种形式的安全检查反馈的问题，本企业和其他单位事故案例，安全管理的绩效评定结果，安全生产预测预警分析的趋势等，及时、动态、不断地对安全生产管理规章制度和操作进行修订，实现自我检查、自我纠正和自我完善，不断的 PDCA，持续保持安全生产工作状态。它从安全生产目标、组织机构和职责、安全生产投入、法律法规与安全管理制度、教育培训、生产设备设施、作业安全、隐患排查和治理、重大危险源监控、职业健康、应急救援、事故报告、调查和处理、绩效评定和持续改进等 13 个方面提出了比较全面的规定。职业健康安全管理体系是一种管理体系，也是目前最普遍公认和采用的安全管理体系。它是改善组织的职业健康安全管理的一种先进、有效的管理手段，它强调结构化、程序化、文件化管理手段。从特点上，主要强调软件，不包括硬件的要求。职业健康安全管理体系的核心内容是根据管理学的原理，为组织建立了一个动态循环的管理过程框架，以持续改进的思想指导组织系统地实现既定目标。安全生产标准化的优点，是借鉴了职业健康安全管理体系的先进管理模式，同时增加补充了有关设备设施等硬件安全的要求，从而更加全面、完整。

安全生产标准化是一项保障安全生产的基础性工程，也是一项综合性工程，涉及保障生产经营单位安全生产的硬件和软件多个方面，包括安全生产目的和任务、安全生产责任制和安全生产规章制度、安全投入、安全设备管理、从业人员安全生产教育和培训、重大危险源管理等内容。安全生产标准化建设是逐步建立完善各项制度和措施，改进设施设备安全要求，达到法定安全生产条件的活动过程。为了促进生产经营单位安全生产，《安全生产法》第四条规定：“生产经营单位必须遵守本法和其他有关安全生产的法律、法规，加强安全生产管理，建立、健全安全生产责任制和安全生产规章制度，改善安全生产条件，推进安全生产标准化建设，提高安全生产水平，确保安全生产。”根据法律规定，生产经营单位应当积极推进安全生产标准化建设，保证安全生产。政府有关部门应当从促进安全生产角度，督促生产经营单位开展安全生产标准化建设。

2. 安全投入

安全生产存在的主要问题之一，就是安全投入不足，“安全欠账”严重。生产经营单位不能正确处理效益与投入的关系，有的要钱不要命，不惜以最低的投入甚至牺牲从业人员生命为代价，追求高额利润，其结果是安全技术装备陈旧落后，不能及时予以维护、更新，安全生产的“硬件”疲软，从而导致大量事故发生。为了从根本上解决安全投入无保障的问题，《安全生产法》将安全投入列为保障安全生产的必要条件之一，从 3 个方面做出了严格的规定：

一是明确生产经营单位安全投入的标准。由于各行各业生产经营单位的安全生产条件千差万别，其安全投入标准也不尽相同。为了使安全投入的标准更符合实际，更具有操作性，《安全生产法》第二十条规定：“生产经营单位应当具备的安全生产条件所必需的资金投入”，这是对生产经营单位必须进行安全投入作出的原则性规定。也就是说，法定的安全投入标准，应以具备法定安全生产条件必需的资金投入为准，具体要以安全生产法律、行政法规、国家标准或者行业标准规定生产经营单位应当具备的安全生产条件为基础进行计算。具备法定安全生产条件所需要的安全资金数额，就是生产经营单位应当投入资金的具体标准。针对有关高危生产经营单位，《安全生产法》对安全投入的标准作出明确规定。《安全生产法》第二十条规定“有关生产经营单位应当按照规定提取和使用安全生产费用，专门用于完善和改进企业安全生产条件的有关支出。安全生产费用在生产成本中据实列支。安全生产费用提取、使用和监督管理的具体办法由国务院财政部门会同国务院安全生产监督管理部门征求国务院有关部门意见后制定。”《国务院关于加强安全生产工作的决定》（国发〔2004〕2号）要求生产经营单位建立企业提取安全费用制度。同时明确：企业安全费用的提取，要根据地区和行业的特点，分别确定提取标准，由企业自行提取，专户储存，专项用于安全生产。财政部等部门于2005—2006年，相继制定了《关于调整煤炭生产安全费用提取标准加强煤炭生产安全费用使用管理与监督的通知》（财建〔2005〕168号）、《烟花爆竹生产企业安全费用提取与使用管理办法》（财建〔2006〕180号）和《高危行业企业安全生产费用财务管理暂行办法》（财企〔2006〕478号）。随着形势的变化，财政部和安全监管总局对原办法进行了整合、修改、补充和完善，2012年2月24日出台了统一的《企业安全生产费用提取和使用管理办法》（财企〔2012〕16号）。该《办法》对在中华人民共和国境内直接从事煤炭生产、非煤矿山开采、建设工程施工、危险品生产与储存、交通运输、烟花爆竹生产、冶金、机械制造、武器装备研制生产与试验（含民用航空及核燃料）的企业，以及其他经济组织的安全生产费用的提取标准和使用范围都作出了明确的规定。目前，上述高危生产经营单位的安全生产费用提取按照上述规定执行，不得低于规定，但可以根据本单位的实际高于规定，以满足法定安全生产条件的资金所需。

二是明确安全投入的决策和保障。有了符合安全生产条件所需资金投入的标准，还要通过决策予以保障。为了解决谁投入的问题，《安全生产法》第十八条根据不同生产经营单位安全投入的决策主体的不同，分别规定：按《中华人民共和国公司法》成立的公司制生产经营单位，由其决策机构董事会决定安全投入的资金；非公司制生产经营单位，由其主要负责人决定安全投入的资金；个人投资并由他人管理的生产经营单位，由其投资人即股东决定安全投入的资金。

三是明确安全投入不足的法律责任。《安全生产法》第九十条规定，生产经营单位的决策机构、主要负责人、个人经营的投资人不依照本法规定保证安全生产所必需的资金投入，致使生产经营单位不具备安全生产条件的，责令限期改正，提供必需的资金；逾期未改正的，责令生产经营单位停产停业整顿。有前款违法行为，导致发生生产安全事故的，对生产经营单位的主要负责人给予撤职处分，对个人经营的投资人处二万元以上二十万元以下的罚款；构成犯罪的，依照刑法有关规定追究刑事责任。

3. 建设项目安全设施“三同时”

生产经营单位为了维持或者扩大生产经营规模，经常要进行相关的工程建设。作为建设项目主体工程的安全设施是保证建设项目主体工程安全、可靠的关键，安全设施未与主体工程同时设计、同时施工、同时投入生产和使用，就会留下不安全因素和事故隐患。这方面的例子，在小煤矿、小工厂等非公有制企业很多，如煤矿主体工程完成了，通风安全设施不完善，导致瓦斯积聚而发生事故。为此，《安全生产法》第二十四条规定，生产经营单位的建设项目的安全设施必须做到“三同时”，即“生产经营单位新建、改建、扩建工程项目的安全设施，必须与主体工程同时设计、同时施工、同时投入生产和使用。安全设施投资应当纳入建设项目概算。”

4. 建设项目的安全评价

矿山、危险物品建设项目不同于其他一般生产经营的建设项目，它具有更大的危险性，应当具有更高的安全技术要求。为此，《安全生产法》第二十九条规定：“矿山、金属冶炼建设项目和用于生产、储存、装卸危险物品的建设项目，应当分别按照国家有关规定进行安全评价。”其目的是通过对矿山、金属冶炼建设项目和用于生产、储存、装卸危险物品的建设项目进行安全评价，增加一道防线，以保证建设项目正常投入生产或者使用后的安全、可靠，从而达到保障生产经营单位安全生产的目的。根据此项规定，《危险化学品安全管理条例》等有关安全生产行政法规、地方性法规中都对安全条件论证和安全评价作出了相应的规定。目前，国家也出台了相应的安全条件论证和安全评价的规定。

5. 建设项目安全设施的设计、施工、设计审查和竣工验收

为了从源头杜绝事故隐患，保障建设项目的安全投入生产和使用，《安全生产法》第三十条、第三十一条从建设项目安全设施的设计、施工、设计审查和竣工验收等环节作出了明确规定：

（1）建设项目安全设施的设计人、设计单位应当对安全设施设计负责。这就明确了安全设施的设计的质量由设计人、设计单位负责。如果由于设计问题发生事故，则依法追究设计人、设计单位的责任。

（2）矿山、金属冶炼建设项目和用于生产、储存、装卸危险物品的建设项目的安全设施设计应当按照有关规定报经有关部门审查，审查部门及其负责审查的人员对审查结果负责。这是从源头严把准入关，实行严格的强制性规定，是一项行政许可，即对矿山等高危行业的建设项目在施工前，其安全设施的设计必须经政府有关审查同意，未经审查同意的，不得进行施工。《安全生产法》与有关法律、行政法规的规定一致的，进行了相关衔接。如2000年出台的《煤矿安全监察条例》规定，煤矿建设工程项目的安全设施设计，由煤矿安全监察机构负责审查。煤矿安全监察机构审查煤矿建设工程安全设施设计，应当自收到申请审查的设计资料之日起30日审查完毕，签署同意或者不同意的意见，并书面答复。未经审查同意的，不得施工。设计审查的依据是国家有关安全生产的法律、行政法规、规章、规程、规范和标准。为了体现“谁审查、谁负责”的精神，法律规定审查部门及其负责审查的人员必须认真审查提交的安全设施设计，审查部门及其负责审查的人员对结果负责。不符合要求的，必须签署书面意见，及时答复申请人。

（3）矿山、金属冶炼建设项目和用于生产、储存、装卸危险物品的建设项目的施工单位必须按照批准的安全设施设计施工，并对安全设施的工程质量负责。这是从施工环节进行规范，明确施工单位必须按照批准的安全设施设计施工，不得擅自改变施工设计。因实际情况，确需改变安全设施设计的，施工单位应将需要改变的理由向负责安全设施设计的单位说明，由原设计单位重新进行设计，并报设计审查部门批准。在审查部门批准前，施工单位不得擅自施工。安全设施的工程质量由施工单位负责。有关工程质量监督部门有权对安全设施施工情况进行监督检查。

（4）矿山、金属冶炼建设项目和用于生产、储存危险物品的建设项目竣工投入生产

或者使用前，应当由建设单位负责组织对安全设施进行验收；验收合格后，方可投入生产和使用。这是保证建设工程投入生产或者使用后安全、可靠的最后一道防线，《安全生产法》与有关法律、行政法规的规定一致的，并进行了衔接。如《煤矿安全监察条例》的规定，煤矿建设工程项目的安全设施由煤矿安全监察机构进行验收。煤矿安全监察机构对煤矿建设工程项目安全设施进行验收，应当自收到申请验收文件之日起30日内验收完毕，签署合格或者不合格的意见，并书面答复。未经验收或者验收不合格的，不得投入生产。

6. 淘汰危及生产安全的工艺、设备

安全生产工作涉及人、机、环、物等多个环节，工艺、设备的本质安全是至关重要的一环。实现安全生产科技进步，是提升安全生产科技含量，保障安全生产的重要条件。目前，我国中小单位的事故多发、频发，事故起数和伤亡人数占到各类事故总数的一半以上，特别是小矿山、小化工、小运输等生产经营单位，其主要原因之一就是安全基础薄弱，生产工艺落后，装备设施陈旧。很多事故教训，都是由于生产经营单位使用落后工艺和陈旧设备所致。为了有效提高工艺、设备的安全水平，实施科技兴安，《安全生产法》第三十五条从3个方面作出规定：

一是国家对严重危及生产安全的工艺、设备实行淘汰制度。这是一条禁止性规定。生产经营单位不得使用应当淘汰的危及生产安全的工艺、设备，包括不得转让他人使用。否则，承担相应的法律责任。

二是对严重危及生产安全的工艺、设备实施目录管理，具体目录由国务院安全生产监督管理部门会同国务院有关部门制定并公布。法律、行政法规对目录的制定另有规定的，适用其规定。近几年，国务院安全生产监督管理部门先后发布三批《禁止井工煤矿使用和淘汰的设备和工艺目录》和第一批《金属非金属矿山禁止使用的设备及工艺目录》，如，井工煤矿的采用DW10断路器的矿用隔爆型馈电开关。

三是省、自治区、直辖市人民政府可以作出补充规定。因各地实际情况不同，法律授权省、自治区、直辖市人民政府可以根据本地区实际情况制定并公布具体目录，对国家规定以外的危及生产安全的工艺、设备予以淘汰。

7. 告知从业人员作业场所和工作岗位存在的危险因素、防范措施以及事故应急措施

根据《安全生产法》第四十二条的规定，生产经营单位应当向从业人员如实告知作业场所和工作岗位存在的危险因素、防范措施以及事故应急措施。

向从业人员告知作业场所和工作岗位的危险因素、防范措施以及事故应急措施，是保障从业人员知情权的重要内容。告知的内容应当包括3个方面：

（1）作业场所和工作岗位存在的危险因素的种类、性质以及可能导致何种生产安全事故。

（2）对这些危险因素的防范措施。

（3）针对该作业场所和工作岗位的可能导致的生产安全事故的种类和特点，事先制定的在发生生产安全事故时的组织、技术措施和其他应急措施。

告知的形式可以是多种多样的，如组织从业人员进行学习，或者在作业场所和工作岗位设置公告栏，将有关内容予以公告等。

8. 提供和佩戴、使用劳动防护用品

劳动防护用品是保障从业人员人身安全与健康的最后一道屏障。劳动防护用品的种类

很多，有自救器、防护罩、安全帽等。在我国，由于生产经营单位没有配备必要的劳动防护用品，或者从业人员不会使用劳动防护用品导致的事故很多。特别是很多私营小企业“要钱，不要命”，安全不投入，根本不给从业人员配备劳动防护用品。为此，《安全生产法》第四十二条规定，生产经营单位必须为从业人员提供符合国家标准或者行业标准的劳动防护用品，并监督、教育从业人员按照使用规则佩戴、使用。法律从两个方面作出规定：

一是生产经营单位必须为从业人员免费提供符合国家标准或者行业标准的劳动防护用品，不得提供不符合标准的劳动防护用品，不得以货币或者其他物品替代应当配备的劳动防护用品。劳动防护用品都有使用期限，超过使用期限的劳动防护用品，生产经营单位必须及时更新。生产经营单位应当建立健全劳动防护用品的购买、验收、保管、发放、更新、报废等管理制度，应当按照劳动防护用品的使用要求，在使用前对其防护性能进行必要的检查。

二是生产经营单位要加强劳动防护用品的教育和培训，监督、教育从业人员按照劳动防护用品的使用规则和防护要求正确佩戴、使用劳动防护用品。

9. 参加工伤保险

从业人员人身安全保障是指从业人员的工伤社会保险补偿和人身伤亡赔偿的法律保障。由于无法可依，相当一部分从业人员特别是非国有制生产经营单位的从业人员没有办理工伤社会保险，一旦发生事故得不到应有的经济补偿和民事赔偿，造成了一系列社会问题，直接影响了生产安全和社会稳定。根据人身安全第一的原则，《安全生产法》明确规定：“生产经营单位必须依法参加工伤保险，为从业人员缴纳保险费。”另外，法律还对民事赔偿与工伤保险互为补充作出相应规定。

（1）保障从业人员的人身安全，是生产经营单位义不容辞的责任。法律赋予从业人员享有获得工伤社会保险和伤亡赔偿的权利，这同时也是生产经营单位的义务。生产经营单位应当依法为从业人员办理工伤社会保险并缴纳保险费，不得以非法手段侵犯从业人员的该项权利。《安全生产法》第四十九条规定，生产经营单位与从业人员订立的劳动合同，应当载明有关保障从业人员劳动安全、防止职业危害的事项，以及依法为从业人员办理工伤保险的事项。生产经营单位不得以任何形式与从业人员订立协议，免除或者减轻其对从业人员因生产安全事故伤亡依法应承担的责任。

（2）工伤社会保险是人身保障的经济基础。工伤社会保险是社会保障制度的重要组成部分，它的保险费率和相应的赔付保险金都比较低，只能维持最基本的生活需要。因此，凡是有关法律、法规规定必须办理工伤社会保险的生产经营单位，都要为其从业人员缴纳保险费。这样既可以使他们得到经济补偿，又可以减轻生产经营单位的经济负担。

（3）民事赔偿是工伤社会保险的必要补充。由于经济发展水平和人民生活水平的不断提高，人的社会地位和生命价值也越来越高。发生生产安全事故造成从业人员人身伤亡后，仅仅依靠工伤社会保险补偿往往难以抵偿人身损害的经济损失，在经济发达地区尤其如此。依照《民法通则》的原则规定，除从业人员恶意或者故意造成人身损害者外，生产经营单位发生生产安全事故造成人身伤亡，即构成了对其从业人员的人身损害，由此应当承担相应的民事赔偿责任。至于民事赔偿的具体标准，应当根据当地人均生活水平加以确定，当事人不能任意提出赔偿数额。同时，最高人民法院也有相应的司法解释。

（4）工伤社会保险与民事赔偿相互补充，不可替代。工伤社会保险与民事赔偿的性质不同。前者是以抚恤、安置和补偿受害者为目的补偿性措施；后者是以民事损害为前提，以追究生产经营单位民事责任为目的，对受害者给予经济赔偿的惩罚性措施。也就是说，生产安全事故的受害者或其亲属，既有依法享有获得工伤社会保险补偿的权利，又有获得民事赔偿的权利。但是否应当获得民事赔偿，则应以生产经营单位的过错为前提，即生产安全事故的发生原因必须是生产经营单位有安全生产违法行为或者造成生产安全事故。

（三）生产经营单位安全生产的管理保障

这是从生产经营单位的安全设备管理、重大危险源管理等现场管理角度，从 10 个主要方面对生产经营单位的生产经营活动作出相应的法律规定。

1. 设置安全警示标志

在有危险因素的生产经营场所和有关设施、设备上，设置安全警示标志，及时提醒从业人员注意危险，防止从业人员发生事故。这是一项在生产过程中，保障生产经营单位安全生产的重要措施。为此，《安全生产法》第三十二条规定，生产经营单位应当在较大危险因素的生产经营场所和有关设施、设备上，设置明显的安全警示标志。

这里讲的较大危险因素，由于生产经营单位的性质不同，危险性也不同，具体什么样的危险因素属于较大危险因素，什么样的危险因素是一般危险因素，由生产经营单位根据本单位的情况来具体确定。安全警示必须明显，这也是法律所要求的。安全警示的设置，包括颜色等，国家都有严格的规定，有相应的国家标准或者行业标准，国家标准有《矿山安全标志》《安全色》等，行业标准有《煤矿井下安全标志》等，生产经营单位在设置安全标志时，必须严格执行这些规定。

2. 加强安全设备管理

生产经营单位涉及很多安全设备，为了保证设备的安全，《安全生产法》第三十三条从两个方面作出了规定。

（1）安全设备的设计、制造、安装、使用、检测、维修、改造和报废，应当符合国家标准或者行业标准。这从两个方面来进行规定：一方面对于生产安全设备的生产经营单位（生产厂家）来说，要保证安全设备的设计和制造符合国家标准或者行业标准，生产出合格的安全设备。作为从事生产安全设备的生产经营单位，生产厂家有责任提供合格的产品。如果由于安全设备的设计或者制造不符合国家标准或者行业标准，导致事故发生，将追究生产厂家的责任。这在法律中是第一次对生产厂家提出了要求。厂家也有保障生产经营单位安全生产的责任。另一方面对于使用安全设备的生产经营单位（使用单位）来说，要做到安全设备的安装、使用、检测、维修、改造和报废符合国家标准或者行业标准。使用单位对安全设备，从安装开始到投入使用、进行检测、维修、改造，直到报废，每一步都要按照标准进行，严禁违章操作。

（2）生产经营单位必须对安全设备进行经常性维护、保养，并定期检测，保证正常运转。维护、保养、检测应当作好记录，并由有关人员签字。安全设备不同于一般设备，专业性较强，对其维护、保养和检测需要一定的专业技术。生产经营单位应当指定有工作经验和专业技能的专门人员，定期对安全设备进行维护和保养。生产经营单位要落实责任，做到维护、保养、检测必须要有记录，并由有关人员签字。

3. 加强特种设备安全管理

根据《安全生产法》第三十四条的规定，生产经营单位使用的涉及生命安全、危险性较大的海洋石油开采特种设备、矿山井下特种设备以及危险物品的容器、运输工具，必须按照国家有关规定，由专业生产单位生产，并经取得专业资质的检测、检验机构检测、检验合格，取得安全使用证或者安全标志，方可投入使用。检测、检验机构对检测、检验结果负责。

特种设备，是指由国家认定的，因设备本身和外在因素的影响容易发生事故，并且一旦发生事故会造成人身伤亡及重大经济损失的危险性较大设备。《特种设备安全法》对特种设备的范围，以及特种设备的生产（包括设计、制造、安装、改造、修理）、经营、使用、检验、检测和特种设备安全的监督管理作出了严格规定。同法第二条明确规定，本法所称特种设备，是指对人身和财产安全有较大危险性的锅炉、压力容器（含气瓶）、压力管道、电梯、起重机械、客运索道、大型游乐设施、场（厂）内专用机动车辆，以及法律、行政法规规定适用本法的其他特种设备。但是，实践中除了上述特种设备外，还有一些危险性较大的设备，在有关法律法规中已经明确并由有关主管部门管理。为此，《特种设备安全法》第一百条规定，铁路机车、海上设施和船舶、矿山井下使用的特种设备以及民用机场专用设备安全的监督管理，房屋建筑工地、市政工程工地用起重机械和场（厂）内专用机动车辆的安装、使用的监督管理，由有关部门依照本法和其他有关法律的规定实施。因此，《安全生产法》第三十四条是关于海上石油开采特种设备、矿山井下特种设备与《特种设备安全法》的衔接规定。根据现有管理体制，国务院安全生产监督管理部门对海上石油开采特种设备、矿山井下特种设备，依照《安全生产法》和《特种设备安全法》的有关规定实施管理。

法律对海洋石油开采特种设备、矿山井下特种设备的检测、检验和生产，从3个方面进行了规定：

一是必须按照国家有关规定，由专业生产单位生产。这里讲的国家规定，是指法律、行政法规、规章以及其国务院及有关主管部门的规定。

二是必须经取得专业资质的检测、检验机构检测、检验合格，取得安全使用证或者安全标志，方可投入使用。检测、检验机构资质，由国务院安全生产监督管理部门认定。

三是检测、检验机构对检测、检验结果负责。检测、检验机构属于第三方的安全中介机构，应当按照法律、行政法规和行业准则的规定，客观、公正地从事安全技术服务。检测、检验机构在检测、检验时，必须按照规定的技术标准和要求进行检测、检验，提出科学、客观的结论。检测、检验机构应当出具专业检测、检验证明或报告。检测、检验合格的，发给安全使用证或者安全标志，不合格的，不得发给安全使用证或者安全标志。因检测、检验机构的原因，致使不合格的海洋石油开采特种设备、矿山井下特种设备投入使用，并造成后果的，检测、检验机构及其有关人员将承担相应的法律责任。

4. 事故隐患排查治理

隐患是造成事故的根源，隐患不除、事故不断。事故预防的关键就是及时排查治理隐患，将事故消灭在萌芽状态。什么是事故隐患，是指生产经营单位违反安全生产法律、法规、规章、标准、规程和安全生产管理制度的规定，或者因其他因素在生产经营活动中存在可能导致事故发生的物的危险状态、人的不安全行为和管理上的缺陷。事故隐患分为一般事故隐患和重大事故隐患。一般事故隐患，是指危害和整改难度较小，发现后能够立即整改排除的隐患。重大事故隐患，是指危害和整改难度较大，应当全部或者局部停产停业，并经过一定时间整改治理方能排除的隐患，或者因外部因素影响致使生产经营单位自身难以排除的隐患。为此，《安全生产法》第三十八条从两个方面作出规定：

一是生产经营单位应当建立生产安全事故隐患排查治理制度，采取技术、管理措施，及时发现并消除事故隐患。生产经营单位应当建立事故隐患排查治理责任制度；应当保证事故隐患排查治理的资金；应当定期组织安全生产管理人员、注册安全工程师、工程技术人员和其他相关人员开展事故隐患排查工作。对排查出的生产安全事故隐患，应当按照事故隐患的等级进行登记，建立事故隐患信息档案。对于一般事故隐患，由生产经营单位的车间、分厂、区队、班组负责人或者有关人员立即组织整改排除。对于重大事故隐患，由生产经营单位主要负责人或者有关负责人组织制定并实施隐患治理方案，做到“措施落实、责任落实、时间落实、资金落实、应急预案落实”五个落实。对重大事故隐患，排查治理结束后，要建立评估制度，确定事故的根治。

二是事故隐患排查治理情况应当如实记录在案，并向从业人员通报。从业人员对事故隐患排查治理的情况有知情权，便于加强监督。主管的负有安全生产监督管理职责的部门应当依法监督检查事故隐患排查治理情况，对未按照规定治理的，要责令整改或者按照规定挂牌督办。

5. 加强危险物品管理

危险物品是指易燃易爆物品、危险化学品、放射性物品等能够危及人身安全和财产安全的物品。危险物品是引发重大、特大生产安全事故的重要因素。加强危险物品的日常安全管理和重点监控，是落实预防为主的重要措施。为此，《安全生产法》第三十六条、第三十九条从 3 个方面作出规定。

（1）生产经营单位生产、经营、运输、储存、使用危险物品或者处置废弃危险物品，必须执行有关法律、法规和国家标准或者行业标准，建立专门的安全管理制度，采取可靠的安全措施，接受有关主管部门依法实施的监督管理。有关主管部门包括安全生产监督管理部门、公安部门、质检部门、环境保护部门、铁路部门、民航部门、卫生行政部门、工商行政管理部门、邮政部门等。国家为加强危险物品的管理，制定了《固体废物污染环境防治法》《危险化学品安全管理条例》等有关法律、行政法规，还制定了一系列国家标准和行业标准。生产经营单位生产、经营、运输、储存、使用危险物品或者处置危险物品，必须执行这些法律、法规和国家标准或者行业标准。必须建立专门的安全管理制度，采取可靠的安全措施，接受有关主管部门依法实施的监督管理。

（2）国家对危险物品实行严格的审批监管。生产、经营、运输、储存、使用危险物品或者处置废弃危险物品的，由有关主管部门依照有关法律、法规的规定和国家标准或者行业标准审批并实施监督管理。《固体废物污染环境防治法》《危险化学品安全管理条例》等有关法律、行政法规对危险物品的审批事项和监管都有相应的具体规定。

（3）生产、经营、储存、使用物品的车间、商店、仓库不得与员工在同一座建筑物内，并应当与员工宿舍保持安全距离。

6. 加强重大危险源管理

重大危险源是指长期地或者临时地生产、搬运、使用或者储存危险物品，且危险物品的数量等于或者超过临界量的单元（包括场所和设施）。因生产经营活动的需要，重大危险源是客观存在，必不可少的。重大危险源又是造成生产安全事故的一个重要根源。重大危险源本身不是事故隐患，但重大危险源一旦失控，成为事故隐患，就可能导致事故。为了加强重大危险源的管理，《安全生产法》第三十七条规定：“生产经营单位对重大危险源应当登记建档，进行定期检测、评估、监控，并制定应急预案，告知从业人员和相关人员在紧急情况下应当采取的应急措施。生产经营单位应当按照国家有关规定将本单位重大危险源及有关安全措施、应急措施报有关地方人民政府负责安全生产监督管理的部门和有关部门备案。”法律从 4 个方面作出规定：

（1）生产经营单位对重大危险源应当登记建档。对重大危险源逐一建档，摸清底数，这是做好重大危险源安全管理的基础。

（2）生产经营单位应当对重大危险源进行定期检测、评估、监控。重大危险源是变化的，应当对其定期进行检测，掌握危险源的动态变化情况。同时，根据重大危险源的分析、辨识情况，选择合适的评估方法，对危险源可能导致事故发生的可能性和严重程度进行定性和定量评价，在此基础上进行危险等级划分，以确定管理的重点。危险等级一般为四级，即一级重大危险源（$R\geqslant 200$ m）、二级重大危险源（100 m$\leqslant R<200$ m）、三级重大危险源（50 m$\leqslant R<100$ m）和四级重大危险源（$R<50$ m），这里 R 是死亡半径。要做好对重大危险源的监控工作，一级重大危险源最严重，要重点加强监控，四级重大危险源比较轻，也要做好监控工作。生产经营单位要制定管理制度，切实加强对重大危险源的监控。

（3）生产经营单位要制定应急预案，并告知从业人员和相关人员在紧急情况下应当采取的应急措施。一般危险源由 3 个要素构成：潜在危险性、存在条件和触发因素。潜在危险性是指一旦发生事故，可能带来的危害程度或者损失大小，或者说危险源可能释放的能量强度或者危险物质量的大小。存在条件是指危险源所处的物理、化学状态和约束条件状态。触发因素虽然不属于危险源的固有属性，但它是危险源转化为事故的外因，而且每一类危险源都有相应的敏感触发因素。在触发因素的作用下，危险源转化为事故。重大危险源也是如此，而且造成的事故可能更大。正是由于这些特性，我们对待重大危险源，要与对待重大事故一样，在事故发生前制定应急预案，以防事故发生能及时进行救援，减少人员伤亡和财产损失。应急预案是重大危险源控制中的重要组成部分，生产经营单位必须制定，并定期检验和评估其有效程度，以便必要时进行修改。同时，要把有关应急救援知识通过安全教育和培训方式，及时告知从业人员和相关人员，以便在紧急情况下采取应急措施。

（4）生产经营单位必须将本单位重大危险源及有关安全措施、应急措施报告有关地方人民政府的安全生产监督部门和有关部门，以便政府及其有关部门能够及时掌握有关情况。一旦发生事故，政府及其有关部门可以调动有关方面的力量进行救援，以减少事故损失。

7. 保障安全可靠的安全出口

为了保证安全出口的畅通，减少人员伤亡，《安全生产法》第三十九条规定，生产经营场所和员工宿舍应当设有符合紧急疏散要求、标志明显、保持畅通的出口。禁止锁闭、封堵生产经营场所或者员工宿舍的出口。

保障安全出口畅通、标志明显，是生产经营单位安全管理的重中之重。近几年，公共娱乐等人员聚集场所片面追求经济效益，不注重安全出口的管理，在通道内堆放物品，将出口上锁或者封堵，致使发生多起群死群伤的恶性事故。如新疆克拉玛依友谊宾馆发生火灾时，礼堂内有8个出口，只开启一个，烧死130人，教训十分惨痛。为此，法律要求生产经营场所和员工宿舍必须设立符合紧急疏散要求、标志明显、保持畅通的出口。严禁锁闭、封堵生产经营场所或者员工宿舍的出口，特别是严禁将生产经营场所或者员工宿舍的出口的门上加锁。

8. 加强爆破、吊装等危险作业现场安全管理

爆破、吊装等作业属于危险作业，对其作业现场必须进行严格的安全管理。近几年，我国发生多起爆破、吊装事故，2001年7月17日，上海沪东中华造船（集闭）有限公司发生龙门吊倒塌事故，死亡36人。爆破事故在矿山伤亡事故中已占到很大比重，造成这些事故的原因有一个很重要方面，就是没有遵守操作规程，安全措施不落实。血的教训要求我们，在进行爆破、吊装等危险作业时，必须安排专人进行现场安全管理，确保操作规程和安全措施落到实处。为此，《安全生产法》第四条规定，生产经营单位进行爆破、吊装以及国务院安全生产监督管理部门会同国务院有关部门规定的其他危险作业，应当安排专门人员进行现场安全管理，确保操作规程的遵守和安全措施的落实。这里讲的其他危险作业，包括有限空间作业、挖掘作业、悬吊作业等，具体范围由国务院安全生产监督管理部门会同国务院有关部门制定目录予以明确。一是生产经营单位进行爆破、吊装等危险作业，应当安排专门人员进行现场安全管理。二是确保操作规程的遵守和安全措施的落实。要制定严格的操作规程和周密的保安措施，禁止违反规程操作和无关人员擅入现场。现场人员要明确各自的分工和安全责任，各司其职，密切协作，保证万无一失。

9. 加强交叉作业的安全管理

在一些规模较大的生产经营场所，常有两个以上不同的生产经营单位在同一作业区域内进行生产经营活动。若各方的安全生产管理职责不明确，就会出现混杂作业、职责不清、制度不严、管理混乱的问题，将会导致重大、特大生产安全事故的发生。因此，加强交叉作业的安全管理，十分必要。

为了加强交叉作业的安全管理，《安全生产法》第四十五条规定，两个以上生产经营单位在同一作业区域内进行生产经营活动，可能危及对方生产安全的，应当签订安全生产管理协议，明确各自的安全生产管理职责和应当采取的安全措施，并指定专职安全生产管理人员进行安全检查与协调。这里讲的“可能危及”，主要由生产经营单位根据具体情况，双方协商来确定。这里明确两点：一是各生产经营单位之间应当签订安全生产管理协议，签订的安全生产管理协议必须是书面的，并由双方生产经营单位确认。安全生产管理协议应当明确各自的安全生产管理职责，管理职责要明确、具体，操作性要强，并落实到人。当某一事项双方都有安全生产管理责任时，必须明确由谁主要负责，另一方给予配合。在安全生产管理协议中，必须载明安全措施。二是必须指定专职的安全生产管理人员进行安全检查与协调。这里讲的专职的安全管理人员，可以由生产经营单位各方来指定，也可以由生产经营单位之间通过协商共同指定，但必须都是专职安全生产管理人员。

10. 加强生产经营项目、场所、设备发包或者出租的安全管理

有的生产经营单位将其生产经营项目、场所、设备发包或者出租给不具备安全生产条

件或者相应资质的单位或者个人，不进行安全生产管理和协调，由此引发事故并在事故发生后无人负责的现象，出现责任不明或者推卸责任。另外，很多生产经营单位以包代管、层层转包、包而不管，由此引发的各种伤亡事故。如 2000 年发生的河南洛阳东都商厦“12·25”特大火灾事故，就是由于这方面原因。为此，《安全生产法》第四十六条规定，生产经营单位不得将生产经营项目、场所、设备发包或者出租给不具备安全生产条件或者相应资质的单位或者个人。生产经营项目、场所发包或者出租给其他单位的，生产经营单位应当与承包单位、承租单位签订专门的安全生产管理协议，或者承包合同、租赁合同中约定各自的安全生产管理职责；生产经营单位对承包单位、承租单位的安全生产工作统一协调、管理，定期进行安全检查，发现安全问题的，应当及时督促整改。这里明确以下 3 点：

（1）生产经营单位不得将生产经营单位项目、场所、设备发包或者出租不具备安全生产条件或者相应资质的单位或者个人。这里讲的单位，包括各类企业，也包括个体工商户，但必须具备规定的安全生产条件或者相应资质，是否具备规定的安全生产条件或者相应资质，根据有关法律、法规来确定。这里讲的个人，是指具有国家规定的资质条件的人员。因此，严禁生产经营单位将项目、场所、设备承包或者出租给皮包公司、流动人员等。

（2）生产经营单位与承包单位、承租单位必须明确各自的安全生产管理责任。责任明确是搞好安全生产管理的基础。生产经营项目、场所发包或者出租给其他单位的，如果彼此之间的安全生产管理职责不明确，往往会形成平时谁也不管或者相互扯皮，一旦事故发生，彼此推卸责任的局面。因此，生产经营单位将项目场所发包或者出租给其他单位的，应当与承包单位、承租单位签订安全生产管理协议，或者在承包合同、承租合同中约定各自的安全生产管理职责。安全生产管理协议必须是书面的，并由生产经营单位和承包方或承租方双方签字认可。

（3）生产经营单位对承包单位、承租单位的安全生产工作必须统一协调、管理，定期进行安全检查，发现安全问题的，应当及时督促整改。一个生产经营单位往往将项目、场所、设备承包、出租给多个不同的生产经营单位，各个承包单位、承租单位相互不通气，这两年发生的几起娱乐场所特大火灾事故都是由于这样的原因造成的。生产经营单位是生产经营项目、场所、设备的最终责任者，有责任和义务对承包、出租的生产经营项目、场所、设备的安全生产工作进行统一协调和管理，同时应当定期进行安全检查，发现安全问题，应当及时督促承包单位、承租单位进行整改。

11. 加强现场安全管理

加强现场管理，强化安全检查对搞好安全生产工作十分重要。《安全生产法》在对各级人民政府及其有关部门加强监督检查的同时，对生产经营单位自身的安全检查也提出了明确要求。为此，《安全生产法》第四十三条规定：“生产经营单位的安全生产管理人员应当根据本单位的生产经营特点，对安全生产状况进行经常性检查；对检查中发现的安全问题，应当立即处理；不能处理的，应当及时报告本单位有关负责人，有关负责人应当及时处理。检查及处理情况应当如实记录在案。生产经营单位的安全生产管理人员在检查中发现重大事故隐患，依照前款规定向本单位有关负责人报告，有关负责人不及时处理的，安全生产管理人员可以向主管的负有安全生产监督管理职责的部门报告，接到报告的部门应当依法及时处理。”这里明确以下5点：

（1）生产经营单位的安全生产管理人员应当根据本单位生产经营的特点，对安全生产状况进行经常性检查。这种检查不能时有时无，也不是千篇一律，而是根据具体安全生产情况确定。要制定检查的计划，有目的地进行检查。

（2）对检查中发现的问题，必须立即处理。安全生产管理人员要经常深入现场，及时发现生产作业中人的不安全行为、物的不安全状态和环境的不安全条件，对检查中发现的问题，必须立即处理。这里的处理包括个人亲自处理，也包括组织现场有关人员一起处理。

（3）不能处理的，应当及时报告本单位有关负责人，有关负责人应当及时处理。立即处理有困难的，要采取临时的安全措施，并及时报告有关负责人。对于重大安全问题，有关负责人应当立即报告生产经营单位的主要负责人。主要负责人或者有关负责人应当立即召集有关部门或者人员研究安全问题，制定整改方案和安全措施，限期整改。对于有些重大安全，因财力困难等原因，生产经营单位不能在短期内整改的，要制定整改计划，同时制定相应的安全措施，防止发生事故，一旦条件成熟，立即组织实施。

（4）所有检查和处理的情况，安全生产管理人员必须如实做好记录，以备今后查阅。

（5）安全生产管理人员在检查中发现重大事故隐患，依照规定向本单位有关负责人报告，有关负责人不及时处理的，安全生产管理人员可以向主管的负有安全生产监督管理职责的部门报告。这是法律赋予安全生产管理人员的一项权利，不是法定义务。

三、生产经营单位主要负责人的安全责任制度

生产经营单位安全生产工作的关键是主要负责人，生产经营单位主体责任的落实关键也是主要负责人。抓住了主要负责人，就抓住了生产经营单位安全生产的牛鼻子。为此，《安全生产法》首次对主要负责人的安全责任作出法律规定，并明确相应的法律责任。

1. 主要负责人的确定

关于生产经营单位主要负责人的理解有很多种。有的认为是公司法定代表人，这是大多数人认为的观点；有的认为董事长比较合适，董事长是生产经营单位的主要投资人，有关生产经营单位的发展规划，重大投资项目等重大的决策都由董事长来决定；有的认为总经理更合适，虽然董事长是主要投资人，但可能一个人兼任很多公司的董事长。另外，许多外国的老板在内地开设很多工厂，通过雇用内地总经理来进行管理工厂，很显然把主要负责人的职责落实到董事长身上不合适；有的认为总裁合适，这主要是指大型集团公司，随着市场经济的发展，公司相互合并，大量集团公司成立；有的认为首席执行官合适，这主要是指上市公司、外资公司等；有的认为合伙人合适，这主要是指合伙制公司；有的认为是个体投资人，这主要对个体经济而言。总之，主要负责人的形式很多，在法律上统称为主要负责人。但具体要根据实际情况来确定：

（1）主要负责人必须是生产经营单位开展生产经营活动的主要决策人。必须享有本单位生产经营活动包括安全生产事项的最终决定权，全面领导生产经营活动。不能独立行使决策权，不是主要负责人。譬如生产经营单位的重大生产经营事项应由董事会决策机构作出的，那么董事长是主要负责人。

（2）主要负责人必须是实际领导、指挥生产经营日常活动的决策人。在一般情况下，

生产经营单位主要负责人是其法定代表人。但是某些公司制企业，特别是一些特大集团公司的法定代表人，往往与其子公司的法定代表人同为一人，他们不负责日常的生产经营活动和安全生产工作，通常是在异地。在这种情况下，那些真正全面组织、领导生产经营活动和安全生产工作的决策人就不一定是董事长，而是总经理或者其他人。还有一些不具备企业法人资格的生产经营单位不需要并且也不设法定代表人，这些单位的主要负责人就是其资产所有人或者生产经营负责人。

(3) 主要负责人必须是能够承担生产经营单位安全生产全面领导责任的决策人。当董事长或者总经理长期缺位（因生病、学习等情况不能主持全面领导工作）时，将由其授权或者委托的副职或者其他人主持生产经营单位的全面工作。如果在这种情况下发生安全生产违法行为或者生产安全事故需要追究责任时，将长期缺位的董事长或者总经理作为责任人既不合情理又难以执行，只能追究其授权或者委托主持全面工作的实际负责人的法律责任。

2. 主要负责人的安全职责

根据《安全生产法》的规定，生产经营单位的主要负责人应当履行以下 6 项主要职责：

(1) 建立、健全本单位安全生产责任制。这里讲的安全生产责任制，是指全员安全生产责任制。安全生产责任制是“安全第一、预防为主”方针的具体体现，是生产经营单位最基本的安全管理制度。安全生产责任制是指将不同的安全生产责任分解落实到生产经营单位的主要负责人或者正职、负责人或者副职，职能管理机构负责人，班组长以及每位岗位工人身上。只有明确安全责任，分工负责，才能形成比较完整有效的安全管理体系，激发职工的安全责任感，严格执法安全生产法律、法规和标准，防患于未然，防止和减少事故，为安全生产创造良好的安全环境。安全生产责任制包括生产经营单位主要负责人的安全生产责任制、生产经营单位负责人或者副职的安全生产责任制、生产经营单位职能管理机构负责人及其工作人员的安全生产责任制、班组长安全生产责任制、岗位工人的安全生产责任制等。

(2) 组织制定本单位安全生产规章制度和操作规程。安全生产规章制度是生产经营单位搞好安全生产，保证其正常运转的重要手段。安全生产规章制度也是党和国家安全生产方针、政策、法律、法规在生产经营单位的具体化。党和国家关于安全生产的方针、政策、法律、法规及政府部门有关安全生产的规定，只有通过各项安全生产规章制度才真正落实到实处，落实到基层，落实到每个职工。操作规程是生产经营单位针对某一具体工艺、工种、岗位所制定的具体规章制度，形式种类很多。制定安全生产规章制度和操作规程本身是一项安全生产的基础工作，是搞好生产经营单位安全生产的重要保证。生产经营单位只有建立健全各项安全生产规章制度和操作规程，才能建立和规范安全管理程序，有效地搞好安全生产。

(3) 组织制定并实施本单位安全生产培育和培训计划。生产经营单位是安全生产责任主体，如何落实这个责任主体，从业人员又是最关键的。从业人员的安全素质如何，直接关系到生产经营单位的安全生产。一人把关一人安，众人把关稳如山，只有紧紧依靠广大从业人员做实做细安全生产工作，切实增强所有岗位、全体从业从员的安全意识，牢固树立“人人抓安全、安全为人人”的思想意识，才能根本上促进安全生产形势的稳定好转。从事故教训中可以看出，多数都是由于从业人员没有经过严格的安全生产教育和培训，缺乏足够的安全生产意识，缺乏必要的安全生产知识和操作技能，由此导致违章冒险作业而引发事故。因此，加强从业人员的安全生产教育和培训，提高从业人员的安全素质至关重要，作为生产经营单位主要负责人：一是要组织制定安全生产教育和培训计划。计划要包括本单位所有从业人员，并保证相应的教育和培训资金。二是切实保证计划的有效实施。

（4）保证本单位安全生产投入的有效实施。要保证生产经营的连续进行，就要不断地进行资金投入。同样道理，要保证生产经营单位达到规定的安全生产条件，实现安全生产，就要进行安全生产的投入。安全生产投入是保障生产经营单位安全生产的重要基础。作为生产经营单位的主要负责人有责任保证安全生产投入的有效实施，发挥安全生产投入资金的作用。生产经营单位主要负责人要根据本单位的安全生产状况，组织制定本单位安全生产投入的长远规则和年度计划。设立专门的账户或者科目，专款专用。不得根据生产经营的需要，随意挪用安全生产投入资金。要定期召开会议，听取安全生产投入资金的使用情况。安全技措工程、安全设备更新等安全投入项目完成后，主要负责人要组织进行验收，检查安全生产投入资金的使用情况，保证安全生产投入资金的有效使用。

（5）督促、检查本单位的安全生产工作，及时消除生产安全事故隐患。生产经营单位主要负责人要定期召开有关安全生产的会议，听取有关职能部门安全生产工作的汇报。对反映的安全问题或者存在的事故隐患，认真组织研究，制定切实可行的安全措施，并督促有关部门限期解决。应当经常组织各种形式的安全检查，对检查中发现的安全问题或者事故隐患，指定专人负责，立即处理解决；难以处理的，组织有关职能部门研究，采取有效措施，限期整改，并在人、财、物上予以保证，及时消除事故隐患。加强事故隐患整改和安全措施落实情况的监督检查，发现问题及时解决，把事故消灭在萌芽状态。

（6）组织制定并实施本单位的生产安全事故应急救援预案。事故应急救援预案是一种事故发生之前就已经预先制定好的事故救援方案。它的作用是，一旦事故发生，生产经营单位就能够立即按照事故应急救援预案中确定的救援方案开展工作，避免事故救援的盲目性。事故往往有突发性，一旦发生，正常的工作秩序被打乱，人们的思想出现慌乱，往往会出现领导或者临时成立的抢救组制定不出有效的抢救措施、事先物质准备不充分、抢救人员迟迟不到位以及其他种种现象。由于这些原因，往往延误了抢救的最佳时机，导致事故扩大，很多事故已经证明了这一点。如果事先制定并实施了事故应急救援预案，就可以避免上述情况的发生，及时、有效、正确地实施现场抢救和其他各种救援措施，最大限度减少人员伤亡和财产损失。因此，制定和实施事故应急救援预案，对一个单位来说，非常重要，必不可少。生产经营单位主要负责人要根据本单位安全生产的状况，组织有关部门、专家和专业技术人员认真研究本单位可能出现的生产安全事故，采取切实可行的安全措施，明确从业人员各自的责任，制定出符合实际、操作性强的生产安全事故应急救援预案。事故应急救援预案要分发到每个职能部门、每个班组，并组织大家认真学习，使广大从业人员都知道和了解。高危企业或者存在重大危险源的生产经营单位的应急预案要定期进行演练。事故应急救援预案应当定期组织修订，当生产经营单位的安全生产条件或者有关法律法规等情况发生变化时，应当立即组织修订。一旦事故发生，主要负责人要按照事故应急救援预案中确定的救援方案，立即开展各项工作。

（7）及时、如实报告生产安全事故。及时、如实报告生产安全事故是生产经营单位主要负责人应尽的职责。生产经营单位发生事故，现场人员应当立即报告生产经营单位有关负责人，有关负责人应当立即向生产经营单位主要负责人报告。主要负责人接到事故报告后，应当迅速采取有效措施，组织抢救，防止事故扩大，减少人员伤亡和财产损失，同时按照国家有关法律法规的规定及时、如实地报告有关人民政府及其安全生产监督管理部门和有关部门。不得隐瞒不报、谎报或者拖延不报，不得故意破坏事故现场、毁灭有关证据。构成犯罪的，将追究刑事责任。

四、从业人员的权利义务制度

人类从事生产经营活动的本身，其主要目的之一就是逐步提高其物质文化生活水平。由于自然、人为等因素的制约，人类在生产经营活动中难免受到各种伤害。随着社会化大生产的不断发展，从业人员在生产经营活动中的地位不断提高，人的生命价值也越来越受到国家、社会等方面的重视。国家、社会越来越关注生产经营单位的安全生产，以保障从业人员的人身安全权利。关心和维护从业人员的人身安全权利，是社会主义制度的本质要求，是实现安全生产的重要条件。就从业人员在安全生产中的地位和作用而言，保障从业人员的安全生产权利是安全生产立法的重要内容。从业人员既是各类生产经营活动的直接承担者，又是生产安全事故的受害者或责任者。只有高度重视和充分发挥从业人员在生产经营活动中的主观能动性，最大限度地提高从业人员的安全素质，才能把不安全因素和事故隐患降到最低限度，预防事故，减少人身伤亡。这是社会进步与法制进步的客观要求。

党和国家历来重视生产经营单位从业人员的安全生产权利，国家法律对此有许多规定。我国《宪法》第四十二条规定："中华人民共和国公民有劳动的权利和义务。国家通过各种途径，创造劳动就业条件，加强劳动保护，改善劳动条件，并在发展生产的基础上，提高劳动报酬和福利待遇。"《劳动法》规定，劳动者有获得劳动安全卫生保护的权利；用人单位应当依法建立和完善规章制度，保障劳动者享有劳动权利和履行劳动义务。《矿山安全法》和《煤炭法》等有关法律、行政法规对从业人员在获得劳动保护和防护用品、参与企业安全生产管理、人身自我保护和紧急避险等方面的安全生产权利，也有相关规定。总的来说，国家的这些方针、政策、法律、法规得到了较好的贯彻实施，从业人员的安全生产权利基本能够得到保障。特别是大多数国有生产经营单位，安全生产条件比较好，从业人员的安全生产权利能够切实保障，极大地保护和调动了他们的安全生产积极性，促进了企业的安全生产。

但是，目前我国还是一个发展中国家，生产力水平和安全生产水平比较低。我国从业人员的安全生产权利保护的现状也令人担忧，存在着一些不容忽视的问题。特别是在社会主义市场经济条件下，生产经营单位的所有制成分多样化、劳动用工制度多样化、劳动作业条件多样化、管理方式多样化，大量非公有制经济成分的迅速增长，非国有生产经营单位的安全生产状况非常复杂。由于缺乏法律规范，许多企业老板以最低的生产成本和安全投入，追求利润最大化，不惜以牺牲从业人员安全生产权利甚至生命为代价，剥夺、限制、侵犯从业人员安全生产权利的现象普遍存在，人身安全缺乏基本的保障。一是缺乏明确的法律规定。从大量的事故分析看，现行有关立法对从业人员的安全生产权利的法律规定比较原则、不够明确具体、权利保护的广度和力度不够。由于安全生产权利不明确，从业人员不了解自己的合法权利，生产经营单位也难以切实保障。二是从业人员的自我保护和维护权利的意识较差。许多民营企业的从业人员基本都是老少边穷地区的农民，文化水平低，安全素质差，不知道自己应有的权利以及如何行使、维护自身权益。有的知道但不愿意或者不敢于与业主侵犯自己权利的非法行为作斗争，多数都是采取默然忍耐的态度。有的虽然敢于维护自身权利，但是由于法律对从业人员安全生产权利的设定不够明确或者没有规定侵权责任，无法可依。三是一些业主利用有关法律规定不健全，故意规避法律，或者公然知法犯法，明目张胆地剥夺从业人员的正当权利；或者不进行安全投入，不向从业人员提供劳动保护用品，把从业人员置于作业条件极其简陋恶劣或者极其危险的作业场所中，没有基本的人身保障；或者违章指挥，强令职工冒险作业，置职工死活于不顾，“要钱不要命”，榨取超额利润，严重侵犯了从业人员的安全生产权利。有的老板与从业人员签订非法的“生死合同”，利用貌似合法实为非法的形式剥夺从业人员的安全生产权利，侵犯人权。四是法律责任追究的规定不明确，难以依法监管。虽然现行有关法律对从业人员的安全生产权利有所规定，但多数没有明确设定违法者应负法律责任，缺乏强制性和操作性，安全生产监督管理部门查处这些违法行为时于法无据，束手无策。当前普遍存在的从业人员安全生产基本权利不明确、从业人员人身安全缺乏法律保障等突出问题，严重挫伤了从业人员的生产劳动积极性，损害了他们应有的权利。这与我国社会主义国家的本质不相容，与尊重和保障人权的社会主义法制精神不相容，与提高从业人员安全素质的目标不相容。要真正保障从业人员的安全生产权利，必须通过相应立法加以确认。

正是基于这些情况，《安全生产法》在现行国家有关法律、法规的基础上，专门设立第三章对从业人员的安全生产权利和义务作了比较全面、明确的规定，并且设定了严格的法律责任，将从业人员的安全生产权利和义务上升为一项基本法律制度。《安全生产法》在赋予从业人员必要权利的同时，设定其应当履行的义务。这就要求各级政府领导人和各类生产经营单位负责人，必须以对人民群众高度负责的精神和强烈的政治责任感，尊重和保障从业人员在安全生产方面依法享有的权利。同时，从业人员也必须履行相应的义务。《安全生产法》对从业人员权利义务制度的设立，对强化从业人员的权利意识和自我保护意识、提高从业人员的安全素质、改善生产经营条件、促使生产经营单位加强管理和追究侵犯从业人员安全生产权利行为的法律责任，都具有重要作用。

（一）从业人员的安全生产基本权利

根据《安全生产法》有关规定，从业人员主要享有以下基本权利。

1. 安全保障、工伤保险和民事赔偿的权利

《安全生产法》明确赋予了从业人员享有工伤保险和获得伤亡赔偿的权利，同时规定了生产经营单位的相关义务。《安全生产法》第六条规定：“生产经营单位的从业人员有依法获得安全生产保障的权利，并应当依法履行安全生产方面的义务。”第四十九条规定：“生产经营单位与从业人员订立的劳动合同，应当载明有关保障从业人员劳动安全、防止职业危害的事项，以及依法为从业人员办理工伤保险的事项。生产经营单位不得以任何形式与从业人员订立协议，免除或者减轻其对从业人员因生产安全事故伤亡依法应承担的责任。”第五十四条规定：“因生产安全事故受到损害的从业人员，除依法享有工伤保险外，依照有关民事法律尚有获得赔偿的权利的，有权向本单位提出赔偿要求。”第四十三条规定：“生产经营单位必须依法参加工伤保险，为从业人员缴纳保险费。”此外，法

律还对生产经营单位与从业人员订立协议，免除或者减轻其对从业人员因生产安全事故伤亡依法应承担的责任的，规定该协议无效，并对生产经营单位主要负责人、个人经营的投资人处以二万元以上二十万元以下的罚款。《安全生产法》的有关规定，明确了以下 4 个问题：

（1）从业人员依法享有工伤保险和伤亡求偿的权利。法律规定这项权利必须以劳动合同必要条款的书面形式加以确认。没有依法载明或者免除或者减轻生产经营单位对从业人员因生产安全事故伤亡依法应承担的责任的，是一种非法行为，应当承担相应的法律责任。

（2）依法为从业人员缴纳工伤保险费和给予民事赔偿，是生产经营单位的法律义务。生产经营单位不得以任何形式免除该项义务，不得变相以抵押金、担保金等名义强制从业人员缴纳工伤社会保险费。

（3）发生生产安全事故后，从业人员首先依照劳动合同和工伤保险合同的约定，享有相应的赔付金。如果工伤保险金不足以补偿受害者的人身损害及经济损失的，依照有关民事法律应当给予赔偿的，从业人员或其亲属有要求生产经营单位给予赔偿的权利，生产经营单位必须履行相应的赔偿义务。否则，受害者或其亲属有向人民法院起诉和申请强制执行的权利。

（4）从业人员获得工伤保险赔付和民事赔偿的金额标准、领取和支付程序，必须符合法律、法规和国家的有关规定。从业人员和生产经营单位均不得自行确定标准，不得非法提高或者降低标准。

《安全生产法》的上述规定主要是针对大量存在的“生死合同”，赋予了从业人员必要的法定权利，具有操作性和不可侵犯性。所谓的“生死合同”，实际就是私营企业老板利用法律不够健全和从业人员的无知和无奈，逃避因事故造成的从业人员伤亡的经济赔偿责任。这是侵犯从业人员人身权利、剥夺从业人员应有的经济权利的严重违法行为，必须依法规范。《安全生产法》从法律上确定了“生死合同”的非法性，并规定了相应的法律责任，这就为从业人员的合法权利提供了法律保障，为监督管理和行政执法提供了明确的法律依据。

2. 危险因素、防范措施及事故应急措施知情权

生产经营单位特别是从事矿山、建筑、危险物品生产经营和公众聚集场所，往往存在着一些对从业人员生命和健康带有危险、危害的因素，如接触粉尘、顶板、突水、火险、瓦斯、高空坠落、有毒有害、放射性、腐蚀性、易燃易爆等场所、工种、岗位、工序、设备、原材料、产品，都有发生人身伤亡事故的可能。直接接触这些危险因素的从业人员往往是生产安全事故的直接受害者。法律没有赋予从业人员获得危险因素以及发生事故时应当采取的应急措施，是许多生产安全事故从业人员伤亡严重的教训之一。如果从业人员知道并且掌握有关安全知识和处理办法，就可以消除许多不安全因素和事故隐患，避免事故发生或者减少人身伤亡。因此，《安全生产法》第五十条规定：“生产经营单位的从业人员有权了解其作业场所和工作岗位存在的危险因素、防范措施及事故应急措施，有权对本单位的安全生产工作提出建议。”生产经营单位就有义务事前向从业人员告知有关危险因素、防范措施和事故应急措施。否则，生产经营单位就侵犯了从业人员的权利，并对由此产生的后果承担相应的法律责任。

3. 对安全问题的批评、检举和控告权

从业人员是生产经营单位的主人，他们对安全生产情况尤其是安全管理中的问题和事故隐患最了解、最熟悉，具有他人不能替代的作用。只有依靠他们并且赋予必要的安全生产监督权和自我保护权，才能做到预防为主，防患于未然，才能保障他们的人身安全和健康。关注安全，就是关爱生命，关心企业。一些生产经营单位的主要负责人不重视安全生产，对安全问题熟视无睹，不听取从业人员的正确意见和建议，使本来可以发现、及时处理的事故隐患不断扩大，导致事故和人员伤亡；有的竟然对批评、检举、控告生产经营单位安全生产问题的从业人员进行打击报复。《安全生产法》第五十一条针对某些生产经营单位存在的不重视甚至剥夺从业人员对安全管理监督权利的问题，规定从业人员有权对本单位的安全生产工作提出建议；有权对本单位安全生产工作中存在的问题提出批评、检举、控告。

4. 拒绝违章指挥和强令冒险作业权

在生产经营活动中经常出现企业负责人或者管理人员违章指挥和强令从业人员冒险作业的现象，由此导致事故，造成人员大量伤亡。因此，《安全生产法》规定，从业人员除了有权对本单位安全生产工作中存在的问题提出批评、检举、控告，还有权拒绝违章指挥和强令冒险作业。法律赋予从业人员拒绝违章指挥和强令冒险作业的权利，不仅是为了保护从业人员的人身安全，也是为了警示生产经营单位负责人和管理人员必须照章指挥，保证安全，并不得因从业人员拒绝违章指挥和强令冒险作业而对其进行打击报复。《安全生产法》第五十一条规定："生产经营单位不得因从业人员对本单位安全生产工作提出批评、检举、控告或者拒绝违章指挥、强令冒险作业而降低其工资、福利等待遇或者解除与其订立的劳动合同。"

5. 紧急情况下的停止作业和紧急撤离权

由于生产经营场所的自然和人为的危险因素的存在不可避免，经常会在生产经营作业过程中发生一些意外的或者人为的直接危及从业人员人身安全的危险情况，将会或者可能会对从业人员造成人身伤害。比如，从事矿山、建筑、危险物品生产作业的从业人员，一旦发现将要发生透水、瓦斯爆炸、煤和瓦斯突出、冒顶、片帮，坠落、倒塌，危险物品泄漏、燃烧、爆炸等紧急情况并且无法避免时，最大限度地保护现场作业人员的生命安全是第一位的，法律赋予他们享有停止作业和紧急撤离的权利。《安全生产法》第五十二条规定："从业人员发现直接危及人身安全的紧急情况时，有权停止作业或者在采取可能的应急措施后撤离作业场所。生产经营单位不得因从业人员在前款紧急情况下停止作业或者采取紧急撤离措施而降低其工资、福利等待遇或者解除与其订立的劳动合同。"从业人员在行使这项权利的时候，必须明确四点：一是危及从业人员人身安全的紧急情况必须有确实可靠的直接根据，凭借个人猜测或者误判而实际并不属于危及人身安全的紧急情况除外，该项权利也不能滥用。二是紧急情况必须直接危及人身安全，间接或者可能危及人身安全的情况不应撤离，而应采取有效处理措施。三是出现危及人身安全的紧急情况时，首先是停止作业，然后要采取可能的应急措施；采取应急措施无效时，再撤离作业场所。四是该项权利不适用于某些从事特殊职业的从业人员，如飞行人员、船舶驾驶人员、车辆驾驶人员等，根据有关法律、国际公约和职业惯例，在发生危及人身安全的紧急情况下，他们不能或者不能先行撤离从业场所或者岗位。

（二）从业人员的安全生产基本义务

作为法律关系内容的权利与义务是对等的。没有无权利的义务，也没有无义务的权利。《安全生产法》在赋予从业人员权利的同时，也明确了相应的义务。从业人员依法享有权利，同时必须承担相应的法律义务和法律责任。

《安全生产法》关于从业人员安全生产基本义务主要有4项。

1. 遵章守规，服从管理的义务

《安全生产法》第五十三条规定："从业人员在作业过程中，应当严格遵守本单位的安全生产规章制度和操作规程，服从管理……"根据《安全生产法》和其他有关法律、法规和规章的规定，生产经营单位必须制定本单位安全生产的规章制度和操作规程。从业人员必须严格依照这些规章制度和操作规程进行生产经营作业。安全生产规章制度和操作规程是从业人员从事生产经营，确保安全的具体规范和依据。从这个意义上说，遵守规章制度和操作规程，实际上就是依法进行安全生产。事实表明，从业人员违反规章制度和操作规程，是导致生产安全事故的主要原因。违反规章制度和操作规程，必然发生生产安全事故。生产经营单位的负责人和管理人员有权依照规章制度和操作规程进行安全管理，监督检查从业人员遵章守规的情况。对这些安全生产管理措施，从业人员必须接受并服从管理。依照法律规定，生产经营单位的从业人员不服从管理，违反安全生产规章制度和操作规程的，由生产经营单位给予批评教育，依照有关规章制度给予处分；造成重大事故，构成犯罪的，依照《刑法》有关规定追究刑事责任。

2. 正确佩戴和使用劳动防护用品的义务

按照法律、法规的规定，为保障人身安全，生产经营单位必须为从业人员提供必要的、安全的劳动防护用品，以避免或者减轻作业和事故中的人身伤害。但实践中由于一些从业人员缺乏安全知识，认为佩戴和使用劳动防护用品没有必要，往往不按规定佩戴或者不能正确佩戴和使用劳动防护用品，由此引发的人身伤害时有发生，造成不必要的伤亡。比如，煤矿矿工下井作业时必须佩戴矿灯用于照明，从事高空作业的工人必须佩戴安全带以防坠落，等等。另外有的从业人员虽然佩戴和使用劳动防护用品，但由于不会或者没有正确使用而发生人身伤害的案例也很多。因此，《安全生产法》第五十三条规定："从业人员在从业过程中，应当严格遵守本单位的安全生产规章制度和操作规程，服从管理，正确佩戴和使用劳动防护用品。"正确佩戴和使用劳动防护用品是从业人员必须履行的法定义务，这是保障从业人员人身安全和生产经营单位安全生产的需要。从业人员不履行该项义务而造成人身伤害的，生产经营单位不承担法律责任。

3. 接受安全生产教育培训，掌握安全生产技能的义务

不同行业、不同生产经营单位、不同工作岗位和不同的生产经营设施、设备具有不同的安全技术特性和要求。随着生产经营领域的不断扩大和高新安全技术装备的大量使用，生产经营单位对从业人员的安全素质要求越来越高。从业人员的安全生产意识和安全技能的高低，直接关系到生产经营活动的安全可靠性。特别是从事矿山、建筑、危险物品生产作业和使用高科技安全技术装备的从业人员，更需要具有系统的安全知识，熟练的安全生产技能，以及对不安全因素和事故隐患、突发事故的预防、处理能力和经验。要适应生产经营活动对安全生产技术知识和能力的需要，必须对新招聘、转岗的从业人员进行专门的安全生产教育和业务培训。许多国有和大型企业一般比较重视安全培训工作，从业人员的

安全素质比较高。但是许多非国有和中小企业不重视或者不搞安全培训，有的没有经过专门的安全生产培训，或者简单应付了事，其中部分从业人员不具备应有的安全素质，因此违章违规操作，酿成事故的比比皆是。所以，为了明确从业人员接受培训、提高安全素质的法定义务，《安全生产法》第五十五条规定："从业人员应当接受安全生产教育和培训，掌握本职工作所需的安全生产知识，提高安全生产技能，增强事故预防和应急处理能力。"这对提高生产经营单位从业人员的安全意识、安全技能，预防、减少事故和人员伤亡，具有积极意义。

4. 发现事故隐患或者其他不安全因素及时报告的义务

从业人员直接进行生产经营作业，他们是事故隐患和不安全因素的第一当事人。许多生产安全事故是由于从业人员在作业现场发现事故隐患和不安全因素后，没有及时报告，以致延误了采取措施进行紧急处理的时机，发生重大、特大事故。如果从业人员尽职尽责，及时发现并报告事故隐患和不安全因素，许多事故能够得到及时报告并得到有效处理，完全可以避免事故发生和降低事故损失。所以，发现事故隐患并及时报告是贯彻预防为主的方针，加强事前防范的重要措施。为此，《安全生产法》第五十六条规定："从业人员发现事故隐患或者其他不安全因素，应当立即向现场安全生产管理人员或者本单位负责人报告；接到报告的人员应当及时予以处理。"这就要求从业人员必须具有高度的责任心，防微杜渐，防患于未然，及时发现事故隐患和不安全因素，预防事故发生。理所当然也包括发生事故后，从业人员应当及时报告生产经营单位负责人，生产经营单位负责人应当及时报告人民政府及有关部门。

（三）被派遣劳动者的权利和义务

被派遣劳动者，也称劳动派遣人员。根据《劳动合同法》的规定，劳动派遣人员是指与劳务派遣单位订立劳动合同，并被派遣到接受以劳务派遣形式用工的生产经营单位的人员。《安全生产法》第四十九条规定："生产经营单位与从业人员订立的劳动合同，应当载明有关保障从业人员劳动安全、防止职业危害的事项，以及依法为从业人员办理工伤保险的事项。"因此，劳动派遣人员不是本法所指的从业人员。

为了保障劳务派遣人员在安全生产方面的权利和义务，《安全生产法》第五十八条规定："生产经营单位以劳务派遣形式用工的，被派遣劳动者享有本法规定的从业人员的权利，并应当履行本法规定的从业人员的义务。"也就是说，劳务派遣人员与生产经营单位的从业人员一样，享有从业人员所规定的安全生产知情权等权利，同时履行相应的义务。

五、生产安全事故应急救援和调查处理制度

随着社会化大生产的进行，由于受各种自然和人为因素的制约，难免发生各类突发事件，包括各类伤亡事故。在我国，受生产力发展水平的制约，短期内难以完全杜绝重大、特大生产安全事故。因此，做好事故应急救援和调查处理工作必不可少，并且非常重要，这是各级人民政府及其负有安全生产监督管理职责的部门和生产经营单位的职责。正是基于这些原因，《安全生产法》确立了事故应急救援和调查处理制度。事故应急救援和调查处理制度主要包括事故应急预案的制定和事故应急体系的建立、高危生产经营单位的应急救援、事故报告、重大事故的应急抢救、调查处理的原则、事故责任的追究、事故统计和公布等内容。

（一）建立完善国家应急能力

《安全生产法》第七十七条规定："国家加强生产安全事故应急能力建设，在重点行业、领域建立应急救援基地和应急救援队伍，鼓励企业和其他社会力量建立应急救援队伍，配备相应的应急救援装备和物资，提高应急救援的专业化水平。国务院安全生产监督管理部门建立全国统一的生产安全事故应急救援信息系统，国务院有关部门建立健全相关行业、领域的生产安全事故应急救援信息系统。"国家对加强应急救援能力建设从两方面进行了规定：

一是明确国家加强生产安全事故应急能力建设，在重点行业、领域建立应急救援基地和应急救援队伍，鼓励企业和其他社会力量建立应急救援队伍，配备相应的应急救援装备和物资，提高应急救援的专业化水平。实践中，一旦矿山、化工等领域发生重特大生产安全事故，生产经营单位往往无能为力，当地政府也难以调集大量资源，需要国家层面开展救援。针对这些问题，2010 年《国务院关于进一步加强企业安全生产工作的通知》中明确提出："加快国家安全生产应急救援基地建设。按行业类型和区域分布，依托大型企业，有中央预算内基建投资支持下，先期抓紧建设 7 个国家矿山应急队伍，配备性能可靠、机动性强的装备和设备，保障必要的运行维护费用，推进公路交通、铁路运输、水上搜救、船舶溢油、油气田、危险化学品等行业（领域）国家救援基地和队伍建设。鼓励和支持各地区、各部门、各行业依托大型企业和专业救援力量，加强服务周边的区域性应急救援能力建设。"

目前，国家已经建立了河北开滦（集团）有限责任公司、山西大同煤矿集团有限责任公司、黑龙江煤业集团、安徽淮南矿业（集团）有限责任公司、中国平煤神马能源化工有限责任公司、四川煤炭产业集团有限责任公司、甘肃靖远煤业集团有限责任公司等 7 个国家级矿山救援基地，以及沈煤集团、平庄煤业集团、汾西矿业公司、兖州煤业、湘煤集团、江西煤业集团、广西有色集团、六枝集团、重庆能投集团、东源煤业、陕西煤业化工集团公司、青海煤业集团、金川矿业公司等 14 个区域性矿山救援基地建设。地方各级政府及有关部门也根据本区域、本行业的特点，建立了相应的应急救援队伍。此外，企业和其他社会力量也建立了相应的专职应急救援队伍，并配备相应的应急救援装备和物资。据初步统计，全国共有专职矿山应急救护队伍 450 多支，专职危险化学品应急救援队伍 470 多支。2013 年，全国矿山、危险化学品、消防、海（水）上应急救援队伍共参与各类应急救援活动 99. 5 万起，抢救遇险被困人员 22. 7 人。

二是明确国务院安全生产监督管理部门建立全国统一的生产安全事故应急救援信息系统，国务院有关部门建立健全相关行业、领域的生产安全事故应急救援信息系统。由于生产安全事故点多面广，涉及的行业、领域较多，国家相继建立了应急救援基地、应急救援队伍，地方各级人民政府及有关部门根据当地实际建立了相应的应急救援队伍及物资储备，矿山、金属冶炼、建筑施工等生产经营单位也建立了应急救援组织及配备了相应应急救援物资。为了便于资源和信息共享，按照应急工作统一领导、综合协调、分类管理、分级负责的原则，有必要建立全国统一的生产安全事故应急救援信息系统。同时，考虑到现有安全生产应急管理的体制，公安、交通运输、能源等部门建立的相应行业、领域的生产安全事故应急救援信息系统应当纳入全国统一的生产安全事故应急救援信息系统对接，实行互联互通，信息共享。

此外，根据《突发事件应对法》的规定，国务院建立全国统一的突发事件信息系统。国务院安全生产监督管理部门建立的全国统一的生产安全事故应急救援信息系统应当与国务院建立的全国统一的突发事件信息系统对接，实行互联互通，信息共享。

地方各级人民政府应当根据上述的原则，建立本行政区域统一的生产安全事故应急救援信息系统和相关行业、领域的生产安全事故应急救援信息系统，并相互对接，信息共享。同时，生产安全事故救援信息系统应当与地方政府的突发事件信息系统对接。

（二）地方人民政府在应急救援工作中的职责

《安全生产法》规定，各级人民政府全面负责领导安全生产工作。生产安全事故的应急救援工作，是整个安全生产工作的一部分。作为一级地方政府，担负确保一方平安的职责，理所当然必须抓好事故应急救援工作。我们知道，一些危险性大、波及面广的特大事故不但会对生产经营单位造成人员伤亡和财产损失，还会对周边地区造成危害。譬如，危险化学品生产、储存的设施、设备和核电站一旦发生特大事故，往往对周围几平方千米、几十平方千米甚至更大范围造成危害，如果事先没有应急预案和应急救援体系，势必后果严重。因此，《安全生产法》第七十七条规定："县级以上地方各级人民政府应当组织有关部门制定本行政区域内生产安全事故应急救援预案，建立应急救援体系。"这里明确两点：

一是县级以上地方各级人民政府应当组织有关部门制定本行政区域内生产安全事故应急救援预案。县级以上地方各级人民政府处于领导地位，起到组织作用，组织有关部门根据本行政区域的安全生产状况，制定各类生产安全事故的应急预案。应急预案应当包括可能发生的事故的种类，事故发生的地区、地段、地点或者单位，事故波及地区的人员、道路交通、消防设施和通道，事故可能造成的危害及其应对措施，事故救援的组织指挥，抢救伤害人员的措施以及设施、设备、器材和物品的组织供应，事故现场秩序维持和后期处理措施等。

二是县级以上地方各级人民政府应当组织有关部门建立应急救援体系。事故救援体系是实施应急预案的组织保证。应急救援体系应当明确政府有关部门的职责分工，明确各级救援组织机构的设置及其负责人员，确定内部分设的专门救援组织，如维持现场秩序、疏导交通、消防急救、现场处理、提供医疗和生活物品、发布信息的组织或者部门，明确各自的岗位及其职责，从而形成一个能够处理突发事故的组织体系。如果发生特大事故，这个体系能够立即启动，各级领导和工作人员能以最快速度各就各位，各司其职，统一领导，分工负责，有条不紊地开展救援工作，最大限度地救治人员和保护财产，减少损失。

（三）生产经营单位应急预案的规定

根据《安全生产法》第七十九条的规定，生产经营单位应当制定本单位生产安全事故应急救援预案，与所在地县级以上地方各级人民政府组织制定的生产安全事故应急预案相衔接，并定期组织演练。

生产经营单位是安全生产的责任主体。一旦发生生产安全事故，生产经营单位首先开展事故救援工作。为了提高应急救援工作的针对性、有效性，防止事故扩大、减少事故人员伤亡和财产损失，生产经营单位制定应急预案具有重要意义。生产经营单位应当根据有关安全生产法律、法规和《生产经营单位生产安全事故应急预案编制导则》（GB/T 29639）的规定，结合本单位安全风险的特点，编制生产安全事故应急救援预案。如果本单位风险种类较多、可能发生多种类型事故的，应当组织编制综合应急预案。综合应急预案从总体上规定事故的应急工作原则和程序，包括应急组织机构及职责、应急预案体系、事故风险描述、预警及信息报告、应急响应、保障措施、应急预案管理等内容。如果针对某一类型事故，或者仅仅针对某一重要生产设施、重大危险源、重大活动等，可以制定专项应急预案。专项应急预案应当包括某一事故类型或者重要设施、重大危险源存在的风险分析、应急指挥机构及职责、处置程序和措施等内容。如果仅仅针对具体的工作场所、装置或设施，可以制定简单的现场处置方案。现场处置方案包括风险分析、应急指挥人员职责、处置程序和措施等内容。现场处置方案包括事故风险分析、应急工作职责、应急处置和注意事项等内容。

生产经营单位制定了生产安全事故应急预案，应当与县级以上地方人民政府组织制定了本行政区域的生产安全事故应急预案相衔接，建立一个统一指挥、分工明确、协调配合的应急联动机制，统筹配置应急救援组织机构、队伍、装备和物资，共享区域应急资源，形成应急救援合力。生产经营单位应当加强生产安全事故应急预案的培训，使有关人员了解应急预案的内容，熟悉应急职责和岗位应急程序。生产经营单位应当建立应急演练制度，制定年度应急预案演练计划，定期开展相应的综合应急救援演练、专项应急救援演练或者现场处置方案的演练。原则上，每个生产经营单位应当每年至少组织一次演练，矿山、危险化学品等高危行业单位应当每半年至少组织一次演练。演练结束后，应当及时总结评估。根据评估需要修改应急预案的，应当立即修改。

（四）高危生产经营单位应急准备的规定

危险物品的生产、经营、储存单位以及矿山、金属冶炼企业、城市轨道交通运营企业、建筑施工单位（即所称谓“高危生产经营单位”）由于其所从事的生产、经营等活动的特殊性，一旦发生事故，将会对人民群众的生命财产安全造成严重损害。因此，《安全生产法》第八十条规定：“危险物品的生产、经营、储存单位以及矿山、金属冶炼、城市轨道交通运营、建筑施工单位应当建立应急救援组织；生产经营规模较小的，可以不建立应急救援组织，但应当指定兼职的应急救援人员。危险物品的生产、经营、储存、运输单位以及矿山、金属冶炼、城市轨道交通运营、建筑施工单位应当配备必要的应急救援器材、设备和物资，并进行经常性维护、保养，保证正常运转。”

应急救援组织是单位内部专门从事应急救援工作的独立机构。为了保证应急救援组织能够适应救援工作需要，应急救援组织应当对应急救援人员进行培训和必要的演练，使其了解本行业安全生产方针、政策、有关法律、法规以及安全救护规程；熟悉应急救援组织的任务和职责，掌握救援行动的方法、技能和注意事项；熟悉本单位安全生产情况；掌握应急救援器材、设备的性能、使用方法、常见故障处理和维护保养的要求。

危险物品的生产、经营、储存、运输单位以及矿山、金属冶炼、城市轨道交通运营、建筑施工单位由于其所从事生产经营活动的特殊性，必须配备必要的应急救援器材、设备和物资，以便应急使用。应急救援器材、设备和物资的配备和维护、保养是必要的，是进行事故应急救援不可缺少的工具和手段。这些器材、设备和物资必须在平时就予以维护、保养，否则，发生事故时就很难有效地进行救援。

（五）生产经营单位在生产安全事故报告和应急救援中的规定

迅速、及时、准确地报告和组织抢救是生产经营单位的职责。为此，《安全生产法》

第八十条对生产经营单位有关生产安全事故报告和应急救援从以下3个方面作出相应规定。

（1）生产经营单位发生生产安全事故后，事故现场有关人员应当立即报告本单位负责人。这里的“事故现场”是指事故具体发生地点及事故能够影响和波及的区域。“有关人员”包括事故的负伤者、事故具体发生地点有关人员和事故波及区域的有关人员。“立即报告”是指事故发生后即刻报告，报告可以是直接报告也可以是逐级报告。“本单位负责人”一般是指本单位主要负责人，特殊情况下也可以是本单位的其他负责人。

（2）生产经营单位负责人接到事故报告后，应当立即开展以下工作：一是根据应急救援预案和事故的具体情况迅速采取有效措施，组织抢救；二是千方百计防止事故扩大，减少人员伤亡和财产损失；三是严格执行有关救护规程和规定，严禁救护过程中的违章指挥和冒险作业，避免救护中的伤亡和财产损失；四是注意保护事故现场，不得故意破坏事故现场、毁灭有关证据。

（3）单位负责人接到事故报告后，在组织有关事故抢救的同时，应当按照国家有关规定立即如实向负有安全生产监督管理职责的部门报告事故情况，不得隐瞒不报、谎报或者迟报。这里讲的负有安全生产监督管理职责的部门是指安全生产监督管理部门和有关负有安全生产监督管理职责的部门，其中，煤矿事故指的是煤矿安全监察机构。

（六）政府有关部门在生产安全事故报告和应急救援中的规定

迅速、及时、准确地上报生产安全事故和组织重大事故的抢救是政府部门的法定职责。为此，《安全生产法》第八十一条、第八十二条作出相应规定。

（1）负有安全生产监督管理职责的部门接到事故报告后，应当立即按照国家有关规定上报事故情况。负有安全生产监督管理职责的部门和有关地方人民政府对事故情况不得隐瞒不报、谎报或者迟报。隐瞒不报、谎报或者迟报的，将依法追究有关人员的法律责任。构成犯罪的，依法追究刑事责任。

（2）有关地方人民政府和负有安全生产监督管理职责的部门的负责人接到生产安全事故报告后，应当按照生产安全事故应急预案的要求立即赶到事故现场，组织事故抢救。按照《突发事件应对法》、《安全生产法》以及国家有关规定，各级人民政府及有关部门都制定了生产安全事故应急预案，有关人民政府和有关部门的负责人应当按照生产安全事故应急预案的规定及时赶到事故现场，组织事故抢救。

（3）参与事故抢救的部门和单位应当服从统一指挥，加强协同联动，采取有效的应急救援措施，并根据事故救援的需要采取警戒、疏散等措施，防止事故扩大和次生灾害的发生，减少人员伤亡和财产损失。

（4）事故抢救过程中应当采取必要措施，避免或者减少对环境造成的危害。

（七）生产安全事故调查处理的规定

1. 事故调查处理的原则

鉴于法律授权国务院制定专门的事故调查处理行政法规，所以，《安全生产法》没有对事故报告和调查处理作出详细的规定。但是《安全生产法》第八十三条规定：“事故调查处理应当按照科学严谨、依法依规、实事求是、注重实效的原则，及时、准确地查清事故原因，查明事故性质和责任，总结事故教训，提出整改措施，并对事故责任者提出处理意见。”针对事故调查处理工作存在的地方保护、避重就轻、逃脱责任等突出问题，法律同时规定，任何单位和个人不得阻挠和干涉对事故的依法调查处理。

2. 事故责任的追究

正确地确定事故有关人员的责任并依法追究，是总结事故教训和惩治有关责任人的重要措施。《安全生产法》第八十四条规定："生产经营单位发生生产安全事故，经调查确定为责任事故的，除了应当查明事故单位的责任并依法予以追究外，还应当查明对安全生产的有关事项负有审查批准和监督职责的行政部门的责任，对有失职、渎职行为的，依照本法第八十七条的规定追究法律责任。"本条规定的责任主体包括生产经营单位的主要负责人、个人经营的投资人和负有安全生产监督管理职责的部门的工作人员。如果违反法律规定应予追究责任的，将要受到法律的制裁。

3. 事故统计和公布

加强对事故的统计分析和事故发生及其调查处理情况的公布，是强化社会监督，总结事故教训，改进安全生产工作的重要手段。为此，《安全生产法》第八十三条规定："事故调查报告应当依法及时向社会公布。"即所有生产安全事故调查处理结束后，都必须向社会公布，接受社会的监督。《安全生产法》第八十六条规定："县级以上地方各级人民政府负责安全生产监督管理的部门应当定期统计分析本行政区域内发生生产安全事故的情况，并定期向社会公布。"按照这条规定，凡是发生生产安全事故的单位及各有关部门，都应当依照有关事故报告、统计分析的规定，及时、准确地向当地安全生产监督管理部门报告，由县级以上地方人民政府安全生产监督管理部门逐级进行汇总、统计和分析，定期通过公共传媒予以公布。

六、安全生产专业服务制度

安全生产中介机构在国外比较普遍，但是在我国还是刚刚起步。在社会主义市场经济体制下，安全生产是一个社会问题，涉及广大人民群众的生命安全，事关经济发展和社会稳定。如何引入社会中介服务机制，确立安全生产中介服务机构在安全生产工作中的法律地位，使其服务职能社会化、市场化和法律化，充分发挥中介服务在安全生产工作中的桥梁和纽带作用，促进安全生产工作，这是一个重要课题。为此，《安全生产法》在广泛调查研究的基础上，首次规定了安全生产专业服务制度。一是对从事安全生产技术、管理服务的机构，包括承担安全评价、认证、检测、检验等专门机构作出了明确规定。二是对协会组织给生产经营单位提供信息、培训等服务作出了规定。

《安全生产法》第十三条规定："依法设立的为安全生产提供技术、管理服务的机构，依照法律、行政法规和执业准则，接受生产经营单位的委托为其安全生产工作提供技术、管理服务。生产经营单位委托前款规定的机构提供安全生产技术、管理服务的，保证安全生产的责任仍由本单位负责。"《安全生产法》第十二条规定："有关协会组织依照法律、行政法规和章程，为生产经营单位提供安全生产方面的信息、培训等服务，发挥自律作用，促进生产经营单位加强安全生产管理。"《安全生产法》第六十九条规定："承担安全评价、认证、检测、检验的机构应当具备国家规定的资质条件，并对其作出的安全评价、认证、检测、检验的结果负责。"《安全生产法》第八十九条规定："承担安全评价、认证、检测、检验工作的机构，出具虚假证明的，没有违法所得，违法所得在十万元以上的，并处违法所得二倍以上五倍以下的罚款，没有违法所得或者违法所得不足十万元的，单处或者并处十万元以上二十万元以下的罚款，对其直接负责的主管人员和其他直接责任人员处二万元以上五万元以下的罚款；给他人造成损害的，与生产经营单位承担连带赔偿责任；构成犯罪的，依照刑法有关规定追究刑事责任。对有前款违法行为的机构，吊销其相应资格。”尽管《安全生产法》对安全中介机构有关的规定不是很多，但对规范安全中介机构起到了重要作用。

1. 安全生产专业服务的性质及特征

安全生产专业服务属于第三产业中的服务业。它产生于市场经济体制下，是指由依法设立的中介组织受生产经营单位或者政府部门的委托，依法有偿从事安全生产评价、认证、监测、检验和咨询服务等专门业务的技术服务活动。安全生产专业服务具有以下特征：

（1）独立性。安全生产专业服务机构必须是依法设立的具有独立法人资格的社会组织。它具有法定的资质，以自己的名义从事有关专业服务活动，享有权利，履行义务，承担责任。

（2）服务性。安全生产专业服务是一种服务性工作，它是受生产经营单位或者政府部门的委托，聘请承担某一项或者多项技术服务业务。安全生产专业服务机构不具有行政管理职责，只在委托或者聘请的业务范围内开展工作，并对委托人或者聘请人就其服务的数量、质量和成果负责。

（3）客观性。从事安全生产专业服务工作的基本原则是尊重科学，实事求是，客观公正地完成服务工作。安全生产专业服务机构必须对其承担业务的真实性、客观性、科学性和准确性负责，不带有任何私利和偏见，不得提供违反客观规律、事实和法律的服务。

（4）有偿性。从事有关安全生产的评价、认证、检测、检验和咨询服务要付出一定的成本，安全生产专业服务机构必然要收取合理的报酬和费用。有偿服务是社会主义市场经济的重要特征之一，安全生产专业机构有权与委托人协商并收费。但是专业服务收费的项目、金额和支付方式必须符合法律规定，不得非法收费和谋取不正当的利益。

（5）专业性。安全生产涉及许多非常复杂的科学技术和专门业务领域，只能由具有相应资质、熟悉专业的专业机构及其专业人员提供专门的技术服务。安全生产专业服务主要是为生产经营单位或者政府部门提供专业性、技术性的服务。专业性、技术性是安全生产专业服务的一个重要特征。

2. 安全生产专业服务机构的法律地位和业务范围

最早建立健全安全生产中介服务制度的是西方一些资本主义国家。这种制度是与市场经济体制对社会分工逐步专业化的要求相适应的。专业服务作为第三产业中新兴的具有广阔发展空间的服务业，在企业与政府之间架起了一条畅通的桥梁。美国、德国、日本等国家建立了分工细致、组织健全、机制灵活、服务全面的安全生产专业服务组织，通过大批具有专业资格的安全专门人才从事专业服务。这些专业服务组织和专业人员成为完善安全技术装备、改进安全管理、提高安全水平不可缺少的重要力量，向社会提供完善、高效的安全生产技术服务。

随着社会主义市场经济的逐步发展，我国市场经济较发达的地区，如广东、深圳、福建等省市先后成立了一批专业服务机构，实行安全主任等安全专业人员资质认证制度。随之，其他地方也相继成立了一批安全生产专业服务机构。这些安全生产专业机构多数是从原来隶属于某些政府部门分离出来或者实行企业化管理的事业单位，他们正在脱离具有行政管理职能的旧体制，逐步向完全的市场化、专业化方向转变。从总体上看，目前我国的安全生产专业服务业还处于初级阶段，多数安全生产专业服务机构仍然不同程度地负有一定的行政职能或者带有行政色彩，并没有完全实现真正意义上的安全生产专业服务。但是他们毕竟已经走向社会并将逐步社会化、市场化。这个方向是不可逆转的，安全生产专业服务的发展前景和空间是非常远大的。

正是在这种情形下，全国人大常委会在审议和制定《安全生产法》的过程中，对建立、发展和完善有中国特色的安全生产专业服务制度给予了高度的重视和肯定，并且作出了相应的法律规定。《安全生产法》以法律形式明确了安全生产专业服务机构和专业服务人员的法律地位、权利义务和责任，这就为在社会主义市场经济体制下发展安全生产专业服务业提供了有效的法律依据和保障，为促进生产经营单位的安全管理和强化政府的监督管理提供了新的机制和途径。

(1) 安全生产专业服务机构和专业人员的法律地位。《安全生产法》第十三条规定："依法设立的为安全生产提供技术、管理服务的机构，依照法律、行政法规和执业准则，接受生产经营单位的委托为其安全生产提供技术、管理服务"。法律的上述规定，确立了安全生产专业服务机构和专业人员的法律地位，即他们可以合法地从事有关安全生产专业服务业务。只要符合法定条件，依法从事相关业务活动的，受法律保护。

(2) 安全专业服务的业务范围。安全生产专业服务的业务范围比较广泛，涵盖了生产经营单位的开办、建设、生产、经营和政府监管的各个过程。生产经营单位从其开办到进行生产经营的许多环节，都涉及有关的中介服务业务，需要委托专业服务机构和专业人员提供技术服务。依照《安全生产法》的规定，生产经营活动中的安全生产专业服务的范围和主要业务包括：矿山和用于生产、储存危险物品的建设项目，应当按照国家有关规定进行安全评价、设计审查和竣工验收；安全设施必须与主体工程"三同时"；安全设备、特种设备、劳动防护用品、安全工艺、危险物品、重大危险源和作业现场安全管理等。另外，政府部门为了加强监督检查的需要，也对某些安全中介服务的范围作出相应的规定。

3. 安全生产专业服务机构及人员的责任

根据《安全生产法》的规定，承担安全评价、认证、检测、检验等安全生产服务机构将承担以下 4 方面的责任：

(1) 民事责任。根据《安全生产法》第八十九条的规定，承担安全评价、认证、检测、检验工作的机构出具虚假证明，给他人造成损害的，与生产经营单位承担连带赔偿责任。如果因为出具虚假证明文件，而给要求出具安全评价、认证、检测、检验报告的生产经营单位以外的人造成了损害，要与该生产经营单位承担连带赔偿责任。

(2) 行政责任。承担安全评价、认证、检测、检验工作的机构作为提供技术服务的机构，应当遵守职业道德和执业准则，本着客观、公正的原则，如实地出具安全评价报告，作出认证、检测、检验的结论、证明。这里所讲的出具虚假证明，是指出具体内容与实际情况严重不符的安全评价报告、认证结论或者有关检测、检验数据。根据《安全生产法》第八十九条规定，对承担安全评价、认证、检测、检验工作的机构出具虚假证明，尚不构成犯罪的，应当按以下规定追究其行政责任：一是没收违法所得。行政执法机关将承担安全评价、认证、检测、检验工作的机构由于出具虚假证明文件而获得的财产上的非法利益强制无偿收归国有。这属于行政处罚中的一种较为严厉的财产罚。二是处以罚款。行政执法机关对违法所得在十万元以上的，在没收其违法所得的同时，并处违法所得二倍以上五倍以下的罚款；对没有违法所得或者违法所得不足十万元的，单处或者并处十万元以上二十万元以下的罚款；对其直接负责的主管人员和其他直接责任人员根据违法行为情节的轻重处二万元以上五万元以下的罚款。三是对有上述违法行为的机构，撤销其相应的资格。这是一种资格罚，即由有关部门撤销其所取得的安全评价、认证、检测、检验的资格。

（3）刑事责任。按照《安全生产法》第八十九条的规定，承担安全评价、认证、检测、检验工作的机构，出具虚假证明，构成犯罪的，依照《刑法》有关规定追究刑事责任。这里讲的构成犯罪，对有关的中介机构来说，主要是指构成《刑法》第二百二十九条规定的中介机构提供虚假证明文件的犯罪。构成该罪须具备以下的条件：一是主体是特定的，必须是有关的中介机构；二是客观上实施了故意提供虚假证明文件的行为；三是情节严重的，这里讲的“情节严重”是指故意提供虚假证明文件手段比较恶劣；虚假的内容特别重要以及因此而造成重大生产安全事故等。按照《刑法》第二百二十九条的规定，对故意提供虚假证明文件，情节严重的，处五年以下有期徒刑或者拘役，并处罚金。由于严重不负责任，出具的证明文件有重大失实，造成严重后果的，处三年以下有期徒刑或者拘役。按照《刑法》第二百三十一条的规定，单位犯第二百二十九条罪的，对单位判处罚金,并对其直接负责的主管人员和其他直接责任人员,按照第二百二十九条的规定处罚。

（4）协会组织的规定。协会组织是指介于政府、生产经营单位之间，并为其服务、咨询、沟通、监督、公正、自律、协调的社会中介组织。协会组织属于中国《民法通则》规定的社团法人，是中国民间组织社会团体的一种，即国际上统称的非政府机构（又称NGO)，属非营利性机构。协会组织具有非政府性、自治性、非营利性、公益性、中介性等特征。这里讲的协会组织，是指依照《社会团体登记管理条例》成立的社会团体，如中国安全生产协会、中国职业安全健康协会、中国化学品安全协会等。《社会团体登记管理条例》中所称社会团体，是指中国公民自愿组成，为实现会员共同意愿，按照其章程开展活动的非营利性社会组织。国家机关以外的组织可以作为单位会员加入社会团体。

根据《安全生产法》第十二条的规定，有关协会组织依照法律、行政法规和章程，为生产经营单位提供安全生产方面的信息、培训等服务，发挥自律作用，促进生产经营单位加强安全生产管理。协会组织的职责：

一是依照法律、行政法规和章程的规定，实行行业自律。在我国，协会组织主要是行业、领域内成立，如中国煤炭工业协会、中国安全生产协会等。协会组织的会员主要也是从事本行业、领域生产经营活动的单位及个人。因此，协会组织必须从维护本行业、领域内整体利益出发，实行自我约束、自我管理。

二是为生产经营单位提供安全生产方面的信息、培训等服务，促进生产经营单位加强安全生产管理。协会组织掌握大量的信息、技术等资源，应当广泛利用这些优势，向会员内的生产经营单位提供安全生产信息服务，组织有关安全生产培训，特别是推广有关安全生产新技术、新装备、新工艺的培训，也可以拓展渠道向会员以外的生产经营单位提供相应的服务，共同促进生产经营单位提高安全技术、装备、管理水平。

七、生产安全事故责任追究制度

《安全生产法》第十三条规定："国家实行生产安全事故责任追究制度，依照本法和有关法律、法规的规定，追究生产安全事故责任人员的法律责任"。

1. 追究的依据

依照法律规定，责任追究的依据为两类，一类是法律，包括《安全生产法》《矿山安全法》《建筑法》等，《安全生产法》对列举了许多种对安全生产违法行为追究法律责任的情形。另一类是法规，包括行政法规和地方性法规。行政法规有《国务院关于特大安全事故行政责任追究的规定》《危险化学品安全管理条例》等，地方性法规有《北京市安全生产条例》《河南省安全生产条例》等。

2. 事故责任主体

事故责任主体是指对发生生产安全事故负有责任的人员。按照安全生产的特点，追究生产安全事故的责任主体主要包括3种人员：一是发生生产安全事故的生产经营单位的责任人员，这是主要类型，包括应负法律责任的生产经营单位主要负责人、主管人员、管理人员和其他从业人员。二是负有监管职责的有关人民政府及其有关部门的责任人员，包括对生产安全事故负有失职、渎职和应负领导责任的各级人民政府领导人，负有安全生产监督管理职责的部门的负责人、安全生产监督管理和行政执法人员等。三是与发生生产安全事故有关的其他组织的责任人员，如安全生产中介机构的有关人员等。

3. 法律责任追究的种类

依照《安全生产法》和有关法律、法规的规定，对生产安全事故的责任人员追究法律责任的种类主要包括行政责任和刑事责任。

（1）行政责任。行政责任是指违反有关行政管理的法律、法规的规定，但尚未构成犯罪的违法行为所应承担的法律责任。追究行政责任通常以行政处分和行政处罚两种方式来实施。行政处分是对国家工作人员及由国家机关派到企业事业单位任职的人员的违法行为给予的一种制裁性处理。行政处分包括警告、记过、记大过、降级、撤职、开除等。行政处罚主要是对国家机关和国家工作人员以外的生产经营单位及其有关人员的安全生产违法行为给予的行政制裁，有警告、罚款、吊销证照等。

（2）刑事责任。刑事责任是指责任主体实施刑事法律禁止的行为所应承担的法律后果。刑事责任与行政责任的区别：一是责任内容不同，负刑事责任的行为比负行政责任的行为的社会危害性更大；二是行为人是否承担刑事责任，只能由司法机关依照刑事诉讼程序决定；三是负刑事责任的责任主体常被处以刑罚。追究刑事责任的必须是违反安全生产法律、行政法规的规定，应当给予刑事处罚的严重安全生产违法行为。《刑法》对有关责任人员的罪名，主要有重大责任事故罪、重大劳动安全事故罪、危险物品肇事罪和提供虚假证明文件罪以及国家工作人员职务犯罪等。

第六节 安全生产法律责任

《安全生产法》作为安全生产方面的综合性法律，规定了许多法律责任，主要涉及生产经营单位、生产经营单位主要负责人及从业人员、安全生产中介机构及其有关人员、政府工作人员4个方面。执法机关将依照法律规定，追究安全生产违法行为责任者的责任。

一、生产经营单位的法律责任

《安全生产法》规定了许多追究生产经营单位法律责任的安全生产违法行为，涉及行政责任、民事责任和刑事责任。行政责任主要有罚款、没收违法所得、责令限期改正、停产停业整顿、责令停止建设、责令停止违法行为、吊销证照、关闭等；导致发生生产安全事故给他人造成损害或者其他违法行为造成他人损害的，承担赔偿责任或者连带赔偿责任；构成犯罪的，依法追究刑事责任。主要有下列32种情形：

（1）生产经营单位未按照规定设立安全生产管理机构或者配备安全生产管理人员的。

（2）危险物品的生产、经营、储存单位以及矿山、金属冶炼、建筑施工、道路运输单位的主要负责人和安全生产管理人员未按照规定经考核合格的。

（3）生产经营单位未按照规定对从业人员、被派遣劳动者、实习学生进行安全生产教育和培训，或者未按照规定如实告知有关的安全生产事项的。

（4）未如实记录安全生产教育和培训情况的。

（5）未将事故隐患排查治理情况如实记录或者未向从业人员通报的。

（6）未按照规定制定生产安全事故应急预案或者未定期组织演练的。

（7）特种作业人员未按照规定经专门的安全作业培训并取得相应资格，上岗作业的。

（8）未按照规定对矿山、金属冶炼建设项目或者用于生产、储存、装卸危险物品的建设项目进行安全评价的。

（9）矿山、金属冶炼建设项目或者用于生产、储存、装卸危险物品的建设项目没有安全设施设计或者安全设施设计未按照规定报经有关部门审查同意的。

（10）矿山、金属冶炼建设项目或者用于生产、储存、装卸危险物品的建设项目的施工单位未按照批准的安全设施设计施工的。

（11）矿山、金属冶炼建设项目或者用于生产、储存危险物品的建设项目竣工投入生产或者使用前，安全设施未经验收合格的。

（12）未在有较大危险因素的生产经营场所和有关设施、设备上设置明显的安全警示标志的。

（13）安全设备的安装、使用、检测、改造和报废不符合国家标准或者行业标准的。

（14）未对安全设备进行经常性维护、保养和定期检测的。

（15）未为从业人员提供符合国家标准或者行业标准的劳动防护用品的。

（16）危险物品的容器、运输工具，以及涉及人身安全、危险较大的海洋石油开采特种设备和矿山井下特种设备未经取得专业资质的机构检测、检验合格，取得安全使用证或者安全标志，投入使用的。

（17）使用国家明令淘汰、禁止使用的危及生产安全的工艺、设备的。

（18）未经依法批准，擅自生产、经营、运输、储存、使用危险物品或者处置废弃危险物品的。

（19）生产、经营、运输、储存、使用危险物品或者处置弃危险物品，未建立专门安全管理制度、未采取可靠的安全措施的。

（20）对重大危险源未登记建档，或者未进行评估、监控，或者未制定应急预案的。

（21）进行爆破、吊装以及国务院安全生产监督管理部门会同国务院有关部门规定的其他危险作业，未安排专门管理人员进行现场安全管理的。

（22）未建立事故隐患排查治理制度的。

（23）未采取措施消除事故隐患的。

（24）将生产经营项目、场所、设备发包或者出租给不具备安全生产条件或者相应资质的单位或者个人的。

（25）未与承包单位、承租单位签订专门的安全生产管理协议或者未在承包合同、租赁合同中明确各自的安全生产管理职责，或者未对承包单位、承租单位的安全生产统一协调、管理的。

（26）两个以上生产经营单位在同一作业区域内进行可能危及对方安全生产的生产经营活动,未签订安全生产管理协议或者未指定专职安全生产管理人员进行安全检查与协调的。

（27）生产、经营、储存、使用危险物品的车间、商店、仓库与员工宿舍在同一座建筑内，或者与员工宿舍的距离不符合安全要求的。

（28）生产经营场所和员工宿舍未设有符合紧急疏散需要、标志明显、保持畅通的出口，或者锁封、封堵生产经营场所或者员工宿舍出口的。

（29）拒绝、阻碍负有安全生产监督管理职责的部门依法实施监督检查的。

（30）不具备本法和其他有关法律、行政法规和国家标准或者行业标准规定的安全生产条件，经停产停业整顿仍不具备安全生产条件的。

（31）发生生产安全事故造成人员伤亡、他人财产损失的。

（32）生产安全事故的责任人未依法承担赔偿责任，经人民法院依法采取执行措施后，仍不能对受害人给予足额赔偿的。

二、生产经营单位主要负责人及从业人员的法律责任

《安全生产法》规定了追究生产经营单位主要负责人、个人经营的投资人及其他从业人员法律责任的安全生产违法行为，涉及行政责任和刑事责任。对这些违法行为将实施降职、撤职、罚款、拘留等行政处罚；构成犯罪的，依法追究刑事责任。主要有 7 种情形：

（1）生产经营单位的决策机构、主要负责人、个人经营的投资人不依照本法规定保证安全生产所必需的资金投入，致使生产经营单位不具备安全生产条件的。

（2）生产经营单位的主要负责人未履行本法规定的安全生产管理职责的。

（3）生产经营单位与从业人员订立协议，免除或者减轻其对从业人员因生产安全事故伤亡依法应承担的责任的。

（4）生产经营单位主要负责人在本单位发生重大生产安全事故时，不立即组织抢救或者在事故调查处理期间擅离职守或者逃匿的。

（5）生产经营单位主要负责人对生产安全事故隐瞒不报、谎报或者迟报的。

（6）生产经营单位的安全生产管理人员未履行本法规定的安全生产管理职责的。

（7）生产经营单位的从业人员不服从管理，违反安全生产规章制度或者操作规程的。

三、安全生产中介机构及其有关人员的法律责任

《安全生产法》规定的追究安全生产中介机构及其有关人员法律责任的安全生产违法

行为，主要是指承担安全评价、认证、检测、检验工作的机构出具虚假证明，涉及行政责任、民事责任和刑事责任。

依据《安全生产法》第八十九条规定，对该种安全生产违法行为设定的法律责任是实施罚款、没收违法所得、撤销执业资格的行政处罚；给他人造成损害的，与生产经营单位承担连带赔偿责任；构成犯罪的，依法追究刑事责任。

四、政府工作人员的法律责任

《安全生产法》规定的追究政府及有关部门工作人员法律责任的安全生产违法行为，涉及行政责任和刑事责任。对这些违法行为将给予行政降级、撤职等行政处分；构成犯罪的，依照《刑法》有关规定追究刑事责任。主要有 7 种情形：

（1）对不符合法定安全生产条件的涉及安全生产的事项予以批准或者验收通过的。

（2）发现未依法取得批准、验收的单位擅自从事有关活动，或者接到举报后不予取缔或者不依法予以处理的。

（3）对已经依法取得批准的单位不履行监督管理职责，发现其不再具备安全生产条件而不撤销原批准或者发现安全生产违法行为不予查处的。

（4）负有安全生产监督管理职责的部门，要求被审查、验收的单位购买其指定的安全设备、器材或者其他产品，或者在对安全生产事项的审查、验收中收取费用的。

（5）在监督检查中发现重大事故隐患，不依法及时处理的。

（6）有关地方人民政府、负有安全生产监督管理职责的部门，对生产安全事故隐瞒不报、谎报或者拖延不报的。

（7）存在其他滥用职权、玩忽职守、徇私舞弊行为的。

第十一章　职业病防治法及相关规定

2001年10月27日第九届全国人民代表大会常务委员会第二十四次会议审议通过《职业病防治法》，自2002年5月1日起施行。2011年12月31日，第十一届全国人民代表大会常务委员会第二十四次会议进行了修改。《职业病防治法》的立法目的是为了预防、控制和消除职业病危害，防治职业病，保护劳动者的健康及其相关权益，促进经济发展。

为了贯彻落实好《职业病防治法》，根据法定职责和国务院有关规定，国家安全生产监督管理总局制定了《工作场所职业卫生监督管理规定》《建设项目职业卫生“三同时”监督管理暂行办法》《职业病危害项目申报办法》《用人单位职业健康监护监督管理办法》和《职业卫生技术服务机构监督管理暂行办法》5个规章，简称“一规定四办法”。

第一节　《职业病防治法》的调整范围

这是指法律调整的对象是什么，在什么范围内适用。

一、职业病的范围

《职业病防治法》第二条规定，本法所称职业病，是指企业、事业单位和个体经济组织等用人单位的劳动者在职业活动中，因接触粉尘、放射性物质和其他有毒、有害因素而引起的疾病。职业病的分类和目录由国务院卫生行政部门会同国务院安全生产监督管理部门、劳动保障行政部门制定、调整并公布。

职业病危害，是指对从事职业活动的劳动者可能导致职业病的各种危害。职业病危害因素包括：职业活动中存在的各种有害的化学、物理、生物因素以及在作业过程中产生的其他职业有害因素。

对于职业病，法律上所作的仅是一个基本规定，而更为具体的则是进一步规定职业病的分类目录，由国务院卫生行政部门会同国务院安全生产监督管理部门、劳动保障行政部门制定、调整并公布。这是由政府部门依照法律授权具体规定职业病的分类和目录，列入目录的职业病是依法确定的职业病，又称法定职业病。因此，理解和运用职业病防治中，所称的职业病并非泛指的职业病，仅是由法律界定的职业病。根据原卫生部2002年公布的《职业病危害因素分类目录》，涉及粉尘、化学毒物等职业病有害因素仅10大类115种。目前，国家卫生和计划生育委员会正会同国家安全生产监督管理总局、人力资源和社会保障部进行目录修改和调整。

二、法的调整范围

1. 地域效力

所谓地域效力，是指一部法律在哪些地域范围内有效。本法规定的地域效力范围为

“中华人民共和国领域内”就包括“领土、领海和领空”。同样，该法与《安全生产法》一样，不适用于香港和澳门特别行政区。

2. 对人的效力

所谓对人的效力，是指一部法律适用于什么人，对什么样的人生效。本法的对人效力，即“中华人民共和国领域内”从事“职业病防治活动”的单位和人员，也就是说，不论什么单位和个人只要在中华人民共和国领域内从事本法所规定的“职业病防治活动”就应当适用本法。具体来说：

一是企业、事业单位和个体经济组织等用人单位及其劳动者。正如前面所讲，本法调整的职业病是指企业、事业单位和个体经济组织等用人单位的劳动者在职业活动中所引起的疾病。即本法只是对在企业、事业单位和个体经济组织等用人单位的劳动者才予以适用。这里的“等”字，既可以理解为等内，也可以理解为等外，用人单位包括各类依法设立的企业、各种事业单位和个体经济组织，个体经济组织包括个体工商户在内的依法从事的个体生产经营者。从一定意义上讲，这个用人单位的范围是相当宽的，即只要存在用人的状态，就可以理解为用人单位。

二是企业、事业单位和个体经济组织等用人单位以外的单位，产生职业病危害的，其职业病防治活动可以参照本法执行。这是针对上述规定的补充。

三是劳务派遣用工单位应当履行本法规定的用人单位的义务，即劳务派遣用工单位同样适用本法。

第二节　职业卫生监督管理体制

新修改的《职业病防治法》明确和理顺了安全生产监督管理部门、卫生行政部门、劳动保障部门在职业病防治工作中的监管职责，从法律上明确了职业病“防、治、保”，即职业病危害防治、职业病诊断治疗、职业病患者社会保障3个环节分别由安全生产监督管理部门、卫生行政部门、劳动保障行政部门为主负责的工作格局。《职业病防治法》第九条规定：“国务院安全生产监督管理部门、卫生行政部门、劳动保障行政部门依照本法和国务院确定的职责，负责全国职业病防治的监督管理工作。国务院有关部门在各自的职责范围内负责职业病防治的有关监督管理工作。县级以上地方人民政府安全生产监督管理部门、卫生行政部门、劳动保障行政部门依据各自职责，负责本行政区域内职业病防治的监督管理工作。县级以上地方人民政府有关部门在各自的职责范围内负责职业病防治的有关监督管理工作。县级以上人民政府安全生产监督管理部门、卫生行政部门、劳动保障行政部门（以下统称职业卫生监督管理部门）应当加强沟通，密切配合，按照各自职责分工，依法行使职权，承担责任。”

新修改的《职业病防治法》确立了安全生产监督管理部门在职业病预防环节依法实施监管的执法主体地位，全法共有51处提到安全生产监督管理部门，还有7处提到职业卫生监督管理部门，赋予了安全生产监督管理部门制定相关规章（第二、十六、十七条），职业卫生技术服务机构资质认可与管理（第十九、二十七、二十八条），工作场所职业卫生监督检查（第六十三、六十四、六十五、六十七、六十八、六十九条等），向职业病诊断、鉴定机构提供日常监督检查信息以及对存在异议的相关资料或者工作场所职业病危害因素情况作出判定（第四十八、四十九条）等职责。

1. 卫生行政部门的职责

根据《职业病防治法》及国务院对卫生行政部门、安全生产监督管理部门和人力资源和社会保障部门的职责分工，卫生行政部门在职业病防治方面履行如下职责：

（1）负责会同安全生产监督管理部门、人力资源和社会保障部门拟定职业病防治法律法规、职业病防治规划，组织制定发布国家职业卫生标准。

（2）负责监督管理职业病诊断与鉴定工作。

（3）组织开展重点职业病监测和专项调查，开展职业健康风险评价，研究提出职业病防治对策。

（4）负责化学品毒性鉴定、个人剂量监测、放射防护器材和含放射性产品检测等技术服务机构资质认定和监督管理；审批承担职业健康检查、职业病诊断的医疗卫生机构并进行监督管理，规范职业病的检查和救治；会同相关部门加强职业病防治机构建设。

（5）负责医疗机构放射危害控制的监督管理。

（6）负责职业病报告、管理和发布，组织开展职业病防治科学研究。

（7）组织开展职业病防治法律法规和防治知识的宣传教育，开展职业人群健康促进工作。

2. 安全生产监督管理部门的职责

根据《职业病防治法》及国务院对卫生行政部门、安全生产监督管理部门和人力资源和社会保障部门的职责分工，安全生产监督管理部门在职业病防治方面履行如下职责：

（1）起草职业卫生监管有关法规，制定用人单位职业卫生监管相关规章。组织拟订国家职业卫生标准中的用人单位职业危害因素工程控制、职业防护设施、个体职业防护等相关标准。

（2）负责用人单位职业卫生监督检查工作，依法监督用人单位贯彻执行国家有关职业病防治法律法规和标准情况。组织查处职业危害事故和违法违规行为。

（3）负责新建、改建、扩建工程项目和技术改造、技术引进项目的职业卫生“三同时”审查及监督检查。负责监督管理用人单位职业危害项目申报工作。

（4）负责依法管理职业卫生安全许可证的颁发工作。负责职业卫生检测、评价技术服务机构的资质认定和监督管理工作。组织指导并监督检查有关职业卫生培训工作。

（5）负责监督检查和督促用人单位依法建立职业危害因素检测、评价、劳动者职业健康监护、相关职业卫生检查等管理制度；监督检查和督促用人单位提供劳动健康损害与职业史、职业危害接触关系等相关证明材料。

（6）负责汇总、分析职业危害因素检测、评价、劳动者职业健康监护等信息，向相关部门和机构提供职业卫生监督检查情况。

3. 劳动保障行政部门的职责

根据《职业病防治法》及国务院对卫生行政部门、安全生产监督管理部门和人力资源和社会保障部门的职责分工，劳动保障行政部门在职业病防治方面履行如下职责：

（1）负责劳动合同实施情况监管工作，督促用人单位依法签订劳动合同。

（2）依据职业病诊断结果，做好职业病人的社会保障工作。

第三节　职业病防治的基本制度

《职业病防治法》从职业病的“防、治、保”3个环节作了全面规定，确立了用人单位职业病防治责任制度、职业病诊断鉴定制度、劳动者职业卫生保障制度、职业卫生技术服务制度、职业卫生监督检查制度5项基本制度。

一、用人单位职业病防治责任制度

实行用人单位职业病防治责任制度是《职业病防治法》确立的一项基本制度，它的核心是用人单位对职业病防治负有法定的责任。因为职业活动是以用人单位为基础组织的，用人单位对其职业活动有支配作用，在职业活动中创造出来的成果首先由用人单位来体现，而职业活动中职业病危害因素又是用人单位能控制的。另外，为了加强职业病的防治，法律确定用人单位必须依法参加工伤社会保险，这也是《职业病防治法》所确立的一项基本制度。工伤保险是政府为劳动者在特殊情况下提供的一种保障措施，它具有强制性、福利性，是非营利性的社会保障制度中的一项内容，体现了国家的社会保障政策和劳动政策。工伤保险是为了让劳动者在受到职业病伤害的情况下，能够获得医疗和生活保障，这是国家确立的社会保险制度中的重要项目，带有国家对社会再分配的含义，有利于社会公平和安定。世界很多国家都采用这种形式。

（1）用人单位应当为劳动者创造符合国家职业卫生标准和卫生要求的工作环境和条件，并采取措施保障劳动者获得职业卫生保护。用人单位应当依照法律、法规要求，严格遵守国家职业卫生标准，落实职业病预防措施，从源头上控制和消除职业病危害。

（2）用人单位应当建立、健全职业病防治责任制，加强对职业病防治的管理，提高职业病防治水平，对本单位产生的职业病危害承担责任。用人单位的主要负责人对本单位的职业病防治工作全面负责。

（3）设立符合职业卫生条件的工作场所。这是防治职业病的起点，也是保障劳动者健康的最有力的措施，这一环节做好了就可以最大限度地消除或者减少劳动者受到的职业病因素的危害。为此，《职业病防治法》第十五条规定，产生职业病危害的用人单位的设立除应当符合法律、行政法规规定的设立条件外，其工作场所还应当符合下列职业卫生要求：

①职业病危害因素的强度或者浓度符合国家职业卫生标准。

②有与职业病危害防护相适应的设施。

③生产布局合理，符合有害与无害作业分开的原则。

④有配套的更衣间、洗浴间、孕妇休息间等卫生设施。

⑤设备、工具、用具等设施符合保护劳动者生理、心理健康的要求。

⑥法律、行政法规和国务院卫生行政部门、安全生产监督管理部门关于保护劳动者健康的其他要求。

（4）职业病危害项目申报。这是职业病防治中确立的一项重要制度，《职业病防治法》第十六条规定，用人单位工作场所存在职业病目录所列职业病的危害因素的，应当及时、如实向所在地安全生产监督管理部门申报危害项目，接受监督。依据国家安全生产监督管理总局《职业病危害项目申报办法》的规定，中央企业、省属企业及其所属用人单位的职业病危害项目，向其所在地设区的市级人民政府安全生产监督管理部门申报，其他用人单位的职业病危害项目，向其所在地县级人民政府安全生产监督管理部门申报。煤矿职业病危害项目申报办法依照《煤矿作业场所职业危害防治规定》执行。

(5) 建设项目职业病危害预评价及防护设施的“三同时”。这是预防和控制职业病的一项基础工作和重要手段，它的主要作用在于从源头控制职业病危害，积极改善作业环境，有力地保障劳动力资源的可持续利用。《职业病防治法》第十七条规定：“新建、扩建、改建建设项目和技术改造、技术引进项目（以下统称建设项目）可能产生职业病危害的，建设单位在可行性论证阶段应当向安全生产监督管理部门提交职业病危害预评价报告。安全生产监督管理部门应当自收到职业病危害预评价报告之日起三十日内，作出审核决定并书面通知建设单位。未提交预评价报告或者预评价报告未经安全生产监督管理部门审核同意的，有关部门不得批准该建设项目。职业病危害预评价报告应当对建设项目可能产生的职业危害因素及其对工作场所和劳动者健康的影响作出评价，确定危害类别和职业病防护措施。”第十八条规定：“建设项目的职业病防护设施所需费用应当纳入建设项目工程预算，并与主体工程同时设计，同时施工，同时投入生产和使用。职业病危害严重的建设项目的防护设施设计，应当经安全生产监督管理部门审查，符合国家职业卫生标准和卫生要求的，方可施工。建设项目在竣工验收前，建设单位应当进行职业病危害控制效果评价。建设项目竣工验收时，其职业病防护设施经安全生产监督管理部门验收合格后，方可投入正式生产和使用。”

根据国家安全生产监督管理总局《建设项目职业卫生“三同时”监督管理暂行办法》的规定，国家安全生产监督管理总局对全国建设项目职业卫生“三同时”实施监督管理，并在国务院规定的职责范围内承担国务院及其有关主管部门审批、核准或者备案的建设项目职业卫生“三同时”的监督管理。县级以上地方各级人民政府安全生产监督管理部门对本行政区域内的建设项目职业卫生“三同时”实施监督管理。国家根据建设项目可能产生职业病危害的风险程度，按照下列规定对其实行分类监督管理：职业病危害一般的建设项目，其职业病危害预评价报告应当向安全生产监督管理部门备案，职业病防护设施由建设单位自行组织竣工验收，并将验收情况报安全生产监督管理部门备案；职业病危害较重的建设项目，其职业病危害预评价报告应当报安全生产监督管理部门审核；职业病防护设施竣工后，由安全生产监督管理部门组织验收；职业病危害严重的建设项目，其职业病危害预评价报告应当报安全生产监督管理部门审核，职业病防护设施设计应当报安全生产监督管理部门审查，职业病防护设施竣工后，由安全生产监督管理部门组织验收。建设项目职业病危害分类管理目录由国家安全生产监督管理总局制定并公布。省级安全生产监督管理部门可以根据本地区实际情况，对建设项目职业病危害分类管理目录作出补充规定。另外还规定，安全生产监督管理部门应当建立职业卫生专家库，聘请专家库专家参与建设项目职业卫生“三同时”的审核、审查和竣工验收工作。专家库专家应当熟悉职业病危害防治的有关法律法规，具有较高的专业技术水平、实践经验和有关业务背景及良好的职业道德，按照客观、公正的原则，对所参与的项目提出审查意见，并对该意见负责。安全生产监督管理部门进行职业病危害预评价报告审核、职业病防护设施设计审查以及建设项目职业病防护设施竣工验收，应当从专家库中随机抽取专家参与审核、审查及竣工验收。

每项工作从专家库随机抽取的专家不得少于3人。专家库专家实行回避制度，建设单位及参加建设单位有关工作的专家，不得参与该建设项目职业卫生“三同时”的审核、审查及竣工验收等相应工作。

（6）设置或者指定职业卫生管理机构和配备职业卫生人员。根据《职业病防治法》及相关规定，职业病危害严重的用人单位，应当设置或者指定职业卫生管理机构或者组织，配备专职职业卫生管理人员。其他存在职业病危害的用人单位，劳动者超过100人的，应当设置或者指定职业卫生管理机构或者组织，配备专职职业卫生管理人员；劳动者在100人以下的，应当配备专职或者兼职的职业卫生管理人员，负责本单位的职业病防治工作。

（7）职业卫生培训。根据《职业病防治法》及相关规定，用人单位的负责人和职业卫生管理人员应当接受职业卫生培训，遵守职业病防治法律、法规，依法组织本单位的职业病防治工作。用人单位主要负责人、职业卫生管理人员的职业卫生培训，应当包括职业卫生相关法律、法规、规章和国家职业卫生标准；职业病危害预防和控制的基本知识；职业卫生管理相关知识等内容。

用人单位应当对劳动者进行上岗前的职业卫生培训和在岗期间的定期职业卫生培训，普及职业卫生知识，督促劳动者遵守职业病防治法律、法规、规章和操作规程，指导劳动者正确使用职业病防护设备和个人使用的职业病防护用品。用人单位应当对职业病危害严重的岗位的劳动者，进行专门的职业卫生培训，经培训合格后方可上岗作业。因变更工艺、技术、设备、材料，或者岗位调整导致劳动者接触的职业病危害因素发生变化的，用人单位应当重新对劳动者进行上岗前的职业卫生培训。劳动者应当学习和掌握相关的职业卫生知识，遵守职业病防治法律、法规、规章和操作规程，正确使用、维护职业病防护设备和个人使用的职业病防护用品，发现职业病危害事故隐患应当及时报告。劳动者不履行前款规定义务的，用人单位应当对其进行教育。

（8）职业病防治计划和各项制度。根据《职业病防治法》及相关规定，用人单位应当制订职业病防治计划和实施方案，建立、健全职业卫生管理制度和操作规程、职业卫生档案和劳动者健康监护档案、工作场所职业危害因素监测及评价制度和职业病危害事故应急救援预案等。

（9）防护设施和职业病防护用品。根据《职业病防治法》及相关规定，用人单位必须采用有效的职业病防护设施，并为劳动者提供个人使用的职业病防护用品。用人单位为劳动者个人提供的职业病防护用品必须符合防治职业病的要求；不符合要求的，不得使用。用人单位应当督促、指导劳动者按照使用规则正确佩戴、使用，不得发放钱物替代发放职业病防护用品。用人单位应当对职业病防护用品进行经常性的维护、保养，确保防护用品有效，不得使用不符合国家职业卫生标准或者已经失效的职业病防护用品。

对可能发生急性职业损伤的有毒、有害工作场所，用人单位应当设置报警装置，配置现场急救用品、冲洗设备、应急撤离通道和必要的泄险区。对放射工作场所和放射性同位素的运输、储存，用人单位必须配置防护装置和报警装置，保证接触放射性的工作人员佩戴个人剂量计。对职业病防护设备、应急救援设施和个人使用的职业病防护用品，用人单位应当进行经常性的维护、检修，定期检测其性能和效果，确保其处于正常状态，不得擅自拆除或者停止使用。

用人单位应当对职业病防护设备、应急救援设施进行经常性的维护、检修和保养，定期检测其性能和效果，确保其处于正常状态，不得擅自拆除或者停止使用。

（10）职业危害公告和警示。根据《职业病防治法》及相关规定，产生职业病危害的用人单位，应当在醒目位置设置公告栏，公布有关职业病防治的规章制度、操作规程、职业病危害事故应急救援措施和工作场所职业病危害因素检测结果。对产生严重职业病危害的作业岗位，应当在其醒目位置，设置警示标识和中文警示说明。警示说明应当载明产生职业病危害的种类、后果、预防以及应急救治措施等内容。

存在或者产生职业病危害的工作场所、作业岗位、设备、设施，应当按照《工作场所职业病危害警示标识》（GBZ 158）的规定，在醒目位置设置图形、警示线、警示语句等警示标识和中文警示说明。警示说明应当载明产生职业病危害的种类、后果、预防和应急处置措施等内容。

存在或产生高毒物品的作业岗位，应当按照《高毒物品作业岗位职业病 危害告知规范》（GBZ/T 203）的规定，在醒目位置设置高毒物品告知卡，告知卡应当载明高毒物品的名称、理化特性、健康危害、防护措施及应急处理等告知内容与警示标识。

生产、销售、使用、储存放射性同位素和射线装置的场所，应当按照国家有关规定设置明显的放射性标志，其入口处应当按照国家有关安全和防护标准的要求，设置安全和防护设施以及必要的防护安全联锁、报警装置或者工作信号。放射性装置的生产调试和使用场所，应当具有防止误操作、防止工作人员受到意外照射的安全措施。用人单位必须配备与辐射类型和辐射水平相适应的防护用品和监测仪器，包括个人剂量测量报警、固定式和便携式辐射监测、表面污染监测、流出物监测等设备，并保证可能接触放射线的工作人员佩戴个人剂量计。

（11）职业病危害因素的监测、检测、评价及治理。根据《职业病防治法》及相关规定，用人单位应当实施由专人负责的职业病危害因素日常监测，并确保监测系统处于正常运行状态。用人单位应当按照国务院安全生产监督管理部门的规定，定期对工作场所进行职业病危害因素检测、评价，即存在职业病危害的用人单位，应当委托具有相应资质的职业卫生技术服务机构，每年至少进行一次职业病危害因素检测。职业病危害严重的用人单位，除每年至少进行一次职业病危害因素检测外，应当委托具有相应资质的职业卫生技术服务机构，每三年至少进行一次职业病危害现状评价。检测、评价结果存入用人单位职业卫生档案，定期向所在地安全生产监督管理部门报告并向劳动者公布。发生职业病危害事故的，应当及时委托具有相应资质的职业卫生技术服务机构进行职业病危害现状评价。

用人单位应当落实职业病危害现状评价报告中提出的建议和措施，并将职业病危害现状评价结果及整改情况存入本单位职业卫生档案。

发现工作场所职业病危害因素不符合国家职业卫生标准和卫生要求时，用人单位应当立即采取相应治理措施，仍然达不到国家职业卫生标准和卫生要求的，必须停止存在职业病危害因素的作业；职业病危害因素经治理后，符合国家职业卫生标准和卫生要求的，方可重新作业。

（12）向用人单位提供可能产生职业危害的设备的规定要求。根据《职业病防治法》及相关规定，向用人单位提供可能产生职业病危害的设备的，应当提供中文说明书，并在设备的醒目位置设置警示标识和中文警示说明。警示说明应当载明设备性能、可能产生的职业病危害、安全操作和维护注意事项、职业病防护以及应急救治措施等内容。

（13）向用人单位提供可能产生职业危害的化学原料及放射性物质的物品的规定要求。根据《职业病防治法》及相关规定，向用人单位提供可能产生职业病危害的化学品、放射性同位素和含有放射性物质的材料的，应当提供中文说明书。说明书应当载明产品特性、主要成分、存在的有害因素、可能产生的危害后果、安全使用注意事项、职业病防护以及应急救治措施等内容。产品包装应当有醒目的警示标识和中文警示说明。储存上述材料的场所应当在规定的部位设置危险物品标识或者放射性警示标识。国内首次使用或者首次进口与职业病危害有关的化学材料，使用单位或者进口单位按照国家规定经国务院有关部门批准后，应当向国务院卫生行政部门、安全生产监督管理部门报送该化学材料的毒性鉴定以及经有关部门登记注册或者批准进口的文件等资料。进口放射性同位素、射线装置和含有放射性物质的物品的，按照国家有关规定办理。

（14）职业病防治费用。《职业病防治法》规定，用人单位按照职业病防治要求，用于预防和治理职业病危害、工作场所卫生检测、健康监护和职业卫生培训等费用，按照国家有关规定，在生产成本中据实列支。

（15）报告急性职业病危害事故。《职业病防治法》规定，发生或者可能发生急性职业病危害事故时，用人单位应当立即采取应急救援和控制措施，并及时报告所在地安全生产监督管理部门和有关部门。安全生产监督管理部门接到报告后，应当及时会同有关部门组织调查处理；必要时，可以采取临时控制措施。对遭受或者可能遭受急性职业病危害的劳动者,用人单位应当及时组织救治、进行健康检查和医学观察,所需费用由用人单位承担。

（16）建立健全职业卫生档案资料。根据《工作场所职业卫生监督管理规定》，用人单位应当建立、健全职业卫生档案资料，这些资料包括职业病防治责任制文件；职业卫生管理规章制度、操作规程；工作场所职业病危害因素种类清单、岗位分布以及作业人员接触情况等资料；职业病防护设施、应急救援设施基本信息，以及其配置、使用、维护、检修与更换等记录；工作场所职业病危害因素检测、评价报告与记录；职业病防护用品配备、发放、维护与更换等记录；主要负责人、职业卫生管理人员和职业病危害严重工作岗位的劳动者等相关人员职业卫生培训资料；职业病危害事故报告与应急处置记录；劳动者职业健康检查结果汇总资料，存在职业禁忌证、职业健康损害或者职业病的劳动者处理和安置情况记录；建设项目职业卫生“三同时”有关技术资料，以及其备案、审核、审查或者验收等有关回执或者批复文件；职业卫生安全许可证申领、职业病危害项目申报等有关回执或者批复文件和其他有关职业卫生管理的资料或者文件。

二、职业病诊断鉴定制度

职业病诊断和鉴定制度是《职业病防治法》的一项重要制度。职业病如何诊断，劳动者到哪里进行诊断，职业病诊断结论有异议，如何进行鉴定，用人单位不提供劳动者从业资料如何进行职业病诊断，劳动者对用人单位提供的资料有异议如何处理，等等，这些都是职业病诊断和鉴定需要解决的问题，也是职业病防治中“治”的环节。

1. 职业病诊断的机构

从事职业病诊断的医疗卫生机构，实行资质许可，应当经省、自治区、直辖市人民政府卫生行政部门批准。承担职业病诊断的医疗卫生机构应当具备下列条件：①持有《医疗机构执业许可证》；②具有与开展职业病诊断相适应的医疗卫生技术人员；③具有与开展职业病诊断相适应的仪器、设备；④具有健全的职业病诊断质量管理制度。

2. 职业病诊断

为了方便职业病的诊断，修改后的《职业病防治法》规定，劳动者可以在用人单位所在地、本人户籍所在地或者经常居住地依法承担职业病诊断的医疗卫生机构进行职业病诊断。即劳动者可以在3个地方的任何一处的取得职业病诊断资质的医疗卫生机构进行职业病诊断。另外，法律还规定承担职业病诊断的医疗卫生机构不得拒绝劳动者进行职业病诊断的要求。

医疗卫生机构进行职业病诊断，应当综合分析下列因素：①病人的职业史；②职业病危害接触史和工作场所职业病危害因素情况；③临床表现以及辅助检查结果等。没有证据否定职业病危害因素与病人临床表现之间的必然联系的，应当诊断为职业病。承担职业病诊断的医疗卫生机构在进行职业病诊断时，应当组织3名以上取得职业病诊断资格的执业医师集体诊断。

根据国家卫生和计划生育委员会新修订的《职业病诊断与鉴定管理办法》，职业病诊断需要以下资料：①劳动者职业史和职业病危害接触史（包括在岗时间、工种、岗位、接触的职业病危害因素名称等）；②劳动者职业健康检查结果；③工作场所职业病危害因素检测结果；④职业性放射性疾病诊断还需要个人剂量监测档案等资料；⑤与诊断有关的其他资料。

用人单位应当如实提供职业病诊断所需的劳动者职业史和职业病危害接触史、工作场所职业病危害因素检测结果等上述资料；安全生产监督管理部门应当监督检查和督促用人单位提供上述资料；劳动者和有关机构也应当提供与职业病诊断、鉴定有关的资料。职业病诊断机构需要了解工作场所职业病危害因素情况时，可以对工作场所进行现场调查，也可以向安全生产监督管理部门提出。

职业病诊断过程中，用人单位不提供工作场所职业病危害因素检测结果等资料的，诊断、鉴定机构应当结合劳动者的临床表现、辅助检查结果和劳动者的职业史、职业病危害接触史，并参考劳动者的自述、安全生产监督管理部门提供的日常监督检查信息等，作出职业病诊断结论。

劳动者对用人单位提供的工作场所职业病危害因素检测结果等资料有异议，或者因劳动者的用人单位解散、破产，无用人单位提供上述资料的，诊断机构应当提请安全生产监督管理部门进行调查，安全生产监督管理部门应当自接到申请之日起三十日内对存在异议的资料或者工作场所职业病危害因素情况作出判定；有关部门应当配合。

职业病诊断过程中，在确认劳动者职业史、职业病危害接触史时，当事人对劳动关系、工种、工作岗位或者在岗时间有争议的，可以向当地的劳动人事争议仲裁委员会申请仲裁；接到申请的劳动人事争议仲裁委员会应当受理，并在三十日内作出裁决。

当事人在仲裁过程中对自己提出的主张，有责任提供证据。劳动者无法提供由用人单位掌握管理的与仲裁主张有关的证据的，仲裁庭应当要求用人单位在指定期限内提供；用人单位在指定期限内不提供的，应当承担不利后果。

劳动者对仲裁裁决不服的，可以依法向人民法院提起诉讼。用人单位对仲裁裁决不服的，可以在职业病诊断程序结束之日起十五日内依法向人民法院提起诉讼；诉讼期间，劳动者的治疗费用按照职业病待遇规定的途径支付。

职业病诊断机构作出职业病诊断结论后，应当出具职业病诊断证明书。职业病诊断证明书应当包括以下内容：①劳动者、用人单位基本信息；②诊断结论。确诊为职业病的，应当载明职业病的名称、程度（期别）、处理意见；③诊断时间。职业病诊断证明书应当由参加诊断的医师共同签署，并经职业病诊断机构审核盖章。职业病诊断证明书一式三份，劳动者、用人单位各一份，诊断机构存档一份。

3. 职业病鉴定

当事人对职业病诊断有异议的，可以向作出诊断的医疗卫生机构所在地地方人民政府卫生行政部门申请鉴定。职业病诊断争议由设区的市级以上地方人民政府卫生行政部门根据当事人的申请，组织职业病诊断鉴定委员会进行鉴定。当事人对设区的市级职业病诊断鉴定委员会的鉴定结论不服的，可以向省、自治区、直辖市人民政府卫生行政部门申请再鉴定。卫生行政部门可以指定办事机构，具体承担职业病鉴定的组织和日常性工作。

职业病诊断鉴定委员会由相关专业的专家组成。省、自治区、直辖市人民政府卫生行政部门应当设立相关的专家库，需要对职业病争议作出诊断鉴定时，由当事人或者当事人委托有关卫生行政部门从专家库中以随机抽取的方式确定参加诊断鉴定委员会的专家。经当事人同意，职业病鉴定办事机构可以根据鉴定需要聘请本省、自治区、直辖市以外的相关专业专家作为专家组成员，并有表决权。职业病诊断鉴定委员会应当按照国家卫生和计划生育委员会颁布的《职业病诊断与鉴定管理办法》和职业病诊断标准进行职业病诊断鉴定，向当事人出具职业病诊断鉴定书。职业病诊断、鉴定费用由用人单位承担。

职业病鉴定与职业病诊断一样，用人单位应当如实提供职业病鉴定所需的劳动者职业史和职业病危害接触史、工作场所职业病危害因素检测结果等资料；安全生产监督管理部门应当监督检查和督促用人单位提供上述资料；劳动者和有关机构也应当提供与职业病鉴定有关的资料。

职业病鉴定机构需要了解工作场所职业病危害因素情况时，可以对工作场所进行现场调查，也可以向安全生产监督管理部门提出，安全生产监督管理部门应当在十日内组织现场调查。在职业病诊断、鉴定过程中，用人单位不提供工作场所职业病危害因素检测结果等资料的，鉴定机构应当结合劳动者的临床表现、辅助检查结果和劳动者的职业史、职业病危害接触史，并参考劳动者的自述、安全生产监督管理部门提供的日常监督检查信息等，作出职业病鉴定结论。劳动者对用人单位提供的工作场所职业病危害因素检测结果等资料有异议，或者因劳动者的用人单位解散、破产，无用人单位提供上述资料的，鉴定机构应当提请安全生产监督管理部门进行调查，安全生产监督管理部门应当自接到申请之日起三十日内对存在异议的资料或者工作场所职业病危害因素情况作出判定；有关部门应当配合。

职业病鉴定过程中，在确认劳动者职业史、职业病危害接触史时，当事人对劳动关系、工种、工作岗位或者在岗时间有争议的，可以向当地的劳动人事争议仲裁委员会申请仲裁；接到申请的劳动人事争议仲裁委员会应当受理，并在三十日内作出裁决。

当事人在仲裁过程中对自己提出的主张，有责任提供证据。劳动者无法提供由用人单位掌握管理的与仲裁主张有关的证据的，仲裁庭应当要求用人单位在指定期限内提供；用人单位在指定期限内不提供的，应当承担不利后果。

劳动者对仲裁裁决不服的，可以依法向人民法院提起诉讼。用人单位对仲裁裁决不服的，可以在职业病鉴定程序结束之日起十五日内依法向人民法院提起诉讼；诉讼期间，劳动者的治疗费用按照职业病待遇规定的途径支付。

人民法院受理有关案件需要进行职业病鉴定时，应当从省、自治区、直辖市人民政府卫生行政部门依法设立的相关的专家库中选取参加鉴定的专家。

国家卫生和计划生育委员会制定颁布了新修订《职业病诊断和鉴定管理办法》，对职业病诊断和鉴定进行了细化规定。

4. 职业病的报告

用人单位和医疗卫生机构发现职业病病人或者疑似职业病病人时，应当及时向所在地卫生行政部门和安全生产监督管理部门报告。确诊为职业病的，用人单位还应当向所在地劳动保障行政部门报告。接到报告的部门应当依法作出处理。

县级以上地方人民政府卫生行政部门负责本行政区域内的职业病统计报告的管理工作，并按照规定上报。

医疗卫生机构发现疑似职业病病人时，应当告知劳动者本人并及时通知用人单位。

用人单位应当及时安排对疑似职业病病人进行诊断；在疑似职业病病人诊断或者医学观察期间，不得解除或者终止与其订立的劳动合同。疑似职业病病人在诊断、医学观察期间的费用，由用人单位承担。

三、劳动者职业卫生保障制度

劳动者依法享有职业卫生保护的权利。这是劳动者的基本权利，也是制定《职业病防治法》的前提，或者说是这部法律产生的基础和最充足的理由。劳动者参与职业活动，创造社会财富，有理由要求其健康受到保护，从国家来说，保护劳动者的健康，让劳动者获得一个符合国家职业卫生标准和卫生要求的工作环境和条件，是合理的而且是必要的，有利于社会的发展进步，有利于保障各种合法的职业活动正常进行，因此制定《职业病防治法》，使劳动者享有职业卫生保护的权利，是这部法律的中心内容。

1. 劳动合同包括职业病危害等内容

用人单位与劳动者订立劳动合同（含聘用合同）时，应当将工作过程中可能产生的职业病危害及其后果、职业病防护措施和待遇等如实告诉劳动者，并在劳动合同中写明，不得隐瞒或者欺骗。劳动者在已订立劳动合同期间，因工作岗位或者工作内容变更，从事与所订立劳动合同中未告知的存在职业病危害的作业时，用人单位应当依照上述规定，向劳动者履行如实告知的义务，并协商变更原劳动合同相关条款。用人单位违反以上规定的，劳动者有权拒绝从事存在职业病危害的作业，用人单位不得因此解除劳动合同或者终止与劳动者所订立的劳动合同。

2. 劳动者享有职业卫生保护权利

法律规定劳动者在从事职业活动中，享有下列职业卫生保护权利：

（1）获得职业卫生教育、培训。

（2）获得职业健康检查、职业病诊疗、康复等职业病防治服务。

（3）了解工作场所产生或者可能产生的职业病危害因素、危害后果和应当采取的职业病防护措施。

（4）要求用人单位提供符合防治职业病要求的职业病防护设施和个人使用的职业病

防护用品，改善工作条件。

（5）对违反职业病防治法律、法规以及危及生命健康的行为提出批评、检举和控告。

（6）拒绝违章指挥和强令进行没有职业病防护措施的作业。

（7）参与用人单位职业卫生工作的民主管理，对职业病防治工作提出意见和建议。

用人单位应当保障劳动者行使前款所列权利。因劳动者依法行使正当权利而降低其工资、福利等待遇或者解除、终止与其订立的劳动合同的，其行为无效。

3. 对未成年工和女职工劳动保护

法律规定：用人单位不得安排未成年工从事接触职业病危害的作业，不得安排有职业禁忌的劳动者从事其所禁忌的作业，不得安排孕期、哺乳期的女职工从事对本人和胎儿、婴儿有危害的作业。

4. 职业健康检查

根据法律及相关规定，对从事接触职业病危害的作业的劳动者，用人单位应当按照《用人单位职业健康监护监督管理办法》《放射工作人员职业健康管理办法》《职业健康监护技术规范》（GBZ 188）、《放射工作人员职业健康监护技术规范》（GBZ 235）等国务院安全生产监督管理部门、卫生行政部门的有关规定组织上岗前、在岗期间和离岗时的职业健康检查，并将检查结果如实告知劳动者。

用人单位应当组织劳动者进行职业健康检查，并承担职业健康检查费用。劳动者接受职业健康检查应当视同正常出勤。用人单位在委托职业健康检查机构对从事接触职业病危害作业的劳动者进行职业健康检查时，应当如实提供下列文件、资料：①用人单位的基本情况；②工作场所职业病危害因素种类及其接触人员名册；③职业病危害因素定期检测、评价结果。

用人单位应当根据劳动者所接触的职业病危害因素，定期安排劳动者进行在岗期间的职业健康检查。对在岗期间的职业健康检查，用人单位应当按照《职业健康监护技术规范》（GBZ 188）等国家职业卫生标准的规定和要求，确定接触职业病危害的劳动者的检查项目和检查周期。需要复查的，应当根据复查要求增加相应的检查项目。

接触职业病危害因素的劳动者在作业过程中出现与所接触职业病危害因素相关的不适症状，或者劳动者受到急性职业中毒危害或者出现职业中毒症状时，用人单位应当立即组织有关劳动者进行应急职业健康检查。

对准备脱离所从事的职业病危害作业或者岗位的劳动者，用人单位应当在劳动者离岗前30日内组织劳动者进行离岗时的职业健康检查。劳动者离岗前90日内的在岗期间的职业健康检查可以视为离岗时的职业健康检查。

用人单位对未进行离岗时职业健康检查的劳动者，不得解除或者终止与其订立的劳动合同。

用人单位不得安排未经上岗前职业健康检查的劳动者从事接触职业病危害的作业；不得安排有职业禁忌的劳动者从事其所禁忌的作业；对在职业健康检查中发现有与所从事的职业相关的健康损害的劳动者，应当调离原工作岗位，并妥善安置；对未进行离岗前职业健康检查的劳动者不得解除或者终止与其订立的劳动合同。

职业健康检查应当由省级以上人民政府卫生行政部门批准的医疗卫生机构承担。

5. 职业健康监护档案

根据法律及相关规定，用人单位应当为劳动者个人建立职业健康监护档案，并按照规定的期限妥善保存。职业健康监护档案应当包括：①劳动者姓名、性别、年龄、籍贯、婚姻、文化程度、嗜好等情况；②劳动者职业史、既往病史和职业病危害接触史；③历次职业健康检查结果及处理情况；④职业病诊疗资料；⑤需要存入职业健康监护档案的其他有关资料。

劳动者或者其近亲属、劳动者委托的代理人有权查阅、复印劳动者的职业健康监护档案。劳动者离开用人单位时，有权索取本人职业健康监护档案复印件，用人单位应当如实、无偿提供，并在所提供的复印件上签章。

用人单位发生分立、合并、解散、破产等情形时，应当对劳动者进行职业健康检查，并依照国家有关规定妥善安置职业病病人；其职业健康监护档案应当依照国家有关规定实施移交保管。

6. 职业病待遇保障

职业病病人依法享受国家规定的职业病待遇。用人单位应当按照国家有关规定，安排职业病病人进行治疗、康复和定期检查。用人单位对不适宜继续从事原工作的职业病病人，应当调离岗位，并妥善安置。用人单位对从事接触职业病危害的作业的劳动者，应当给予岗位津贴。职业病病人的诊疗、康复费用，伤残以及丧失劳动能力的职业病病人的社会保障，按照国家有关工伤保险的规定执行。职业病病人除依法享有工伤保险外，依照有关民事法律尚有获得赔偿的权利的，有权向用人单位提出赔偿要求。

劳动者被诊断患有职业病，但用人单位没有依法参加工伤保险的，其医疗和生活保障由该用人单位承担。

职业病病人变动工作单位，其依法享有的待遇不变。用人单位在发生分立、合并、解散、破产等情形时，应当对从事接触职业病危害时作业的劳动者进行健康检查，并按照国家有关规定妥善安置职业病病人。

用人单位已经不存在或者无法确认劳动关系的职业病病人，可以向地方人民政府民政部门申请医疗救助和生活等方面的救助。地方各级人民政府应当根据本地区的实际情况，采取其他措施，保证上述职业病病人获得医疗救治。

四、职业卫生技术服务制度

职业卫生技术服务由取得资质的第三方承担，是《职业病防治法》确立的一项基本制度。法律规定，职业病危害预评价、职业病危害控制效果评价由依法设立的取得国务院安全生产监督管理部门或者设区的市级以上地方人民政府安全生产监督管理部门按照职责分工给予资质认可的职业卫生技术服务机构进行。职业病危害因素检测、评价由依法设立的取得国务院安全生产监督管理部门或者设区的市级以上地方人民政府安全生产监督管理部门按照职责分工给予资质认可的职业卫生技术服务机构进行。职业卫生技术服务机构所作检测、评价应当客观、真实。发现工作场所职业病危害因素不符合国家职业卫生标准和卫生要求时，用人单位应当立即采取相应治理措施，仍然达不到国家职业卫生标准和卫生要求的，必须停止存在职业病危害因素的作业；职业病危害因素经治理后，符合国家职业卫生标准和卫生要求的，方可重新作业。

1. 职业卫生技术服务的特征

职业卫生技术服务与安全生产中介服务相似，都是从事第三方的技术服务。职业卫生技术服务受用人单位或者政府部门的委托，依法有偿提供职业病危害预评价、职业病危害控制效果评价，为用人单位提供职业病危害因素检测、职业病危害现状评价、职业病防护设备设施与防护用品的效果评价等专门业务的技术服务，职业卫生技术服务也有以下特点：

（1）独立性。职业卫生技术服务机构必须是依法设立的具有独立法人资格的社会组织。它具有法定的资质，以自己的名义从事有关技术服务活动，享有权利，履行义务，承担责任。

（2）服务性。职业卫生技术服务是一种服务性工作，它是受用人单位或者政府部门的委托，聘请承担某一项或者多项技术服务业。职业卫生技术服务机构不具有行政管理职责，只在委托或者聘请的业务范围内开展工作，并对委托人或者聘请人就其服务的数量、质量和成果负责。

（3）客观性。从事职业卫生技术服务工作的基本原则是尊重科学，实事求是，客观公正地完成服务工作。职业卫生技术服务机构必须对其承担业务的真实性、客观性、科学性和准确性负责，不带有任何私利和偏见，不得提供违反客观规律、事实和法律的服务。

（4）有偿性。成立职业卫生技术服务机构要购置专门的仪器设备，聘用专业技术人员等，从事职业病危害检测、评价以及建设项目职业病危害预评价、职业病危害控制效果评价等技术服务要付出一定的成本，职业卫生技术服务机构必然要收取合理的报酬和费用。有偿服务是社会主义市场经济的重要特征之一，职业卫生技术服务机构有权与委托人协商并收费。但是中介服务收费的项目、金额和支付方式必须符合法律规定，不得非法收费和谋取不正当的利益。

（5）专业性。用人单位作业场所存在粉尘、有毒有害物质等职业病因素，要对其进行检测、评价，依靠肉眼是不行的，必然需要相关的仪器设备，同时也需要熟悉、了解这些职业病危害因素的专业人员进行工作。正如前面讲的，从事用人单位作业场所职业病危害检测、评价等工作，只能由具有相应资质、熟悉专业的机构及其专业人员提供专门的技术服务。职业卫生技术服务主要是为用人单位提供专业性、技术性的服务。专业性、技术性是职业卫生技术服务的一个重要特征。

2. 职业卫生技术服务机构

为了加强职业卫生技术服务机构的监督管理，国家安全生产监督管理总局制定出台了《职业卫生技术服务机构监督管理暂行办法》，对职业卫生技术服务机构的资质条件、许可程序及技术服务等作出了明确规定。

职业卫生技术服务机构，是指为建设项目提供职业病危害预评价、职业病危害控制效果评价，为用人单位提供职业病危害因素检测、职业病危害现状评价、职业病防护设备设施与防护用品的效果评价等技术服务的机构。根据法律及相关规定，国家对职业卫生技术服务机构实行资质认可制度。未取得职业卫生技术服务机构资质的，不得从事职业卫生检测、评价等技术服务。职业卫生技术服务机构的资质从高到低分为甲级、乙级、丙级3个等级。甲级资质由国家安全生产监督管理总局认可及颁发证书。乙级资质由省、自治区、直辖市人民政府安全生产监督管理部门（以下简称省级安全生产监督管理部门）认可及颁发证书，并报国家安全生产监督管理总局备案。丙级资质由设区的市级人民政府安全生产监督管理部门（以下简称市级安全生产监督管理部门）认可及颁发证书，并报省级安全生产监督管理部门备案，由省级安全生产监督管理部门报国家安全生产监督管理总局进行登记。

取得甲级资质的职业卫生技术服务机构应具备下列条件：①具有法人资格；②注册资金800万元以上，固定资产700万元以上；③工作场所面积不少于700平方米；④有健全的内部管理制度和质量保证体系；⑤有不少于25名经培训合格的专职技术人员；⑥有专职技术负责人和质量控制负责人，专职技术负责人具有与所申报业务相适应的高级专业技术职称和5年以上工作经验；⑦具有与所申请资质、业务范围相适应的检测、评价能力；⑧法律、行政法规、规章规定的其他条件。

取得乙级资质的职业卫生技术服务机构应具备下列条件：①具有法人资格；②注册资金500万元以上，固定资产400万元以上；③工作场所面积不少于400平方米；④有健全的内部管理制度和质量保证体系；⑤有不少于20名经培训合格的专职技术人员；⑥有专职技术负责人和质量控制负责人，专职技术负责人具有与所申报业务相适应的高级专业技术职称和3年以上工作经验；⑦具有与所申请资质、业务范围相适应的检测、评价能力；⑧法律、行政法规、规章规定的其他条件。

取得丙级资质的职业卫生技术服务机构应具备下列条件：①具有法人资格；②注册资金300万元以上，固定资产200万元以上；③工作场所面积不少于200平方米；④有健全的内部管理制度和质量保证体系；⑤有不少于10名经培训合格的专职技术人员；⑥有专职技术负责人和质量控制负责人，专职技术负责人具有与所申报业务相适应的中级以上专业技术职称和1年以上工作经验；⑦具有与所申请资质、业务范围相适应的检测、评价能力；⑧法律、行政法规、规章规定的其他条件。

3. 职业卫生技术服务的要求

根据法律及相关规定，职业卫生技术服务机构应当依法独立开展职业卫生技术服务活动，科学、客观、真实地反映技术服务事项，并对出具的职业卫生技术报告承担法律责任。

取得资质的职业卫生技术服务机构，应当在批准的业务范围和规定的区域范围内开展技术服务工作，并接受技术服务所在地安全生产监督管理部门的监督管理。取得甲级资质的职业卫生技术服务机构跨省、自治区、直辖市开展职业卫生技术服务，应当填写职业卫生技术服务机构跨省、自治区、直辖市服务工作报告表，报送服务所在地省级安全生产监督管理部门备案，并接受其监督检查。

职业卫生技术服务机构开展技术服务时，应当依法与建设单位、用人单位签订职业卫生技术服务合同，明确技术服务内容、范围以及双方的权利、义务和责任。职业卫生技术服务机构从事职业卫生检测、评价技术服务的收费，应当符合法律、法规的规定。法律、法规没有规定的，应当按照行业自律标准或者指导性标准收费；没有行业自律标准和指导性收费标准的，双方可以通过合同协商确定。

职业卫生技术服务机构及其专职技术人员在从事职业卫生技术服务活动中，不得有下列行为：①泄露服务对象的技术秘密和商业秘密；②伪造、变造、转让或者租借资质证书；③超出资质证书业务范围从事技术服务活动；④出具虚假或者失实的职业卫生技术报告；⑤转包职业卫生技术服务项目；⑥擅自更改、简化职业卫生技术服务程序和相关内容；⑦采取不正当竞争手段，故意贬低、诋毁其他职业卫生技术服务机构；⑧法律、法规规定的其他违法行为。专职技术人员不得同时在两个以上职业卫生技术机构从业。

职业卫生技术服务机构的职业卫生技术服务过程控制记录、现场勘查记录、影像资料及相关证明材料，应当及时归档，妥善保管。专职技术负责人和质量控制负责人应当按照法律、法规和标准的规定，加强职业卫生技术服务的全过程管理。职业卫生技术服务机构应当为专职技术人员提供必要的个体防护用品。

4. 职业卫生技术服务的法律责任

正如前面所讲，职业卫生技术服务机构依法独立开展工作，并承担相应的法律责任。根据法律规定，未取得职业卫生技术服务资质认可擅自从事职业卫生技术服务的，由安全生产监督管理部门责令立即停止违法行为，没收违法所得；违法所得 5 千元以上的，并处违法所得 2 倍以上 10 倍以下的罚款；没有违法所得或者违法所得不足 5 千元的，并处 5 千元以上 5 万元以下的罚款；情节严重的，对直接负责的主管人员和其他直接责任人员，依法给予降级、撤职或者开除的处分。

从事职业卫生技术服务的机构违反《职业病防治法》规定，有下列行为之一的，由安全生产监督管理部门责令立即停止违法行为，给予警告，没收违法所得；违法所得5 千元以上的，并处违法所得2 倍以上 5 倍以下的罚款；没有违法所得或者违法所得不足5 千元的，并处5 千元以上 2 万元以下的罚款；情节严重的，由原发证机关取消其相应的资格；对直接负责的主管人员和其他直接责任人员，依法给予降级、撤职或者开除的处分；构成犯罪的，依法追究刑事责任：①超出规定的范围和区域从事职业卫生检测、评价技术服务的；②未按照《职业病防治法》规定履行法定职责的；③出具虚假证明文件的。

五、职业卫生监督检查制度

这是一项广泛的监督检查制度，包括各级政府及相关部门的监督检查、社会大众的监督、工会的监督等各个方面。

1. 国家实行职业卫生监督制度

在《职业病防治法》中明确职业卫生监督制度是由国家实行的制度，对职业卫生实施的监督是国家管理职能的体现，它包括政府和有关部门的监督。

《职业病防治法》第九条明确规定：“国家实行职业卫生监督制度。国务院安全生产监督管理部门、卫生行政部门、劳动保障行政部门依照本法和国务院确定的职责，负责全国职业病防治的监督管理工作。国务院有关部门在各自的职责范围内负责职业病防治的有关监督管理工作。县级以上地方人民政府安全生产监督管理部门、卫生行政部门、劳动保障行政部门依据各自职责，负责本行政区域内职业病防治的监督管理工作。县级以上地方人民政府有关部门在各自的职责范围内负责职业病防治的有关监督管理工作。县级以上人民政府安全生产监督管理部门、卫生行政部门、劳动保障行政部门（统称职业卫生监督管理部门）应当加强沟通、密切配合，按照各自职责分工，依法行政职权，承担责任。”第十条还规定：“县级以上地方人民政府统一负责、领导、组织、协调本行政区域的职业病防治工作，建立健全职业病防治工作体制、机制，统一领导、指挥职业卫生突发事件应对工作；加强职业病防治能力建设和服务体系建设，完善、落实职业病防治工作责任制。乡、民族乡、镇的人民政府应当认真执行本法，支持职业卫生监督管理部门依法履行职责。”

《职业病防治法》从职业病“防、治、保”角度对安全生产监督管理部门、卫生行政部门、劳动保障行政部门作出了相关法律规定，并设立监督检查一章，以加强职业卫生的监督，保障法律的有效实施。同时，2005 年、2008 年、2010 年国务院对国务院卫生行政部门、国务院安全生产监督管理部门和国务院劳动保障行政部门在职业病防治职责方面进行了多次调整完善，以进一步加强职业卫生的监督。

安全生产监督管理部门在职业病防治方面有两项监督权：

一是日常监督检查权。根据《职业病防治法》第六十四条规定，安全生产监督管理部门履行监督检查职责时，有权采取下列措施：①进入被检查单位和职业病危害现场，了解情况，调查取证；②查阅或者复制与违反职业病防治法律、法规的行为有关的资料和采集样品；③责令违反职业病防治法律、法规的单位和个人停止违法行为。

二是临时控制措施权。根据《职业病防治法》第六十五条规定，发生职业病危害事故或者有证据证明危害状态可能导致职业病危害事故发生时，安全生产监督管理部门可以采取下列临时控制措施：①责令暂停导致职业病危害事故的作业；②封存造成职业病危害事故或者可能导致职业病危害事故发生的材料和设备；③组织控制职业病危害事故现场。在职业病危害事故或者危害状态得到有效控制后，安全生产监督管理部门应当及时解除控制措施。

2. 社会的监督

由于职业病危害在用人单位普遍存在，在加强安全生产监督管理部门的监督检查的同时，还要依靠社会的力量，尤其是对分散存在于城乡各地的职业病危害的现象，更需要社会各界的监督，鼓励劳动者、知情者、主张社会公正的人进行检举和控告，对违法者施加压力，在社会力量的支持下加大查处力度。因此，《职业病防治法》第十三条规定，任何单位和个人有权对违反本法的行为进行检举和控告。有关部门收到相关的检举和控告后，应当及时处理。这项规定表明，防治职业病需要全社会的关注，也需要动员和支持社会公众热心地参与防治职业病活动，支持社会中的弱势群体，与损害劳动者健康的违法行为作斗争。

3. 工会的监督

《职业病防治法》第四十一条规定，工会组织应当督促并协助用人单位开展职业卫生宣传教育和培训，有权对用人单位的职业病防治工作提出意见和建议，依法代表劳动者与用人单位签订劳动安全卫生专项集体合同，与用人单位就劳动者反映的有关职业病防治的问题进行协调并督促解决。工会组织对用人单位违反职业病防治法律、法规，侵犯劳动者合法权益的行为，有权要求纠正；产生严重职业病危害时，有权要求采取防护措施，或者向政府有关部门建议采取强制性措施；发生职业病危害事故时，有权参与事故调查处理；发现危及劳动者生命健康的情形时，有权向用人单位建议组织劳动者撤离危险现场，用人单位应当立即作出处理。

第四节　安全生产监督管理部门的职责

根据国务院对卫生行政部门、安全生产监督管理部门和人力资源和社会保障部门的职责分工，依据《职业病防治法》的相关规定，安全生产监督管理部门对用人单位遵守有关职业病防治法律、法规、国家职业卫生标准等情况进行监督检查，履行下列主要职责：

（1）加强对职业病防治的宣传教育，普及职业病防治的知识，增强用人单位的职业病防治观念，提高劳动者的职业健康意识、自我保护意识和行使职业卫生保护权利的能力。

（2）受理对违反《职业病防治法》的行为的检举和控告，并及时依法进行处理。

（3）负责职业卫生技术服务机构的资质认定，并对其监督检查。

（4）检查产生职业病危害的用人单位的设立是否符合法律、行政法规规定的设立条件，其工作场所职业病危害因素的强度或者浓度是否符合国家职业卫生标准；是否有与职业病危害防护相适应的设施；生产布局是否合理，符合有害与无害作业分开的原则；是否有配套的更衣间、洗浴间、孕妇休息间等卫生设施；设备、工具、用具等设施是否符合保护劳动者生理、心理健康的要求等。

（5）受理用人单位职业病危害项目的申报，并对申报情况进行监督检查。

（6）负责新建、扩建、改建建设项目和技术改造、技术引进项目（以下统称建设项目）的“三同时”工作。

（7）对从事放射性、高毒、高危粉尘等作业实行特殊管理的情况进行监督检查。

（8）检查用人单位是否按照规定设置或者指定职业卫生管理机构或者组织，配备专职或者兼职的职业卫生管理人员。

（9）检查用人单位是否建立、健全下列职业病防治措施：

①职业病防治计划和实施方案。

②职业卫生管理制度和操作规程。

③职业卫生档案和劳动者健康监护档案。

④工作场所职业病危害因素监测及评价制度。

⑤职业病危害事故应急救援预案。

（10）检查用人单位是否按照规定保障职业病防治所需的资金投入。

（11）检查用人单位是否采用有效的职业病防护设施，并为劳动者提供个人使用的职业病防护用品。

（12）检查用人单位为劳动者个人提供的职业病防护用品是否符合防治职业病的要求。

（13）检查用人单位是否督促劳动者遵守职业病防治法律、法规和操作规程，指导劳动者正确使用职业病防护设备和个人使用的职业病防护用品。

（14）检查用人单位是否优先采用有利于防治职业病和保护劳动者健康的新技术、新工艺、新设备、新材料，逐步替代职业病危害严重的技术、工艺、设备、材料。

（15）检查产生职业病危害的用人单位，是否在醒目位置设置公告栏，公布有关职业病防治的规章制度、操作规程、职业病危害事故应急救援措施和工作场所职业病危害因素检测结果；检查产生严重职业病危害的作业岗位，是否在其醒目位置，设置警示标识和中文警示说明。警示说明应当载明产生职业病危害的种类、后果、预防以及应急救治措施等内容。

（16）检查对可能发生急性职业损伤的有毒、有害工作场所，用人单位是否设置报警装置，配置现场急救用品、冲洗设备、应急撤离通道和必要的泄险区。

（17）检查对放射工作场所和放射性同位素的运输、储存，用人单位是否配置防护设备和报警装置，保证接触放射线的工作人员佩戴个人剂量计。

（18）检查对职业病防护设备、应急救援设施和个人使用的职业病防护用品，用人单位是否进行经常性的维护、检修，定期检测其性能和效果，确保其处于正常状态，不得擅自拆除或者停止使用。

（19）检查用人单位是否实施由专人负责的职业病危害因素日常监测，并确保监测系统处于正常运行状态。

（20）检查用人单位是否按照国务院安全生产监督管理部门的规定，定期对工作场所进行职业病危害因素检测、评价。

（21）检查工作场所进行职业病危害因素检测、评价结果是否存入用人单位职业卫生档案，是否按照规定定期向所在地安全生产监督管理部门报告并向劳动者公布。

（22）检查职业病危害因素检测、评价是否由依法取得资质的职业卫生技术服务机构进行，以及职业卫生技术服务机构所作检测、评价是否客观、真实。

（23）检查用人单位在发现工作场所职业病危害因素不符合国家职业卫生标准和卫生要求时，是否采取相应治理措施；仍然达不到国家职业卫生标准和卫生要求的，检查是否停止存在职业病危害因素的作业。

（24）对于向用人单位提供可能产生职业病危害的设备的，检查其是否提供中文说明书，并在设备的醒目位置设置警示标识和中文警示说明。警示说明是否载明设备性能、可能产生的职业病危害、安全操作和维护注意事项、职业病防护以及应急救治措施等内容。

（25）对于向用人单位提供可能产生职业病危害的化学品、放射性同位素和含有放射性物质的材料的，检查其是否提供中文说明书；检查说明书是否载明产品特性、主要成分、存在的有害因素、可能产生的危害后果、安全使用注意事项、职业病防护以及应急救治措施等内容；检查产品包装是否有醒目的警示标识和中文警示说明；检查储存上述材料的场所是否在规定的部位设置危险物品标识或者放射性警示标识。

（26）对于国内首次使用或者首次进口与职业病危害有关的化学材料，检查使用单位或者进口单位是否按照国家规定经国务院有关部门批准后，向国务院安全生产监督管理部门报送该化学材料的有关登记注册或者批准进口的文件等资料。

（27）检查任何单位和个人是否违规生产、经营、进口和使用国家明令禁止使用的可能产生职业病危害的设备或者材料。

（28）检查任何单位和个人是否将产生职业病危害的作业转移给不具备职业病防护条件的单位和个人。

（29）检查不具备职业病防护条件的单位和个人是否接受产生职业病危害的作业。

（30）检查用人单位与劳动者订立劳动合同（含聘用合同，下同）时，是否将工作过程中可能产生的职业病危害及其后果、职业病防护措施和待遇等如实告知劳动者，并在劳动合同中写明。

（31）检查劳动者在已订立劳动合同期间因工作岗位或者工作内容变更，从事与所订立劳动合同中未告知的存在职业病危害的作业时，用人单位是否按照规定告知劳动者，并变更有关合同内容。

（32）检查用人单位的主要负责人和职业卫生管理人员是否按照规定接受职业卫生培

训，遵守职业病防治法律、法规，依法组织本单位的职业病防治工作。

（33）检查用人单位是否按照规定对劳动者进行上岗前的职业卫生培训和在岗期间的定期职业卫生培训。

（34）对于劳动者未履行学习和掌握相关的职业卫生知识，增强职业病防范意识，遵守职业病防治法律、法规、规章和操作规程，正确使用、维护职业病防护设备和个人使用的职业病防护用品，或者发现职业病危害事故隐患不及时报告义务的，检查用人单位是否对其进行教育。

（35）检查用人单位对从事接触职业病危害的作业的劳动者，是否按照有关规定组织上岗前、在岗期间和离岗时的职业健康检查，并将检查结果书面告知劳动者。

（36）检查用人单位对在职业健康检查中发现有与所从事的职业相关的健康损害的劳动者，是否调离原工作岗位，并妥善安置。

（37）检查用人单位对未进行离岗前职业健康检查的劳动者，是否违规解除或者终止与其订立的劳动合同。

（38）检查用人单位是否按照有关规定为劳动者建立职业健康监护档案，并按照规定的期限妥善保存。

（39）检查用人单位是否违反禁忌规定安排未经上岗前职业健康检查的劳动者从事接触职业病危害的作业、安排有职业禁忌的劳动者从事其所禁忌的作业。

（40）检查用人单位是否违反禁忌规定安排未成年工从事接触职业病危害的作业、安排孕期、哺乳期的女职工从事对本人和胎儿、婴儿有危害的作业。

（41）检查用人单位在发生或者可能发生急性职业病危害事故时，是否立即采取应急救援和控制措施，并及时报告所在地安全生产监督管理部门和有关部门。

（42）检查用人单位对遭受或者可能遭受急性职业病危害的劳动者，是否及时组织救治、进行健康检查和医学观察，并承担所需费用。

（43）监督检查和督促用人单位如实提供职业病诊断、鉴定所需的劳动者职业史和职业病危害接触史、工作场所职业病危害因素检测结果等资料。

（44）因职业病诊断、鉴定工作的需要，职业病诊断、鉴定机构向安全生产监督管理部门提出需要现场调查工作场所职业病危害因素情况的，应当在十日内组织现场调查，并将调查情况返给职业病诊断、鉴定机构。

（45）因职业病诊断、鉴定工作的需要，劳动者对用人单位提供的工作场所职业病危害因素检测结果等资料有异议，或者因劳动者的用人单位解散、破产，无用人单位提供上述资料，诊断、鉴定机构提请安全生产监督管理部门进行调查的，应当自接到申请之日起三十日内对存在异议的资料或者工作场所职业病危害因素情况作出判定。

（46）安全生产监督管理部门履行监督检查职责时，有权采取下列措施：

①进入被检查单位和职业病危害现场，了解情况，调查取证。

②查阅或者复制与违反职业病防治法律、法规的行为有关的资料和采集样品。

③责令违反职业病防治法律、法规的单位和个人停止违法行为。

（47）发生职业病危害事故或者有证据证明危害状态可能导致职业病危害事故发生时，安全生产监督管理部门可以采取下列临时控制措施：

①责令暂停导致职业病危害事故的作业。

②封存造成职业病危害事故或者可能导致职业病危害事故发生的材料和设备。

③组织控制职业病危害事故现场。

在职业病危害事故或者危害状态得到有效控制后，安全生产监督管理部门应当及时解除控制措施。

（48）法律、法规和国务院规定的其他职责。

第五节 职业病防治违法行为应负的法律责任

《职业病防治法》从职业病“防、治、保”3个方面对建设单位、用人单位和其他单位、职业卫生技术服务机构、政府及有关部门等违反有关职业病防治的行为，追究相应的法律责任。

一、建设单位的法律责任

根据《职业病防治法》第七十条规定，建设单位存在违法行为的，依法给予警告，责令限期改正；逾期不改正的，处十万元以上五十万元以下的罚款；情节严重的，责令停止产生职业病危害的作业，或者提请有关人民政府按照国务院规定的权限责令停建、关闭。主要有以下4种情形：

（1）未按照规定进行职业病危害预评价或者未提交职业病危害预评价报告，或者职业病危害预评价报告未经安全生产监督管理部门审核同意，开工建设的。

（2）建设项目的职业病防护设施未按照规定与主体工程同时投入生产和使用的。

（3）职业病危害严重的建设项目，其职业病防护设施设计未经安全生产监督管理部门审查，或者不符合国家职业卫生标准和卫生要求施工的。

（4）未按照规定对职业病防护设施进行职业病危害控制效果评价、未经安全生产监督管理部门验收或者验收不合格，擅自投入使用的。

二、用人单位及相关责任人员的法律责任

根据《职业病防治法》第七十一、七十二、七十三、七十五、七十六、七十八、七十九条等规定，用人单位及有关责任人员存在违法行为的，依法给予警告、责令限期改正、罚款、责令停止产生职业病危害的作业，或者提请有关人民政府按照国务院规定的权限给予责令停建、关闭的行政处罚。对有直接责任的主管人员和其他直接责任人员，依法给予降级或者撤职的行政处分。主要有以下30种情形：

（1）工作场所职业病危害因素检测、评价结果没有存档、上报、公布的。

（2）未按照规定设置或者指定职业卫生管理机构，配备专职或者兼职的职业卫生管理人员，负责本单位的职业病防治工作；制定职业防治计划和实施方案，或者未建立、健全职业卫生管理制度和操作规程，或者未建立、健全职业卫生档案和劳动者健康监护档案，或者未建立、健全工作场所职业病危害因素监测及评价制度，或者建立、健全职业病危害事故应急预案的；未采取本法第二十一条规定的职业病防治管理措施的。

（3）未按照规定公布有关职业病防治的规章制度、操作规程、职业病危害事故应急救援措施的。

（4）未按照规定组织劳动者进行职业卫生培训，或者未对劳动者个人职业病防护采取指导、督促措施的。

（5）国内首次使用或者首次进口与职业病危害有关的化学材料，未按照规定报送毒性鉴定资料以及经有关部门登记注册或者批准进口的文件的。

（6）未按照规定及时、如实向安全生产监督管理部门申报产生职业病危害的项目的。

（7）未实施由专人负责的职业病危害因素日常监测，或者监测系统不能正常监测的。

（8）订立或者变更劳动合同时，未告知劳动者职业病危害真实情况的。

（9）未按照规定组织职业健康检查、建立职业健康监护档案或者未将检查结果书面告知劳动者的。

（10）未依照本法规定在劳动者离开用人单位时提供职业健康监护档案复印件的。

（11）工作场所职业病危害因素的强度或者浓度超过国家职业卫生标准的。

（12）未提供职业病防护设施和个人使用的职业病防护用品，或者提供的职业病防护设施和个人使用的职业病防护用品不符合国家职业卫生标准和卫生要求的。

（13）对职业病防护设备、应急救援设施和个人使用的职业病防护用品未按照规定进行维护、检修、检测，或者不能保持正常运行、使用状态的。

（14）未按照规定对工作场所职业病危害因素进行检测、评价的。

（15）工作场所职业病危害因素经治理仍然达不到国家职业卫生标准和卫生要求时，未停止存在职业病危害因素的作业的。

（16）未按照规定安排职业病病人、疑似职业病病人进行诊治的。

（17）发生或者可能发生急性职业病危害事故时，未立即采取应急救援和控制措施或者未按照规定及时报告的。

（18）未按照规定在产生严重职业病危害的作业岗位醒目位置设置警示标识和中文警示说明的。

（19）拒绝职业卫生监督管理部门监督检查的。

（20）隐瞒、伪造、篡改、毁损职业健康监护档案、工作场所职业病危害因素检测评价结果等相关资料，或者拒不提供职业病诊断、鉴定所需资料的。

（21）未按照规定承担职业病诊断、鉴定费用和职业病病人的医疗、生活保障费用的。

（22）未按照规定报告职业病、疑似职业病的。

（23）隐瞒技术、工艺、设备、材料所产生的职业病危害而采用的。

（24）隐瞒本单位职业卫生真实情况的。

（25）可能发生急性职业损伤的有毒、有害工作场所、放射工作场所或者放射性同位素的运输、贮存不符合本法第二十六条规定的。

（26）使用国家明令禁止使用的可能产生职业病危害的设备或者材料的。

（27）将产生职业病危害的作业转移给没有职业病防护条件的单位和个人，或者没有职业病防护条件的单位和个人接受产生职业病危害的作业的。

（28）擅自拆除、停止使用职业病防护设备或者应急救援设施的。

（29）安排未经职业健康检查的劳动者、有职业禁忌的劳动者、未成年工或者孕期、哺乳期女职工从事接触职业病危害的作业或者禁忌作业的。

（30）违章指挥和强令劳动者进行没有职业病防护措施的作业的。

三、其他单位的法律责任

《职业病防治法》对其他单位违反职业病防治的行为，追究相应的法律责任。主要有2种情形：

（1）向用人单位提供可能产生职业病危害的设备、材料，未按照规定提供中文说明书或者设置警示标识和中文警示说明的，由安全生产监督管理部门责令限期改正，给予警告，并处五万元以上二十万元以下的罚款。

（2）生产、经营或者进口国家明令禁止使用的可能产生职业病危害的设备或者材料的，依照有关法律、行政法规的规定给予处罚。

四、社会服务机构的法律责任

《职业病防治法》对职业卫生技术服务机构、医疗卫生机构等社会机构存在违法行为的，给予警告；没收违法所得并处罚款；取消其相应的资格；对直接负责的主管人员和其他直接责任人员，依法给予降级、撤职或者开除的处分；构成犯罪的，依法追究刑事责任。主要有以下5种情形：

（1）未取得职业卫生技术服务资质认可擅自从事职业卫生技术服务的，或者医疗卫生机构未经批准擅自从事职业健康检查、职业病诊断的。

（2）从事职业卫生技术服务的机构和承担职业健康检查、职业病诊断的医疗卫生机构超出资质认可或者批准范围从事职业卫生技术服务或者职业健康检查、职业病诊断的。

（3）从事职业卫生技术服务的机构和承担职业健康检查、职业病诊断的医疗卫生机构不按照本法规定履行法定职责的。

（4）从事职业卫生技术服务的机构和承担职业健康检查、职业病诊断的医疗卫生机构出具虚假证明文件的。

（5）医疗卫生机构未按照规定报告职业病、疑似职业病的。

五、政府及有关部门的法律责任

《职业病防治法》对地方人民政府及其安全生产监督管理部门、卫生行政部门、劳动保障行政部门等有关部门违反职业病防治的行为，追究相应的法律责任。主要有以下4种情形：

（1）县级以上地方人民政府在职业病防治工作中未依照本法履行职责，本行政区域出现重大职业病危害事故、造成严重社会影响的，依法对直接负责的主管人员和其他直接责任人员给予记大过直至开除的处分。

（2）卫生行政部门、安全生产监督管理部门不按照规定报告职业病和职业病危害事故的，由上一级行政部门责令改正，通报批评，给予警告；虚报、瞒报的，对单位负责人、直接负责的主管人员和其他直接责任人员依法给予降级、撤职或者开除的处分。

（3）违反本法第十七条、第十八条规定，有关部门擅自批准建设项目或者发放施工许可的，对该部门直接负责的主管人员和其他直接责任人员，由监察机关或者上级机关依法给予记过直至开除的处分。

(4) 安全生产监督管理部门、卫生行政部门、劳动保障行政部门不履行本法规定的职责，滥用职权、玩忽职守、徇私舞弊，依法对直接负责的主管人员和其他直接责任人员给予记大过或者降级的处分；造成职业病危害事故或者其他严重后果的，依法给予撤职或者开除的处分。

六、职业病防治违法行为行政处罚的决定机关

对于《职业病防治法》规定的职业病防治违法行为的行政处罚，应当按照国务院关于安全生产监督管理部门、卫生行政部门、劳动保障行政部门的职责分工，从职业病“防、治、保”角度分别由安全生产监督管理部门和卫生行政部门在各自的职权范围内决定。总体来讲，除医疗卫生机构以及职业病诊断、鉴定等领域违法行为由卫生行政部门实施外，其他由安全生产监督管理部门实施。

第十二章　生产安全事故报告和调查处理条例及相关规定

2007年4月9日温家宝总理签发第493号国务院令，公布《生产安全事故报告和调查处理条例》，自2007年6月1日起施行。《生产安全事故报告和调查处理条例》是我国第一部全面规范生产安全事故报告和调查处理的基本法规。《生产安全事故报告和调查处理条例》的立法目的是为了规范生产安全事故的报告和调查处理，落实生产安全事故责任追究制度，防止和减少生产安全事故。

第一节　《生产安全事故报告和调查处理条例》的立法目的和适用范围

《生产安全事故报告和调查处理条例》是国家制定的专门解决生产安全事故的报告和调查处理问题的单行行政法规。

一、立法目的

全国每天都有生产安全事故发生，报告和调查处理事故的工作十分纷繁复杂。这项工作政治性、政策性、法律性很强，涉及相关政府部门、生产经营单位、相关人员的权利、义务和责任，必须有法可依。因此，《生产安全事故报告和调查处理条例》明确其立法目的是规范事故的报告和调查处理，落实事故责任追究制度，防止和减少事故。

二、适用范围

《生产安全事故报告和调查处理条例》的适用范围对于确定其适用的法律问题、法律关系主体、事故种类至关重要。适用范围既要体现各行各业的各类生产安全事故报告和调查处理工作的一般规律，又要兼顾某些行业和领域的事故报告和调查处理工作的特殊性。为此，《生产安全事故报告和调查处理条例》从5个方面对其适用范围作出了规定。

1. 普遍适用

《生产安全事故报告和调查处理条例》第二条规定："生产经营活动中发生的造成人身伤亡或者直接经济损失的生产安全事故的报告和调查处理，适用本条例"。这样规定确立了《生产安全事故报告和调查处理条例》在各类事故报告和调查处理中的主法地位，具有普遍约束力。鉴于《生产安全事故报告和调查处理条例》是《安全生产法》的配套行政法规，因此其适用的空间范围、主体范围和行为范围与上位法是一致的，即适用于在中华人民共和国领域内的生产经营单位从事生产经营活动中发生的造成人身伤亡或者直接经济损失的事故的报告和调查处理，但排除适用的除外。

2. 衔接适用

《生产安全事故报告和调查处理条例》第四十五条规定："特别重大事故以下等级事故的报告和调查处理，有关法律、行政法规或者国务院另有规定的，依照其规定"。为了体现某些领域事故的报告和调查处理工作的特殊性，并与相关法律、行政法规相衔接，在保证国家行使对各类特别重大事故调查处理的最高行政权和普遍适用《生产安全事故报告和调查处理条例》关于事故报告、调查和处理程序的基本规定的前提下，允许一些特殊行业（领域）依照有关法律、行政法规和国务院的特别规定报告和调查处理重大事故、较大事故和一般事故，这类事故有：特种设备、铁路、水上交通、海上交通、消防、煤矿、道路交通事故等。这样规定，解决了不同种类事故的报告和调查处理是适用普通法还是适用特别法的问题。

3. 选择适用

《生产安全事故报告和调查处理条例》第四十四条第一款规定："没有造成人员伤亡，但是社会影响恶劣的事故，国务院或者有关地方人民政府认为需要调查处理的，依照本条例的有关规定执行"。在实践中也有一些没有造成人员伤亡或者人员伤亡达不到相应等级，但是社会影响恶劣的事故。这类事故是否需要调查处理，其选择决定权属于国务院和有关地方人民政府。如果决定调查处理的，由有关人民政府依照《生产安全事故报告和调查处理条例》关于该级人民政府组织事故调查处理的规定执行。

4. 参照适用

《生产安全事故报告和调查处理条例》第四十四条第二款规定："国家机关、事业单位、人民团体发生的事故的报告和调查处理，参照本条例的规定执行"。各类事故中也有一些发生在国家机关、事业单位和人民团体等社会组织，这些事故发生单位虽不同于生产经营单位，但也会造成人身伤亡、直接经济损失或者恶劣的社会影响，具有危害性和违法性，应当依法报告和调查处理。《生产安全事故报告和调查处理条例》关于该类事故参照适用的规定，有利于解决国家机关、事业单位、人民团体发生事故的报告和调查处理无法可依的问题。

5. 排除适用

《生产安全事故报告和调查处理条例》第二条规定："环境污染事故、核设施事故、国防科研生产事故的报告和调查处理不适用本条例"。鉴于上述事故的报告和调查处理非常特殊，并且国家已有相关法律规定，所以《生产安全事故报告和调查处理条例》对其作出了排除适用的规定。

第二节 生产安全事故的分级及认定

一、生产安全事故的分级

以往各个行业、领域的事故名称、事故等级及其分级要素没有统一、明确的法律规定，影响了事故报告和调查处理。事故等级划分涉及事故性质、危害程度以及事故责任的法律界定，需要科学地确定事故分级的要素（标准）。近20多年来，各级政府和部门将事故分为四级，即特别重大事故、重大事故、较大事故、一般事故。在《生产安全事故报告和调查处理条例》制定过程中对事故名称、事故等级如何确定的问题反复研究，并根据国务院公布的国家突发公共事件总体应急预案、国家生产安全事故专项应急预案关于突发公共事件和安全生产事故分级的规定，最终确定了以人员伤亡（集体工业中毒）、直接经济损失和社会影响 3 个要素对生产安全事故进行分级，以前颁布实施的行政法规的相关规定应当以此为准。

1. 事故定级的要素

事故定级要素的界定必须从各类事故侵犯的相关主体、社会关系和危害后果等方面来考虑。《生产安全事故报告和调查处理条例》规定的事故分级要素有 3 个，可以单独适用，以最高者为准。

（1）人员伤亡的数量（人身要素）。事故危害的最严重后果，就是造成人员死亡、重伤（中毒）或者轻伤。考虑到在我国的实际情况，各类轻伤事故较多，还难以普遍实施政府调查处理。因此，《生产安全事故报告和调查处理条例》仅将人员死亡、重伤包括急性中毒列为事故分级的第一要素。

（2）直接经济损失的数额（经济要素）。事故不仅造成人员伤亡，而且经常造成直接经济损失。要保护国家、企业和人民群众的财产权，必须根据造成直接经济损失的多少来区分事故等级。

（3）社会影响（社会要素）。有些事故的伤亡人数、直接经济损失数额达不到法定标准，但是具有恶劣的社会影响、政治影响和国际影响，也必须列为特殊事故进行调查处理，这是维护社会稳定的需要。

2. 通用的事故分级的规定

《生产安全事故报告和调查处理条例》将一般的生产安全事故分为下列四级：

（1）特别重大事故，是指造成 30 人以上死亡，或者 100 人以上重伤（包括急性工业中毒，下同），或者 1 亿元以上直接经济损失的事故。

（2）重大事故，是指造成 10 人以上 30 人以下死亡，或者 50 人以上 100 人以下重伤，或者 5000 万元以上 1 亿元以下直接经济损失的事故。

（3）较大事故，是指造成 3 人以上 10 人以下死亡，或者 10 人以上 50 人以下重伤，或者 1000 万元以上 5000 万元以下直接经济损失的事故。

（4）一般事故，是指造成 3 人以下死亡，或者 10 人以下重伤，或者 1000 万元以下直接经济损失的事故。

以上规定中的“以上”含本数，“以下”不含本数。

3. 特殊的事故分级的规定

（1）补充分级。除了对事故分级的一般性规定之外，考虑到某些行业事故分级的特点，《生产安全事故报告和调查处理条例》第三条第二款规定：“国务院安全生产监督管理部门可以会同国务院有关部门，制定事故等级划分的补充性规定”。

（2）社会影响恶劣事故。《生产安全事故报告和调查处理条例》第四十四条关于社会影响恶劣事故报告和调查处理的规定没有明确其事故等级，在实践中可以根据影响大小和危害程度，比照相应等级的事故进行调查处理。

二、生产安全事故的认定

根据《生产安全事故报告和调查处理条例》，什么是生产安全事故？生产经营活动中发生的造成人身伤亡或者直接经济损失的事故，即生产安全事故。这里讲的生产经营活动是指在工作时间和工作场所，为实现某种生产、建设或者经营目的而进行的活动，包括与工作有关的预备性或者收尾性活动，既包括合法的生产经营活动，也包括违法违规的生产经营活动。《安全生产法》所称生产经营单位，指从事生产活动或者经营活动的基本单位，既包括企业法人，也包括不具有企业法人资格的经营单位、个人合伙组织、个体工商户和自然人等其他生产经营单位。

1. 非法生产经营造成事故的认定

根据上述规定，无证照或者证照不全的生产经营单位擅自从事生产经营活动，发生的事故，应当认定为生产安全事故；个人私自从事生产经营活动（包括小作坊、小窝点、小坑口等），发生的事故，应当认定为生产安全事故。对于个人非法进入已经关闭、废弃的矿井盗窃设备设施过程中发生的事故，不认定为生产安全事故。对于个人非法进入已经关闭、废弃的矿井进行采挖，发生的事故，是否属于生产安全事故要作具体分析。如果是有组织的采挖，则是一种滥采活动，可以认定为生产安全事故；构成犯罪的，以非法采矿罪追究相应的法律责任。如果是无组织的个人私自采挖，则不属于生产安全事故；构成犯罪的，同样以非法采矿罪追究相应的法律责任。根据 2008 年《最高人民检察院、公安部关于公安机关管辖的刑事案件立案追诉标准的规定（一）》第六十八条规定，[非法采矿案（《刑法》第三百四十三条第一款）] 违反《矿产资源法》的规定，未取得采矿许可证擅自采矿的，或者擅自进入国家规划矿区、对国民经济具有重要价值的矿区和他人矿区范围采矿的，或者擅自开采国家规定实行保护性开采的特定矿种，经责令停止开采后拒不停止开采，造成矿产资源破坏的价值数额在五万至十万元以上的，应予立案追诉。

具有下列情形之一的，属于本条规定的“未取得采矿许可证擅自采矿”：

（1）无采矿许可证开采矿产资源的。

（2）采矿许可证被注销、吊销后继续开采矿产资源的。

（3）超越采矿许可证规定的矿区范围开采矿产资源的。

（4）未按采矿许可证规定的矿种开采矿产资源的（共生、伴生矿种除外）。

（5）其他未取得采矿许可证开采矿产资源的情形。

在采矿许可证被依法暂扣期间擅自开采的，视为本条规定的“未取得采矿许可证擅自采矿”。造成矿产资源破坏的价值数额，由省级以上地质矿产主管部门出具鉴定结论，经查证属实后予以认定。

2. 农村房屋建筑造成事故的认定

根据上述规定，由建筑施工单位（包括无资质的施工队）承包的农村新建、改建以及修缮房屋过程中，发生的事故，认定为生产安全事故。虽无建筑施工单位（包括无资质的施工队）承包，但是农民以支付劳动报酬（货币或者实物）或者相互之间以互助的形式请人进行新建、改建以及修缮过程中，发生的事故，不认定为生产安全事故。

3. 自然灾害引发事故的认定

自然灾害引发的事故，分两种情况：由于不能预见或者不能抗拒的自然灾害（包括洪水、泥石流、雷电、地震、台风、海啸、龙卷风等）直接造成的事故，可以不认定为生产安全事故。在能够预见或者能够预防可能发生的自然灾害的情况下，因生产经营单位防范措施不落实、应急救援预案或者防范救援措施不力，由自然灾害引发的事故，应当认定为生产安全事故。譬如，生产经营单位位于山坡地带，应当知道容易滑坡，特别在下大雨或者暴雨时，因不采取适当防范措施而导致事故，尽管是因自然灾害引起，不可认定为自然灾害事故。

4. 购买、储藏炸药、雷管等爆炸物品造成事故的认定

购买、储藏炸药、雷管等爆炸物品造成事故的情况很复杂。个体经营者购买、储藏炸药、雷管等爆炸物品在民宅，因违反民用爆炸物品管理造成事故，原则不认定为生产安全事故，属于公共安全的事故，按照有关《治安管理处罚法》的规定进行处理；构成犯罪的，依照《刑法》的有关规定追究刑事责任。矿山生产经营单位存放在地面作业场所用于生产所购买的炸药、雷管等爆炸物品，因违反民用爆炸物品安全管理规定所造成的事故，认定为生产安全事故，原因是属于广义的生产经营活动中发生的事故。矿山存在在井下等生产场所的炸药、雷管等爆炸物品，因违反有关管理规定造成的事故，应当认定为生产安全事故。

5. 农用船舶、车辆等非法载客造成事故的认定

农用船舶、车辆等非法载客造成事故，如果有经营行为的，认定为生产安全事故；如果没有经营行为的，不认定为生产安全事故。这里讲的经营行为，主要指业主以营利为目的。譬如，农民赶集非法搭乘农用拖拉机造成事故，没有相应收费的话，不认定为生产安全事故。

6. 救援人员在事故救援过程中造成人员伤亡事故的认定

救援人员在事故救援过程中造成人员伤亡事故的认定分为3种情况。专业救援人员参加事故抢险救灾过程中造成的伤亡事故，如果专业救援人员是消防队员，则不认定为生产安全事故；如果是矿山救援队等其他专业救援人员，按照目前的规定，算为事故的扩大，仍然认定为生产安全事故。生产经营单位所属非专业救援人员（兼职求援人员）参加事故抢险救灾过程中造成的事故，认定为生产安全事故。生产经营单位其他公民参加事故抢险救灾过程中造成的事故，同样认定为生产安全事故。

7. 事故认定原则

一般、较大、重大生产安全事故原则上地方各级人民政府确定，特别重大生产安全事故原则由国家安全生产监督管理总局初步确认，报国务院确认。对于已由公安机关立案侦查的事故，侦查结案后认定属于刑事案件或者治安管理案件的，凭公安机关出具的结案证明，按公共安全事件处理；在结案后认定不属于刑事案件或者治安管理案件的，均属于生产安全事故。

第三节　生产安全事故报告

长期以来，关于生产安全事故报告的主体、内容和程序没有统一的、规范的法律规定。这些问题不明确，直接影响事故信息的报送以及事故应急救援的展开。《生产安全事故报告和调查处理条例》第二章关于事故报告的规定，主要有以下8个方面。

一、报告事故是政府和企业的法定义务和责任

虽然有关地方人民政府及其职能部门和事故发生单位在事故报告和调查处理工作的法

律地位不同，各自的义务和责任有所不同，但其报告事故的法定义务和责任是共同的。作为监管主体，政府及其职能部门的义务和责任主要是及时掌握传递报送事故信息，组织事故应急救援和调查处理；不履行法定职责的，要承担相应的法律责任。作为生产经营主体，事故发生单位的义务和责任主要是及时、如实报告其事故情况，组织自救，配合和接受事故调查，否则要承担相应的法律责任。

二、事故报告主体

要做到及时报告事故情况，必须明确法定的事故报告主体（义务人）。事故报告主体不履行法定报告义务，将受到法律追究。《生产安全事故报告和调查处理条例》明确负有事故报告义务的主体主要有5种：

（1）事故发生单位现场人员。从事生产经营作业的从业人员或者其他相关人员，只要发现发生了事故，应当立即报告本单位负责人。

（2）事故单位负责人。事故发生单位主要负责人或者有关负责人接到事故报告后，必须依照《生产安全事故报告和调查处理条例》的规定向所在地安全生产监督管理部门和其他负有安全生产监督管理职责的部门报告。

（3）有关政府职能部门。县级以上人民政府安全生产监督管理部门、负有安全生产监督管理职责的有关部门负有报告事故情况的义务，接到事故报告后，按照规定向本级人民政府和上一级对应的部门报告。

（4）有关地方人民政府。有关地方人民政府负有向上级人民政府报告事故情况的义务。

（5）其他报告义务人。

三、事故报告对象

发生事故后，作为不同的事故报告主体应当履行各自的报告义务。因此，向谁报告即事故报告的对象必须明确。《生产安全事故报告和调查处理条例》规定的事故报告对象，有事故发生单位和有关行政机关两类。

1. 事故发生单位的报告对象

发生事故后，现场有关人员应当立即向本单位负责人（包括主要负责人或者有关负责人）报告。单位负责人接到报告后，应当立即报告事故发生地县级以上人民政府安全生产监督管理部门。对于有关人民政府设有负责监管事故发生单位的行业主管部门或者专项监管部门的，事故发生单位除了向安全生产监督管理部门报告外，还要向负有安全生产监督管理职责的有关部门报告。

2. 县级以上人民政府职能部门的报告对象

按照逐级报告的程序，县级以上人民政府安全生产监督管理部门、负有安全生产监督管理职责的有关部门接到事故发生单位的报告后，其报告对象有两个，一是上一级人民政府安全生产监督管理部门、负有安全生产监督管理职责的有关部门，二是本级人民政府。

四、事故通知对象

为了便于组织事故调查和开展善后工作，《生产安全事故报告和调查处理条例》除了规定事故报告主体之外，还规定了安全生产监督管理部门、负有安全生产监督管理职责的有关部门接到事故报告后，应当通知同级公安机关、劳动保障行政部门、工会和人民检察院。

五、事故报告的程序

1. 事故发生单位向政府职能部门报告

《生产安全事故报告和调查处理条例》第九条规定："事故发生后，事故现场有关人员应当立即向本单位负责人报告；单位负责人接到报告后，应当于1小时内向事故发生地县级以上人民政府安全生产监督管理部门和负有安全生产监督管理职责的有关部门报告。"

2. 政府部门报告的程序

（1）特别重大事故、重大事故逐级上报至国务院安全生产监督管理部门和负有安全生产监督管理职责的有关部门。

（2）较大事故逐级上报至省、自治区、直辖市人民政府安全生产监督管理部门和负有安全生产监督管理职责的有关部门。

（3）一般事故上报至设区的市级人民政府安全生产监督管理部门和负有安全生产监督管理职责的有关部门。

安全生产监督管理部门和负有安全生产监督管理职责的有关部门依照前款规定上报事故情况，应当同时报告本级人民政府。国务院安全生产监督管理部门和负有安全生产监督管理职责的有关部门以及省级人民政府接到发生特别重大事故、重大事故的报告后，应当立即报告国务院。

3. 越级报告

（1）事故发生单位越级报告。情况紧急时，事故现场有关人员可以直接向事故发生地县级以上人民政府安全生产监督管理部门和负有安全生产监督管理职责的有关部门报告。

（2）政府职能部门的越级报告。必要时，安全生产监督管理部门和负有安全生产监督管理职责的有关部门可以越级上报事故情况。

4. 事故续报、补报

事故报告后出现新情况，事故发生单位和安全生产监督管理部门和负有安全生产监督管理职责的有关部门应当及时补报。自事故发生之日起30日内，事故造成的伤亡人数发生变化的，事故发生单位和安全生产监督管理部门和负有安全生产监督管理职责的有关部门应当及时补报。

六、事故报告内容

《生产安全事故报告和调查处理条例》第十二条规定，报告事故应当包括下列内容：

（1）事故发生单位概况。

（2）事故发生的时间、地点以及事故现场情况。

（3）事故的简要经过。

（4）事故已经造成或者可能造成的伤亡人数（包括下落不明的人数）和初步估计的

直接经济损失。

（5）已经采取的措施。

（6）其他应当报告的情况。

七、事故报告时限

为了提高事故报告速度，及时组织现场救援，《生产安全事故报告和调查处理条例》对事故发生单位、县级以上人民政府安全生产监督管理部门和负有安全生产监督管理职责的有关部门报告事故情况的时限分别作出了规定。超过法定时限且没有正当理由报告事故情况的，为迟报事故并承担相应法律责任。但是遇有不可抗力的情况并有证据证明的除外。譬如，因通信中断、交通阻断或者其他自然原因致使事故信息等情况不能按时报送的，其报告时限可以适当延长。

1. 事故发生单位事故报告的时限

从事故发生单位负责人接到作业现场事故报告时起算，该单位向安全生产监督管理部门和负有安全生产监督管理职责的有关部门报告的时限是 1 小时。

2. 政府职能部门事故报告的时限

县级以上人民政府安全生产监督管理部门和负有安全生产监督管理职责的有关部门向上一级人民政府安全生产监督管理部门和负有安全生产监督管理职责的有关部门逐级报告事故的时限，是每级上报的时间不得超过 2 小时。安全生产监督管理部门和负有安全生产监督管理职责的有关部门逐级上报事故情况的同时，应当报告本级人民政府。

3. 迟报、漏报、谎报、瞒报的认定

报告事故的时间超过规定时限的，属于迟报；因过失对应当上报的事故或者事故发生的时间、地点、类别、伤亡人数、直接经济损失等内容遗漏未报的，属于漏报；故意不如实报告事故发生的时间、地点、初步原因、性质、伤亡人数、直接经济损失等有关内容的，属于谎报；隐瞒已经发生的事故，超过规定时限未向安全生产监督管理部门和负有安全生产监督管理职责的有关部门报告，经查证属实的，属于瞒报。

八、事故举报

有些事故发生后，事故发生单位不报、瞒报或者谎报，这就需要依靠社会监督，发动群众报告和举报事故情况，各级人民政府负有安全生产监督管理职责的部门应当建立相关工作制度，受理举报并查处安全生产违法行为。《安全生产法》对此作出了明确规定，《生产安全事故报告和调查处理条例》第十八条再次规定，安全生产监督管理部门和负有安全生产监督管理职责的有关部门应当建立值班制度，并向社会公布值班电话，受理事故报告和举报。

第四节　生产安全事故调查

政府领导、分级负责事故调查处理工作，是《生产安全事故报告和调查处理条例》确定的重要原则。这项原则的核心是确立有关人民政府对事故调查处理的领导权。

一、事故调查方式

（一）一般规定

1. 人民政府直接组织调查

《生产安全事故报告和调查处理条例》按照政府主导、属地分级组织事故调查的原则，作出了下列规定：

（1）特别重大事故由国务院组织事故调查组进行调查。

（2）重大事故由事故发生地省级人民政府直接组织事故调查组进行调查。省级人民政府是指省、自治区、直辖市人民政府。

（3）较大事故由事故发生地设区的市级人民政府直接组织事故调查组进行调查。设区的市级人民政府还包括地区行政公署和民族自治地方的州、盟人民政府。

（4）一般事故由事故发生地县级人民政府直接组织事故调查组进行调查。县级人民政府还包括县级市人民政府和民族自治地方的旗人民政府。

2. 授权或者委托有关部门组织调查

在人民政府不直接组织事故调查的情况下，《生产安全事故报告和调查处理条例》对人民政府可以授权或者委托有关部门组织调查，作出了下列规定：

（1）特别重大事故由国务院授权有关部门组织事故调查组进行调查。

（2）重大事故由事故发生地省级人民政府授权或者委托有关部门组织事故调查组进行调查。

（3）较大事故由事故发生地设区的市级人民政府授权或者委托有关部门组织事故调查组进行调查。

（4）一般事故由事故发生地县级人民政府授权或者委托有关部门组织事故调查组进行调查。

这里讲的有关部门，既包括安全生产监督管理部门，也包括负有安全生产监督管理职责的有关部门。目前，特别重大事故的调查，国务院授权国家安全生产监督管理总局组织事故调查组进行调查。地方人民政府通常授权或者委托安全生产监督管理部门组织事故调查组进行调查，有时授权或者委托负有安全生产监督管理职责的有关部门组织事故调查组进行调查。

3. 委托事故单位组织调查

对于一般生产安全事故，如果未造成人员伤亡的，县级人民政府也可委托事故发生单位组织事故调查组进行调查。

（二）特别规定

鉴于事故调查工作情况复杂和有关法律、行政法规对某些事故调查的主体另有规定，因此，《生产安全事故报告和调查处理条例》除了对事故调查作出一般规定之外，还作出了下列特别规定：

1. 提级调查

对于一些情况复杂、影响恶劣、涉及面宽、调查难度大的事故，上级人民政府认为必要时，可以调查由下级人民政府负责调查的事故。《生产安全事故报告和调查处理条例》第二十条关于提级调查的规定，没有限制上级人民政府的层级，在实践中可能是上一级政府，但也不限于上一级人民政府，还可能提到上两级人民政府乃至国务院直接组织调查。

2. 升级调查

有些事故发生当时根据人员伤亡和直接经济损失情况确定了相应事故等级并由有关人民政府组织调查，但经过一定时间后事故情况有所变化而构成了上一级事故，这就需要按照提升后的事故等级另行组织调查。譬如，在一定期限内出现了伤亡人员或者重伤（急性工业中毒）者医治无效死亡而导致伤亡人数增加的情况。所以，《生产安全事故报告和调查处理条例》第二十条第二款规定："自事故发生之日起 30 日内（道路交通事故、火灾事故自发生之日起 7 日内），因事故伤亡人数变化导致事故等级发生变化，依照本条例规定应当由上级人民政府负责调查的，上级人民政府可以另行组织事故调查组进行调查"。

3. 跨行政区域的事故调查

特别重大事故以下等级的事故，有些事故特别是流动作业事故（如交通运输事故）的发生地与事故单位不在同一个县级以上行政区域，需要确定事故调查主体。对于异地发生事故的调查，《生产安全事故报告和调查处理条例》第二十一条规定："特别重大事故以下等级事故，事故发生地与事故发生单位不在同一个县级以上行政区域的，由事故发生地人民政府负责调查，事故发生单位所在地人民政府应当派人参加"。也就是说，两地有关人民政府负有共同调查跨行政区域事故的职责，双方应当相互支持和配合，任何一方不得拒绝参加事故调查。

4. 法律、行政法规授权部门组织事故调查

依照《生产安全事故报告和调查处理条例》第十九条的一般规定，国务院和省、设区的市、县四级人民政府分别负责特别重大事故、重大事故、较大事故、一般事故的调查工作。此外，现有国家制定的有关法律、行政法规中直接对组织事故调查的主体作出了特殊规定，即由法定政府部门直接组织一些特殊事故的调查。为了避免《生产安全事故报告和调查处理条例》与现行有关法律法规相互冲突，《生产安全事故报告和调查处理条例》第四十五条规定："特别重大事故以下等级事故的报告和调查处理，有关法律、行政法规或者国务院另有规定的，依照其规定"。该条规定在明确特别重大事故国家调查权的前提下，允许由特别法授权的政府部门直接组织特殊事故调查。目前，对法律授权部门直接组织事故调查有明确规定的，主要有《海上交通安全法》《海上交通事故调查处理条例》《铁路交通事故应急救援和调查处理条例》《煤矿安全监察条例》《特种设备安全监察条例》等。

必须指出，由法律、行政法规授权部门直接组织事故调查，是政府领导、分级负责组织事故调查的一种特殊形式。

二、事故调查组的组成

确定事故调查组的法律地位，明确法定的事故调查参与单位，严格履行法定的事故调查职责，建立和谐高效的工作机制，维护事故调查组的统一性和权威性，对于查明事故情况、认定事故原因和性质、实施事故责任追究和防范事故，十分重要。

1. 事故调查组的成员组成

根据《生产安全事故报告和调查处理条例》，事故调查组由成员单位、参加单位派出

的工作人员和聘请的专家组成。

（1）事故调查组的成员单位。《生产安全事故报告和调查处理条例》第二十二条规定，事故调查组的组成应当遵循精简、效能的原则。根据事故的具体情况，事故调查组由有关人民政府、安全生产监督管理部门、负有安全生产监督管理职责的有关部门、监察机关、公安机关以及工会派人组成。在实践中，安全生产监督管理部门、监察机关、公安机关以及同级工会通常都是事故调查组的组成单位。关于有关人民政府、负有安全生产监督管理职责的有关部门是否参加事故调查组的问题，有两种情况需要注意：一是有关人民政府直接组织事故调查组的，它是事故调查组的成员单位并且领导事故调查工作；如果授权或者委托其职能部门组织事故调查的，有关人民政府不是事故调查组的成员单位。二是发生某些行业或者领域生产安全事故时，有关人民政府设有负有安全生产监督管理职责的有关部门的，有关部门是事故调查组的成员单位。

（2）事故调查的邀请单位。检察机关是国家法律监督机关，依法负有追究国家工作人员职务犯罪的职责。检察机关参加事故调查，既有利于支持、协助有关人民政府部门调查处理事故，又有利于履行法定职责。加强行政机关与检察机关的联系和配合，是建立联合执法机制的需要。《生产安全事故报告和调查处理条例》第二十二条规定，应当邀请人民检察院派人参加事故调查。这里需要注意3个问题：

一是事故责任人中的国家工作人员涉嫌犯罪，是邀请检察机关参加事故调查的前提条件。生产安全事故的性质有责任事故与非责任事故之分，事故责任人的法律责任既有行政责任，又有刑事责任。有的责任人既要负行政责任又要负刑事责任，有的只负行政责任不负刑事责任。有关事故责任人中的国家工作人员是否应负刑事责任，不可能事先确定，只有经过调查才能确定。因此，有必要邀请人民检察院派人参加事故调查。通过调查，对涉嫌刑事犯罪的事故责任人中的国家工作人员，检察机关立案侦查、提起公诉，依法追究刑事责任。

二是检察机关与行政机关在事故调查中职责不同、目标一致。检察机关参与事故调查主要是依照《刑法》《中华人民共和国刑事诉讼法》（以下简称《刑事诉讼法》）和《安全生产法》等法律的规定，负责对生产安全事故涉嫌职务犯罪的国家工作人员立案侦查、拘捕和起诉，目的是惩治安全生产犯罪分子。行政机关主要是查明事故原因、认定事故性质、提出事故责任追究的意见、建议和实施行政处罚。检察机关与行政机关同属国家机关，虽有职责分工不同，但其共同目标都是依法制裁安全生产违法犯罪者，共同构建安全生产法律秩序。

三是调查组成员单位与检察机关应当相互支持配合。两者在事故调查中应当加强相互联系和支持，紧密合作、沟通协商，共同完成事故调查工作。

（3）聘请的专家。根据事故的具体情况，事故调查组可以聘请有关专家参与调查。

2. 事故调查组组长的确定

事故调查组组长由负责事故调查的人民政府指定。事故调查组组长主持事故调查组的工作。

3. 事故调查组成员的要求

事故调查组成员是指事故调查组成员单位、邀请单位派出的工作人员和聘请的专家。事故调查组成员应当具有事故调查所需要的知识和专长，并与所调查的事故没有直接利害关系。事故调查组成员与所调查的事故存在直接利害关系的，应当回避。事故调查组成员在事故调查工作中应当诚信公正、恪尽职守，遵守事故调查组的纪律，保守事故调查的秘密。未经事故调查组组长允许，事故调查组成员不得擅自发布有关事故的信息。

4. 事故调查组的法定地位

在事故调查处理工作常见的问题之一，就是对事故调查组的地位问题存在着不同认识，甚至由此引发了对事故调查组及其提交的事故调查报告提起的行政复议或者行政诉讼。《生产安全事故报告和调查处理条例》关于事故调查组法定地位的规定，需要明确两个问题：

（1）事故调查组的属性。事故调查组是有关人民政府或其授权、委托的部门和法律、行政法规授权的部门临时组成、专门负责事故调查的工作机构。事故调查组的法律属性体现为“四性”：一是法定性。它是法定的工作机构，代表有关人民政府履行事故调查职责，相关单位和人员必须予以支持和配合。二是临时性。它成立于事故发生，解散于调查结束。事故调查组不是一个独立的、常设的行政主体，不能成为行政复议和行政诉讼的主体。三是专业性。它的工作任务单一，专门负责事故调查。四是建设性。它对事故定性、责任划分和事后处理所提出的结论、意见、建议虽对有关人民政府作出批复具有重要的影响力，但都是建设性的。是否同意事故调查报告的决定权，属于组成事故调查组的有关人民政府。

（2）事故调查组的统一性、权威性、纪律性。事故调查组是统一整体。成员单位之间有时对事故原因、事故性质、事故责任的认识和意见不尽相同是正常的。这就需要建立组长负责制，成员单位应当在组长的领导下各负其责、密切配合，确保事故调查工作的顺利进行。为此，《生产安全事故报告和调查处理条例》第二十四条规定：“事故调查组组长由负责事故调查的人民政府指定。事故调查组组长主持事故调查组的工作”。第二十八条规定：“事故调查组成员在事故调查工作中应当诚信公正、恪尽职守，遵守事故调查组的纪律，保守事故调查的秘密。未经事故调查组组长允许，事故调查组成员不得擅自发布有关事故的信息”。

三、事故调查组的职责

事故调查组依法享有事故调查权，责任重大，其职责必须明确具体。根据《生安全事故报告和调查处理条例》，事故调查组有下列6项法定职责。

（1）查明事故发生经过、原因、人员伤亡情况及直接经济损失。这就要求事故调查组按照尊重科学、实事求是和“四不放过”原则，查清事故基本情况，为认定事故的性质和责任提供最直接、最真实、最可靠的有关材料、证据。事故基本情况应当经得起实践和历史的检验，具有确凿充分的证明力和说服力。事故调查中需要进行技术鉴定的，事故调查组应当委托具有国家规定资质的单位进行技术鉴定。必要时，事故调查组可以直接组织专家进行技术鉴定。

（2）认定事故的性质和事故责任。根据对事故基本情况的分析判定，事故调查组应对事故性质作出属于责任事故或者非责任事故的认定。经认定属于责任事故的，应当确定明确的事故责任单位及其责任人，界定不同事故责任主体各自应当承担的行政责任、民事责任、刑事责任。《生产安全事故报告和调查处理条例》对事故调查组及其提交的调查报告的基本要求是定性准确、责任明晰、程序合法。

（3）提出对事故责任者的处理建议。《生产安全事故报告和调查处理条例》所称的事故责任者，既包括事故发生单位和对事故报告、抢救、调查、处理负有责任的行政机关，又包括事故发生单位的主要负责人、直接负责的主管人员、其他直接责任人员和行政机关的直接负责的主管人员、参与事故调查人员、其他直接责任人员。《生产安全事故报告和调查处理条例》赋予事故调查组享有对事故责任者处理的建议权。事故调查组要准确认定责任主体，分清责任。处理建议应当体现权责一致、责罚相当、宽严相济的原则，于法有据。

（4）总结事故教训，提出防范和整改措施。事故是反面教员，调查事故不仅要体现责任追究，更要总结吸取血的教训。要提出可操作的防范和整改措施，以避免或者减少同类事故的发生。

（5）提交事故调查报告。事故调查报告是全面、准确地反映事故调查结果或者结论的法定文书，是有关人民政府作出事故批复的主要依据。事故调查组应当依照《生产安全事故报告和调查处理条例》的规定，在法定时限内向有关人民政府提交经事故调查组全体成员签名的事故调查报告。事故调查报告具有法定的证明力，事故调查组应当对其真实性、准确性、合法性负责。

（6）事故调查中发现涉嫌犯罪的，事故调查组应当及时将有关材料或者复印件移交司法机关处理。

四、事故调查的时限

《生产安全事故报告和调查处理条例》第二十九条规定，事故调查组应当自事故发生之日起60日内提交事故调查报告；特殊情况下，经负责事故调查的人民政府批准，提交事故调查报告的期限可以适当延长，但延长的期限最长不超过60日。

五、事故调查报告的内容和性质

1. 事故调查报告的内容

根据《生产安全事故报告和调查处理条例》的规定，事故调查报告应当包括下列内容：

（1）事故发生单位概况。

（2）事故发生经过和事故救援情况。

（3）事故造成的人员伤亡和直接经济损失。

（4）事故发生的原因和事故性质。

（5）事故责任的认定以及对事故责任者的处理建议。

（6）事故防范和整改措施。

此外，事故调查报告应当附具有关证据材料。事故调查组成员应当在事故调查报告上签名。

2. 事故调查报告的格式

第一部分为基本概况（包括前言），包括：事故发生的时间、地点、类别以及人员伤亡和直接经济损失情况，企业情况，事故单位概况，持证情况，调查组的组成情况等。

第二部分为事故发生及抢救简要经过，包括：事故发生经过，事故波及其他单位情况，抢险及善后简要经过等。

第三部分为事故原因及性质：

（1）直接原因，直接造成事故的原因。

（2）间接原因（主要原因）。

包括管理、技术、设备、设施、证照、监督检查等。

（3）事故性质，责任事故还是非责任事故。

第四部分为责任认定及对事故责任人员的处理意见：

（1）免予追究人员。

（2）司法机关已采取措施人员，指监察机关已采取的人员。

（3）建议移送司法机关处理人员，包括公安机关立案的人员。

（4）建议给予党纪、政纪处理人员。

第五部分为对事故单位及有关人员行政处罚建议，可以单独列出，也可以并入第四部分。

第六部分为防范措施和建议。

第七部分为附件，包括：事故调查组的成员名单及签名；其他需要说明的事项，如事故现场平面图及有关照片，有关部门出具的鉴定结论或者技术报告，直接经济损失计算及统计表。

3. 事故调查报告的性质

《生产安全事故报告和调查处理条例》规定，事故调查组在一定期限内应当向有关人民政府提交符合法定内容的事故调查报告。在事故调查处理过程中，最容易发生的异议或者提起行政复议和行政诉讼的，就是关于调查报告是否具有行政约束力和法律效力的问题。对调查报告的法律属性有了正确认识，这些问题即可迎刃而解。依照《安全生产法》《行政复议法》《行政复议法》和《生产安全事故报告和调查处理条例》的有关规定，调查报告是在事故调查中反映事故真实情况、提出处理意见的法律文书，其法律属性表现在 4 个方面：

（1）事故调查报告具有真实性。事故调查报告是在进行详细周密的调查核实之后，以客观事实为依据，真实、准确、全面地反映事故发生单位概况、事故发生经过和救援情况、人员伤亡和直接经济损失、事故发生原因的原始材料。事故调查报告不得对事故原貌进行修改、修饰，不得掺杂人为色彩，不得弄虚作假。

（2）事故调查报告具有证据性。原则上，经依法调查核实和有关人民政府认定的调查报告及其证明材料具有法定的证明力，它是有关人民政府作出事故处理批复的重要依据，也可以作为司法机关办案的佐证材料。最高人民法院 2011 年出台的《关于进一步加强危害生产安全刑事案件审判工作的意见》明确规定："审理危害生产安全刑事案件，政府或者职能部门依法对事故原因、损失大小、责任划分作出的调查认定，经庭审质证后，结合其他证据，可作为责任认定的依据。"调查报告及其证明材料包括主报告及其附具的调查记录、讯问笔录、鉴定报告、无证、书证、视听材料和其他相关材料。

（3）事故调查报告具有建议性。调查报告在查明事故真相的基础上，要对事故性质、事故责任认定、事故责任者的处理建议和事故防范整改措施等问题提出结论性意见。调查报告反映的是参加事故调查的成员单位的意见、建议，至于其是否正确、适当，应由有关人民政府加以确认。从某种意义上说，它是一种行政指导行为，是有关机关处理问题的前置意见。

（4）事故调查报告具有不可复议、诉讼性。关于事故调查报告是否可以复议、诉讼，专家学者也有不同的观点，大多数倾向不可复议、诉讼。事故调查报告的这种属性表现在：一是提交调查报告的不是独立的行政主体。事故调查组是临时工作机构，无权独立作出确认当事人的权利、义务和责任的具体行政行为。二是调查报告不具有独立完整、直接执行的法律效力和行政约束力。不能依据调查报告直接实施法律责任追究。对当事人的权利义务不产生实际影响。三是对调查报告持有异议，不属于法定的行政复议和行政诉讼的受案范围。依照《行政复议法》和《行政诉讼法》的规定，行政相对人申请复议和起诉的主体必须是独立的国家行政机关，复议和起诉的事由必须是被认为是侵犯其合法权益的独立的、完整的具体行政行为。鉴于调查报告不具备上述法定特征，所以行政相对人不能针对事故调查组及其提交的事故调查报告提起行政复议和行政诉讼。

事故调查报告提交后，有关人民政府对调查报告中关于事故基本情况尤其是事故定性、责任划分和处理建议等问题要进行全面的讨论研究。如果认为调查报告对事故原因认定不清、定性不准、责任不明，有权要求进行重新调查或者补充调查和补正材料。

第五节 生产安全事故处理

一、事故处理的方式

事故处理的方式有决定、批复等多种，《生产安全事故报告和调查处理条例》采用了批复的方式。需要说明的是，这里讲的批复方式是一种广义的范围，也包括决定形式。如果生产安全事故由人民政府组织调查的，事故调查报告由事故调查组报人民政府，人民政府就得作出决定。生产安全事故委托或者授权有关部门组织调查的，事故调查报告由委托或者授权的牵头部门报人民政府，人民政府作出批复决定。生产安全事故由县级人民政府委托事故发生单位调查的，事故调查报告由事故发生单位报县级人民政府，县级人民政府作出批复决定。实际工作中，很多地方的人民政府授权安全生产综合监督管理部门代为批复。除此之外，特别重大事故等级以下的事故，有关法律、行政法规或者国务院另有规定的，依照其相关规定作出决定。

二、事故批复的性质

事故批复与事故调查报告不同，它是由有关人民政府或其授权的部门依法作出的具有行政约束力和执行力的法律文书。对于事故批复的性质存在着不同认识，影响了事故批复的法律效力和执行力。

（1）事故批复主体是法定的行政机关。《生产安全事故报告和调查处理条例》第三十二条的规定，负责事故调查的国家、省、市、县四级人民政府接到事故调查报告后，应当在法定期限内作出批复。这就是说，事故批复权属于上述有关人民政府。在实践中，下达事故批复的形式有两种，一种形式是由有关人民政府直接下达批复（决定），另一种形式是由有关人民政府授权的部门，或者法律、行政法规授权的部门下达批复。

（2）作出事故批复是对确定事故原因、事故性质和实施事故追究责任的具体行政行为。这是有关人民政府根据事故调查报告，依照职权独立作出的、直接确定事故责任者的权利、义务和责任，具有法律效力和强制约束力的行政决定。有关行政机关和单位必须遵照执行，不得任意改变或者拒绝执行。

（3）事故批复是事故处理的法定依据。依照《生产安全事故报告和调查处理条例》第三十二条的规定，事故批复应当对负有行政责任的事故责任者作出追究行政责任的决定。有关机关应当根据人民政府的批复，依照法律、行政法规规定的权限和程序，对事故发生单位和有关人员进行行政处罚，对负有事故责任的国家工作人员进行处分。事故发生单位应当按照负责事故调查的人民政府的批复，对本单位负有事故责任的人员进行处理。负有事故责任的人员涉嫌犯罪的，依法追究刑事责任。

需要指出的是，事故批复虽然具有法律效力和强制约束力，但它不是而且不能替代有关机关根据事故批复对事故责任者制作下达的行政处分、行政处罚等法律文书。

（4）行政相对人对事故批复持有异议的，可以依法申请行政复议或者提起行政诉讼。从作出事故批复的主体、内容和效力上看，进行事故处理具备了具体行政行为的法定要件。因此，事故发生单位或者有关责任人员认为事故批复侵犯了其合法权益，有权依法申请行政复议或者提起行政诉讼；涉及人员行政处分的，可以依法申诉。

三、事故批复的格式

事故批复（决定）是具有行政约束力和执行力的法律文书。一般包括以下内容。

第一部分为事故概况、抢救简要经过，事故调查组组成及开展工作简况。

第二部分为明确批复经国务院或者地方人民政府同意。

第三部分为决定或者批复内容，包括：明确调查程序符合有关规定，合法；明确事故性质，简单描述事故原因；同意有关责任人员处理，或提出与调查报告不同的意见；请按干部管理权限落实；按党纪有关规定办理；对需要追究刑事责任的人员，请司法机关依法处理。请公布调查处理结果，并将落实情况备案。

第四部分为同意事故调查报告所提的事故防范措施，或提出不同的防范措施。

第五部分为附件，包括事故调查报告。

四、事故责任追究

鉴于事故责任主体及其法律责任有所不同，落实事故处理批复，实施责任追究的主体和形式也不同。

（1）事故发生单位和有关人员的行政处罚、处分。《生产安全事故报告和调查处理条例》第三十二条规定：“有关机关应当按照人民政府的批复，依照法律、行政法规规定的权限和程序，对事故发生单位和有关人员进行行政处罚，对负有事故责任的国家工作人员进行处分。”事故发生单位和有关人员对生产安全事故负有行政责任应当给予罚款的行政处罚的，由《生产安全事故报告和调查处理条例》第四十三条规定的行政机关实施；有关人员属于国家工作人员应当给予处分的，由其任命机关或者监察机关依法实施。

（2）事故发生单位内部的处理。除了对事故发生单位和有关人员进行行政处罚外，事故发生单位应当按照负责事故调查的人民政府的批复，对本单位负有事故责任的人员进行处理。

(3) 负有事故责任的人员涉嫌犯罪的，依法追究刑事责任。事故批复认定负有事故责任的人员涉嫌犯罪的，移交司法机关依法追究刑事责任。其中：事故发生单位责任人员中的非国家工作人员涉嫌犯罪的，由公安机关立案侦查；行政机关和事故发生单位责任人员中的国家工作人员涉嫌犯罪的，由检察机关立案侦查和起诉；所有涉嫌犯罪人员被起诉追究刑事责任的，一律由审判机关依法审理并作出判决。

五、处理结果的公布

依据《生产安全事故报告和调查处理条例》的规定，事故处理的情况由负责事故调查的人民政府或者其授权的有关部门、机构向社会公布，依法应当保密的除外。

这里需要说明的是，公布事故处理的情况，不是整个事故调查报告。要正确处理信息公开与保密的界限。《政府信息公开条例》规定，除了行政机关主动公开的政府信息外，公民、法人或者其他组织可以根据自身生产、生活、科研等特殊需要，向国务院部门、地方各级人民政府及县级以上地上人民政府部门申请获取相关政府信息。按上述规定，特定的公民、法人或者其他组织，不管是事故当事方，还是安全监督管理人员，都可以要求公开事故调查报告，否则可以申请行政复议或者提起行政诉讼。对于事故调查报告的公开问题，要注意以下三点：一是由谁公开，原则上由组织事故调查的单位公开。二是公开什么。按照规定向社会公开事故处理情况，公开经过有关人民政府或者主管部门依法批复的事故调查和处理情况。视事故情况、保安规定，主动公开部分事故调查报告。三是对于申请如何公开。已经定密的不公开，向当事人说明情况；未定密的，视情况决定是否公开，必要时，及时向上级主管部门请示，或者向保密机构请示。

第六节　生产安全事故报告和调查处理违法行为的追究

一、责任追究的对象

责任追究的对象，即事故责任主体或者事故责任者，是指未履行法定义务、实施了相关违法行为，对事故发生和事故报告、救援、调查处理中负有责任并应受法律制裁的单位和个人。依照《生产安全事故报告和调查处理条例》的规定，应受法律追究的事故责任主体主要有4种。

1. 事故发生单位

《安全生产法》规定，生产经营单位是生产经营活动的主体，依法应当履行加强管理、确保安全生产的义务；因其违法造成事故的，应当承担相应的法律责任。《生产安全事故报告和调查处理条例》规定，生产经营单位（事故发生单位）发生生产安全事故后，负有报告、救援和接受调查的义务。据此，生产经营单位对事故发生负有直接责任，应当作为独立的责任主体承担法律责任。

2. 事故发生单位有关人员

《安全生产法》规定生产经营单位的主要负责人对安全生产工作全面负责。《生产安全事故报告和调查处理条例》规定，不仅要追究事故发生单位的责任，还要对其有关人员实行责任追究。事故发生单位有关人员包括负有责任的主要负责人、直接负责的主管人员和其他直接责任人员。“主要负责人”包括企业法定代表人、实际控制人等对生产经营活动负全面领导责任、有主要决策指挥权的负责人；“直接负责的主管人员”包括负有直接领导、管理责任的有关负责人、安全管理机构的负责人和管理人员；“其他直接责任人员”包括负有直接责任的从业人员和其他人员。

3. 有关政府、部门工作人员

《生产安全事故报告和调查处理条例》规定，有关地方人民政府、安全生产监督管理部门和负有安全生产监督管理职责的有关部门实施违法行为，对其直接负责的主管人员和其他直接责任人员予以责任追究。“直接负责的主管人员”包括负有责任的有关地方人民政府的领导人、安全生产监督管理部门和有关部门的负责人；“其他直接责任人员”包括负有责任的行政机关内设机构的负责人和其他工作人员。

4. 中介机构及其相关人员

《生产安全事故报告和调查处理条例》规定，对发生事故的单位提供虚假证明的中介机构及其相关人员实行责任追究。

二、责任追究的方式

《安全生产法》规定的责任追究（包括对事故责任追究）方式有行政责任、刑事责任和民事责任3种。在《生产安全事故报告和调查处理条例》中，仅明确了对事故责任者实施法律制裁的责任方式，有行政责任和刑事责任两种，两种责任方式可以单独适用或者并用。对事故民事责任的追究，可以适用《安全生产法》的规定。

1. 行政责任

行政责任包括行政处罚和行政处分。《生产安全事故报告和调查处理条例》规定应当实施责任追究的行政责任主体包括行政主体和企业主体两类，责任主体不同则责任追究的规定也不同。行政主体包括对事故负有责任的有关地方人民政府、安全生产监督管理部门和有关部门中的工作人员。企业主体包括事故发生单位及其有关人员。两类主体因违反国家行政管理法律、法规的规定而应当承担的法律责任是行政责任。

行政处分的方式有：警告、记过、记大过、降级、撤职、开除等。

行政处罚设定了资格罚、财产罚和治安管理处罚3种：

（1）资格罚。这是指行政机关依法停止、吊销、撤销行政责任主体从事相关活动的许可、资格的行政处罚。《生产安全事故报告和调查处理条例》第四十条规定的对事故发生负有责任的事故发生单位、有关人员和提供虚假证明的中介机构及其相关人员的资格罚，应当依照有关安全生产法律、法规的规定处罚。这不仅是指依照某个或者几个法律、法规实施处罚，凡是有关法律、法规对生产经营单位、中介机构及其相关责任人员有资格罚的规定的，都可以实施处罚。

（2）财产罚。这是指行政机关依法处以行政责任主体缴纳一定数额的罚款的行政处罚。《生产安全事故报告和调查处理条例》规定实施财产罚的企业主体，不以其所有制不同而有所区分。凡是依法应当给予财产罚的，不论事故发生单位的所有制和管理体制有何不同，都要对该单位及其有关人员处以罚款。

（3）治安管理处罚。为了配合事故报告、救援和调查处理工作，维护事故现场秩序和社会公共安全，《生产安全事故报告和调查处理条例》第三十六条对实施6种违法行为中构成违反治安管理行为的，规定由公安机关依照《治安管理处罚法》给予治安管理处罚。

2. 刑事责任

《生产安全事故报告和调查处理条例》规定对事故责任者中构成刑事犯罪的，依法追究刑事责任。刑事责任主体也包括行政主体和企业主体两类。两类主体有关人员的违法行为触犯《刑法》关于安全生产犯罪规定的，应当承担相应的刑事责任。

三、行政处罚的实施

鉴于现行法律、行政法规中有关财产罚、行政处罚种类、幅度和决定机关的规定不尽相同，为了与其衔接，《生产安全事故报告和调查处理条例》在行政处罚实施问题上，既对实施财产罚作出了一般规定，又对某些特殊问题作出了特别规定。

1. 关于财产罚的一般规定

《生产安全事故报告和调查处理条例》第四十三条第一款规定："本条例规定的罚款的行政处罚，由安全生产监督管理部门决定"。至于由哪一级安全生产监督管理部门决定，应当依照《生产安全事故报告和调查处理条例》的上位法《安全生产法》第九十四条的规定，由县级以上人民政府安全生产监督管理部门决定。作为国务院安全生产监督管理部门的国家安全生产监督管理总局，有权依照法律、行政法规制定部门规章，对县级以上安全生产监督管理部门如何实施罚款的行政处罚作出具体规定。

2. 关于行政处罚种类、幅度和决定机关的特别规定

按照特别法优于一般法的法律适用原则，《生产安全事故报告和调查处理条例》第四十三条第二款规定："法律、行政法规对行政处罚种类、幅度和决定机关另有规定的，依照其规定"。该款规定仅限于国家法即法律、行政法规对负有责任的事故发生单位及其有关人员实施行政处罚有特别规定的，从其规定。地方性法规或者地方政府规章对此另有规定或者没有规定的，应当适用法律、行政法规的规定。具体而言，法律、行政法规设定的行政处罚种类超出《生产安全事故报告和调查处理条例》规定的，可以依法作出资格罚、财产罚以外的其他种类的行政处罚；处以罚款的幅度与《生产安全事故报告和调查处理条例》规定不同的，可以依照特别法规定的幅度处以罚款；对行政执法主体另有规定的，应由特别法授权的行政机关实施行政处罚。

四、事故责任主体的违法行为

《生产安全事故报告和调查处理条例》按照责任主体的不同，对其应予追究法律责任的违法行为，分别作出了界定。

1. 事故发生单位的违法行为

《生产安全事故报告和调查处理条例》第三十六、三十七、四十条规定有6种行为之一的，对事故发生单位给予行政处罚。其中前五种行为是在事故发生后实施的违法行为；第六种行为主要是指在事故发生前，由事故发生单位实施的造成事故的违法行为。只要事故是因生产经营单位违反安全生产法律、法规的规定而发生的，均应负法律责任。

（1）谎报或者瞒报事故的。

（2）伪造或者故意破坏事故现场的。

（3）转移、隐匿资金、财产，或者销毁有关证据、资料的。

（4）拒绝接受调查或者拒绝提供有关情况和资料的。

（5）在事故调查中作伪证或者指使他人作伪证的。

（6）违反法律、法规、标准等规定，未达到法定安全生条件，对事故发生负有责任的。

2. 事故发生单位主要负责人的违法行为

《生产安全事故报告和调查处理条例》对事故发生单位主要负责人的三类 10 种违法行为作出了界定，第一类有第三十五条列举的 3 种违法行为；第二类有第三十六条列举的 6 种违法行为；第三类有第三十八条列举的未履行法定安全生产管理职责的违法行为。这些违法行为主要如下：

（1）不立即组织事故抢救的。

（2）迟报或者漏报事故的。

（3）在事故调查处理期间擅离职守的。

（4）谎报或者瞒报事故的。

（5）伪造或者故意破坏事故现场的。

（6）转移、隐匿资金、财产，或者销毁有关证据、资料的。

（7）拒绝接受调查或者拒绝提供有关情况和资料的。

（8）在事故调查中作伪证或者指使他人作伪证的。

（9）事故发生后逃匿的。

（10）未依法履行安全生产管理职责，导致事故发生的。

3. 事故发生单位其他相关人员的违法行为

《生产安全事故报告和调查处理条例》除对事故发生单位主要负责人追究责任外，对事故发生单位的直接负责的主管人员、其他直接责任人员有第三十六条列举的 6 种违法行为之一的，也要追究责任。这些违法行为主要如下：

（1）谎报或者瞒报事故的。

（2）伪造或者故意破坏事故现场的。

（3）转移、隐匿资金、财产，或者销毁有关证据、资料的。

（4）拒绝接受调查或者拒绝提供有关情况和资料的。

（5）在事故调查中作伪证或者指使他人作伪证的。

（6）事故发生后逃匿的。

4. 行政机关工作人员的违法行为

《生产安全事故报告和调查处理条例》对有关地方人民政府、安全生产监督管理部门和负有安全生产监督管理职责的有关部门等行政机关工作人员的三类 8 种违法行为也作出了界定，第一类有第三十九条列举的 4 种违法行为；第二类有第四十一条列举的事故调查人员的 2 种违法行为；第三类有第四十二条列举的故意拖延或者拒绝落实经批复的对事故责任人的处理意见的违法行为。这些违法行为主要如下：

（1）不立即组织事故抢救的。

（2）迟报、漏报、谎报或者瞒报事故的。

（3）阻碍、干涉事故调查工作的。

（4）在事故调查中作伪证或者指使他人作伪证的。

（5）对事故调查工作不负责任，致使事故调查工作有重大疏漏的。

（6）包庇、袒护负有事故责任的人员的或者借机打击报复的。

（7）故意拖延或者拒绝落实经批复的对事故责任人的处理意见的。

5. 中介机构及其相关人员的违法行为

《生产安全事故报告和调查处理条例》第四十条第二款对因中介机构及其相关人员出具虚假证明造成事故的违法行为，设定了行政处罚。

五、谎报、瞒报事故的罚款

在行政执法实践中，经常遇到这一问题，某生产经营单位发生生产安全事故，存在谎报、瞒报行为，安全生产监督管理部门是依照《生产安全事故报告和调查处理条例》第三十六条规定进行罚款，还是依照第三十七条规定进行罚款，或者依照第三十六和三十七条规定进行双罚。这其实是合并处罚的问题。根据《行政处罚法》等规定，事故发生单位及其有关责任人员有两种以上应当处以罚款的行为的，安全生产监督管理部门应当分别裁量，合并作出处罚决定。

对生产经营单位谎报、瞒报生产安全事故的，安全生产监督管理部门应当依照《生产安全事故报告和调查处理条例》第三十六和三十七条规定合并进行处罚。理由：《生产安全事故报告和调查处理条例》第三十六条设定的行政处罚，从某种意义上讲是行为罚，只要存在谎报、瞒报等违法行为，而不论其事故的大小，就对其实施处罚，处罚的大小与事故的大小无关，其目的为制止违法行为的发生。《生产安全事故报告和调查处理条例》第三十七条设定的行政处罚，从某种意义上讲是结果罚，只要发生事故并存在过错，就对其实施处罚，并且处罚的大小与事故的大小相关联，大事故大罚、小事故小罚。生产安全事故大部分是责任事故，即事故发生单位存在过错。因此，如果生产经营单位发生一起一般生产安全事故，依照《生产安全事故报告和调查处理条例》第三十六条例规定处100万元以上500万元以下罚款，依照《生产安全事故报告和调查处理条例》第三十七条规定处10万元以上20万元以下的罚款，合并处110万元以上520万元以下的罚款。

同样，对其他违法行为也适用合并处罚的规定。

第十三章　危险化学品安全管理条例及相关规定

2011年3月2日国务院重新修订发布了《危险化学品安全管理条例》（国务院令第591号），自2011年12月1日起施行。2002年1月9日国务院发布的《危险化学品安全管理条例》同时废止。《危险化学品安全管理条例》的立法目的是为了加强危险化学品的安全管理，预防和减少危险化学品事故，保证人民群众生命财产安全，保护环境。为了配合《危险化学品安全管理条例》的贯彻实施，国家安全生产监督管理总局制定和修订了《危险化学品建设项目安全监督管理办法》、《危险化学品输送管道安全管理规定》、《危险化学品生产企业安全生产许可证实施办法》、《危险化学品重大危险源监督管理暂行规定》、《危险化学品安全使用许可证实施办法》、《危险化学品经营许可证管理办法》和《危险化学品登记管理办法》7部规章。

第一节　《危险化学品安全管理条例》适用范围及安全监管体制

一、危险化学品

1. 危险化学品的定义

根据全球化学品统一分类和标签制度（GHS）的要求，一是对化学品按其健康、环境和物理危险对物质和混合物进行统一分类，二是对每种化学品进行统一危险公示要素，包括标签和安全数据单。什么是危险化学品？主要看两方面：一是化学品是否具有毒害、腐蚀、爆炸、燃烧、助燃等性质；二是是否对人体、设施、环境具有危害。《危险化学品安全管理条例》第三条规定："本条例所称危险化学品，是指具有毒害、腐蚀、爆炸、燃烧、助燃等性质，对人体、设施、环境具有危害的剧毒化学品和其他化学品。"根据这一定义，危险化学品的种类主要包括爆炸品、压缩气体和液化气体、易燃液体、易燃固体、自燃物品和遇湿易燃物品、氧化剂和有机过氧化物、有毒品和腐蚀品等。这一定义还表明，剧毒化学品都属于危险化学品。

2. 危险化学品的范围

危险化学品的范围，是通过目录来明确的，即具体列明危险化学品的范围和种类，以便操作和执行。凡列入目录的，就属于危险化学品，按照危险化学品实施安全管理；未列入危险化学品目录的，不是危险化学品，按一般化学品进行安全管理。

《危险化学品安全管理条例》第三条规定："危险化学品目录，由国务院安全生产监督管理部门会同国务院工业和信息化、公安、环境保护、卫生、质量监督检验检疫、交通运输、铁路、民用航空、农业主管部门，根据化学品危险特性的鉴别和分类标准确定、公布，并适时调整。”目前，国家安全生产监督管理总局正会同国务院有关部门对原《危险化学品目录》和《剧毒化学品名录》进行重新修订。

二、《危险化学品安全管理条例》的适用范围

法律的适用范围，也称法律的效力范围，包括：法律的时间效力，即法律从什么时候开始发生效力和什么时候失效；法律的空间效力，即法律适用的地域范围；以及法律对人的效力，即法律对什么人（包括自然人、法人和其他组织）适用。关于时间效力问题，本条例第一百零二条作了规定，即本条例自 2011 年 12 月 1 日起施行。关于本条例的空间效力问题，作为国务院制定的行政法规，其效力自然基于中华人民共和国所管辖的全部领域。当然，按照我国香港、澳门两个特别行政区基本法的规定，只有列入这两个基本法附件三的全国性法律，才能在这两个特别行政区适用。《危险化学品安全管理条例》不列入附件三中，所以本条例不能适用于香港、澳门这两个特别行政区。香港、澳门关于危险化学品安全管理的立法，由这两个特别行政区自行制定。关于对人效力，从以下几方面作出规定：

（1）危险化学品生产、储存、使用、经营和运输各环节的安全管理均适用本条例。

本条例对生产、储存、使用、经营和运输危险化学品的一切自然人、法人和其他组织均适用，包括国有企业、事业单位、集体所有制企业、股份制企业、中外合资经营企业、中外合作经营企业、外资企业、合伙企业、个人独资企业等，不论其经济性质和规模大小，只要从事生产、储存、使用、经营、运输危险化学品的活动，都必须遵守本条例的各项规定。

（2）危险化学品的进出口管理，依照有关对外贸易的法律、行政法规、规章的规定执行。进口的危险化学品的储存、使用、经营、运输的安全管理，依照本条例的规定执行。

（3）废弃危险化学品的处置，依照有关环境保护的法律、行政法规和国家有关规定执行。

废弃危险化学品同样具有危险性，处置废弃危险化学品也是一项危险性高且十分重要的工作，处置不当很可能造成火灾、爆炸、中毒，特别是环境污染等事故。在环境保护方面，我国制定出台了一系列法律、行政法规，包括《中华人民共和国环境保护法》《中华人民共和国海洋环境保护法》《中华人民共和国水污染防治法》《中华人民共和国大气污染防治法》《固体废物污染环境防治法》《中华人民共和国防治海岸工程建设项目污染损害海洋环境管理条例》《医疗废物管理条例》《中华人民共和国海洋倾废管理条例》《中华人民共和国防止船舶污染海域管理条例》《中华人民共和国海洋石油勘探开发环境保护管理条例》《危险废物经营许可证管理办法》等。这些法律、行政法规对废弃危险化学品的处置作出了相应规定，处置废弃危险化学品应当遵守这些规定。除有关环境保护的法律、行政法规外，国家有关规定中有关废弃危险化学品处置的内容，也应当遵守。这里的“国家有关规定”，包括国务院、国务院办公厅的相关文件和国务院环境保护主管部门等部门发布的有关文件和规章等。

（4）监控化学品、属于危险化学品的药品和农药的安全管理，依照本条例的规定执行；法律、行政法规另有规定的，依照其规定。

（5）民用爆炸物品、烟花爆竹、放射性物品、核能物质以及用于国防科研生产的危

险化学品的安全管理，不适用本条例。

（6）法律、行政法规对燃气的安全管理另有规定的，依照其规定。

（7）危险化学品容器属于特种设备的，其安全管理依照有关特种设备安全的法律、行政法规的规定执行。

三、危险化学品的安全监管体制

危险化学品安全管理涉及生产、储存、使用、经营和运输等多个环节，政府有关部门对危险化学品是分工协作的安全监管体制。

（一）相关部门安全监管职责

危险化学品安全管理涉及面很广，多个部门都负有相应的监督管理职责。在这种情况下，为了明确各部门的具体监管职责，既防止互相扯皮，又避免相互推诿，《危险化学品安全管理条例》采用列举的方式，逐一规定了有关部门在危险化学品安全监督管理方面的职责。

1. 安全生产监督管理部门的职责

安全生产监督管理部门负责危险化学品安全监督管理的综合工作，包括组织危险化学品专项安全整治和检查，做好有关协调工作，并对其他负责危险化学品安全监督管理工作的部门进行指导协调和督促检查等。此外，安全生产监督管理部门还负有以下具体职责：

（1）组织有关部门确定、调整并公布危险化学品目录。前面已有论述，不再重复。

（2）负责新建、改建、扩建生产、储存危险化学品（包括使用长输管道输送危险化学品）的建设项目的安全条件审查。根据本条例的规定，新建、改建、扩建生产、储存危险化学品的建设项目应当进行安全条件论证，并由具备国家规定的资质条件的机构进行安全评价。安全条件论证报告和安全评价报告应当经设区的市级以上人民政府安全生产监督管理部门审查同意；未经审查或者经审查不同意的，不得开工建设。

（3）负责核发危险化学品安全生产许可证。根据《安全生产许可证条例》的规定，危险化学品生产企业应当依法取得安全生产许可证，未取得安全生产许可证的，不得投入生产。危险化学品生产企业的安全生产许可证由安全生产监督管理部门负责核发。

（4）负责核发危险化学品安全使用许可证。依照本条例的规定，使用危险化学品从事生产并且使用量达到规定数量的化工企业，应当依照规定申请取得危险化学品安全使用许可证。危险化学品安全使用许可证由安全生产监督管理部门颁发。

（5）负责核发危险化学品经营许可证。依照本条例的规定，国家对危险化学品经营实行许可制度。未经许可，任何单位和个人不得经营危险化学品。但是，依法设立的危险化学品生产企业在本厂区范围内销售本企业生产的危险化学品除外。安全生产监督管理部门负责颁发危险化学品经营许可证。

（6）负责危险化学品登记。依照本条例规定，国家实行危险化学品登记制度。国务院安全生产监督管理部门设立专门的危险化学品登记机构，危险化学品生产企业、进口企业应当向危险化学品登记机构办理危险化学品登记。

2. 公安机关的职责

根据《危险化学品安全管理条例》规定，公安机关负责危险化学品的公共安全管理，具体负责以下事项：

（1）负责核发剧毒化学品购买许可证。根据本条例的规定，国家对剧毒化学品实行购买许可制度，除依法取得危险化学品安全生产许可证、危险化学品安全使用许可证、危险化学品经营许可证的企业凭相应的许可证购买剧毒化学品外，其他使用剧毒化学品的单位购买剧毒化学品，应当向所在地县级人民政府公安机关申请领取剧毒化学品购买许可证，凭剧毒化学品购买许可证购买剧毒化学品。

（2）负责核发剧毒化学品道路运输通行证。依照本条例规定，通过道路运输剧毒化学品的，托运人应当向运输始发地或者运输目的地县级人民政府公安机关申请办理剧毒化学品道路运输通行证。

（3）负责危险化学品运输车辆的道路交通安全管理。负责车辆包括危险化学品运输车辆的道路交通安全管理，是《道路交通安全法》赋予公安机关的职责，《危险化学品安全管理条例》对此作了衔接性规定。

3. 质量监督检验检疫部门的职责

根据《危险化学品安全管理条例》规定，质量监督检验检疫部门具体负责以下事项：

（1）负责核发危险化学品及其包装物、容器（不包括储存危险化学品的固定式大型储罐）生产企业的工业产品生产许可证。根据《中华人民共和国工业产品生产许可证管理条例》的规定，国家对部分工业产品实行生产许可证制度，发布实施许可的工业产品目录。生产列入目录的工业产品，必须取得生产许可证。有的危险化学品包装物、容器列入了目录，必须取得生产许可证后方可生产。质检部门依法颁发危险化学品及其包装物、容器的生产许可证。需要说明的是，储存危险化学品的固定式大型储罐，属于危险化学品的储存设施，不属于容器。

（2）负责对危险化学品包装物、容器生产企业的产品质量实施监督。质检部门的重要职责就是对产品质量实施监督，危险化学品包装物、容器的质量直接关系到危险化学品本身的安全，一旦出了问题，很可能造成危险化学品泄漏、遗洒或者发生其他事故，威胁人民群众生命和健康。因此，必须对危险化学品包装物、容器生产企业的产品质量实施监督，确保产品质量符合相应标准的要求。

（3）负责对进出口危险化学品分类、安全标签、包装及安全技术说明书实施符合性检验。对危险化学品分类的方法，安全标签的式样、内容，危险化学品的包装方法、要求，以及安全技术说明书的内容等，国家制定了相应的国家标准、行业标准。危险化学品生产企业必须按照国家标准或者行业标准的要求进行分类、包装，提供安全标签和安全技术说明书。按照全球推行统一的化学品分类和标签制度（GHS）的要求，我国也正在逐步推广。质检部门依法对进出口危险化学品分类、安全标签、包装及安全技术说明书是否符合有关规定、标准情况进行检验。

4. 环境保护主管部门的职责

根据《危险化学品安全管理条例》规定，环境保护主管部门负责以下事项：

（1）负责废弃危险化学品处置的监督管理。这项工作应当根据有关环境保护的法律法规和国家有关规定执行。

（2）负责组织危险化学品的环境危害性鉴定和环境风险程度评估，确定实施重点环境管理的危险化学品。根据有关法律、法规和职责分工，环境保护主管部门负责组织危险化学品的环境危害性鉴定和环境风险程度评估，并确定实施重点环境管理的危险化学品。

这一职责是这次修改时新增加的职责。

（3）负责新化学物质及危险化学品环境管理登记。为防止新化学物质及危险化学品对环境造成危害，及时掌握新化学物质及危险化学品有关环境影响的特性，采取相应的预防和应急措施，进行环境管理登记是必要的。实施登记的目的，是便于掌握新化学物质及危险化学品的特性，实现信息共享，采取措施防止发生环境污染事故。根据目前的职责分工，环境保护主管部门负责新化学物质及危险化学品环境管理登记工作。凡生产新化学物质及危险化学品的生产企业和进口危险化学品的企业，必须向环境保护主管部门进行环境管理登记。

（4）负责调查危险化学品环境污染事故和生态破坏事件以及危险化学品事故现场的应急环境监测。根据有关法律法规规定和职责分工，环境保护主管部门负责环境污染事故和生态破坏事件的调查，以及危险分工化学品事故现场的应急环境监测。

5. 交通运输主管部门的职责

根据《危险化学品安全管理条例》规定，交通运输主管部门负责危险化学品道路运输企业、水路运输企业的资质审批以及运输工具的安全管理，对危险化学品道路运输、水路运输的安全实施监督管理，并负责危险化学品道路运输企业、水路运输（包括港口装卸和储存）企业驾驶人员、船员、装卸管理人员、押运人员、申报人员、集装箱装箱现场检查员的资格认定。

6. 铁路主管部门的职责

根据《危险化学品安全管理条例》规定，铁路主管部门负责危险化学品铁路运输的安全管理，负责危险化学品铁路运输承运人、托运人的资格审批及其运输工具的安全管理。根据《铁路运输安全保护条例》的规定，国务院铁路主管部门负责全国的铁路运输安全监督管理工作。该条例还对办理危险货物铁路运输的承运人、托运人应当具备的条件作了明确规定。国务院铁路主管部门专门制定了《铁路危险货物承运人资质许可办法》《铁路危险货物托运人资质许可办法》，对资质许可的条件和程序作出了详细规定。

7. 民用航空主管部门的职责

根据《危险化学品安全管理条例》规定，民用航空主管部门负责危险化学品航空运输以及航空运输企业及其运输工具的安全管理。根据《民用航空法》《民用航空安全保卫条例》等法律、行政法规的规定，民用航空主管部门负责民用航空运输的安全监督管理工作。

8. 卫生主管部门的职责

根据《危险化学品安全管理条例》规定，卫生主管部门负责以下事项：

（1）负责危险化学品毒性鉴定的管理。根据法律法规规定和职责分工，卫生部门负责化学品毒性鉴定工作。卫生部门应当组织对危险化学品的毒性进行鉴定，并加强毒性鉴定的管理工作。

（2）负责组织、协调危险化学品事故受伤人员的医疗卫生救援工作。根据法律法规和职责规定，卫生部门负责医疗机构（含中医院、民族医院等）医疗服务的全行业监督管理，制定医疗机构医疗服务、技术、医疗质量和采供血机构管理的政策、规范、标准，组织制定医疗卫生职业道德规范，建立医疗机构医疗服务评价和监督体系。卫生部门有职责、有能力组织、协调各级医疗机构和医务人员开展对危险化学品事故受伤人员的医疗卫生救援工作。

9. 工商行政管理部门的职责

根据《危险化学品安全管理条例》规定，工商行政管理部门负责以下事项：

（1）依据有关部门的许可证件，核发危险化学品生产、储存、经营、运输企业营业执照。负责企业的设立、变更登记，核发营业执照，是工商部门的基本职责。

（2）查处危险化学品经营企业违法采购危险化学品的行为。根据本条例规定，危险化学品经营企业不得从未经许可违法从事危险化学品生产、经营活动的企业采购危险化学品，该违法行为由工商行政管理部门负责查处。

10. 邮政管理部门的职责

根据《危险化学品安全管理条例》规定，邮政管理部门负责依法查处寄递危险化学品的行为。这里的“依法”，主要是指依照《中华人民共和国邮政法》及其他有关规定。依照《中华人民共和国邮政法》的规定，危险化学品属于禁止寄递的物品，违法寄递危险化学品的，由邮政管理部门依法予以查处。

（二）县级以上人民政府的职责

（1）建立危险化学品安全监督管理工作协调机制。

危险化学品安全监管涉及安监、公安、环境保护等十多个部门，需要有一个协调机制，沟通信息，统一安排和部署相关工作。国务院专门建立了危险化学品安全监管部际联席会议，部际联席会议由国家安全监管总局、发展改革委、工业和信息化部、公安部、监察部、人力资源社会保障部、住房城乡建设部、铁道部、交通运输部、卫生和计划生育委员会、国资委、工商总局、质检总局、环境保护部、法制办等有关部门和全国总工会组成，国家安全监管总局局长担任联席会议召集人。联席会议办公室设在国家安全监管总局，承担联席会议的日常工作，落实联席会议议定事项。部际联席会议的职责：在国务院领导下，掌握全国危险化学品安全生产情况，分析危险化学品安全生产形势，研究、指导危险化学品安全监管工作，提出有关政策建议；督促落实法律法规和国务院关于危险化学品安全生产的方针、政策；审议各有关部门提出的加强危险化学品安全监管的建议，协调解决危险化学品安全监管工作的重大问题；组织开展部门联合执法、专项整治和督查工作。联席会议原则上每半年召开一次例会。根据国务院领导同志指示、成员单位要求或者工作需要，可以临时召集会议。县级以上地方各级人民政府也应当根据本地区实际，成立相应的危险化学品安全监管工作协调机构，加强对本地区危险化学品的安全监管工作。

（2）支持、督促负有危险化学品安全监督管理职责的部门依法履行职责，协调、解决危险化学品安全监督管理工作中的重大问题。

县级以上人民政府应当支持、督促负有危险化学品安全监督管理职责的部门依法履行职责。一方面是支持，包括提供经费保障、人员保障等；另一方面是督促，促使相关部门依法履行职责。同时，县级以上人民政府应当协调、解决危险化学品安全监督管理工作中的重大问题，比如关闭不符合安全生产条件的危险化学品生产企业，搬迁与居民生活区安全距离不符合要求的危险化学品生产企业，淘汰事故隐患较多的落后生产工艺、设备，对重大危险化学品事故的应急救援及事故调查处理等，这些问题仅靠安全生产监督管理部门或者其他部门自身都难以解决，需要由人民政府统筹协调解决。

（三）相关部门协调配合

在多部门共同履行危险化学品安全监管职责的情况下，相互配合、密切协作尤为重要。这是提高监管效率、增强监管效果的重要前提。为此，《危险化学品安全管理条例》第八条规定："负有危险化学品安全监督管理职责的部门应当相互配合、密切协作，依法加强对危险化学品的安全监督管理。"实践中，负有危险化学品安全监督管理职责的部门应当建立必要的常态化机制，提出明确具体的操作办法，相互配合、密切协作，不断加强危险化学品的安全监督管理工作。

第二节　危险化学品生产、储存的安全管理规定

一、危险化学品生产、储存符合规划要求

《危险化学品安全管理条例》明确规定："国家对危险化学品的生产、储存实行统筹规划、合理布局。国务院工业和信息化主管部门以及国务院其他有关部门依据各自职责，负责危险化学品生产、储存的行业规划和布局。地方人民政府组织编制城乡规划，应当根据本地区的实际情况，按照确保安全的原则，规划适当区域专门用于危险化学品的生产、储存。"危险化学品的生产、储存具有一定的特殊性，安全风险性极高。危险化学品的生产、储存规划和布局与危险化学品安全管理密切相关，加强危险化学品生产、储存的规划管理十分重要。

（1）国家对危险化学品的生产、储存实行统筹规划、合理布局。十一届全国人大四次会议通过的《国民经济和社会发展第十二个五年规划纲要》"优化产业布局"中提出："按照区域主体功能定位，综合考虑能源资源、环境容量、市场空间等因素，优化重点产业生产力布局。主要依托国内能源和矿产资源的重大项目，优先在中西部资源地布局；主要利用进口资源的重大项目，优先在沿海沿边地区布局。有序推进城市钢铁、有色、化工企业环保搬迁。优化原油加工能力布局，促进上下游一体化发展。引导生产要素集聚，依托国家重点工程，打造一批具有国际竞争能力的先进制造业基地。以产业链条为纽带，以产业园区为载体，发展一批专业特色鲜明、品牌形象突出、服务平台完备的现代产业集群。"上述原则对于危险化学品生产、储存同样适用。《石化产业调整和振兴规划》中提出：石化产业要控制总量、淘汰落后产能。停止审批单纯扩大产能的焦炭、电石等煤化工项目，坚决遏制煤化工盲目发展势头。国家发展改革委、工业和信息化部等部门发布的《电石行业准入条件》《氯碱（烧碱、聚氯乙烯）行业准入条件》《焦化行业准入条件》《黄磷行业准入条件》《氟化氢行业准入条件》等，从优化布局、调整结构、节约能源、降低消耗、保护环境、安全生产等角度出发，对产业（行业、企业）的布局、生产规模与技术设备、节能降耗与资源综合利用、环境保护、安全、卫生和社会责任等方面作出了明确规定。

（2）地方人民政府应当规划适当区域专门用于危险化学品的生产、储存。2008 年 1 月 1 日起施行的《城乡规划法》第四条规定："制定和实施城乡规划，应当遵循城乡统筹、合理布局、节约土地、集约发展和先规划后建设的原则，改善生态环境，促进资源、能源节约和综合利用，保护耕地等自然资源和历史文化遗产，保持地方特色、民族特色和

传统风貌，防止污染和其他公害，并符合区域人口发展、国防建设、防灾减灾和公共卫生、公共安全的需要。”《国务院安委会办公室关于进一步加强危险化学品安全生产工作的指导意见》（安委办〔2008〕26号）对合理规划产业安全发展布局作出明确要求：县级以上地方人民政府要制定化工行业安全发展规划，按照“产业集聚”与“集约用地”的原则，确定化工集中区域或化工园区，明确产业定位，完善水电气风、污水处理等公用工程配套和安全保障设施。

因此，地方人民政府组织编制城乡规划，应当根据本地区的实际情况，按照确保安全的原则，规划适当区域专门用于危险化学品的生产、储存。一是必须根据本地实际情况。不是所有的地方都需要规划专门的危险化学品生产、储存区域。按照国家的统筹规划和行业布局，本地区危险化学品生产、储存行业比重较大的，才需要规划适当区域专门用于危险化学品的生产、储存。二是按照确保安全的原则，选择适当的区域。确保安全，意味着地方人民政府在规划用于危险化学品生产、储存的专门区域时，应当将安全作为首要的考虑因素，不能保证安全的，不得作出相应规划。适当的区域，要求在选址时经过严格的科学论证，保证该区域内的危险化学品生产、储存企业与周边公共设施、居民居住区或其他企业、设施的距离符合国家法律法规和国家标准、行业标准的要求，所处地理环境有利于有毒物质的扩散，同时又要交通方便，在一定的范围内有可利用的应急资源，既便于企业生产经营中原料、产品的输入、输出，又便于发生事故时应急资源的尽快调入和利用。

二、生产、储存危险化学品建设项目的安全条件审查

保障危险化学品生产、储存安全，关键是严格把住生产、储存危险化学品的建设项目的安全条件，建设项目的安全条件把住了，危险化学品生产、储存安全生产就有了基础性保障。这是一项行政许可，未经安全条件审查或者安全生产条件不符合要求的，不得开工建设。凡新建、改建、扩建生产、储存危险化学品的建设项目（以下简称建设项目），应当由安全生产监督管理部门进行安全条件审查同意。但是，新建、改建、扩建储存、装卸危险化学品的港口建设项目，由港口行政管理部门按照国务院交通运输主管部门的规定进行安全条件审查。这是《危险化学品安全管理条例》与《中华人民共和国港口法》进行了衔接。

1. 建设项目安全条件论证和安全评价

根据《危险化学品安全管理条例》及《危险化学品建设项目安全监督管理办法》等相关规定，建设单位应当在建设项目的可行性研究阶段，对建设项目安全条件进行论证，并委托具备相应资质的安全评价机构对建设项目进行安全评价。

安全条件论证报告应当包括以下内容：①建设项目是否符合国家和当地政府产业政策与布局；②建设项目是否符合当地政府区域规划；③建设项目选址是否符合《工业企业总平面设计规范》（GB 50187）、《化工企业总图运输设计规范》（GB 50489）等相关标准；涉及危险化学品长输管道的，是否符合《输气管道工程设计规范》（GB 50251）、《石油天然气工程设计防火规范》（GB 50183）等相关标准；④建设项目周边重要场所、区域及居民分布情况，建设项目的设施分布和连续生产经营活动情况及其相互影响情况，安全防范措施是否科学、可行；⑤当地自然条件对建设项目安全生产的影响和安全措施是否科

学、可行；⑥主要技术、工艺是否成熟可靠；⑦依托原有生产、储存条件的，其依托条件是否安全可靠。

安全评价机构应当根据有关安全生产法律、法规、规章和国家标准、行业标准，对建设项目进行安全评价，出具建设项目安全评价报告。安全评价报告应当符合《危险化学品建设项目安全评价细则》的要求。

对于已经通过安全条件审查的建设项目，如果建设项目周边条件发生重大变化的，或者变更建设地址的，或者主要技术、工艺路线、产品方案或者装置规模发生重大变化的，或者建设项目在安全条件审查意见书有效期内未开工建设，期限届满后需要开工建设的，建设单位应当重新进行安全条件论证和安全评价，并申请审查。

2. 安全条件审查程序

根据《危险化学品安全管理条例》及《危险化学品建设项目安全监督管理办法》等相关规定，建设项目分3种形式进行。国务院审批（核准、备案）和跨省、自治区、直辖市的建设项目，应当将建设项目安全条件审查申请书及文件、建设项目安全条件论证报告、建设项目安全评价报告、建设项目批准、核准或者备案文件和规划相关文件（复制件）工商行政管理部门颁发的企业营业执照或者企业名称预先核准通知书（复制件）等相关材料报国家安全生产监督管理总局；国务院投资主管部门审批（核准、备案）或者生产剧毒化学品和省（自治区、直辖市）安全生产监督管理部门确定由本部门负责审查的建设项目，应当将相关材料报省（自治区、直辖市）安全生产监督管理部门；其他建设项目报建设项目所在地设区的市级安全生产监督管理部门。

另外，负责实施建设项目安全审查的安全生产监督管理部门根据工作需要，可以将其负责实施的建设项目安全审查工作，委托下一级安全生产监督管理部门实施。委托实施安全审查的，审查结果由委托的安全生产监督管理部门负责。跨省、自治区、直辖市的建设项目和生产剧毒化学品的建设项目，不得委托实施安全审查。涉及国家安全生产监督管理总局公布的重点监管危险化工工艺的建设项目和涉及国家安全生产监督管理总局公布的重点监管危险化学品中的有毒气体、液化气体、易燃液体、爆炸品，且构成重大危险源的建设项目，不得委托县级人民政府安全生产监督管理部门实施安全审查。接受委托的安全生产监督管理部门不得将其受托的建设项目安全审查工作再委托其他单位实施。

负责实施建设项目安全审查的安全生产监督管理部门自收到报告之日起45日内作出审查决定，并书面通知建设单位。

3. 安全条件审查不予通过的情形

根据《危险化学品建设项目安全监督管理办法》，建设项目安全条件审查不予通过的情形有：①安全条件论证报告或者安全评价报告存在重大缺陷、漏项的，包括建设项目主要危险、有害因素辨识和评价不全或者不准确的；②建设项目与周边场所、设施的距离或者拟建场址自然条件不符合有关安全生产法律、法规、规章和国家标准、行业标准的规定的；③主要技术、工艺未确定，或者不符合有关安全生产法律、法规、规章和国家标准、行业标准的规定的；④国内首次使用的化工工艺，未经省级人民政府有关部门组织的安全可靠性论证的；⑤对安全设施设计提出的对策与建议不符合法律、法规、规章和国家标准、行业标准的规定的；⑥未委托具备相应资质的安全评价机构进行安全评价的；⑦隐瞒有关情况或者提供虚假文件、资料的。

三、生产、储存危险化学品建设项目安全设施设计审查

根据《安全生产法》及相关规定，生产、储存危险化学品建设项目安全设施设计必须安全生产监督管理部门审查合格。这是一项行政许可，未经安全生产监督管理部门审查合格的，建设项目不得施工。

1. 建设项目安全设施设计的要求

根据《危险化学品安全管理条例》及《危险化学品建设项目安全监督管理办法》等相关规定，设计单位应当根据有关安全生产的法律、法规、规章和国家标准、行业标准以及建设项目安全条件审查意见书，按照《化工建设项目安全设计管理导则》（AQ/T 3033），对建设项目安全设施进行设计，并编制建设项目安全设施设计专篇。建设项目安全设施设计专篇应当符合《危险化学品建设项目安全设施设计专篇编制导则》的要求。

对于已经审查通过的建设项目安全设施设计，如果改变安全设施设计且可能降低安全性能的，或者在施工期间重新设计，建设单位应当向原审查部门申请建设项目安全设施变更设计的审查。

2. 设计审查程序

建设单位应当在建设项目初步设计完成后、详细设计开始前，向出具建设项目安全条件审查意见书的安全生产监督管理部门申请建设项目安全设施设计审查，提交下列建设项目安全设施设计审查申请书及文件、设计单位的设计资质证明文件（复制件）和建设项目安全设施设计专篇等文件、资料，并对其真实性负责。安全生产监督管理部门应当指派有关人员或者组织专家对申请文件、资料进行审查，并在受理申请之日起二十个工作日内作出同意或者不同意建设项目安全设施设计专篇的决定，向建设单位出具建设项目安全设施设计的审查意见书；二十个工作日内不能出具审查意见的，经本部门负责人批准，可以延长十个工作日，并应当将延长的期限和理由告知建设单位。根据法定条件和程序，需要对申请文件、资料的实质内容进行核实的，安全生产监督管理部门应当指派两名以上工作人员进行现场核查。建设单位整改现场核查发现的有关问题和修改申请文件、资料所需时间不计算在本条规定的期限内。

3. 建设项目安全设施设计审查不予通过情形

根据《危险化学品建设项目安全监督管理办法》，建设项目安全设施设计审查不予通过的情形有：①设计单位资质不符合相关规定的；②未按照有关安全生产的法律、法规、规章和国家标准、行业标准的规定进行设计的；③对未采纳的建设项目安全评价报告中的安全对策和建议，未做充分论证说明的；④隐瞒有关情况或者提供虚假文件、资料的。

四、建设项目试生产（使用）

为了保证生产、储存危险化学品的建设项目施工完成后，能够正常安全生产和使用，根据《危险化学品建设项目安全监督管理办法》，建设项目必须进行试生产（使用）。

1. 制定试生产（使用）方案

建设项目安全设施施工完成后，建设单位应当按照有关安全生产法律、法规、规章和国家标准、行业标准的规定，对建设项目安全设施进行检验、检测，保证建设项目安全设

施满足危险化学品生产、储存的安全要求，并处于正常适用状态。建设单位应当组织建设项目的设计、施工、监理等有关单位和专家，研究提出建设项目试生产（使用）[以下简称试生产（使用）] 可能出现的安全问题及对策，并按照有关安全生产法律、法规、规章和国家标准、行业标准的规定，制定周密的试生产（使用）方案。试生产（使用）方案应当包括下列有关安全生产的内容：

（1）建设项目设备及管道试压、吹扫、气密、单机试车、仪表调校、联动试车等生产准备的完成情况。

（2）投料试车方案。

（3）试生产（使用）过程中可能出现的安全问题、对策及应急预案。

（4）建设项目周边环境与建设项目安全试生产（使用）相互影响的确认情况。

（5）危险化学品重大危险源监控措施的落实情况。

（6）人力资源配置情况。

（7）试生产（使用）起止日期。

建设单位应当在试生产（使用）前，应当按照《危险化学品建设项目安全监督管理办法》的要求，将试生产（使用）方案及相关资料，报送出具安全设施设计审查意见书的安全生产监督管理部门备案。

2. 试生产（使用）期限

建设项目试生产期限应当不少于三十日，不超过一年。需要延期的，可以向原备案部门提出申请。经两次延期后仍不能稳定生产的，建设单位应当立即停止试生产，组织设计、施工、监理等有关单位和专家分析原因，整改问题后，按照规定重新制定试生产（使用）方案并报安全生产监督管理部门备案。

五、建设项目安全设施竣工验收

根据《安全生产法》及相关规定，生产、储存危险化学品建设项目安全设施竣工必须经安全生产监督管理部门验收合格。这是一项行政许可，未经安全生产监督管理部门验收合格的，建设项目不得投入生产（使用）。

1. 编制建设项目安全设施施工情况报告

根据《危险化学品建设项目安全监督管理办法》，建设项目安全设施施工完成后，施工单位应当编制建设项目安全设施施工情况报告。建设项目安全设施施工情况报告应当包括下列内容：

（1）施工单位的基本情况，包括施工单位以往所承担的建设项目施工情况。

（2）施工单位的资质情况（提供相关资质证明材料复印件）。

（3）施工依据和执行的有关法律、法规、规章和国家标准、行业标准。

（4）施工质量控制情况。

（5）施工变更情况，包括建设项目在施工和试生产期间有关安全生产的设施改动情况。

2. 竣工验收程序

建设单位应当在建设项目试生产期限结束前向出具建设项目安全设施设计审查意见书的安全生产监督管理部门申请建设项目安全设施竣工验收，提交下列文件、资料，并对其真实性负责：

（1）建设项目安全设施竣工验收申请书及文件。

（2）建设项目安全设施施工、监理情况报告。

（3）建设项目安全验收评价报告。

（4）试生产（使用）期间是否发生事故、采取的防范措施以及整改情况报告。

（5）为从业人员缴纳工伤保险费的证明材料（复制件）。

（6）危险化学品事故应急预案备案登记表（复制件）。

（7）构成危险化学品重大危险源的，还应当提交危险化学品重大危险源备案证明文件（复制件）。

安全生产监督管理部门应当指派有关人员或者组织专家对申请文件、资料进行审查，并自受理申请之日起二十个工作日内作出同意或者不同意建设项目安全设施投入生产（使用）的决定，向建设单位出具建设项目安全设施竣工验收意见书；二十个工作日内不能出具验收意见书的，经本部门负责人批准，可以延长十个工作日，但应当将延长的期限和理由告知建设单位。

根据法定条件和程序，需要对申请文件、资料的实质内容进行核实的，安全生产监督管理部门应当指派两名以上工作人员进行现场核查。

3. 建设项目安全设施竣工验收不予通过情形

根据《危险化学品建设项目安全监督管理办法》，建设项目安全设施竣工验收不予通过的情形有：①未委托具备相应资质的施工单位施工的；②未按照已经通过审查的建设项目安全设施设计施工或者施工质量未达到建设项目安全设施设计文件要求的；③建设项目安全设施的施工不符合国家标准、行业标准的规定的；④建设项目安全设施竣工后未按照本办法的规定进行检验、检测，或者经检验、检测不合格的；⑤未委托具备相应资质的安全评价机构进行安全验收评价的；⑥安全设施和安全生产条件不符合或者未达到有关安全生产法律、法规、规章和国家标准、行业标准的规定的；⑦安全验收评价报告存在重大缺陷、漏项，包括建设项目主要危险、有害因素辨识和评价不正确的；⑧隐瞒有关情况或者提供虚假文件、资料的。

六、危险化学品生产企业安全生产许可

依据《危险化学品安全管理条例》第十四条的规定，危险化学品生产企业进行生产前，应当依照《安全生产许可证条例》的规定，取得危险化学品安全生产许可证。这里讲的危险化学品生产企业是指依法设立且取得工商营业执照或者工商核准文件从事生产最终产品或者中间产品列入《危险化学品目录》的企业。这是一项行政许可，未取得安全生产许可证的企业，不得从事危险化学品的生产活动。

1. 安全生产许可条件

根据《危险化学品生产企业安全生产许可证实施办法》，危险化学品生产企业应当符合安全生产许可证的条件。

（1）企业符合国家产业政策，以及当地县级以上（含县级）人民政府的规划和布局。新设立企业建在地方人民政府规划的专门用于危险化学品生产、储存的区域内。

（2）危险化学品生产装置或者储存危险化学品数量构成重大危险源的储存设施，与

《危险化学品安全管理条例》规定的居住区等重要场所、设施、区域的距离符合有关法律、法规、规章和国家标准或者行业标准的规定。

（3）企业总体布局符合《化工企业总图运输设计规范》（GB 50489）、《工业企业总平面设计规范》（GB 50187）、《建筑设计防火规范》（GB 50016）等标准的要求。石油化工企业还应当符合《石油化工企业设计防火规范》（GB 50160）的要求。

（4）新建、改建、扩建建设项目经具备国家规定资质的单位设计、制造和施工建设；涉及危险化工工艺、重点监管危险化学品的装置，由具有综合甲级资质或者化工石化专业甲级设计资质的化工石化设计单位设计。

（5）不得采用国家明令淘汰、禁止使用和危及安全生产的工艺、设备；新开发的危险化学品生产工艺必须在小试、中试、工业化试验的基础上逐步放大到工业化生产；国内首次使用的化工工艺，必须经过省级人民政府有关部门组织的安全可靠性论证。

（6）涉及危险化工工艺、重点监管危险化学品的装置装设自动化控制系统；涉及危险化工工艺的大型化工装置装设紧急停车系统；涉及易燃易爆、有毒有害气体化学品的场所装设易燃易爆、有毒有害介质泄漏报警等安全设施。

（7）企业的生产区与非生产区分开设置，并符合国家标准或者行业标准规定的距离。

（8）危险化学品生产装置和储存设施之间及其与建（构）筑物之间的距离符合有关标准规范的规定。同一厂区内的设备、设施及建（构）筑物的布置必须适用同一标准的规定。

（9）企业应当有相应的职业危害防护设施，并为从业人员配备符合国家标准或者行业标准的劳动防护用品。

（10）企业应当依据《危险化学品重大危险源辨识》（GB 18218），对本企业的生产、储存和使用装置、设施或者场所进行重大危险源辨识。对已确定为重大危险源的生产和储存设施，应当执行《危险化学品重大危险源监督管理暂行规定》。

（11）企业应当依法设置安全生产管理机构，配备专职安全生产管理人员。配备的专职安全生产管理人员必须能够满足安全生产的需要。

（12）企业应当建立全员安全生产责任制，保证每位从业人员的安全生产责任与职务、岗位相匹配。

（13）企业应当根据化工工艺、装置、设施等实际情况，制定完善安全生产例会等安全生产会议制度，安全投入保障制度，安全生产奖惩制度，安全培训教育制度，领导干部轮流现场带班制度，特种作业人员管理制度，安全检查和隐患排查治理制度，重大危险源评估和安全管理制度，变更管理制度，应急管理制度，生产安全事故或者重大事件管理制度，防火、防爆、防中毒、防泄漏管理制度，工艺、设备、电气仪表、公用工程安全管理制度，动火、进入受限空间、吊装、高处、盲板抽堵、动土、断路、设备检维修等作业安全管理制度，危险化学品安全管理制度，职业健康相关管理制度，劳动防护用品使用维护管理制度，承包商管理制度，安全管理制度及操作规程定期修订制度。

（14）企业应当根据危险化学品的生产工艺、技术、设备特点和原辅料、产品的危险性编制岗位操作安全规程。

（15）企业主要负责人、分管安全负责人和安全生产管理人员必须具备与其从事的生产经营活动相适应的安全生产知识和管理能力，依法参加安全生产培训，并经考核合格，取得安全资格证书。企业分管安全负责人、分管生产负责人、分管技术负责人应当具有一定的化工专业知识或者相应的专业学历，专职安全生产管理人员应当具备国民教育化工化学类（或安全工程）中等职业教育以上学历或者化工化学类中级以上专业技术职称，或者具备危险物品安全类注册安全工程师资格。特种作业人员应当依照《特种作业人员安全技术培训考核管理规定》，经专门的安全技术培训并考核合格，取得特种作业操作证书。其他从业人员应当按照国家有关规定，经安全教育培训合格。

（16）企业应当按照国家规定提取与安全生产有关的费用，并保证安全生产所必需的资金投入。

（17）企业应当依法参加工伤保险，为从业人员缴纳保险费。

（18）企业应当依法委托具备国家规定资质的安全评价机构进行安全评价，并按照安全评价报告的意见对存在的安全生产问题进行整改。

（19）企业应当依法进行危险化学品登记，为用户提供化学品安全技术说明书，并在危险化学品包装（包括外包装件）上粘贴或者拴挂与包装内危险化学品相符的化学品安全标签。

（20）企业应当按照国家有关规定编制危险化学品事故应急预案并报有关部门备案，建立应急救援组织或者明确应急救援人员，配备必要的应急救援器材、设备设施，并定期进行演练。生产、储存和使用氯气、氨气、光气、硫化氢等吸入性有毒有害气体的企业，还应当配备至少两套以上全封闭防化服；构成重大危险源的，还应当设立气体防护站（组）。

此外，企业还应当符合其他有关法律、行政法规和国家标准或者行业标准规定的其他安全生产条件。

2. 办证程序

根据《危险化学品生产企业安全生产许可证实施办法》，企业应当按照规定向安全生产监督管理部门提出申请，并提交申请安全生产许可证的文件及申请书；安全生产责任制文件，安全生产规章制度、岗位操作安全规程清单；设置安全生产管理机构，配备专职安全生产管理人员的文件复制件；主要负责人、分管安全负责人、安全生产管理人员和特种作业人员的安全资格证或者特种作业操作证复制件；与安全生产有关的费用提取和使用情况报告，新建企业提交有关安全生产费用提取和使用规定的文件；为从业人员缴纳工伤保险费的证明材料；危险化学品事故应急救援预案的备案证明文件；危险化学品登记证复制件；工商营业执照副本或者工商核准文件复制件；具备资质的中介机构出具的安全评价报告；新建企业的竣工验收意见书复制件；应急救援组织或者应急救援人员，以及应急救援器材、设备设施清单等材料、资料。有危险化学品重大危险源的企业，还应当提供重大危险源及其应急预案的备案证明文件、资料。

安全生产许可证实施机关应当组织对企业提交的申请文件、资料进行审查。对企业提交的文件、资料实质内容存在疑问，需要到现场核查的，应当指派工作人员就有关内容进行现场核查。实施机关应当在受理之日起 45 个工作日内作出是否准予许可的决定。审查过程中的现场核查所需时间不计算在本条规定的期限内。实施机关作出准予许可决定的，应当自决定之日起 10 个工作日内颁发安全生产许可证；不予许可的决定的，应当在 10 个工作日内书面告知企业并说明理由。

七、生产、储存危险化学品单位管道的安全标志及检查

1. 管道设置明显标志并定期进行检查、检测

根据《危险化学品安全管理条例》及《危险化学品输送管道安全管理规定》，生产、储存危险化学品的单位，应当对其铺设的危险化学品管道设置明显标志，以提醒人们注意，在施工作业或土地耕作过程中避免损害危险化学品管道，造成危险化学品泄漏而酿成事故。管道沿线一般均设有里程桩、转角桩、阴极保护测试桩和警示牌等永久性标志。GB 2893《安全色》、GB 7231《工业管道的基本识别色、识别符号和安全标识》（适用于非埋地管道）、SY/T 6064《管道干线标记设置技术规定》等标准对各种管道标志的设置要求（包括颜色、设置位置、间距、材质等）作出了明确的规定，生产、储存危险化学品的单位应当按照要求设置相应的标志。

同时，生产、储存危险化学品的单位应当对危险化学品管道定期检查、检测。通过检查、检测，及时发现危险化学品管道的安全隐患，如管道泄漏、遭外力侵害，警示牌损毁、缺失、字迹不清等，以便及时进行维修或增补或更换，保持危险化学品管道的完整性。

2. 施工作业的安全

据《危险化学品安全管理条例》及《危险化学品输送管道安全管理规定》，进行可能危及危险化学品管道安全的施工作业，施工单位应当在开工的7日前书面通知管道所属单位，并与管道所属单位共同制定应急预案，采取相应的安全防护措施。管道所属单位应当指派专门人员到现场进行管道安全保护指导。这里讲的危及危险化学品管道安全的施工作业，包括地上吊装，使用机械工具进行挖掘施工、取土、采石、爆破等作业，其方式包括：①穿（跨）越管道的施工作业；②在管道线路中心线两侧5～50米和管道附属设施周边100米地域范围内，新建、改建、扩建铁路、公路、河渠，架设电力线路，埋设地下电缆、光缆，设置安全接地体、避雷接地体；③在管道线路中心线两侧200米和管道附属设施周边500米地域范围内，实施爆破、地震法勘探或者工程挖掘、工程钻探、采矿等作业。

危险化学品管道的专用设施、永工防护设施、专用隧道等附属设施不得用于其他用途；确需用于其他用途的，应当征得管道单位的同意，并采取相应的安全防护措施。管道单位应当按照有关规定制定本单位危险化学品管道事故应急预案，配备相应的应急救援人员和设备物资，定期组织应急演练。发生危险化学品管道生产安全事故，管道单位应当立即启动应急预案及响应程序，采取有效措施进行紧急处置，消除或者减轻事故危害，并按照国家规定立即向事故发生地县级以上安全生产监督管理部门报告。对转产、停产、停止使用的危险化学品管道，管道单位应当采取有效措施及时妥善处置，并将处置方案报县级以上安全生产监督管理部门。

八、安全技术说明书及标签

（1）危险化学品生产企业提供安全技术说明书及标签。

危险化学品生产企业提供化学品安全技术说明书和化学品安全标签，是一项法定义务。依据《危险化学品安全管理条例》第十五条的规定，危险化学品生产企业应当提供

与其生产的危险化学品相符的化学品安全技术说明书，并在危险化学品包装（包括外包装件）上粘贴或者拴挂与包装内危险化学品相符的化学品安全标签。化学品安全技术说明书和化学品安全标签所载明的内容应当符合国家标准的要求。国家质检总局发布了GB/T 16483《化学品安全技术说明书内容和项目顺序》和GB 15258《化学品安全标签编写规定》。化学品安全技术说明书和化学品安全标签所载明的内容应当符合国家标准的要求。

（2）危险化学品生产企业发现其生产的危险化学品有新的危险特性的，应当立即公告，并及时修订其化学品安全技术说明书和化学品安全标签。公告的方式可以采用各种方法，譬如传真、电子邮件、本公司网站等。

九、实施重点环境管理的危险化学品的特殊安全管理

根据《危险化学品安全管理条例》第十六条的规定，生产实施重点环境管理的危险化学品的企业，应当按照国务院环境保护主管部门的规定，将该危险化学品向环境中释放等相关信息向环境保护主管部门报告。环境保护主管部门可以根据情况采取相应的环境风险控制措施。

实施重点环境管理的危险化学品，是一个新概念，但并不是新出现的危险化学品种类，而是指那些具有严重环境危害，需要从环境保护角度实施重点管理的危险化学品，包括不易降解且易蓄积在生物体内、长期接触可对人体和生物产生危害作用的危险化学品；极难降解且极易蓄积在生物体内的危险化学品；持久性有机污染物；可能对环境造成严重急性或慢性损害的危险化学品；以及基于环境保护目的，需要重点管理的其他可能严重危害环境的危险化学品。实施重点环境管理的危险化学品的具体范围，由国务院环境保护主管部门确定并公布。

十、危险化学品包装物、物容器的安全管理

依据《危险化学品安全管理条例》的规定，危险化学品的包装应当符合法律、行政法规、规章的规定以及国家标准、行业标准的要求。危险化学品包装物、容器的材质以及危险化学品包装的型式、规格、方法和单件质量（重量），应当与所包装的危险化学品的性质和用途相适应。譬如，根据《危险货物运输包装通用技术条件》（GB 12463）的规定，危险化学品的包装应进行性能试验后方可使用，性能试验包括跌落试验（装卸、搬运时可能发生的跌落）、渗漏试验、内压试验等。为了加强对危险化学品的包装管理，便于在装卸、搬运、应急救援以及监督检查中识别危险化学品的包装方法、包装材料及内外包装的组合方式，危险化学品的包装应按照《危险货物包装标志》（GB 190）的要求，设立统一的危险货物包装标志。此外，《公路运输危险货物包装检验安全规范》（GB 19269）、《水路运输危险货物包装检验安全规范》（GB 19270）、《铁路运输危险货物包装检验安全规范》（GB 19359）、《空运危险货物包装检验安全规范》（GB 19433）、《危险货物便携式罐体检验安全规范》（GB 19454）等，都对危险化学品的包装作出了相应安全规定。

生产列入国家实行生产许可证制度的工业产品目录的危险化学品包装物、容器的企业，应当依照《中华人民共和国工业产品生产许可证管理条例》的规定，取得工业产品生产许可证；其生产的危险化学品包装物、容器经国务院质量监督检验检疫部门认定的检

验机构检验合格，方可出厂销售。

运输危险化学品的船舶及其配载的容器，应当按照国家船舶检验规范进行生产，并经海事管理机构认定的船舶检验机构检验合格，方可投入使用。

对重复使用的危险化学品包装物、容器，使用单位在重复使用前应当进行检查；发现存在安全隐患的，应当维修或者更换。使用单位应当对检查情况作出记录，记录的保存期限不得少于 2 年。

十一、生产装置和储存设施的选址

依据《危险化学品安全管理条例》第十九条的规定，危险化学品生产装置或者储存数量构成重大危险源的危险化学品储存设施（运输工具加油站、加气站除外），与下列场所、设施、区域的距离应当符合国家有关规定：

（1）居住区以及商业中心、公园等人员密集场所。

（2）学校、医院、影剧院、体育场（馆）等公共设施。

（3）饮用水源、水厂以及水源保护区。

（4）车站、码头（依法经许可从事危险化学品装卸作业的除外）、机场以及通信干线、通信枢纽、铁路线路、道路交通干线、水路交通干线、地铁风亭以及地铁站出入口。

（5）基本农田保护区、基本草原、畜禽遗传资源保护区、畜禽规模化养殖场（养殖小区）、渔业水域以及种子、种畜禽、水产苗种生产基地。

（6）河流、湖泊、风景名胜区、自然保护区。

（7）军事禁区、军事管理区。

（8）法律、行政法规规定的其他场所、设施、区域。

需要说明的是，运输工具加油站、加气站因存有大量易燃成品油和天然气等危险化学品，也具有较大的危险性，但考虑到运输工具加油站、加气站是日常生产经营和人民生活所必需的，是交通畅通、人们顺利出行的保障，其布点必须方便企业、方便群众，同时有关国家标准或行业标准对加油站、加气站的建设或改造的安全保障已经有明确要求，因此，上述有关安全距离的规定不适用于运输工具加油站、加气站。

已建的危险化学品生产装置或者储存数量构成重大危险源的危险化学品储存设施不符合上述安全距离规定的，由所在地设区的市级人民政府安全生产监督管理部门会同有关部门监督其所属单位在规定期限内进行整改；需要转产、停产、搬迁、关闭的，由本级人民政府决定并组织实施。

储存数量构成重大危险源的危险化学品储存设施的选址，应当避开地震活动断层和容易发生洪灾、地质灾害的区域。

关于危险化学品重大危险源的辨识，《危险化学品重大危险源辨识》（GB 18218）作了明确规定。重大危险源辨识的依据是物质的危险特性及其数量。标准给出了 9 类、78 种危险物质的名称和临界量，包括叠氮化钡等爆炸品 8 种，丁二烯等易燃气体 9 种，氨等毒性气体 17 种，苯等易燃液体 14 种，黄磷等易于自燃的物质 3 种，电石等遇水放出易燃气体的物质 3 种，发烟硫酸等氧化物质 9 种，过氧乙酸等有机过氧化物 2 种，丙酮和氰化氢等毒性物质 13 种。对于未包括在 78 种物质之内的其他危险物质，GB 18218 也按爆炸品、气体（易燃气体、氧化性气体、剧毒气体、有毒气体）、易燃液体、易燃固体、易于自燃的物质等类别给出了临界量数值。

十二、生产、储存危险化学品单位安全设备设施的设置

依据《危险化学品安全管理条例》第十二、二十条的规定，生产、储存危险化学品的单位，应当根据其生产、储存的危险化学品的种类和危险特性，在作业场所设置相应的监测、监控、通风、防晒、调温、防火、灭火、防爆、泄压、防毒、中和、防潮、防雷、防静电、防腐、防泄漏以及防护围堤或者隔离操作等安全设施、设备，并按照国家标准、行业标准或者国家有关规定对安全设施、设备进行经常性维护、保养，保证安全设施、设备的正常使用。

生产、储存危险化学品的单位，应当在其作业场所和安全设施、设备上设置明显的安全警示标志。

生产、储存危险化学品的单位，应当在其作业场所设置通信、报警装置，并保证处于适用状态。

十三、生产、储存危险化学品企业的安全评价

依据《危险化学品安全管理条例》第二十二条的规定，生产、储存危险化学品的企业，应当委托具备国家规定的资质条件的机构，对本企业的安全生产条件每3年进行一次安全评价，提出安全评价报告。安全评价报告的内容应当包括对安全生产条件存在的问题进行整改的方案。

生产、储存危险化学品的企业，应当将安全评价报告以及整改方案的落实情况报所在地县级人民政府安全生产监督管理部门备案。在港区内储存危险化学品的企业，应当将安全评价报告以及整改方案的落实情况报港口行政管理部门备案。

安全评价按照实施阶段的不同分为安全预评价、竣工验收评价和安全现状评价。这里的安全评价是指安全现状评价，即针对生产经营活动的事故风险、安全管理状况进行评价，辨识与分析其存在的危险、有害因素，审查确定其与安全生产法律法规、规章、标准以及其他规范要求的符合性情况，预测发生事故或造成职业危害的可能性及其严重程度，提出科学、合理、可行的安全对策措施建议，作出安全现状评价结论。常用的安全评价方法有安全检查表法、危险指数方法、预先危险分析方法、故障假设分析方法、故障假设分析/检查表分析方法、危险与可操作性研究（HAZOP）、故障类型和影响分析、故障树分析、事件树分析、人员可靠性分析、作业条件危险性评价等。

生产、储存危险化学品的企业的安全生产条件，包括企业布局、作业场所、储存设施和安全设施、设备及工艺、职业危害防护设施、重大危险源管理、安全生产管理机构设置及人员配备、管理人员及特种作业人员资格、安全生产责任制、安全操作规程、安全投入、依法参加工伤保险、应急管理等多个方面的情况。

十四、生产、储存剧毒化学品和易制爆危险化学品的专项管理

依据《危险化学品安全管理条例》的规定，生产、储存剧毒化学品或者国务院公安部门规定的可用于制造爆炸物品的危险化学品（以下简称易制爆危险化学品）的单位，应当如实记录其生产、储存的剧毒化学品、易制爆危险化学品的数量、流向，并采取必要

的安全防范措施，防止剧毒化学品、易制爆危险化学品丢失或者被盗；发现剧毒化学品、易制爆危险化学品丢失或者被盗的，应当立即向当地公安机关报告。

生产、储存剧毒化学品、易制爆危险化学品的单位，应当设置治安保卫机构，配备专职治安保卫人员。

十五、危险化学品仓库的安全管理

依据《危险化学品安全管理条例》的规定，生产、储存危险化学品的仓库应当遵循下列要求：

（1）危险化学品应当储存在专用仓库、专用场地或者专用储存室（以下统称专用仓库）内，并由专人负责管理；剧毒化学品以及储存数量构成重大危险源的其他危险化学品，应当在专用仓库内单独存放，并实行双人收发、双人保管制度。

（2）危险化学品的储存方式、方法以及储存数量应当符合国家标准或者国家有关规定。

（3）储存危险化学品的单位应当建立危险化学品出入库核查、登记制度。

（4）对剧毒化学品以及储存数量构成重大危险源的其他危险化学品，储存单位应当将其储存数量、储存地点以及管理人员的情况，报所在地县级人民政府安全生产监督管理部门（在港区内储存的，报港口行政管理部门）和公安机关备案。

（5）危险化学品专用仓库应当符合国家标准、行业标准的要求，并设置明显的标志。储存剧毒化学品、易制爆危险化学品的专用仓库，应当按照国家有关规定设置相应的技术防范设施。

（6）储存危险化学品的单位应当对其危险化学品专用仓库的安全设施、设备定期进行检测、检验。

十六、危险化学品单位转产、停产、停业或者解散的安全管理

依据《危险化学品安全管理条例》的规定，生产、储存危险化学品的单位转产、停产、停业或者解散的，应当采取有效措施，及时、妥善处置其危险化学品生产装置、储存设施以及库存的危险化学品，不得丢弃危险化学品；处置方案应当报所在地县级人民政府安全生产监督管理部门、工业和信息化主管部门、环境保护主管部门和公安机关备案。安全生产监督管理部门应当会同环境保护主管部门和公安机关对处置情况进行监督检查，发现未依照规定处置的，应当责令其立即处置。

第三节　危险化学品使用的安全管理规定

一、使用危险化学品的单位基本安全要求

依据《危险化学品安全管理条例》的规定，使用危险化学品的单位应当遵循下列要求：

（1）使用危险化学品的单位，其使用条件（包括工艺）应当符合法律、行政法规的规定和国家标准、行业标准的要求，并根据所使用的危险化学品的种类、危险特性以及使

用量和使用方式，建立、健全使用危险化学品的安全管理规章制度和安全操作规程，保证危险化学品的安全使用。

(2) 使用实施重点环境管理的危险化学品从事生产的企业，应当按照国务院环境保护主管部门的规定，将该危险化学品向环境中释放等相关信息向环境保护主管部门报告。

(3) 使用危险化学品的单位，应当遵守《危险化学品安全管理条例》第二十条关于安全设备设施的设置的规定。《危险化学品安全管理条例》第二十条规定："生产、储存危险化学品的单位，应当根据其生产、储存的危险化学品的种类和危险特性，在作业场所设置相应的监测、监控、通风、防晒、调温、防火、灭火、防爆、泄压、防毒、中和、防潮、防雷、防静电、防腐、防泄漏以及防护围堤或者隔离操作等安全设施、设备，并按照国家标准、行业标准或者国家有关规定对安全设施、设备进行经常性维护、保养，保证安全设施、设备的正常使用。生产、储存危险化学品的单位，应当在其作业场所和安全设施、设备上设置明显的安全警示标志。"鉴于使用危险化学品的单位往往储存危险化学品，如果储存危险化学品的，还应当遵守上述储存危险化学品的规定。

(4) 使用危险化学品的单位，应当遵守《危险化学品安全管理条例》第二十三条第一款关于生产、储存剧毒化学品和易制爆危险化学品的专项管理规定。《危险化学品安全管理条例》第二十三条第一款规定："生产、储存剧毒化学品或者国务院公安部门规定的可用于制造爆炸物品的危险化学品（以下简称易制爆危险化学品）的单位，应当如实记录其生产、储存的剧毒化学品、易制爆危险化学品的数量、流向，并采取必要的安全防范措施，防止剧毒化学品、易制爆危险化学品丢失或者被盗；发现剧毒化学品、易制爆危险化学品丢失或者被盗的，应当立即向当地公安机关报告。"理由同上，对于使用危险化学品的单位，如果储存危险化学品的，同样必须遵守上述储存危险化学品单位的要求。

(5) 使用危险化学品的单位，应当遵守《危险化学品安全管理条例》第二十七条关于生产、储存危险化学品单位的转产、停产、停业或者解散的规定。《危险化学品安全管理条例》第二十七条规定："生产、储存危险化学品的单位转产、停产、停业或者解散的，应当采取有效措施，及时、妥善处置其危险化学品生产装置、储存设施以及库存的危险化学品，不得丢弃危险化学品；处置方案应当报所在地县级人民政府安全生产监督管理部门、工业和信息化主管部门、环境保护主管部门和公安机关备案。安全生产监督管理部门应当会同环境保护主管部门和公安机关对处置情况进行监督检查，发现未依照规定处置的，应当责令其立即处置。"理由同上，对于使用危险化学品的单位，如果储存危险化学品的，同样必须遵守上述储存危险化学品单位的要求。

(6) 使用危险化学品的单位，应当遵守《危险化学品安全管理条例》第二十二条关于生产、储存危险化学品单位的安全评价的规定。《危险化学品安全管理条例》第二十二条规定："生产、储存危险化学品的企业，应当委托具备国家规定的资质条件的机构，对本企业的安全生产条件每 3 年进行一次安全评价，提出安全评价报告。安全评价报告的内容应当包括对安全生产条件存在的问题进行整改的方案。生产、储存危险化学品的企业，应当将安全评价报告以及整改方案的落实情况报所在地县级人民政府安全生产监督管理部门备案。在港区内储存危险化学品的企业，应当将安全评价报告以及整改方案的落实情况报港口行政管理部门备案。"理由同上，对于使用危险化学品的单位，如果储存危险化学品的，同样必须遵守上述储存危险化学品单位的要求。

二、危险化学品安全使用许可

《危险化学品安全管理条例》规定，使用危险化学品从事生产并且使用量达到规定数量的化工企业（属于危险化学品生产企业的除外），应当依照本条例的规定取得危险化学品安全使用许可证。这是一项行政许可，未取得危险化学品安全使用许可证的，不得从事生产。

1. 许可的范围

根据《危险化学品安全管理条例》及《危险化学品安全使用许可证实施办法》，危险化学品安全使用许可的范围，是指列入危险化学品安全使用许可适用行业目录、使用危险化学品从事生产并且达到危险化学品使用量的数量标准的化工企业。危险化学品生产企业、使用危险化学品作为燃料的企业除外，不需要依法取得危险化学品安全使用许可证。

危险化学品安全使用许可适用行业目录、危险化学品使用量的数量标准，由国务院安全生产监督管理部门会同国务院公安部门、农业主管部门确定并公布。

2. 安全条件

根据《危险化学品安全管理条例》及相关规定，申请危险化学品安全使用许可证的化工企业应当符合相应的安全条件。

（1）企业储存危险化学品数量构成重大危险源的储存设施，与《危险化学品安全管理条例》规定的居民区等八类场所、设施、区域的距离应当符合国家有关法律、法规、规章和国家标准或者行业标准的规定。

（2）企业总体布局应当符合《工业企业总平面设计规范》（GB 50187）、《化工企业总图运输设计规范》（GB 50489）、《建筑设计防火规范》（GB 50016）等相关标准的要求；石油化工企业还应当符合《石油化工企业设计防火规范》（GB 50160）的要求。

（3）新建企业应当符合国家产业政策、当地县级以上（含县级）人民政府的规划和布局。

（4）新建、改建、扩建使用危险化学品的化工建设项目（以下统称建设项目）应当由具备国家规定资质的设计单位设计和施工单位建设；其中，涉及国家安全生产监督管理总局公布的重点监管危险化工工艺、重点监管危险化学品的装置，由具备石油化工医药行业相应资质的设计单位设计。

（5）企业不得采用国家明令淘汰、禁止使用和危及安全生产的工艺、设备；新开发的使用危险化学品从事化工生产的工艺（以下简称化工工艺），在小试、中试、工业化试验的基础上逐步放大到工业化生产；国内首次使用的化工工艺，经过省级人民政府有关部门组织的安全可靠性论证。

（6）企业涉及国家安全生产监督管理总局公布的重点监管危险化工工艺、重点监管危险化学品的装置应当装设自动化控制系统；涉及国家安全生产监督管理总局公布的重点监管危险化工工艺的大型化工装置应当装设紧急停车系统；涉及易燃易爆、有毒有害气体化学品的作业场所应当装设易燃易爆、有毒有害介质泄漏报警等安全设施。

（7）新建企业的生产区应当与非生产区分开设置，并符合国家标准或者行业标准规定的距离。

（8）新建企业的生产装置和储存设施之间及其建（构）筑物之间的距离应当符合国

家标准或者行业标准的规定。同一厂区内（生产或者储存区域）的设备、设施及建（构）筑物的布置应当适用同一标准的规定。

（9）企业应当依法设置安全生产管理机构，按照国家规定配备专职安全生产管理人员。配备的专职安全生产管理人员必须能够满足安全生产的需要。

（10）企业主要负责人、分管安全负责人和安全生产管理人员必须具备与其从事生产经营活动相适应的安全知识和管理能力，参加安全资格培训，并经考核合格，取得安全资格证书。特种作业人员应当依照《特种作业人员安全技术培训考核管理规定》，经专门的安全技术培训并考核合格，取得特种作业操作证书。其他从业人员应当按照国家有关规定，经安全教育培训合格。

（11）企业应当建立全员安全生产责任制，保证每位从业人员的安全生产责任与职务、岗位相匹配。

（12）企业根据化工工艺、装置、设施等实际情况，至少应当制定、完善安全生产例会等安全生产会议制度；安全投入保障制度；安全生产奖惩制度；安全培训教育制度；领导干部轮流现场带班制度；特种作业人员管理制度；安全检查和隐患排查治理制度；重大危险源的评估和安全管理制度；变更管理制度；应急管理制度；生产安全事故或者重大事件管理制度；防火、防爆、防中毒、防泄漏管理制度；工艺、设备、电气仪表、公用工程安全管理制度；动火、进入受限空间、吊装、高处、盲板抽堵、临时用电、动土、断路、设备检维修等作业安全管理制度；危险化学品安全管理制度；职业健康相关管理制度；劳动防护用品使用维护管理制度；承包商管理制度；安全管理制度及操作规程定期修订制度。

（13）企业应当根据工艺、技术、设备特点和原辅料的危险性等情况编制岗位安全操作规程。

（14）企业应当依法委托具备国家规定资质条件的安全评价机构进行安全评价，并按照安全评价报告的意见对存在的安全生产问题进行整改。

（15）企业应当有相应的职业病危害防护设施，并为从业人员配备符合国家标准或者行业标准的劳动防护用品。

（16）企业应当依据《危险化学品重大危险源辨识》（GB 18218），对本企业的生产、储存和使用装置、设施或者场所进行重大危险源辨识。对于已经确定为重大危险源的，应当按照《危险化学品重大危险源监督管理暂行规定》进行安全管理。

（17）企业应当按照国家有关规定编制危险化学品事故应急预案，并报送有关部门备案；建立应急救援组织，明确应急救援人员，配备必要的应急救援器材、设备设施，并按照规定定期进行应急预案演练。储存和使用氯气、氨气等对皮肤有强烈刺激的吸入性有毒有害气体的企业，除符合本条第一款的规定外，还应当配备至少两套以上全封闭防化服；构成重大危险源的，还应当设立气体防护站（组）。

此外，企业还应当符合有关法律、行政法规和国家标准或者行业标准规定的其他安全使用条件。

3. 许可程序

依据《危险化学品安全管理条例》的规定，使用危险化学品的单位，申请危险化学品安全使用许可证的化工企业，应当向所在地设区的市级人民政府安全生产监督管理部门提出申请，并提交：①申请安全使用许可证的文件及申请书；②新建企业的选址布局符合国家产业政策、当地县级以上人民政府的规划和布局的证明材料复制件；③安全生产责任制文件，安全生产规章制度、岗位安全操作规程清单；④设置安全生产管理机构，配备专职安全生产管理人员的文件复制件；⑤主要负责人、分管安全负责人、安全生产管理人员安全资格证和特种作业人员操作证复制件；⑥危险化学品事故应急救援预案的备案证明文件；⑦由供货单位提供的所使用危险化学品的安全技术说明书和安全标签；⑧工商营业执照副本或者工商核准文件复制件；⑨安全评价报告及其整改结果的报告；⑩新建企业的建设项目安全设施竣工验收意见书或备案证明复制件；⑪应急救援组织、应急救援人员，以及应急救援器材、设备设施清单等文件、材料。有危险化学品重大危险源的企业，还应当提交重大危险源的备案证明文件。

设区的市级人民政府安全生产监督管理部门应当依法进行审查，自收到证明材料之日起45日内作出批准或者不予批准的决定。予以批准的，颁发危险化学品安全使用许可证；不予批准的，书面通知申请人并说明理由。

依据《危险化学品安全管理条例》的规定，安全生产监督管理部门应当将其颁发危险化学品安全使用许可证的情况及时向同级环境保护主管部门和公安机关通报。

第四节　危险化学品经营的安全管理规定

一、经营许可

依据《危险化学品安全管理条例》的规定，国家对危险化学品经营（包括仓储经营，下同）实行许可制度。未经许可，任何单位和个人不得经营危险化学品。

依法设立的危险化学品生产企业在其厂区范围内销售本企业生产的危险化学品，不需要取得危险化学品经营许可。

依照《中华人民共和国港口法》的规定取得港口经营许可证的港口经营人，在港区内从事危险化学品仓储经营，不需要取得危险化学品经营许可。

申请人持危险化学品经营许可证向工商行政管理部门办理登记手续后，方可从事危险化学品经营活动。法律、行政法规或者国务院规定经营危险化学品还需要经其他有关部门许可的，申请人向工商行政管理部门办理登记手续时还应当持相应的许可证件。

1. 许可权限

依据《危险化学品安全管理条例》及《危险化学品经营许可证管理办法》，经营许可证的颁发管理工作实行企业申请、两级发证、属地监管的原则。设区的市级人民政府安全生产监督管理部门（以下简称市级发证机关）负责下列企业的经营许可证审批、颁发：

（1）经营剧毒化学品的企业。

（2）经营易制爆危险化学品的企业。

（3）经营汽油加油站的企业。

（4）专门从事危险化学品仓储经营的企业。

（5）从事危险化学品经营活动的中央企业所属省级、设区的市级公司（分公司）。

（6）带有储存设施经营除剧毒化学品、易制爆危险化学品以外的其他危险化学品的企业。

县级人民政府安全生产监督管理部门（以下简称县级发证机关）负责本行政区域内上述以外企业的经营许可证审批、颁发；没有设立县级发证机关的，其经营许可证由市级发证机关审批、颁发。

购买危险化学品进行分装、充装或者加入非危险化学品的溶剂进行稀释，然后销售的，同样应当依照规定取得经营许可证。使用长输管道输送并经营危险化学品的，应当向经营地点所在地发证机关申请经营许可证。

储存设施，是指按照《危险化学品重大危险源辨识》（GB 18218）确定，储存的危险化学品数量构成重大危险源的设施。

2. 安全条件

依据《危险化学品安全管理条例》和《危险化学品经营许可证管理办法》，从事危险化学品经营的企业应当具备下列条件：

（1）企业经营和储存场所、设施、建筑物应当符合《建筑设计防火规范》（GB 50016）、《石油化工企业设计防火规范》（GB 50160）、《汽车加油加气站设计与施工规范》（GB 50156）、《石油库设计规范》（GB 50074）等相关国家标准、行业标准的规定。

（2）企业主要负责人和安全生产管理人员应当具备与本企业危险化学品经营活动相适应的安全生产知识和管理能力，经专门的安全生产培训和安全生产监督管理部门考核合格，取得相应安全资格证书；特种作业人员经专门的安全作业培训，取得特种作业操作证书；其他从业人员依照有关规定经安全生产教育和专业技术培训合格。

（3）企业应当有健全的全员安全生产责任制度、危险化学品购销管理制度、危险化学品安全管理制度（包括防火、防爆、防中毒、防泄漏管理等内容）、安全投入保障制度、安全生产奖惩制度、安全生产教育培训制度、隐患排查治理制度、安全风险管理制度、应急管理制度、事故管理制度、职业卫生管理制度和岗位操作规程。

（4）企业应当有符合国家规定的危险化学品事故应急预案，并配备必要的应急救援器材、设备；

（5）法律、法规和国家标准或者行业标准规定的其他安全生产条件。

经营剧毒化学品的，还应当建立剧毒化学品双人验收、双人保管、双人发货、双把锁、双本账等管理制度。

带有储存设施经营危险化学品的，还应当具备下列条件：

（1）新设立的专门从事危险化学品仓储经营的，其储存设施建立在地方人民政府规划的用于危险化学品储存的专门区域内。

（2）储存设施与相关场所、设施、区域的距离符合有关法律、法规、规章和标准的规定。

（3）依照有关规定进行安全评价，安全评价报告符合《危险化学品经营企业安全评价细则》的要求。

（4）专职安全生产管理人员具备国民教育化工化学类或者安全工程类中等职业教育以上学历，或者化工化学类中级以上专业技术职称，或者危险物品安全类注册安全工程师资格。

（5）符合《危险化学品安全管理条例》《危险化学品重大危险源监督管理暂行规定》《常用危险化学品贮存通则》（GB 15603）的相关规定。

储存易燃、易爆、有毒、易扩散危险化学品的，还应当符合《石油化工可燃气体和有毒气体检测报警设计规范》（GB 50493）的规定。

3. 许可程序

依据《危险化学品安全管理条例》的规定，从事剧毒化学品、易制爆危险化学品经营的企业，应当向所在地设区的市级人民政府安全生产监督管理部门提出申请，从事其他危险化学品经营的企业，应当向所在地县级人民政府安全生产监督管理部门提出申请（有储存设施的，应当向所在地设区的市级人民政府安全生产监督管理部门提出申请）。

申请人提交下列文件、资料，并对其真实性负责：

（1）申请经营许可证的文件及申请书。

（2）安全生产规章制度和岗位操作规程的目录清单。

（3）企业主要负责人、安全生产管理人员、特种作业人员的相关资格证书（复制件）和其他从业人员培训合格的证明材料。

（4）经营场所产权证明文件或者租赁证明文件（复制件）。

（5）工商行政管理部门颁发的企业性质营业执照或者企业名称预先核准文件（复制件）。

（6）危险化学品事故应急预案备案登记表（复制件）。

带有储存设施经营危险化学品的，申请人还应当提交下列文件、资料：

（1）储存设施相关证明文件（复制件）；租赁储存设施的，需要提交租赁证明文件（复制件）；储存设施新建、改建、扩建的，需要提交危险化学品建设项目安全设施竣工验收意见书（复制件）。

（2）重大危险源备案证明材料、专职安全生产管理人员的学历证书、技术职称证书或者危险物品安全类注册安全工程师资格证书（复制件）。

（3）安全评价报告。

设区的市级人民政府安全生产监督管理部门或者县级人民政府安全生产监督管理部门应当依法进行审查，并对申请人的经营场所、储存设施进行现场核查，自收到证明材料之日起 30 日内作出批准或者不予批准的决定。予以批准的，颁发危险化学品经营许可证；不予批准的，书面通知申请人并说明理由。

已经取得经营许可证的企业，有下列情形之一的，应当按照规定重新申请办理经营许可证，并提交相关文件、资料：

（1）不带有储存设施的经营企业变更其经营场所的。

（2）带有储存设施的经营企业变更其储存场所的。

（3）仓储经营的企业异地重建的。

（4）经营方式发生变化的。

（5）许可范围发生变化的。

设区的市级人民政府安全生产监督管理部门和县级人民政府安全生产监督管理部门应当将其颁发危险化学品经营许可证的情况及时向同级环境保护主管部门和公安机关通报。

二、危险化学品经营企业的安全管理

依据《危险化学品安全管理条例》的规定，危险化学品经营单位应当遵守下规定：

（1）危险化学品经营企业储存危险化学品的，应当遵守本条例第二章关于储存危险化学品的规定。

（2）危险化学品商店内只能存放民用小包装的危险化学品。

（3）危险化学品经营企业不得向未经许可从事危险化学品生产、经营活动的企业采购危险化学品，不得经营没有化学品安全技术说明书或者化学品安全标签的危险化学品。

三、剧毒化学品购买许可证

依据《危险化学品安全管理条例》的规定，任何单位购买剧毒化学品必须依法取得剧毒化学品购买许可证。这是一项行政许可，未取得剧毒化学品购买许可的，不得购买剧毒化学品。

1. 申报材料

依据《危险化学品安全管理条例》的规定，申请取得剧毒化学品购买许可证，申请人应当向所在地县级人民政府公安机关提交下列材料：

（1）营业执照或者法人证书（登记证书）的复印件。

（2）拟购买的剧毒化学品品种、数量的说明。

（3）购买剧毒化学品用途的说明。

（4）经办人的身份证明。

2. 申办程序

县级人民政府公安机关应当自收到申办条件规定的材料之日起 3 日内，作出批准或者不予批准的决定。予以批准的，颁发剧毒化学品购买许可证；不予批准的，书面通知申请人并说明理由。

剧毒化学品购买许可证管理办法由国务院公安部门制定。

四、购买剧毒化学品、易制爆危险化学品的安全规定

依据《危险化学品安全管理条例》的规定，对购买剧毒化学品、易制爆危险化学品作出如下规定：

（1）依法取得危险化学品安全生产许可证、危险化学品安全使用许可证、危险化学品经营许可证的企业，凭相应的许可证件购买剧毒化学品、易制爆危险化学品。民用爆炸物品生产企业凭民用爆炸物品生产许可证购买易制爆危险化学品。

（2）除依法取得危险化学品安全生产许可证、危险化学品安全使用许可证、危险化学品经营许可证的企业、民用爆炸物品生产企业以外，其他单位购买剧毒化学品的，应当向所在地县级人民政府公安机关申请取得剧毒化学品购买许可证；购买易制爆危险化学品的，应当持本单位出具的合法用途说明。

（3）个人不得购买剧毒化学品（属于剧毒化学品的农药除外）和易制爆危险化学品。

五、销售剧毒化学品、易制爆危险化学品的安全规定

依据《危险化学品安全管理条例》的规定，对销售剧毒化学品、易制爆危险化学品作出如下规定：

（1）危险化学品生产企业、经营企业销售剧毒化学品、易制爆危险化学品，应当查

验本条例第三十八条第一款、第二款规定的相关许可证件或者证明文件（危险化学品安全生产许可证、危险化学品安全使用许可证、危险化学品经营许可证、民用爆炸物品生产许可证、剧毒化学品购买许可证或者易制爆危险化学品合法用途说明）。不得向不具有相关许可证件或者证明文件的单位销售剧毒化学品、易制爆危险化学品。对持剧毒化学品购买许可证购买剧毒化学品的，应当按照许可证载明的品种、数量销售。

（2）禁止向个人销售剧毒化学品（属于剧毒化学品的农药除外）和易制爆危险化学品。

（3）危险化学品生产企业、经营企业销售剧毒化学品、易制爆危险化学品，应当如实记录购买单位的名称、地址、经办人的姓名、身份证号码以及所购买的剧毒化学品、易制爆危险化学品的品种、数量、用途。销售记录以及经办人的身份证明复印件、相关许可证件复印件或者证明文件的保存期限不得少于 1 年。

（4）剧毒化学品、易制爆危险化学品的销售企业、购买单位应当在销售、购买后 5 日内，将所销售、购买的剧毒化学品、易制爆危险化学品的品种、数量以及流向信息报所在地县级人民政府公安机关备案，并输入计算机系统。

六、出借、转让其购买的剧毒化学品、易制爆危险化学品的禁止规定

依据《危险化学品安全管理条例》的规定，使用剧毒化学品、易制爆危险化学品的单位不得出借、转让其购买的剧毒化学品、易制爆危险化学品；因转产、停产、搬迁、关闭等确需转让的，应当向具有本条例第三十八条第一款、第二款规定的相关许可证件或者证明文件（危险化学品安全生产许可证、危险化学品安全使用许可证、危险化学品经营许可证、民用爆炸物品生产许可证、剧毒化学品购买许可证或者易制爆危险化学品合法用途说明）的单位转让，并在转让后将有关情况及时向所在地县级人民政府公安机关报告。

第五节　危险化学品运输的安全管理规定

一、道路、水路运输的资质和资格许可

1. 企业资质许可

依据《危险化学品安全管理条例》的规定，从事危险化学品道路运输、水路运输的，应当分别依照有关道路运输、水路运输的法律、行政法规的规定，取得危险货物道路运输许可、危险货物水路运输许可，并向工商行政管理部门办理登记手续。危险化学品道路运输企业、水路运输企业应当配备专职安全管理人员。

《中华人民共和国道路运输条例》《中华人民共和国水路运输管理条例》及《道路危险货物运输管理规定》《国内水路运输经营资质管理规定》对危险化学品道路运输、水路运输的资质条件和人员要求作出了详细规定。

2. 人员资格许可

依据《危险化学品安全管理条例》的规定，危险化学品道路运输企业、水路运输企业的驾驶人员、船员、装卸管理人员、押运人员、申报人员、集装箱装箱现场检查员应当经交通运输主管部门考核合格，取得从业资格。具体办法由国务院交通运输主管部门制定。

二、装卸的安全管理

依据《危险化学品安全管理条例》的规定，危险化学品的装卸作业应当遵守安全作业标准、规程和制度，并在装卸管理人员的现场指挥或者监控下进行。水路运输危险化学品的集装箱装箱作业应当在集装箱装箱现场检查员的指挥或者监控下进行，并符合积载、隔离的规范和要求；装箱作业完毕后，集装箱装箱现场检查员应当签署装箱证明书。

三、道路运输的安全管理

依据《危险化学品安全管理条例》的规定，危险化学品运输途中应当遵守下列规定：

(1) 运输危险化学品，应当根据危险化学品的危险特性采取相应的安全防护措施，并配备必要的防护用品和应急救援器材。

(2) 用于运输危险化学品的槽罐以及其他容器应当封口严密，能够防止危险化学品在运输过程中因温度、湿度或者压力的变化发生渗漏、洒漏；槽罐以及其他容器的溢流和泄压装置应当设置准确、启闭灵活。

(3) 运输危险化学品的驾驶人员、船员、装卸管理人员、押运人员、申报人员、集装箱装箱现场检查员，应当了解所运输的危险化学品的危险特性及其包装物、容器的使用要求和出现危险情况时的应急处置方法。

(4) 通过道路运输危险化学品的，托运人应当委托依法取得危险货物道路运输许可的企业承运。

(5) 通过道路运输危险化学品的，应当按照运输车辆的核定载质量装载危险化学品，不得超载。

(6) 危险化学品运输车辆应当符合国家标准要求的安全技术条件，并按照国家有关规定定期进行安全技术检验。

(7) 危险化学品运输车辆应当悬挂或者喷涂符合国家标准要求的警示标志。

(8) 通过道路运输危险化学品的，应当配备押运人员，并保证所运输的危险化学品处于押运人员的监控之下。

(9) 运输危险化学品途中因住宿或者发生影响正常运输的情况，需要较长时间停车的，驾驶人员、押运人员应当采取相应的安全防范措施；运输剧毒化学品或者易制爆危险化学品的，还应当向当地公安机关报告。

(10) 未经公安机关批准，运输危险化学品的车辆不得进入危险化学品运输车辆限制通行的区域。危险化学品运输车辆限制通行的区域由县级人民政府公安机关划定，并设置明显的标志。

四、剧毒化学品道路运输通行证

依据《危险化学品安全管理条例》的规定，通过道路运输剧毒化学品的，托运人应当向运输始发地或者目的地县级人民政府公安机关申请剧毒化学品道路运输通行证。

1. 申办条件

申请剧毒化学品道路运输通行证，托运人应当向县级人民政府公安机关提交下列材料：

（1）拟运输的剧毒化学品品种、数量的说明。

（2）运输始发地、目的地、运输时间和运输路线的说明。

（3）承运人取得危险货物道路运输许可、运输车辆取得营运证以及驾驶人员、押运人员取得上岗资格的证明文件。

（4）本条例第三十八条第一款、第二款规定的购买剧毒化学品的相关许可证件，或者海关出具的进出口证明文件。

2. 申办程序

县级人民政府公安机关应当自收到前款规定的材料之日起 7 日内，作出批准或者不予批准的决定。予以批准的，颁发剧毒化学品道路运输通行证；不予批准的，书面通知申请人并说明理由。剧毒化学品道路运输通行证管理办法由国务院公安部门制定。

五、剧毒化学品、易制爆危险化学品丢失、被盗、被抢的安全管理

依据《危险化学品安全管理条例》的规定，剧毒化学品、易制爆危险化学品在道路运输途中丢失、被盗、被抢或者出现流散、泄漏等情况的，驾驶人员、押运人员应当立即采取相应的警示措施和安全措施，并向当地公安机关报告。公安机关接到报告后，应当根据实际情况立即向安全生产监督管理部门、环境保护主管部门、卫生主管部门通报。有关部门应当采取必要的应急处置措施。

六、内河运输剧毒化学品和其他危险化学品的禁止规定

依据《危险化学品安全管理条例》的规定，禁止通过内河封闭水域运输剧毒化学品以及国家规定禁止通过内河运输的其他危险化学品。

除内河封闭水域以外的内河水域，禁止运输国家规定禁止通过内河运输的剧毒化学品以及其他危险化学品。

禁止通过内河运输的剧毒化学品以及其他危险化学品的范围，由国务院交通运输主管部门会同国务院环境保护主管部门、工业和信息化主管部门、安全生产监督管理部门，根据危险化学品的危险特性、危险化学品对人体和水环境的危害程度以及消除危害后果的难易程度等因素规定并公布。

七、水路运输的安全管理

依据《危险化学品安全管理条例》的规定，水路运输危险化学品应当遵守下列规定：

（1）通过水路运输危险化学品的，应当遵守法律、行政法规以及国务院交通运输主管部门关于危险货物水路运输安全的规定。

（2）海事管理机构应当根据危险化学品的种类和危险特性，确定船舶运输危险化学品的相关安全运输条件。拟交付船舶运输的化学品的相关安全运输条件不明确的，应当经国家海事管理机构认定的机构进行评估，明确相关安全运输条件并经海事管理机构确认后，方可交付船舶运输。

（3）通过内河运输危险化学品，应当由依法取得危险货物水路运输许可的水路运输企业承运，其他单位和个人不得承运。托运人应当委托依法取得危险货物水路运输许可的水路运输企业承运，不得委托其他单位和个人承运。

（4）通过内河运输危险化学品，应当使用依法取得危险货物适装证书的运输船舶。水路运输企业应当针对所运输的危险化学品的危险特性，制定运输船舶危险化学品事故应急救援预案，并为运输船舶配备充足、有效的应急救援器材和设备。

（5）通过内河运输危险化学品的船舶，其所有人或者经营人应当取得船舶污染损害责任保险证书或者财务担保证明。船舶污染损害责任保险证书或者财务担保证明的副本应当随船携带。

（6）通过内河运输危险化学品，危险化学品包装物的材质、型式、强度以及包装方法应当符合水路运输危险化学品包装规范的要求。国务院交通运输主管部门对单船运输的危险化学品数量有限制性规定的，承运人应当按照规定安排运输数量。

（7）用于危险化学品运输作业的内河码头、泊位应当符合国家有关安全规范，与饮用水取水口保持国家规定的距离。有关管理单位应当制定码头、泊位危险化学品事故应急预案，并为码头、泊位配备充足、有效的应急救援器材和设备。用于危险化学品运输作业的内河码头、泊位，经交通运输主管部门按照国家有关规定验收合格后方可投入使用。

（8）船舶载运危险化学品进出内河港口，应当将危险化学品的名称、危险特性、包装以及进出港时间等事项，事先报告海事管理机构。海事管理机构接到报告后，应当在国务院交通运输主管部门规定的时间内作出是否同意的决定，通知报告人，同时通报港口行政管理部门。定船舶、定航线、定货种的船舶可以定期报告。

（9）在内河港口内进行危险化学品的装卸、过驳作业，应当将危险化学品的名称、危险特性、包装和作业的时间、地点等事项报告港口行政管理部门。港口行政管理部门接到报告后，应当在国务院交通运输主管部门规定的时间内作出是否同意的决定，通知报告人，同时通报海事管理机构。

（10）载运危险化学品的船舶在内河航行，通过过船建筑物的，应当提前向交通运输主管部门申报，并接受交通运输主管部门的管理。

（11）载运危险化学品的船舶在内河航行、装卸或者停泊，应当悬挂专用的警示标志，按照规定显示专用信号。

（12）载运危险化学品的船舶在内河航行，按照国务院交通运输主管部门的规定需要引航的，应当申请引航。

（13）载运危险化学品的船舶在内河航行，应当遵守法律、行政法规和国家其他有关饮用水水源保护的规定。内河航道发展规划应当与依法经批准的饮用水水源保护区划定方案相协调。

八、托运人的责任

依据《危险化学品安全管理条例》的规定，托运危险化学品的，托运人应当向承运人说明所托运的危险化学品的种类、数量、危险特性以及发生危险情况的应急处置措施，并按照国家有关规定对所托运的危险化学品妥善包装，在外包装上设置相应的标志。

运输危险化学品需要添加抑制剂或者稳定剂的，托运人应当添加，并将有关情况告知承运人。

托运人不得在托运的普通货物中夹带危险化学品，不得将危险化学品匿报或者谎报为普通货物托运。

任何单位和个人不得交寄危险化学品或者在邮件、快件内夹带危险化学品，不得将危险化学品匿报或者谎报为普通物品交寄。

第六节 危险化学品登记

依据《危险化学品安全管理条例》及《危险化学品登记管理办法》的规定，国家实行危险化学品登记制度，为危险化学品安全管理以及危险化学品事故预防和应急救援提供技术、信息支持。危险化学品生产企业、进口企业（以下统称登记企业）生产或者进口《危险化学品目录》所列危险化学品的，应当向登记机构办理危险化学品登记。

新建的生产企业应当在竣工验收前办理危险化学品登记。进口企业应当在首次进口前办理危险化学品登记。同一企业生产、进口同一品种危险化学品的，按照生产企业进行一次登记，但应当提交进口危险化学品的有关信息。进口企业进口不同制造商的同一品种危险化学品的，按照首次进口制造商的危险化学品进行一次登记，但应当提交其他制造商的危险化学品的有关信息。生产企业、进口企业多次进口同一制造商的同一品种危险化学品的，只进行一次登记。

一、登记机构

国家安全生产监督管理总局化学品登记中心（以下简称登记中心），承办全国危险化学品登记的具体工作和技术管理工作。省、自治区、直辖市人民政府安全生产监督管理部门设立危险化学品登记办公室或者危险化学品登记中心（以下简称登记办公室），承办本行政区域内危险化学品登记的具体工作和技术管理工作。

二、登记内容

依据《危险化学品安全管理条例》及《危险化学品登记管理办法》的规定，危险化学品登记应当包括下列内容：

（1）分类和标签信息，包括危险化学品的危险性类别、象形图、警示词、危险性说明、防范说明等。

（2）物理、化学性质，包括危险化学品的外观与性状、溶解性、熔点、沸点等物理性质，闪点、爆炸极限、自燃温度、分解温度等化学性质。

（3）主要用途，包括企业推荐的产品合法用途、禁止或者限制的用途等。

（4）危险特性，包括危险化学品的物理危险性、环境危害性和毒理特性。

（5）储存、使用、运输的安全要求，其中，储存的安全要求包括对建筑条件、库房条件、安全条件、环境卫生条件、温度和湿度条件的要求，使用的安全要求包括使用时的操作条件、作业人员防护措施、使用现场危害控制措施等，运输的安全要求包括对运输或者输送方式的要求、危害信息向有关运输人员的传递手段、装卸及运输过程中的安全措施等。

（6）出现危险情况的应急处置措施，包括危险化学品在生产、使用、储存、运输过程中发生火灾、爆炸、泄漏、中毒、窒息、灼伤等化学品事故时的应急处理方法，应急咨询服务电话等。

三、登记程序

依据《危险化学品安全管理条例》及《危险化学品登记管理办法》的规定，危险化学品登记按照下列程序办理：

（1）登记企业通过登记系统提出申请。

（2）登记办公室在 3 个工作日内对登记企业提出的申请进行初步审查，符合条件的，通过登记系统通知登记企业办理登记手续。

（3）登记企业接到登记办公室通知后，按照有关要求在登记系统中如实填写登记内容，并向登记办公室提交有关纸质登记材料。

（4）登记办公室在收到登记企业的登记材料之日起 20 个工作日内，对登记材料和登记内容逐项进行审查，必要时可进行现场核查，符合要求的，将登记材料提交给登记中心；不符合要求的，通过登记系统告知登记企业并说明理由。

（5）登记中心在收到登记办公室提交的登记材料之日起 15 个工作日内，对登记材料和登记内容进行审核，符合要求的，通过登记办公室向登记企业发放危险化学品登记证；不符合要求的，通过登记系统告知登记办公室、登记企业并说明理由。

登记企业办理危险化学品登记时，应当提交下列材料，并对其内容的真实性负责：

（1）危险化学品登记表一式 2 份。

（2）生产企业的工商营业执照，进口企业的对外贸易经营者备案登记表、中华人民共和国进出口企业资质证书、中华人民共和国外商投资企业批准证书或者台港澳侨投资企业批准证书复制件 1 份。

（3）与其生产、进口的危险化学品相符并符合国家标准的化学品安全技术说明书、化学品安全标签各 1 份。

（4）应急咨询服务电话号码或者应急咨询服务委托书复制件 1 份。

（5）办理登记的危险化学品产品标准（采用国家标准或者行业标准的，提供所采用的标准编号）。

四、登记企业的职责

依据《危险化学品安全管理条例》及《危险化学品登记管理办法》的规定，登记企业应当做好相应危险化学品有关基础工作，并依照规定向登记机构进行危险化学品登记。

（1）登记企业应当对本企业的各类危险化学品进行普查，建立危险化学品管理档案。危险化学品管理档案应当包括危险化学品名称、数量、标识信息、危险性分类和化学品安全技术说明书、化学品安全标签等内容。

（2）登记企业应当按照规定向登记机构办理危险化学品登记，如实填报登记内容和提交有关材料，并接受安全生产监督管理部门依法进行的监督检查。

（3）登记企业应当指定人员负责危险化学品登记的相关工作，配合登记人员在必要时对本企业危险化学品登记内容进行核查。登记企业从事危险化学品登记的人员应当具备危险化学品登记相关知识和能力。

（4）对危险特性尚未确定的化学品，登记企业应当按照国家关于化学品危险性鉴定的有关规定，委托具有国家规定资质的机构对其进行危险性鉴定；属于危险化学品的，应当依照规定进行登记。

（5）危险化学品生产企业应当设立由专职人员24小时值守的国内固定服务电话，针对登记的内容向用户提供危险化学品事故应急咨询服务，为危险化学品事故应急救援提供技术指导和必要的协助。专职值守人员应当熟悉本企业危险化学品的危险特性和应急处置技术，准确回答有关咨询问题。

危险化学品生产企业不能提供规定应急咨询服务的，应当委托登记机构代理应急咨询服务。

危险化学品进口企业应当自行或者委托进口代理商、登记机构提供符合规定要求的应急咨询服务，并在其进口的危险化学品安全标签上标明应急咨询服务电话号码。

从事代理应急咨询服务的登记机构，应当设立由专职人员24小时值守的国内固定服务电话，建有完善的化学品应急救援数据库，配备在线数字录音设备和8名以上专业人员，能够同时受理3起以上应急咨询，准确提供化学品泄漏、火灾、爆炸、中毒等事故应急处置有关信息和建议。

（6）登记企业不得转让、冒用或者使用伪造的危险化学品登记证。

第七节　危险化学品应急预案和救援

一、危险化学品事故应急预案

依据《危险化学品安全管理条例》的规定，县级以上地方人民政府安全生产监督管理部门应当会同工业和信息化、环境保护、公安、卫生、交通运输、铁路、质量监督检验检疫等部门，根据本地区实际情况，制定危险化学品事故应急预案，报本级人民政府批准。

危险化学品单位应当制定本单位危险化学品事故应急预案，配备应急救援人员和必要的应急救援器材、设备，并定期组织应急救援演练。

危险化学品单位应当将其危险化学品事故应急预案报所在地设区的市级人民政府安全生产监督管理部门备案。

二、危险化学品事故应急救援

依据《危险化学品安全管理条例》的规定，发生危险化学品事故，事故单位主要负责人应当立即按照本单位危险化学品应急预案组织救援，并向当地安全生产监督管理部门和环境保护、公安、卫生主管部门报告；道路运输、水路运输过程中发生危险化学品事故的，驾驶人员、船员或者押运人员还应当向事故发生地交通运输主管部门报告。

发生危险化学品事故，有关地方人民政府应当立即组织安全生产监督管理、环境保护、公安、卫生、交通运输等有关部门，按照本地区危险化学品事故应急预案组织实施救援，不得拖延、推诿。

有关地方人民政府及其有关部门应当按照下列规定，采取必要的应急处置措施，减少事故损失，防止事故蔓延、扩大：

（1）立即组织营救和救治受害人员，疏散、撤离或者采取其他措施保护危害区域内的其他人员。

（2）迅速控制危害源，测定危险化学品的性质、事故的危害区域及危害程度。

（3）针对事故对人体、动植物、土壤、水源、大气造成的现实危害和可能产生的危害，迅速采取封闭、隔离、洗消等措施。

（4）对危险化学品事故造成的环境污染和生态破坏状况进行监测、评估，并采取相应的环境污染治理和生态修复措施。

有关危险化学品单位应当为危险化学品事故应急救援提供技术指导和必要的协助。

第八节　违法行为追究

一、生产、经营、使用国家禁止生产、经营、使用的危险化学品的处罚

依据《危险化学品安全管理条例》第七十五条的规定，生产、经营、使用国家禁止生产、经营、使用的危险化学品的，由安全生产监督管理部门责令停止生产、经营、使用活动，处20万元以上50万元以下的罚款，有违法所得的，没收违法所得；构成犯罪的，依法追究刑事责任。

有上述规定行为的，安全生产监督管理部门还应当责令其对所生产、经营、使用的危险化学品进行无害化处理。

违反国家关于危险化学品使用的限制性规定使用危险化学品的，由安全生产监督管理部门责令停止生产、经营、使用活动，处20万元以上50万元以下的罚款，有违法所得的，没收违法所得；构成犯罪的，依法追究刑事责任。

二、新建、改建、扩建生产、储存危险化学品的建设项目违反安全审查的处罚

依据《危险化学品安全管理条例》第七十六条的规定，未经安全条件审查，新建、改建、扩建生产、储存危险化学品的建设项目的，由安全生产监督管理部门责令停止建设，限期改正；逾期不改正的，处50万元以上100万元以下的罚款；构成犯罪的，依法追究刑事责任。

未经安全条件审查，新建、改建、扩建储存、装卸危险化学品的港口建设项目的，由港口行政管理部门依照前款规定予以处罚。

三、违反有关许可规定的处罚

依据《危险化学品安全管理条例》第七十七条的规定，未依法取得危险化学品安全生产许可证从事危险化学品生产，或者未依法取得工业产品生产许可证从事危险化学品及其包装物、容器生产的，分别依照《安全生产许可证条例》《中华人民共和国工业产品生产许可证管理条例》的规定处罚。

违反本条例规定，化工企业未取得危险化学品安全使用许可证，使用危险化学品从事生产的，由安全生产监督管理部门责令限期改正，处10万元以上20万元以下的罚款；逾期不改正的，责令停产整顿。

违反本条例规定，未取得危险化学品经营许可证从事危险化学品经营的，由安全生产

监督管理部门责令停止经营活动，没收违法经营的危险化学品以及违法所得，并处 10 万元以上 20 万元以下的罚款；构成犯罪的，依法追究刑事责任。

四、危险化学品生产、储存、使用、经营单位违反有关安全管理的处罚

（1）依据《危险化学品安全管理条例》第七十八条的规定，有下列情形之一的，由安全生产监督管理部门责令改正，可以处 5 万元以下的罚款；拒不改正的，处 5 万元以上 10 万元以下的罚款；情节严重的，责令停产停业整顿：

①生产、储存危险化学品的单位未对其铺设的危险化学品管道设置明显的标志，或者未对危险化学品管道定期检查、检测的。

②危险化学品生产企业未提供化学品安全技术说明书，或者未在包装（包括外包装件）上粘贴、拴挂化学品安全标签的。

③危险化学品生产企业提供的化学品安全技术说明书与其生产的危险化学品不相符，或者在包装（包括外包装件）粘贴、拴挂的化学品安全标签与包装内危险化学品不相符，或者化学品安全技术说明书、化学品安全标签所载明的内容不符合国家标准要求的。

④危险化学品生产企业发现其生产的危险化学品有新的危险特性不立即公告，或者不及时修订其化学品安全技术说明书和化学品安全标签的。

⑤危险化学品经营企业经营没有化学品安全技术说明书和化学品安全标签的危险化学品的。

⑥危险化学品包装物、容器的材质以及包装的型式、规格、方法和单件质量（重量）与所包装的危险化学品的性质和用途不相适应的。

⑦生产、储存危险化学品的单位未在作业场所和安全设施、设备上设置明显的安全警示标志，或者未在作业场所设置通信、报警装置的。

⑧危险化学品专用仓库未设专人负责管理，或者对储存的剧毒化学品以及储存数量构成重大危险源的其他危险化学品未实行双人收发、双人保管制度的。

⑨储存危险化学品的单位未建立危险化学品出入库核查、登记制度的。

⑩危险化学品专用仓库未设置明显标志的。

从事危险化学品仓储经营的港口经营人有前款规定情形的，由港口行政管理部门依照前款规定予以处罚。储存剧毒化学品、易制爆危险化学品的专用仓库未按照国家有关规定设置相应的技术防范设施的，由公安机关依照前款规定予以处罚。

生产、储存剧毒化学品、易制爆危险化学品的单位未设置治安保卫机构、配备专职治安保卫人员的，依照《企业事业单位内部治安保卫条例》的规定处罚。

（2）依据《危险化学品安全管理条例》第八十条的规定，生产、储存、使用危险化学品的单位有下列情形之一的，由安全生产监督管理部门责令改正，处 5 万元以上 10 万元以下的罚款；拒不改正的，责令停产停业整顿直至由原发证机关吊销其相关许可证件，并由工商行政管理部门责令其办理经营范围变更登记或者吊销其营业执照；有关责任人员构成犯罪的，依法追究刑事责任：

①对重复使用的危险化学品包装物、容器，在重复使用前不进行检查的。

②未根据其生产、储存的危险化学品的种类和危险特性，在作业场所设置相关安全设施、设备，或者未按照国家标准、行业标准或者国家有关规定对安全设施、设备进行经常

性维护、保养的。

③未依照本条例规定对其安全生产条件定期进行安全评价的。

④未将危险化学品储存在专用仓库内，或者未将剧毒化学品以及储存数量构成重大危险源的其他危险化学品在专用仓库内单独存放的。

⑤危险化学品的储存方式、方法或者储存数量不符合国家标准或者国家有关规定的。

⑥危险化学品专用仓库不符合国家标准、行业标准的要求的。

⑦未对危险化学品专用仓库的安全设施、设备定期进行检测、检验的。

从事危险化学品仓储经营的港口经营人有前款规定情形的，由港口行政管理部门依照前款规定予以处罚。

五、施工单位违反有关危险化学品安全管理的处罚

依据《危险化学品安全管理条例》第七十八条的规定，进行可能危及危险化学品管道安全的施工作业，施工单位未按照规定书面通知管道所属单位，或者未与管道所属单位共同制定应急预案、采取相应的安全防护措施，或者管道所属单位未指派专门人员到现场进行管道安全保护指导的，由安全生产监督管理部门责令改正，可以处5万元以下的罚款；拒不改正的，处5万元以上10万元以下的罚款；情节严重的，责令停产停业整顿。

六、生产、进口企业违反危险化学品登记管理的处罚

依据《危险化学品安全管理条例》第七十八条的规定，危险化学品生产企业、进口企业不办理危险化学品登记，或者发现其生产、进口的危险化学品有新的危险特性不办理危险化学品登记内容变更手续的，可以处5万元以下的罚款；拒不改正的，处5万元以上10万元以下的罚款；情节严重的，责令停产停业整顿。

七、危险化学品包装物、容器违反检验规定的处罚

依据《危险化学品安全管理条例》第七十九条的规定，危险化学品包装物、容器生产企业销售未经检验或者经检验不合格的危险化学品包装物、容器的，由质量监督检验检疫部门责令改正，处10万元以上20万元以下的罚款，有违法所得的，没收违法所得；拒不改正的，责令停产停业整顿；构成犯罪的，依法追究刑事责任。

将未经检验合格的运输危险化学品的船舶及其配载的容器投入使用的，由海事管理机构依照前款规定予以处罚。

八、生产、储存、使用剧毒化学品、易制爆危险化学品的单位违反有关规定的处罚

依据《危险化学品安全管理条例》第八十一条的规定，有下列情形之一的，由公安机关责令改正，可以处1万元以下的罚款；拒不改正的，处1万元以上5万元以下的罚款：

（1）生产、储存、使用剧毒化学品、易制爆危险化学品的单位不如实记录生产、储存、使用的剧毒化学品、易制爆危险化学品的数量、流向的。

（2）生产、储存、使用剧毒化学品、易制爆危险化学品的单位发现剧毒化学品、易制爆危险化学品丢失或者被盗，不立即向公安机关报告的。

（3）储存剧毒化学品的单位未将剧毒化学品的储存数量、储存地点以及管理人员的情况报所在地县级人民政府公安机关备案的。

（4）危险化学品生产企业、经营企业不如实记录剧毒化学品、易制爆危险化学品购买单位的名称、地址、经办人的姓名、身份证号码以及所购买的剧毒化学品、易制爆危险化学品的品种、数量、用途，或者保存销售记录和相关材料的时间少于1年的。

（5）剧毒化学品、易制爆危险化学品的销售企业、购买单位未在规定的时限内将所销售、购买的剧毒化学品、易制爆危险化学品的品种、数量以及流向信息报所在地县级人民政府公安机关备案的。

（6）使用剧毒化学品、易制爆危险化学品的单位依照本条例规定转让其购买的剧毒化学品、易制爆危险化学品，未将有关情况向所在地县级人民政府公安机关报告的。

生产、储存危险化学品的企业或者使用危险化学品从事生产的企业未按照本条例规定将安全评价报告以及整改方案的落实情况报安全生产监督管理部门或者港口行政管理部门备案，或者储存危险化学品的单位未将其剧毒化学品以及储存数量构成重大危险源的其他危险化学品的储存数量、储存地点以及管理人员的情况报安全生产监督管理部门或者港口行政管理部门备案的，分别由安全生产监督管理部门或者港口行政管理部门依照前款规定予以处罚。

生产实施重点环境管理的危险化学品的企业或者使用实施重点环境管理的危险化学品从事生产的企业未按照规定将相关信息向环境保护主管部门报告的，由环境保护主管部门依照本条第一款的规定予以处罚。

九、违反有关转产、停产、停业或者解散规定的处罚

依据《危险化学品安全管理条例》第八十二条的规定，生产、储存、使用危险化学品的单位转产、停产、停业或者解散，未采取有效措施及时、妥善处置其危险化学品生产装置、储存设施以及库存的危险化学品，或者丢弃危险化学品的，由安全生产监督管理部门责令改正，处5万元以上10万元以下的罚款；构成犯罪的，依法追究刑事责任。

生产、储存、使用危险化学品的单位转产、停产、停业或者解散，未依照本条例规定将其危险化学品生产装置、储存设施以及库存危险化学品的处置方案报有关部门备案的，分别由有关部门责令改正，可以处1万元以下的罚款；拒不改正的，处1万元以上5万元以下的罚款。

十、危险化学品经营企业违反采购规定的处罚

依据《危险化学品安全管理条例》第八十三条的规定，危险化学品经营企业向未经许可违法从事危险化学品生产、经营活动的企业采购危险化学品的，由工商行政管理部门责令改正，处10万元以上20万元以下的罚款；拒不改正的，责令停业整顿直至由原发证机关吊销其危险化学品经营许可证，并由工商行政管理部门责令其办理经营范围变更登记或者吊销其营业执照。

十一、违反规定销售剧毒化学品、易制爆危险化学品的处罚

依据《危险化学品安全管理条例》第八十四条的规定，危险化学品生产企业、经营

企业有下列情形之一的，由安全生产监督管理部门责令改正，没收违法所得，并处10万元以上20万元以下的罚款；拒不改正的，责令停产停业整顿直至吊销其危险化学品安全生产许可证、危险化学品经营许可证，并由工商行政管理部门责令其办理经营范围变更登记或者吊销其营业执照：

（1）向不具有本条例第三十八条第一款、第二款规定的相关许可证件或者证明文件的单位销售剧毒化学品、易制爆危险化学品的。

（2）不按照剧毒化学品购买许可证载明的品种、数量销售剧毒化学品的。

（3）向个人销售剧毒化学品（属于剧毒化学品的农药除外）、易制爆危险化学品的。

不具有本条例第三十八条第一款、第二款规定的相关许可证件或者证明文件的单位购买剧毒化学品、易制爆危险化学品，或者个人购买剧毒化学品（属于剧毒化学品的农药除外）、易制爆危险化学品的，由公安机关没收所购买的剧毒化学品、易制爆危险化学品，可以并处5000元以下的罚款。

使用剧毒化学品、易制爆危险化学品的单位出借或者向不具有本条例第三十八条第一款、第二款规定的相关许可证件的单位转让其购买的剧毒化学品、易制爆危险化学品，或者向个人转让其购买的剧毒化学品（属于剧毒化学品的农药除外）、易制爆危险化学品的，由公安机关责令改正，处10万元以上20万元以下的罚款；拒不改正的，责令停产停业整顿。

十二、违反道路、水路运输规定的处罚

依据《危险化学品安全管理条例》的规定，未依法取得危险货物道路运输许可、危险货物水路运输许可，从事危险化学品道路运输、水路运输的，分别依照有关道路运输、水路运输的法律、行政法规的规定处罚。

（1）有下列情形之一的，由交通运输主管部门责令改正，处5万元以上10万元以下的罚款；拒不改正的，责令停产停业整顿；构成犯罪的，依法追究刑事责任：

①危险化学品道路运输企业、水路运输企业的驾驶人员、船员、装卸管理人员、押运人员、申报人员、集装箱装箱现场检查员未取得从业资格上岗作业的。

②运输危险化学品，未根据危险化学品的危险特性采取相应的安全防护措施，或者未配备必要的防护用品和应急救援器材的。

③使用未依法取得危险货物适装证书的船舶，通过内河运输危险化学品的。

④通过内河运输危险化学品的承运人违反国务院交通运输主管部门对单船运输的危险化学品数量的限制性规定运输危险化学品的。

⑤用于危险化学品运输作业的内河码头、泊位不符合国家有关安全规范，或者未与饮用水取水口保持国家规定的安全距离，或者未经交通运输主管部门验收合格投入使用的。

⑥托运人不向承运人说明所托运的危险化学品的种类、数量、危险特性以及发生危险情况的应急处置措施，或者未按照国家有关规定对所托运的危险化学品妥善包装并在外包装上设置相应标志的。

⑦运输危险化学品需要添加抑制剂或者稳定剂，托运人未添加或者未将有关情况告知承运人的。

（2）有下列情形之一的，由交通运输主管部门责令改正，处10万元以上20万元以

下的罚款，有违法所得的，没收违法所得；拒不改正的，责令停产停业整顿；构成犯罪的，依法追究刑事责任：

①委托未依法取得危险货物道路运输许可、危险货物水路运输许可的企业承运危险化学品的。

②通过内河封闭水域运输剧毒化学品以及国家规定禁止通过内河运输的其他危险化学品的。

③通过内河运输国家规定禁止通过内河运输的剧毒化学品以及其他危险化学品的。

④在托运的普通货物中夹带危险化学品，或者将危险化学品谎报或者匿报为普通货物托运的。

在邮件、快件内夹带危险化学品，或者将危险化学品谎报为普通物品交寄的，依法给予治安管理处罚；构成犯罪的，依法追究刑事责任。

邮政企业、快递企业收寄危险化学品的，依照《中华人民共和国邮政法》的规定处罚。

（3）有下列情形之一的，由公安机关责令改正，处 5 万元以上 10 万元以下的罚款；构成违反治安管理行为的，依法给予治安管理处罚；构成犯罪的，依法追究刑事责任：

①超过运输车辆的核定载质量装载危险化学品的。

②使用安全技术条件不符合国家标准要求的车辆运输危险化学品的。

③运输危险化学品的车辆未经公安机关批准进入危险化学品运输车辆限制通行的区域的。

④未取得剧毒化学品道路运输通行证，通过道路运输剧毒化学品的。

（4）有下列情形之一的，由公安机关责令改正，处 1 万元以上 5 万元以下的罚款；构成违反治安管理行为的，依法给予治安管理处罚：

①危险化学品运输车辆未悬挂或者喷涂警示标志，或者悬挂或者喷涂的警示标志不符合国家标准要求的。

②通过道路运输危险化学品，不配备押运人员的。

③运输剧毒化学品或者易制爆危险化学品途中需要较长时间停车，驾驶人员、押运人员不向当地公安机关报告的。

④剧毒化学品、易制爆危险化学品在道路运输途中丢失、被盗、被抢或者发生流散、泄漏等情况，驾驶人员、押运人员不采取必要的警示措施和安全措施，或者不向当地公安机关报告的。

（5）有下列情形之一的，由交通运输主管部门责令改正，可以处 1 万元以下的罚款；拒不改正的，处 1 万元以上 5 万元以下的罚款：

①危险化学品道路运输企业、水路运输企业未配备专职安全管理人员的。

②用于危险化学品运输作业的内河码头、泊位的管理单位未制定码头、泊位危险化学品事故应急救援预案，或者未为码头、泊位配备充足、有效的应急救援器材和设备的。

十三、违反有关证照规定的处罚

依据《危险化学品安全管理条例》第九十三条的规定，伪造、变造或者出租、出借、转让危险化学品安全生产许可证、工业产品生产许可证，或者使用伪造、变造的危险化学品安全生产许可证、工业产品生产许可证的，分别依照《安全生产许可证条例》《中华人民共和国工业产品生产许可证管理条例》的规定处罚。

伪造、变造或者出租、出借、转让本条例规定的其他许可证，或者使用伪造、变造的本条例规定的其他许可证的，分别由相关许可证的颁发管理机关处10万元以上20万元以下的罚款，有违法所得的，没收违法所得；构成违反治安管理行为的，依法给予治安管理处罚；构成犯罪的，依法追究刑事责任。

第十四章　国务院关于预防煤矿生产安全事故的特别规定

《国务院关于预防煤矿生产安全事故的特别规定》（以下简称《特别规定》）于2005年8月31日国务院第104次常务会议通过，2005年9月3日国务院令第446号公布，自公布之日起施行。《特别规定》在总结煤矿安全生产工作实践经验和事故教训的基础上，按照依法行政、执法从严的要求和责权一致的原则，构建了预防煤矿事故的责任体系，明确了煤矿事故预防工作的程序和步骤，提出了预防煤矿事故的一系列制度保障，把预防煤矿生产安全事故纳入了法制化轨道。

第一节　《特别规定》的立法原则

一、采取综合措施，建立预防煤矿生产安全事故的长效机制

《特别规定》从增强煤矿企业安全生产的责任意识，明确容易引发事故的主要隐患，加强证照管理，保证煤矿职工教育培训，强化停产整顿和关闭措施，发挥社会舆论监督作用，加重对违法行为的处罚等多方面入手，采取综合措施，建立预防煤矿生产安全事故长效机制。

二、强化源头监管，突出对煤矿生产安全事故的预防

“安全第一、预防为主、综合治理”是搞好安全生产的治本之策。在煤矿安全监督管理的事前预防、事中应急和事后惩处的整个过程中，重视和加强事前预防，及时消除事故隐患，防患于未然，是最为关键的环节。《特别规定》在总结分析多年来重特大、重大煤矿生产安全事故的原因基础上，从源头把关，强化制度设计，把煤矿安全生产工作的重点真正放到预防生产安全事故上。

三、抓住关键环节，落实安全生产责任

遏制煤矿生产安全事故的发生，关键是落实各有关方面的安全生产责任，特别是突出煤矿企业在预防煤矿生产安全事故中的主体责任。《特别规定》除落实煤矿安全生产责任外，明确和加重地方人民政府及其煤矿安全监管部门和煤矿安全监察机构在预防事故中的责任，实行严格的责任追究制度。

四、严肃惩处煤矿安全生产领域的腐败行为

从已经查处的多起案件看，一些重大事故的背后都存在着腐败行为，有的领导干部、

执法人员与矿主搞权钱交易，充当非法矿主的保护伞，有的甚至直接参与办矿。惩治腐败是遏制煤矿生产安全事故的一项治本之策，《特别规定》从制度上进行了规范。

第二节　煤矿企业的职责

煤矿企业及其主要负责人作为煤炭生产者和主要经营管理人员，负有保障安全生产的义务，应当对预防煤矿生产安全事故承担主要责任。历史经验说明，煤矿生产安全事故能不能得到有效预防和控制，关键在于落实煤矿企业及其负责人的责任。为此，《特别规定》从以下几个方面作出了规定。

一、煤矿企业是预防煤矿生产安全事故的责任主体

《特别规定》第二条规定："煤矿企业是预防煤矿生产安全事故的责任主体。煤矿企业负责人（包括一些煤矿企业的实际控制人，下同）对预防煤矿生产安全事故负主要责任。"这里讲的煤矿企业负责人，包括一些煤矿企业的实际控制人，他们对预防煤矿生产安全事故负主要责任。

二、规定煤矿企业应当建立健全安全生产隐患排查、治理和报告制度

《特别规定》第九条规定："煤矿企业应当建立健全安全生产隐患排查、治理和报告制度。煤矿企业应当对本规定第八条第二款所列情形定期组织排查，并将排查情况每季度向县级以上地方人民政府负责煤矿安全生产监督管理的部门、煤矿安全监察机构写出书面报告。报告应当经煤矿企业负责人签字。煤矿企业未依照前款规定排查和报告的，由县级以上地方人民政府负责煤矿安全生产监督管理的部门或者煤矿安全监察机构责令限期改正；逾期未改正的，责令停产整顿，并对煤矿企业负责人处3万元以上15万元以下的罚款。"

三、加强井下作业人员的安全生产教育和培训

《特别规定》第十六条规定："煤矿企业应当依照国家有关规定对井下作业人员进行安全生产教育和培训，保证井下作业人员具有必要的安全生产知识，熟悉有关安全生产规章制度和安全操作规程，掌握本岗位的安全操作技能，并建立培训档案。未进行安全生产教育和培训或者经教育和培训不合格的人员不得下井作业。"

四、煤矿企业负责人和生产经营管理人员下井带班

《特别规定》第二十一条规定："煤矿企业负责人和生产经营管理人员应当按照国家规定轮流带班下井，并建立下井登记档案。"

五、免费发放职工安全手册

《特别规定》第二十二条规定："煤矿企业应当免费为每位职工发放煤矿职工安全手册。煤矿职工安全手册应当载明职工的权利、义务，煤矿重大安全生产隐患的情形和应急保护措施、方法以及安全生产隐患和违法行为的举报电话、受理部门。"

六、严格执行行政执法部门的指令

这是煤矿企业必须履行的法定义务。《特别规定》第十八条规定：“煤矿拒不执行县级以上地方人民政府负责煤矿安全生产监督管理的部门或者煤矿安全监察机构依法下达的执法指令的，由颁发证照的部门吊销矿长资格证和矿长安全资格证；构成违反治安管理行为的，由公安机关依照治安管理的法律、行政法规的规定处罚；构成犯罪的，依法追究刑事责任。”

第三节　政府部门履行安全生产监督管理的职责

地方人民政府和有关部门在预防煤矿生产安全事故方面起着十分重要的作用。为了遏制煤矿生产安全事故，煤矿安全监管的关口要前移，地方人民政府和有关部门必须将监管的重点放在预防事故发生上，从源头上负起监管的责任。对此，《特别规定》作出了以下规定。

一、建立责任制，加强监督检查，及时解决重大问题

《特别规定》第三条规定：“国务院有关部门和地方各级人民政府应当建立并落实预防煤矿生产安全事故的责任制，监督检查煤矿企业预防煤矿生产安全事故的情况，及时解决煤矿生产安全事故预防工作中的重大问题。”

二、依法检查和查处煤矿重大安全生产隐患和违法行为

《特别规定》第四条规定：“县级以上地方人民政府负责煤矿安全生产监督管理的部门、国家煤矿安全监察机构设在省、自治区、直辖市的煤矿安全监察机构（以下简称煤矿安全监察机构），对所辖区域的煤矿重大安全生产隐患和违法行为负有检查和依法查处的职责。县级以上地方人民政府负责煤矿安全生产监督管理的部门、煤矿安全监察机构不依法履行职责，不及时查处所辖区域的煤矿重大安全生产隐患和违法行为的，对直接责任人和主要负责人，根据情节轻重，给予记过、记大过、降级、撤职或者开除的行政处分；构成犯罪的，依法追究刑事责任。”

三、依法履行煤矿安全生产行政许可职责

《特别规定》第六条规定：“负责颁发采矿许可证、安全生产许可证、煤炭生产许可证、营业执照和矿长资格证、矿长安全资格证的部门，向不符合法定条件的煤矿或者矿长颁发有关证照的，对直接责任人，根据情节轻重，给予降级、撤职或者开除的行政处分；对主要负责人，根据情节轻重，给予记大过、降级、撤职或者开除的行政处分；构成犯罪的，依法追究刑事责任。前款规定颁发证照的部门，应当加强对取得证照煤矿的日常监督管理，促使煤矿持续符合取得证照应当具备的条件。不依法履行日常监督管理职责的，对主要负责人，根据情节轻重，给予记过、记大过、降级、撤职或者开除的行政处分；构成犯罪的，依法追究刑事责任。”

四、组织煤矿关闭的实施

《特别规定》第十三条规定："对提请关闭的煤矿，县级以上地方人民政府负责煤矿安全生产监督管理的部门或者煤矿安全监察机构应当责令立即停止生产；有关地方人民政府应当在7日内作出关闭或者不予关闭的决定，并由其主要负责人签字存档。对决定关闭的，有关地方人民政府应当立即组织实施。"

五、公告停产整顿和关闭的煤矿

《特别规定》第十九条规定："县级以上地方人民政府负责煤矿安全生产监督管理的部门、煤矿安全监察机构对被责令停产整顿或者关闭的煤矿，应当自煤矿被责令停产整顿或者关闭之日起3日内在当地主要媒体公告。被责令停产整顿的煤矿经验收合格恢复生产的，县级以上地方人民政府负责煤矿安全生产监督管理的部门、煤矿安全监察机构应当自煤矿验收合格恢复生产之日起3日内在同一媒体公告。县级以上地方人民政府负责煤矿安全生产监督管理的部门、煤矿安全监察机构未依照本条第一款、第二款规定进行公告的，对有关负责人，根据情节轻重，给予警告、记过、记大过或者降级的行政处分。"

六、不得投资入股煤矿

《特别规定》第二十条规定："国家机关工作人员和国有企业负责人不得违反国家规定投资入股煤矿（依法取得上市公司股票的除外），不得对煤矿的违法行为予以纵容、包庇。国家行政机关工作人员和国有企业负责人违反前款规定的，根据情节轻重，给予降级、撤职或者开除的处分；构成犯罪的，依法追究刑事责任。"

七、及时处理举报事项

《特别规定》第二十三条规定："任何单位和个人发现煤矿有本规定第五条第一款和第八条第二款所列情形之一的，都有权向县级以上地方人民政府负责煤矿安全生产监督管理的部门或者煤矿安全监察机构举报。受理的举报经调查属实的，受理举报的部门或者机构应当给予最先举报人1000元至1万元的奖励，所需费用由同级财政列支。县级以上地方人民政府负责煤矿安全生产监督管理的部门或者煤矿安全监察机构接到举报后，应当及时调查处理；不及时调查处理的，对有关责任人，根据情节轻重，给予警告、记过、记大过或者降级的行政处分。"

第四节　停产整顿和关闭煤矿的标准

一、煤矿停产整顿的标准

1. 煤矿立即停止生产并排除的15类隐患

根据《特别规定》第八条规定，煤矿的通风、防瓦斯、防水、防火、防煤尘、防冒顶等安全设备、设施和条件应当符合国家标准、行业标准，并有防范生产安全事故发生的措施和完善的应急处理预案。

煤矿有下列重大安全生产隐患和行为的，应当立即停止生产，排除隐患：

（1）超能力、超强度或者超定员组织生产的。

（2）瓦斯超限作业的。

（3）煤与瓦斯突出矿井，未依照规定实施防突出措施的。

（4）高瓦斯矿井未建立瓦斯抽放系统和监控系统，或者瓦斯监控系统不能正常运行的。

（5）通风系统不完善、不可靠的。

（6）有严重水患，未采取有效措施的。

（7）超层越界开采的。

（8）有冲击地压危险，未采取有效措施的。

（9）自然发火严重，未采取有效措施的。

（10）使用明令禁止使用或者淘汰的设备、工艺的。

（11）年产 6×10^4 t 以上的煤矿没有双回路供电系统的。

（12）新建煤矿边建设边生产，煤矿改扩建期间，在改扩建的区域生产，或者在其他区域的生产超出安全设计规定的范围和规模的。

（13）煤矿实行整体承包生产经营后，未重新取得安全生产许可证和煤炭生产许可证，从事生产的，或者承包方再次转包的，以及煤矿将井下采掘工作面和井巷维修作业进行劳务承包的。

（14）煤矿改制期间，未明确安全生产责任人和安全管理机构的，或者在完成改制后，未重新取得或者变更采矿许可证、安全生产许可证、煤炭生产许可证和营业执照的。

（15）有其他重大安全生产隐患的。

2. 煤矿停产整顿的条件

根据《特别规定》，煤矿企业有下列情形之一的，将责令停产整顿：

（1）煤矿企业存在上述 15 类重大安全生产隐患和行为，未按照定期组织排查并将排查情况每季度向县级以上地方人民政府负责煤矿安全生产监督管理的部门、煤矿安全监察机构写出书面报告，或者报告未经煤矿企业负责人签字的，由县级以上地方人民政府负责煤矿安全生产监督管理的部门或者煤矿安全监察机构责令限期改正；逾期未改正的，责令停产整顿，并对煤矿企业负责人处 3 万元以上 15 万元以下的罚款。

（2）煤矿企业存在上述 15 类重大安全生产隐患和行为之一，仍然进行生产的，由县级以上地方人民政府负责煤矿安全生产监督管理的部门或者煤矿安全监察机构责令停产整顿，提出整顿的内容、时间等具体要求，处 50 万元以上 200 万元以下的罚款；对煤矿企业负责人处 3 万元以上 15 万元以下的罚款。

（3）煤矿企业未依照国家有关规定对井下作业人员进行安全生产教育和培训或者特种作业人员无证上岗的，应当责令限期改正，处 10 万元以上 50 万元以下的罚款；逾期未改正的，责令停产整顿。

二、煤矿关闭的标准

按照“五整顿、四关闭”的要求，凡属无证非法开采的矿井，以往关闭之后又擅自恢复生产的矿井，经整顿仍然达不到安全生产标准的矿井，拒不进行整顿或者停而不整、明停暗采的矿井，应予关闭。《特别规定》中进一步规定以下几类煤矿应予以关闭：

(1) 非法煤矿。《特别规定》第五条规定，煤矿未依法取得采矿许可证、安全生产许可证、煤炭生产许可证、营业执照和矿长未依法取得矿长资格证、矿长安全资格证的，煤矿不得从事生产。擅自从事生产的，属非法煤矿。对于非法煤矿，负责颁发证照的部门，应以发现后2日内提请当地县级以上地方人民政府予以关闭。

(2) 对3个月内2次或者2次以上发现有重大安全生产隐患，仍然进行生产的煤矿，应予关闭。根据《特别规定》第十条规定，煤矿存在《特别规定》第八条的15类安全生产隐患和行为，在3个月内发现2次或者2次以上仍然进行生产的，县级以上地方人民政府负责煤矿安全生产监督管理的部门、煤矿安全监察机构应当提请有关地方人民政府关闭该煤矿，并由颁发证照的部门立即吊销矿长资格证和矿长安全资格证。

(3) 被责令停产整顿的煤矿要求恢复生产的，由县级以上地方人民政府负责煤矿安全生产监督管理的部门组织验收，验收合格的，经有关煤矿安全监察机构审核同意，报请有关地方人民政府主要负责人签字批准，方可恢复生产；验收不合格的，由有关地方人民政府予以关闭。

(4) 被责令停产整顿的煤矿擅自从事生产，应予以关闭。根据《特别规定》第十一条规定，被责令停产整顿的煤矿擅自从事生产的，县级以上地方人民政府负责煤矿安全生产监督管理的部门、煤矿安全监察机构应当提请有关地方人民政府予以关闭。

(5) 1个月内3次或者3次以上发现煤矿企业未依照国家有关规定对井下作业人员进行安全生产教育和培训或者特种作业人员无证上岗的煤矿应予以关闭。根据《特别规定》第十七条规定，县级以上地方人民政府负责煤矿安全生产监督管理的部门、煤矿安全监察机构在监督检查中，1个月内3次或者3次以上发现煤矿企业未依照国家有关规定对井下作业人员进行安全生产教育和培训或者特种作业人员无证上岗的，应当提请有关地方人民政府对该煤矿予以关闭。

三、停产和关闭的特殊规定

依据《特别规定》第十五条规定，煤矿存在瓦斯突出、自然发火、冲击地压、水害威胁等重大安全生产隐患，该煤矿在现有技术条件下难以有效防治的，县级以上地方人民政府负责煤矿安全生产监督管理的部门、煤矿安全监察机构应当责令其立即停止生产，并提请有关地方人民政府组织专家进行论证。专家论证应当客观、公正、科学。有关地方人民政府应当根据论证结论，作出是否关闭煤矿的决定，并组织实施。

第五节　煤矿关闭的程序和要求

一、关闭的程序

依据《特别规定》，实施煤矿关闭遵循下列程序：

(1) 责令立即停止生产。对符合煤矿关闭条件，拟提请关闭的煤矿，县级以上地方人民政府负责煤矿安全生产监督管理的部门或者煤矿安全监察机构应当责令立即停止生产。

（2）提请人民政府予以关闭。根据《安全生产法》等法律规定，煤矿关闭的权限在当地人民政府。地方人民政府负责煤矿安全生产监督管理的部门应当提请人民政府按照规定权限予以关闭。

（3）人民政府依法作出关闭决定。有关地方人民政府应当在 7 日内作出关闭或者不予关闭的决定，并由其主要负责人签字存档。

（4）人民政府组织实施关闭。对决定关闭的，有关地方人民政府应当立即组织实施。这里讲的组织实施，即人民政府组织公安、工商、负责煤矿安全生产监督管理的部门、所在地煤矿安全监察机构等实施。

二、关闭的要求

依据《特别规定》，关闭煤矿应当达到下列要求：

（1）吊销相关证照。

（2）停止供应并处理火工用品。

（3）停止供电，拆除矿井生产设备、供电、通信线路。

（4）封闭、填实矿井井筒，平整井口场地，恢复地貌。

（5）妥善遣散从业人员。

第六节 法 律 责 任

《特别规定》对政府及其有关部门以及工作人员，煤矿企业及其有关领导、负责人以及有关人员作出了许多法律责任，包括行政责任、刑事责任。

（1）根据《特别规定》第四条规定，县级以上地方人民政府负责煤矿安全生产监督管理的部门、煤矿安全监察机构不依法履行职责，不及时查处所辖区域的煤矿重大安全生产隐患和违法行为的，对直接责任人和主要负责人，根据情节轻重，给予记过、记大过、降级、撤职或者开除的行政处分。

（2）根据《特别规定》第五条规定，煤矿未依法取得采矿许可证、安全生产许可证、煤炭生产许可证、营业执照和矿长未依法取得矿长资格证、矿长安全资格证的，煤矿不得从事生产。擅自从事生产的，属非法煤矿。负责颁发证照的部门发现煤矿无证照或者证照不全从事生产的，应当责令该煤矿立即停止生产，没收违法所得和开采出的煤炭及采掘设备，并处违法所得 1 倍以上 5 倍以下的罚款。

（3）根据《特别规定》第六条规定，负责颁发采矿许可证、安全生产许可证、煤炭生产许可证、营业执照和矿长资格证、矿长安全资格证的部门，向不符合法定条件的煤矿或者矿长颁发有关证照的，对直接责任人，根据情节轻重，给予降级、撤职或者开除的行政处分；构成犯罪的，依法追究刑事责任。

颁发证照的部门不依法履行日常监督管理职责的，对主要负责人，根据情节轻重，给予记过、记大过、降级、撤职或者开除的行政处分；构成犯罪的，依法追究刑事责任。

（4）根据《特别规定》第七条规定，在乡、镇人民政府所辖区域内发现有非法煤矿并且没有采取有效制止措施的，对乡、镇人民政府的主要负责人以及负有责任的相关负责人，根据情节轻重，给予及、撤职或者开除的行政处分；在县级人民政府所辖区域内 1 个月内发现2处或者2处以上非法煤矿并且没有采取有效制止措施的，对县级人民政府的主要负责人以及负有责任的相关负责人，根据情节轻重，给予降级、撤职或者开除的行政处分；构成犯罪的，依法追究刑事责任。

其他有关机关和部门对存在非法煤矿负有责任的，对主要负责人，属于行政机关工作人员的，根据情节轻重，给予记过、记大过、降级或者撤职的行政处分；不属于行政机关工作人员的，建议有关机关和部门给予相应的处分。

（5）根据《特别规定》第九条规定，煤矿企业应当建立健全安全生产隐患排查、治理和报告制度。煤矿企业应当对本规定第八条第二款所列情形定期组织排查，并将排查情况每季度向县级以上地方人民政府负责煤矿安全生产监督管理的部门、煤矿安全监察机构写出书面报告。报告应当经煤矿企业负责人签字。

煤矿企业未依照前款规定排查和报告的，由县级以上地方人民政府负责煤矿安全生产监督管理的部门或者煤矿安全监察机构责令限期改正；逾期不改正的，责令停产整顿，并对煤矿企业负责人处3万元以上15万元以下的罚款。

（6）根据《特别规定》第十条规定，煤矿有本规定第八条第二款所列情形之一，仍然进行生产的，由县级以上地方人民政府负责煤矿安全生产监督管理的部门或者煤矿安全监察机构责令停产整顿，提出整顿的内容、时间等具体要求，处50万元以上200万元以下的罚款；对煤矿企业负责人处3万元以上15万元以下的罚款。

对3个月内2次或者2次以上发现有重大安全生产隐患，仍然进行生产的煤矿，县级以上地方人民政府负责煤矿安全生产监督管理的部门、煤矿安全监察机构应当提请有关地方人民政府关闭该煤矿，并由颁发证照的部门立即吊销矿长资格证和矿长安全资格证，该煤矿的法定代表人和矿长5年内不得再担任任何煤矿的法定代表人或者矿长。

（7）根据《特别规定》第十一条规定，对被责令停产整顿的煤矿，颁发证照的部门应当暂扣采矿许可证、安全生产许可证、煤炭生产许可证、营业执照和矿长资格证、矿长安全资格证。

被责令停产整顿的煤矿应当制定整改方案，落实整改措施和安全技术规定；整改结束后要求恢复生产的，应当由县级以上地方人民政府负责煤矿安全生产监督管理的部门自收到恢复生产申请之日起60日内组织验收完毕；验收合格的，经组织验收的地方人民政府负责煤矿安全生产监督管理的部门的主要负责人签字，并经有关煤矿安全监察机构审核同意，报请有关地方人民政府主要负责人签字批准，颁发证照的部门发还证照，煤矿方可恢复生产；验收不合格的，由有关地方人民政府予以关闭。

被责令停产整顿的煤矿擅自从事生产的，县级以上地方人民政府负责煤矿安全生产监督管理的部门、煤矿安全监察机构应当提请有关地方人民政府予以关闭，没收违法所得，并处违法所得1倍以上5倍以下的罚款；构成犯罪的，依法追究刑事责任。

（8）根据《特别规定》第十二条规定，对被责令停产整顿的煤矿，在停产整顿期间，由有关地方人民政府采取有效措施进行监督检查。因监督检查不力，煤矿在停产整顿期间继续生产的，对直接责任人，根据情节轻重，给予降级、撤职或者开除的行政处分；对有关负责人，根据情节轻重，给予记大过、降级、撤职或者开除的行政处分；构成犯罪的，依法追究刑事责任。

（9）根据《特别规定》第十三条规定，关闭煤矿未达到前款规定要求的，对组织实施关闭的地方人民政府及其有关部门的负责人和直接责任人给予记过、记大过、降级、撤职或者开除的行政处分；构成犯罪的，依法追究刑事责任。

（10）根据《特别规定》第十六条规定，县级以上地方人民政府负责煤矿安全生产监督管理的部门应当对煤矿井下作业人员的安全生产教育和培训情况进行监督检查；煤矿安全监察机构应当对煤矿特种作业人员持证上岗情况进行监督检查。发现煤矿企业未依照国家有关规定对井下作业人员进行安全生产教育和培训或者特种作业人员无证上岗的，应当责令限期改正，处10万元以上50万元以下的罚款；逾期未改正的，责令停产整顿。

县级以上地方人民政府负责煤矿安全生产监督管理的部门、煤矿安全监察机构未履行前款规定的监督检查职责的，对主要负责人，根据情节轻重，给予警告、记过或者记大过的行政处分。

（11）根据《特别规定》第十七条规定，县级以上地方人民政府负责煤矿安全生产监督管理的部门、煤矿安全监察机构在监督检查中，1个月内3次或者3次以上发现煤矿企业未依照国家有关规定对井下作业人员进行安全生产教育和培训或者特种作业人员无证上岗的，应当提请有关地方人民政府对该煤矿予以关闭。

（12）根据《特别规定》第十八条规定，煤矿拒不执行县级以上地方人民政府负责煤矿安全生产监督管理的部门或者煤矿安全监察机构依法下达的执法指令的，由颁发证照的部门吊销矿长资格证和矿长安全资格证；构成违反治安管理行为的，由公安机关依照治安管理的法律、行政法规的规定处罚；构成犯罪的，依法追究刑事责任。

（13）根据《特别规定》第十九条规定，县级以上地方人民政府负责煤矿安全生产监督管理的部门、煤矿安全监察机构对被责令停产整顿或者关闭的煤矿，应当自煤矿被责令停产整顿或者关闭之日起3日内在当地主要媒体公告。

被责令停产整顿的煤矿经验收合格恢复生产的，县级以上地方人民政府负责煤矿安全生产监督管理的部门、煤矿安全监察机构应当自煤矿验收合格恢复生产之日起3日内在同一媒体公告。

县级以上地方人民政府负责煤矿安全生产监督管理的部门、煤矿安全监察机构未依照本条第一款、第二款规定进行公告的，对有关负责人，根据情节轻重，给予警告、记过、记大过或者降级的行政处分。

公告所需费用由同级财政列支。

（14）根据《特别规定》第二十条规定，国家机关工作人员和国有企业负责人不得违反国家规定投资入股煤矿（依法取得上市公司股票的除外），不得对煤矿的违法行为予以纵容、包庇。

国家行政机关工作人员和国有企业负责人违反前款规定的，根据情节轻重，给予降级、撤职或者开除的处分；构成犯罪的，依法追究刑事责任。

（15）根据《特别规定》第二十一条规定，煤矿企业负责人和生产经营管理人员应当按照国家规定轮流带班下井，并建立下井登记档案。

县级以上地方人民政府负责煤矿安全生产监督管理的部门或者煤矿安全监察机构发现煤矿企业在生产过程中，1周内其负责人或者生产经营管理人员没有按照国家规定带班下井，或者下井登记档案虚假的，责令改正，并对该煤矿企业处3万元以上15万元以下的罚款。

（16）根据《特别规定》第二十二条规定，煤矿企业应当免费为每位职工发放煤矿职工安全手册。

煤矿职工安全手册应当载明职工的权利、义务，煤矿重大安全生产隐患的情形和应急保护措施、方法以及安全生产隐患和违法行为的举报电话、受理部门。

煤矿企业没有为每位职工发放符合要求的职工安全手册的，由县级以上地方人民政府负责煤矿安全生产监督管理的部门或者煤矿安全监察机构责令限期改正；逾期未改正的，处5万元以下的罚款。

（17）根据《特别规定》第二十三条规定，任何单位和个人发现煤矿有本规定所列15类重大安全生产隐患和行为之一的，都有权向县级以上地方人民政府负责煤矿安全生产监督管理的部门或者煤矿安全监察机构举报。

县级以上地方人民政府负责煤矿安全生产监督管理的部门或者煤矿安全监察机构接到举报后，应当及时调查处理；不及时调查处理的，对有关责任人，根据情节轻重，给予警告、记过、记大过或者降级的行政处分。

第十五章 安全生产有关刑事责任追究简介

1997 年 3 月 14 日，第八届全国人民代表大会第五次会议通过修订的《刑法》，自 1997 年 10 月 1 日起施行。《刑法》是我国的基本法律，它用刑罚同一切犯罪作斗争，以保卫国家安全，保卫人民民主专政的政权和社会主义制度，保护国有财产和劳动群众集体所有的财产，保护公民私人所有的财产，保护公民的人身权利、民主权利和其他权利，维护社会秩序、经济秩序，保障社会主义建设事业的顺利进行。

2006 年 6 月 29 日十届全国人大常委会第 22 次会议审议通过了《刑法修正案（六）》，对有关安全生产犯罪的条文作出了重要修改和补充。《刑法修正案（六）》对《刑法》原第一百三十四条、第一百三十五条规定的犯罪主体、犯罪行为和刑罚作出了修改，增加了第一百三十五条之一和第一百三九条之一关于大型群众性活动重大事故罪和瞒报、谎报事故罪的两条规定。

第一节 《刑法》基本理论知识

一、《刑法》的基本原则

《刑法》的基本原则，是指体现《刑法》的性质和任务，贯穿于《刑法》始终指导刑事立法和刑事司法的基本准则。1997 年修订的《刑法》结合我国同犯罪作斗争的具体经验和实际情况，在总则第三条、第四条、第五条分别规定了罪刑法定原则、适用《刑法》平等原则和罪刑相适应原则。

罪刑法定原则。《刑法》第三条规定：“法律明文规定为犯罪行为的，依照法律定罪处罚；法律没有明文规定为犯罪行为的，不得定罪处刑。”这是我国《刑法》中罪刑法定原则的具体体现。

适用《刑法》平等原则。《刑法》第四条规定：“对任何人犯罪，在适用法律上一律平等。不允许任何人有超越法律的特权。”这是法律面前人人平等原则在刑事法律领域的具体化。

罪刑相适应原则。《刑法》第五条规定：“刑罚的轻重，应当与犯罪分子所犯罪行和承担的刑事责任相适应。”罪行相适应原则是指对犯罪分子量刑时，根据其所犯罪刑和承担的刑事责任大小相适应。

安全生产领域内刑事犯罪同样以上述《刑法》基本原则为指导，贯彻定罪与量刑的始终。

二、刑事犯罪

1. 犯罪的定义

《刑法》是关于犯罪和刑罚的法律规范的总称。依据《刑法》第十三条规定，一切危害国家主权、领土完整和安全，分裂国家、颠覆人民民主专政的政权和推翻社会主义制度，破坏社会秩序和经济秩序，侵犯国有财产或者劳动群众集体所有的财产，侵犯公民私人所有的财产，侵犯公民的人身权利、民主权利和其他权利，以及其他危害社会的行为，依照法律应当受刑事处罚的，都是犯罪，但是情节显著轻微危害不大的，不认为是犯罪。

2. 犯罪的特征

犯罪具有以下特征：一是实施具有社会危害性的行为。行为如不具有社会危害性，则不构成犯罪。二是实施违法的行为。犯罪人实施的行为必须是违反刑事法律的行为。行为如不触犯刑事法律，则不构成犯罪。三是实施具有故意或者过失的行为。行为缺乏主观上的故意或者过失，则不能认为是犯罪。四是实施的行为具有应受惩罚性。只有行为的社会危害程度达到了应受刑事处罚的程度，才处以刑罚。在大多数情况下，惩罚是犯罪的必然结果，因而应受惩罚性也是犯罪的特征。只有少数行为，由于刑事法律规定的某种原因，可以免除刑事处罚，但仍不失为犯罪。犯罪与违法行为有区别，不能混同。

3. 刑罚

刑罚是指审判机关依照《刑法》的规定剥夺犯罪人某种权益的一种强制处分。刑罚只适用于实施刑事法律禁止的行为的犯罪分子。在我国，刑罚只能由人民法院严格根据法律来适用，其目的是打击反抗和破坏社会主义制度的人，惩罚和改造罪犯，以维护社会主义秩序，巩固人民民主专政。刑罚首先具有剥夺功能，剥夺功能意味着对犯罪人某种权益的剥夺；其次具有威慑功能，是指行为人因恐惧刑罚制裁而不敢实施犯罪行为；再次刑罚还具有改造功能，是指刑罚具有改变犯罪人的价值观念和行为方式，使其成为社会有用之人的作用；最后刑罚具有安抚功能，是指国家通过对犯罪适用和执行刑罚，能够在一定程度上满足受害人及其家属要求惩罚罪犯的强烈报复愿望，可以平息或缓和给被害人以及社会其他成员造成的激愤情绪，使他们在心理上、精神上得到安抚。

4. 犯罪构成

犯罪构成亦称犯罪要件，是指依照国家法律规定某种行为构成犯罪必须具备的条件。各个犯罪行为各有其具体的犯罪构成要件。一切犯罪所必须具备的共同犯罪要件有 4 个：一是犯罪客体，即被侵害的、为刑事法律保护的某种社会关系。每一种犯罪都有其自己的特殊客体。如重大劳动安全事故罪的客体就是人的生命和健康。二是犯罪主体，即由于实施危害社会的行为、依法应负刑事责任的人。这里所说的“人”，既包括自然人又包括法人。但是我国《刑法》和有关安全生产的法律规定，安全生产方面犯罪追究刑事责任的主要是自然人。三是犯罪的客观要件，即刑事法律规定为危害社会因而应受惩罚的行为和以行为为中心的其他客观事实，包括犯罪的时间、地点等。犯罪后果与犯罪客观要件之间，必须具有因果关系。四是犯罪的主观要件，即犯罪的主观心理状态，指行为人必须具有侵害的故意或者过失。只有同时具备以上 4 个方面的要件，才能构成犯罪。犯罪构成是区别罪与非罪、这种罪与那种罪的标准和界限，也是应否追究刑事责任的依据。

5. 刑事责任

刑事责任是指依照刑事法律的规定，行为人实施刑事法律禁止的行为所必须承担的法律后果。这一后果只能由行为人自己承担。具备犯罪构成的要件是负刑事责任的依据。从主观方面说，凡法律规定达到一定年龄、精神正常的人的故意或者过失犯罪，法律有规定的应负刑事责任；从客观方面说，某种行为侵犯刑事法律保护的社会关系并具有社会危害性的，应负刑事责任。但是，某些行为从表面上看已经具备犯罪构成的要件，然而实际上并不危害社会，不负刑事责任。如无责任能力的人的行为、正当防卫、紧急避险、实施有益于社会的行为等。

我国《刑法》第十七条规定："已满十六周岁的人犯罪，应当负刑事责任。已满十四周岁不满十六周岁的人，犯故意杀人、故意伤害致人重伤或者死亡、强奸、抢劫、贩卖毒品、放火、爆炸、投毒罪的，应当负刑事责任。已满十四周岁不满十八周岁的人犯罪，应当从轻或者减轻处罚。因不满十六周岁不予刑事处罚的，责令他的家长或者监护人加以管教；在必要的时候，也可以由政府收容教养。"

我国《刑法》第二十条规定："为了使国家、公共利益、本人或者他人的人身、财产和其他权利免受正在进行的不法侵害，而采取的制止不法侵害的行为，对不法侵害人造成损害的，属于正当防卫，不负刑事责任。正当防卫明显超过必要限度造成重大损害的，应当负刑事责任，但是应当减轻或者免除处罚。对正在进行行凶、杀人、抢劫、强奸、绑架以及其他严重危及人身安全的暴力犯罪，采取防卫行为，造成不法侵害人伤亡的，不属于防卫过当，不负刑事责任。"

我国《刑法》第二十一条规定："为了使国家、公共利益、本人或者他人的人身、财产和其他权利免受正在发生的危险，不得已采取的紧急避险行为，造成损害的，不负刑事责任。紧急避险超过必要限度造成不应有的损害的，应当负刑事责任，但是应当减轻或者免除处罚。第一款中关于避免本人危险的规定，不适用于职务上、业务上负有特定责任的人。"

三、安全生产犯罪

刑事责任是指责任主体违反安全生产法律规定构成犯罪，由司法机关依照刑事法律处以刑罚的一种法律责任。依法处以剥夺犯罪分子人身自由的刑罚，是 3 种法律责任中最严厉的。为了制裁严重的安全生产违法犯罪分子，《安全生产法》关于追究刑事责任的规定有 11 条，这就是说，如果违反了其中任何一条规定而构成犯罪的，都要依照《刑法》追究刑事责任。《刑法》有关安全生产犯罪的规定主要有重大责任事故罪、重大劳动安全事故罪、危险物品肇事罪、提供虚假证明文件罪以及国家工作人员职务犯罪等。依照《刑事诉讼法》的规定，追究刑事责任的执法主体是法定的司法机关，即按照各自的职责分工，分别由公安机关、检察机关和人民法院追究刑事责任，由人民法院依法作出最终的司法判决。

第二节　生产经营单位及其有关人员构成犯罪所应承担的刑事责任

一、重大责任事故罪

《刑法》第一百三十四条第一款规定："在生产、作业中违反有关安全管理的规定，因而发生重大伤亡事故或者造成其他严重后果的，处三年以下有期徒刑或者拘役；情节特别恶劣的，处三年以上七年以下有期徒刑。"

重大责任事故罪，是指在生产、作业中违反有关安全管理的规定，因而发生重大伤亡事故或者造成其他严重后果的行为。其构成要件：

（1）犯罪客体是人的生命健康和公共财产安全。生产、作业过程中，出现一点问题都有可能导致正常生产秩序的破坏，甚至发生重大伤亡事故，造成财产损失。

（2）客观要件表现为在生产、作业中违反有关安全管理的规定，因而发生重大伤亡事故或者造成其他严重后果的行为。违反有关安全管理的规定而发生重大伤亡事故或者造成其他严重后果，是重大责任事故罪的本质特征。其在实践中多表现为“不服管理”、“违反规章制度”。安全管理的规定，包括法律法规、标准规范以及生产经营单位制定的安全生产规章制度、操作规程等。

（3）犯罪主体为一般主体。根据最高人民法院、最高人民检察院于2007年2月28日联合发布的《关于办理危害矿山生产安全刑事案件具体应用法律若干问题的解释》第一条规定，《刑法》第一百三十四条第一款规定的犯罪主体，包括对矿山生产、作业负有组织、指挥或者管理职责的负责人、管理人员、实际控制人、投资人等人员，以及直接从事矿山生产、作业的人员。其中实际控制人是指一些虽然名义上不是法定代表人或者具体管理人员，但是实际上指挥、控制矿山企业的生产、经营、安全、投资和人事任免等重大事项和重要任务，或者对重大决策起决定作用，是矿山企业实质意义上的负责人。投资人是指负责生产经营管理的投资人，享有生产经营管理权。

（4）主观要件表现为过失。行为人在生产、作业中违反有关安全管理规定，可能是出于故意，但对于其行为引起的严重后果而言，则是过失，因为行为人对其行为造成的严重后果是不希望发生的，之所以发生了安全事故，是由于行为人在生产、作业过程中严重不负责任，疏忽大意未能预见或者对事故隐患不积极采取补救措施，轻信能够避免，以致发生安全事故。

二、强令违章冒险作业罪

《刑法》第一百三十四条第二款：“强令他人违章冒险作业，因而发生重大伤亡事故或者造成其他严重后果的，处五年以下有期徒刑或者拘役；情节特别恶劣的，处五年以上有期徒刑。”

强令违章冒险作业罪，是指强令他人违章冒险作业，因而发生重大伤亡事故或者造成其他严重后果的行为。本罪是《刑法修正案（六）》第一条第二款增设的新罪名。其构成要件：

（1）犯罪客体是人的生命健康和公共财产安全。强令他人违章冒险作业，是对正常的作业安全秩序的严重扰乱和破坏，发生了危害公共安全的后果，危害人的生命健康和公私财产的安全。

（2）客观要件表现为强令他人违章冒险作业，因而发生重大伤亡事故或者造成其他严重后果的行为。

（3）犯罪主体为一般主体。根据最高人民法院、最高人民检察院于2007年2月28日联合发布的《关于办理危害矿山生产安全刑事案件具体应用法律若干问题的解释》，以及《刑法》第一百三十四条第二款规定的犯罪主体，包括对矿山生产、作业负有组织、指挥或者管理职责的负责人、管理人员、实际控制人、投资人等人员。

（4）主观要件为过失。行为人在生产、作业中强令他人违章冒险作业，可能是出于故意，但对于其行为引起的严重后果而言，则是过失，因为行为人对其行为造成的严重后果是不希望发生的，之所以发生了安全事故，是由于行为人在生产、作业过程中疏忽大意未能预见，轻信能够避免，以致发生安全事故。

三、重大劳动安全事故罪

《刑法》第一百三十五条规定："安全生产设施或者安全生产条件不符合国家规定，因而发生重大伤亡事故或者造成其他严重后果的，对直接负责的主管人员和其他直接责任人员，处三年以下有期徒刑或者拘役；情节特别恶劣的，处三年以上七年以下有期徒刑。"

重大劳动安全事故罪，是指安全生产设施或者安全生产条件不符合国家规定，因而发生重大伤亡事故或者造成其他严重后果的行为。其构成要件：

（1）犯罪客体是人的生命健康和公共财产安全。保护劳动者在生产过程中的安全与健康，是生产经营单位的法律义务和责任。

（2）客观要件表现为安全生产设施或者安全生产条件不符合国家规定，因而发生重大伤亡事故或者造成其他严重后果的行为。国家规定包括法律法规、标准规范等。

（3）犯罪主体为一般主体，是指对发生重大伤亡事故或者造成其他严重后果负有责任的事故发生单位的主管人员和其他直接责任人员。

（4）主观要件由过失构成，即行为人应当预见到安全生产设施或者安全生产条件不符合国家规定所产生的后果，但由于疏忽大意没有预见或者虽然已经预见，但轻信可以避免，结果导致发生了重大生产安全事故。

本罪与重大责任事故罪都是涉及违反安全生产规定的犯罪，在适用范围上的区别在于：前者强调劳动场所的硬件设施或者对劳动者提供的安全生产防护用品和防护措施不符合国家规定，追究的是所在单位的责任，考虑到发生安全事故的单位应立即整改，使安全措施、安全生产条件达到国家规定，以及对安全事故伤亡人员进行治疗、赔偿，需要大量资金，所以该条在处罚上只追究"直接负责的主管人员和其他责任人员"的刑事责任，没有规定对单位处罚资金，因而属于实行单罚制的单位犯罪。后者主要强调自然人在生产、作业过程中违章操作或者强令他人违章作业而引起安全事故的行为。

四、大型群众性活动重大安全事故罪

《刑法》第一百三十五条之一规定："举办大型群众性活动违反安全管理规定，因而发生重大伤亡事故或者造成其他严重后果的，对直接负责的主管人员和其他直接责任人员，处三年以下有期徒刑或者拘役；情节特别恶劣的，处三年以上七年以下有期徒刑。"

大型群众性活动重大安全事故罪，是指举办大型群众性活动违反安全管理规定，因而发生重大伤亡事故或者造成其他严重后果的行为。其构成要件：

（1）犯罪客体是公共安全。这是针对一些大型活动的组织者只顾举办活动从中谋取利益，把广大群众的安全置之脑后，致使在大型群众性活动中现场秩序严重混乱、失控，造成人员挤压、踩踏等恶性伤亡事故而设置的。

（2）客观要件表现为举办大型群众性活动违反安全管理规定，因而发生重大伤亡事故或者造成其他严重后果的行为。"安全管理规定"是指国家有关部门为保证大型群众性活动安全、顺利举行指定的管理规定。

(3) 犯罪主体为对发生大型群众性活动重大安全事故“直接负责的主管人员和其他直接责任人员”。“直接负责的主管人员”是指大型群众活动的策划者、组织者和举办者;“其他直接责任人员”是指对大型活动的安全举行、紧急预案负有具体落实和执行职责的人员。

(4) 主观要件表现为过失,即行为人对举办大型群众性活动违反安全管理规定所发生的重大伤亡事故或者造成的其他严重后果具有疏忽大意或者过于自信的主观心理。

五、不报、谎报安全事故罪

《刑法》第一百三十九条之一规定:“在安全事故发生后,负有报告职责的人员不报或者谎报事故情况,贻误事故抢救,情节严重的,处三年以下有期徒刑或者拘役;情节特别严重的,处三年以上七年以下有期徒刑。”

不报、谎报安全事故罪,是指在安全事故发生后,负有报告责任的人员不报或者谎报事故情况,贻误事故抢救,情节严重的行为。其构成要件:

(1) 犯罪客体是安全事故监管制度。本罪主要是针对近年来一些事故单位的责任人和对安全事故负有监管职责的人员在事故发生后弄虚作假,结果贻误事故抢救,造成人员伤亡和财产损失进一步扩大的行为而增设的。

(2) 客观要件表现为安全事故发生之后,负有报告职责的人员不报或者谎报事故的情况,贻误事故抢救,情节严重的行为。《安全生产法》第九十一条规定,生产经营单位主要负责人在本单位发生重大生产安全事故时,不立即组织抢救或者在事故调查处理期间擅离职守或者逃匿的,给予降职、撤职的处分,对逃匿的处十五日以下拘留;构成犯罪的,依照《刑法》有关规定追究刑事责任。生产经营单位主要负责人对生产安全事故隐瞒不报、谎报或者拖延不报的,依照前款规定处罚。该法第九十二条规定,有关地方人民政府、负有安全生产监督管理职责的部门,对生产安全事故隐瞒不报、谎报或者拖延不报的,对直接负责的主管人员和其他直接责任人员依法给予行政处分;构成犯罪的,依照《刑法》有关规定追究刑事责任。

(3) 犯罪主体为对安全事故“负有报告职责的人员”。“安全事故”不仅限于安全生产经营单位发生的生产安全事故、大型群众性活动中发生的重大伤亡事故,还包括《刑法》分则第二章规定的所有与安全事故有关的犯罪,但第一百三十三条、第一百三十八条除外,因为这两条已将不报告作为构成犯罪的条件之一。最高人民法院、最高人民检察院于2007年2月28日联合发布的《关于办理危害矿山生产安全刑事案件具体应用法律若干问题的解释》第五条的规定,《刑法》第一百三十九条之一规定的“负有报告职责的人员”,是指矿山生产经营单位的负责人、实际控制人、负责生产经营管理的投资人以及其他负有报告职责的人员。

(4) 主观要件体现为故意,安全事故发生后明知应当报告,主观上具有不报、谎报事故真相的故意。

六、危险物品肇事罪

《刑法》第一百三十六条规定:“违反爆炸性、易燃性、放射性、毒害性、腐蚀性物品的管理规定,在生产、储存、运输、使用中发生重大事故,造成严重后果的,处三年以下有期徒刑或者拘役；后果特别严重的，处三年以上七年以下有期徒刑。”

危险物品肇事罪是指违反爆炸性、易燃性、放射性、毒害性、腐蚀性物品的管理规定，在生产、储存、运输、使用中发生重大事故，造成严重后果的行为。其构成要件：

（1）犯罪客体是人的生命健康和公私财产安全。

（2）犯罪主体是一体主体。具体包括生产、储存、运输、使用等单位的直接责任人员，包括单位负责人、管理人员、从业人员或其他有关人员。

（3）客观要件是实施了违反爆炸性、易燃性、放射性、毒害性、腐蚀性物品的管理规定的违法行为，在生产、储存、运输、使用中发生重大事故，造成严重后果。

（4）主观要件表现为过失。行为人具体实施了违反爆炸性、易燃性、放射性、毒害性、腐蚀性物品的管理规定的行为，发生重大事故，造成严重后果具有疏忽大意或者过于自信的主观心理。

七、工程重大安全事故罪

《刑法》第一百三十七条规定：“建设单位、设计单位、施工单位、工程监理单位违反国家规定，降低工程质量标准，造成重大安全事故的，对直接责任人员，处五年以下有期徒刑或者拘役,并处罚金;后果特别严重的,处五年以上十年以下有期徒刑,并处罚金。”

工程重大安全事故罪是指建设单位、设计单位、施工单位、工程监理单位违反国家规定，降低工程质量标准，造成重大安全事故的行为。其构成要件：

（1）犯罪客体是人的生命健康和公共财产安全。

（2）犯罪主体是建设单位、设计单位、施工单位、工程监理单位的直接责任人员，包括有关单位的负责人、管理人员、设计人员、作业人员、监理人员和其他有关人员。

（3）客观要件是实施了违反国家规定，降低工程质量标准的违法行为，造成重大安全事故。

（4）主观要件表现为过失。行为人具体实施了违反国家规定，降低工程质量标准的行为，发生重大安全事故具有疏忽大意或者过于自信的主观心理。

八、教育设施重大安全事故罪

《刑法》第一百三十八条规定：“明知校舍或者教育教学设施有危险，而不采取措施或者不及时报告，致使发生重大伤亡事故的，对直接责任人员，处三年以下有期徒刑或者拘役；后果特别严重的，处三年以上七年以下有期徒刑。”

教育设施重大安全事故罪是指明知校舍或者教育教学设施有危险，而不采取措施或者不及时报告，致使发生重大伤亡事故的行为。其构成要件：

（1）犯罪客体是人的生命健康和公共财产安全。

（2）犯罪主体是教育教学的学校、教育研究机构的直接责任人员，包括这些单位的负责人、管理人员、从业人员和其他有关人员。

（3）客观要件是实施了明知校舍或者教育教学设施有危险，而不采取措施或者不及时报告，致使发生重大伤亡事故的违法行为。

（4）主观要件表现为过失。行为人具有明知校舍或者教育教学设施有危险，但未预见到因此立即产生严重后果，或轻信能够避免存在疏忽大意或过于自信的过失。

九、消防责任事故罪

《刑法》第一百三十九条规定："违反消防管理法规，经消防监督机构通知采取改正措施而拒绝执行，造成严重后果的，对直接责任人员，处三年以下有期徒刑或者拘役；后果特别严重的，处三年以上七年以下有期徒刑。"

消防责任事故罪是指违反消防管理法规，经消防监督机构通知采取改正措施而拒绝执行，造成严重后果的行为。其构成要件：

（1）犯罪客体是人的生命和健康与公私财产。

（2）犯罪主体是有关单位的直接责任人员，包括有关单位的负责人、管理人员、从业人员和其他有关人员。

（3）客观要件是实施了违反消防管理法规，经消防监督机构通知采取改正措施而拒绝执行的违法行为，造成严重后果。

（4）主观要件表现为过失。行为人具有违反消防管理法规，拒绝执行消防监督机构通知采取的整改措施的过失。

十、重大飞行事故罪

《刑法》第一百三十一条规定："航空人员违反规章制度，致使发生重大飞行事故，造成严重后果的，处三年以下有期徒刑或者拘役；造成飞机坠毁或者人员死亡的，处三年以上七年以下有期徒刑。"

重大飞行事故罪是指航空人员违反规章制度，致使发生重大飞行安全事故，造成严重后果的行为。其构成要件：

（1）犯罪客体是人的生命和健康及公共财产。

（2）犯罪主体是航空运输企业和有关单位的航空人员，包括航空运输企业和有关单位的负责人、管理人员、从业人员和其他人员。

（3）客观要件是实施了违反规章制度的违法行为，造成严重后果，包括造成飞机坠毁或者人员死亡。

（4）主观要件表现为过失。行为人具有违反规章制度的疏忽大意或过于自信的过失。

十一、铁路运营安全事故罪

《刑法》第一百三十二条规定："铁路职工违反规章制度，致使发生铁路运营安全事故，造成严重后果的，处三年以下有期徒刑或者拘役；造成特别严重后果的，处三年以上七年以下有期徒刑。"

铁路运营安全事故罪是指铁路职工违反规章制度，致使发生铁路运营安全事故，造成严重后果的行为。其构成要件：

（1）犯罪客体是人的生命健康和公共财产安全。

（2）犯罪主体是铁路运营单位的职工，包括单位负责人、管理人员、作业人员和其他有关人员。

（3）客观要件是实施了违反规章制度的违法行为，致使发生铁路运营安全事故，造成严重后果。

（4）主观要件是具有违反规章制度的过失。

十二、交通肇事罪

《刑法》第一百三十三条规定："违反交通运输管理法规，因而发生重大事故，致人重伤、死亡或者使公私财产遭受重大损失的，处三年以下有期徒刑或者拘役；交通运输肇事后逃逸或者有其他特别恶劣情节的，处三年以上七年以下有期徒刑；因逃逸致人死亡的，处七年以上有期徒刑。"

交通肇事罪是指违反交通运输管理法规，因而发生重大事故，致人重伤、死亡或者使公私财产遭受重大损失的行为。其构成要件：

（1）犯罪客体是人的生命和健康与公私财产。

（2）犯罪主体是交通运输企业和单位的直接责任人员，包括交通运输企业和单位的负责人、管理人员、驾驶员和其他有关人员。

（3）客观要件是实施了违反交通运输管理法规的违法行为，致人重伤、死亡或者公私财产遭受重大损失，或者交通肇事后逃逸，或者有其他特别恶劣情节的行为。

（4）主观要件表现为过失。行为人具有疏忽大意或过于自信的过失。

第三节　安全生产监督管理部门的工作人员构成犯罪所应承担的刑事责任

一、贪污罪

《刑法》第三百八十二条规定："国家工作人员利用职务上的便利，侵吞、窃取、骗取或者以其他手段非法占有公共财物的，是贪污罪。"贪污罪的犯罪客体是公有财物；犯罪主体是国家机关工作人员，包括各级国家权力机关、行政机关公务人员和国有企业以及其他有关人员；客观要件是利用职务上的便利，实施了侵吞、窃取、骗取或者以其他手段非法占有公共财物的违法行为；主观要件是具有侵吞、窃取、骗取或者以其他手段非法占有公共财物的故意。

二、受贿罪

按照《刑法》第三百八十五条规定："国家工作人员利用职务上的便利，索取他人财物的，或者非法收受他人财物，为他人谋取利益的，是受贿罪。"国家工作人员在经济往来中，违反国家规定，收受各种名义的回扣、手续费，归个人所有的，以受贿论处。

按照《刑法》第三百八十六条规定，对犯受贿罪的，根据受贿所得数额及情节，按下列规定处罚。索贿的从重处罚。

（1）个人受贿数额在十万元以上的，处十年以上有期徒刑或者无期徒刑，可以并处没收财产；情节特别严重的，处死刑，并处没收财产。

（2）个人受贿数额在五万元以上不满十万元的，处五年以上有期徒刑，可以并处没财产；情节特别严重的，处无期徒刑，并处没收财产。

（3）个人受贿数额在五千元以上不满五万元的，处一年以上七年以下有期徒刑；情节严重的，处七年以上十年以下有期徒刑。个人受贿数额在五千元以上不满一万元，犯罪后有悔改表现、积极退赃的，可以减轻处罚或者免予刑事处罚，由其所在单位或者上级主管机关给予行政处分。

（4）个人受贿数额不满五千元，情节严重的，处二年以下有期徒刑或者拘役；情节较轻的，由其所在单位或者上级主管机关酌情给予行政处分。

按照《刑法》第三百八十七条规定，国家机关、国有公司、企业、事业单位、人民团体，索取、非法收受他人财物，为他人谋取利益，情节严重的，对单位判处罚金，并对其直接负责的主管人员和其他直接责任人员，处五年以下有期徒刑或者拘役。前款所列单位，在经济往来中，在账外暗中收受各种名义的回扣、手续费的，以受贿论，依照前款的规定处罚。

按照《刑法》第三百八十八条规定，国家工作人员利用本人职权或者地位形成的便利条件，通过其他国家工作人员职务上的行为，为请托人谋取不正当利益，索取请托人财物或者收受请托人财物的，以受贿论处。

三、滥用职权罪、玩忽职守罪

按照《刑法》第三百九十七条规定："国家机关工作人员滥用职权或者玩忽职守，致使公共财产、国家和人民利益遭受重大损失的，处三年以下有期徒刑或者拘役；情节特别严重的，处三年以上七年以下有期徒刑。本法另有规定，依照规定。"犯罪客体是公共财产、国家和人民利益；犯罪主体是国家机关工作人员，包括各级国家权力机关、行政机关工作人员和国有企业以及其他有关人员；客观要件是实施了滥用职权罪、玩忽职守罪的违法行为，致使公共财产、国家和人民利益遭受重大损失；主观要件是具有故意和过失。

四、徇私舞弊罪

《刑法》第三百九十七条第二款规定："国家机关工作人员徇私舞弊，犯前款罪的，处五年以下有期徒刑或者拘役；情节特别严重的，处五年以上十年以下有期徒刑。本法另有规定的，依照规定。"犯罪客体是公共财产、国家和人民利益；犯罪主体是国家机关工作人员，包括各级国家权力机关、行政机关工作人员和国有企业以及其他有关人员；客观要件是实施了徇私舞弊的违法行为，致使行政管理不能有效实施、国家和人民利益遭受重大损失；主观要件是具有故意。《刑法》第四百零二条规定："行政执法人员徇私舞弊，对依法应当移交司法机关追究刑事责任的不移交，情节严重的，处三年以下有期徒刑或者拘役；造成严重后果的，处三年以上七年以下有期徒刑。"

第四节　政府部门工作人员隐瞒、谎报或者拖延不报事故的刑事责任

有关人民政府及其有关部门工作人员，对生产安全事故隐瞒不报、谎报或者拖延不报的，依照《刑法》关于玩忽职守罪的规定处罚。犯罪客体是人的生命健康和公共财产；犯罪主体是对安全生产负有监督管理职责的有关人民政府及其部门的领导人、负责人和工作人员；客观要件是对已经发生的生产安全事故实施了隐瞒不报、谎报或者拖延不报的违法行为，致使生产安全事故不能及时、有效地报告和救援，造成重大的人员伤亡和财产损

失；主观要件是具有隐瞒、谎报或者拖延不报的故意和过失。

第五节　安全生产中介机构及其有关人员构成犯罪所应当承担的刑事责任

安全生产中介机构及其有关人员犯罪的，依照《刑法》中关于中介组织提供虚假证明文件罪、中介组织人员出具证明文件重大失实罪进行处罚。《刑法》第二百二十九条规定："承担资产评估、验资、验证、会计、审计、法律服务等职责的中介组织的人员故意提供虚假证明文件，情节严重的，处五年以下有期徒刑或者拘役，并处罚金。前款规定的人员，索取他人财物或者非法收受他人财物，犯前款罪的，处五年以上十年以下有期徒刑，并处罚金。第一款规定的人员，严重不负责任，出具的证明文件有重大失实，造成严重后果的，处三年以下有期徒刑或者拘役，并处或者单处罚金。"犯罪客体是破坏行政管理秩序，危及公私财产和人的生命和健康；犯罪主体是安全生产中介机构及其有关人员，包括安全生产中介机构的负责人、管理人员、安全生产中介人员和其他有关人员；客观要件是实施了提供虚假的安全评价、评估、检测、检验、认证、咨询等安全生产中介服务证明文件的违法行为；主观要件是具有提供虚假的安全生产中介服务证明文件的故意。

第六节　其他有关涉及安全生产事项的犯罪所应当承担的刑事责任

一、伪造、变造、买卖国家机关公文、证件、印章罪

《刑法》第二百八十条规定："伪造、变造、买卖或者盗窃、抢夺、毁灭国家机关的公文、证件、印章的，处三年以下有期徒刑、拘役、管制或者剥夺政治权利；情节严重的，处三年以上十年以下有期徒刑。"犯罪客体是国家机关的工作秩序和行政管理；犯罪主体是伪造、变造、买卖安全生产行政许可证书的直接责任人员，包括有关单位的负责人、管理人员和其他有关人员；客观要件是实施了伪造、变造、买卖安全生产事项行政许可证书的违法行为，造成严重后果；主观要件是具有伪造、变造、买卖安全生产行政许可证书的故意。

二、妨害公务罪

按照《刑法》第二百七十七条规定，以暴力、威胁方法阻碍国家机关工作人员依法执行职务的，处3年以下有期徒刑、拘役、管制或者罚金。

第七节　关于矿山生产安全犯罪适用《刑法》的司法解释

为依法惩治矿山生产安全犯罪，保障矿山生产安全，根据《刑法》有关规定，最高人民法院、最高人民检察院2007年2月28日公布了《最高人民法院、最高人民检察院关于办理危害矿山生产安全刑事案件具体应用法律若干问题的解释》（以下简称《若干问题的解释》），共12条，包括矿山生产安全犯罪的犯罪主体、定罪标准、疑难问题的法律适用依据、国家工作人员职务犯罪的行为和刑事责任、刑事处罚原则和量刑情节等。

一、矿山生产安全犯罪主体

1. 重大责任事故罪的犯罪主体

《若干问题的解释》第一条规定，《刑法》第一百三十四条第一款规定的犯罪主体，包括对矿山生产、作业负有组织、指挥或者管理职责的负责人、管理人员、实际控制人、投资人等人员，以及直接从事矿山生产、作业的人员。

2. 强令违章冒险作业罪的犯罪主体

《若干问题的解释》第二条规定，《刑法》第一百三十四条第二款规定的犯罪主体，包括对矿山生产、作业负有组织、指挥或者管理职责的负责人、管理人员、实际控制人、投资人等人员。

3. 重大劳动安全事故罪的犯罪主体

《若干问题的解释》第三条规定，《刑法》第一百三十五条规定的"直接负责的主管人员和其他直接责任人员"，是指对矿山安全生产设施或者安全生产条件不符合国家规定负有直接责任的矿山生产经营单位负责人、管理人员、实际控制人、投资人，以及对安全生产设施或者安全生产条件负有管理、维护职责的电工、瓦斯检查工等人员。

4. 不报、谎报安全事故罪的犯罪主体

《若干问题的解释》第五条规定，《刑法》第一百三十九条之一规定的"负有报告职责的人员"，是指矿山生产经营单位的负责人、实际控制人、负责生产经营管理的投资人以及其他负有报告职责的人员。

二、重大责任事故罪和重大劳动安全事故罪的定罪标准

《若干问题的解释》第四条第一款规定，发生矿山生产安全事故，具有下列情形之一的，应当认定为《刑法》第一百三十四条、第一百三十五条规定的"重大伤亡事故或者其他严重后果"：

（1）造成死亡一人以上，或者重伤三人以上的。

（2）造成直接经济损失一百万元以上的。

（3）造成其他严重后果的情形。

三、疑难问题的法律适用依据

1. 共同犯罪

《若干问题的解释》第七条规定，在矿山生产安全事故发生后，实施本解释第六条规定的相关行为，帮助负有报告职责的人员不报或者谎报事故情况，贻误事故抢救的，对组织者或者积极参加者，依照《刑法》第一百三十九条之一的规定，以共犯论处。

2. 数罪并罚

《若干问题的解释》第八条规定，在采矿许可证被依法暂扣期间擅自开采的，视为《刑法》第三百四十三条第一款规定的"未取得采矿许可证擅自采矿"。违反《矿产资源

法》的规定，非法采矿或者采取破坏性的开采方法开采矿产资源，造成重大伤亡事故或者其他严重后果，同时构成《刑法》第三百四十三条规定的犯罪和《刑法》第一百三十四条或者《刑法》第一百三十五条规定的犯罪的，依照数罪并罚的规定处罚。

3. 阻碍矿山安全生产监督管理的犯罪

《若干问题的解释》第十条规定，以暴力、威胁方法阻碍矿山安全生产监督管理的，依照《刑法》第二百七十七条的规定，以妨害公务罪定罪处罚。

四、国家机关工作人员职务犯罪

《若干问题的解释》第九条规定，国家机关工作人员滥用职权或者玩忽职守，危害矿山生产安全，具有下列情形之一，致使公共财产、国家和人民利益遭受重大损失的，依照《刑法》第三百九十七条的规定定罪处罚：

（1）对不符合矿山法定安全生产条件的事项予以批准或者验收通过的。

（2）对于未依法取得批准、验收的矿山生产经营单位擅自从事生产经营活动不依法予以处理的。

（3）对于已经依法取得批准的矿山生产经营单位不再具备安全生产条件而不撤销原批准或者发现违反安全生产法律法规的行为不予查处的。

（4）强令审核、验收部门及其工作人员实施本条第一项行为，或者实施其他阻碍下级部门及其工作人员依法履行矿山安全生产监督管理职责行为的。

（5）在矿山生产安全事故发生后，负有报告职责的国家机关工作人员不报或者谎报事故情况，贻误事故抢救的。

（6）其他滥用职权或者玩忽职守的行为。

五、量刑情节的规定

1. 重大责任事故罪、强令违章冒险作业罪和重大劳动安全事故罪的量刑情节

《若干问题的解释》第四条第二款规定，具有下列情形之一的，应当认定为《刑法》第一百三十四条、第一百三十五条规定的“情节特别恶劣”：

（1）造成死亡三人以上，或者重伤十人以上的。

（2）造成直接经济损失三百万元以上的。

（3）其他特别恶劣的情节。

2. 不报或者谎报事故罪的量刑情节

《若干问题的解释》第六条第一款规定，在矿山生产安全事故发生后，负有报告职责的人员不报或者谎报事故情况，贻误事故抢救，具有下列情形之一的，应当认定为《刑法》第一百三十九条之一规定的“情节严重”：

（1）导致事故后果扩大，增加死亡一人以上，或者增加重伤三人以上，或者增加直接经济损失一百万元以上的。

（2）实施下列行为之一，致使不能及时有效开展事故抢救的：

①决定不报、谎报事故情况或者指使、串通有关人员不报、谎报事故情况的。

②在事故抢救期间擅离职守或者逃匿的。

③伪造、破坏事故现场，或者转移、藏匿、毁灭遇难人员尸体，或者转移、藏匿受伤

人员的。

④毁灭、伪造、隐匿与事故有关的图纸、记录、计算机数据等资料以及其他证据的。

（3）其他严重的情节。

《若干问题的解释》第六条第二款规定，具有下列情形之一的，应当认定为《刑法》第一百三十九条之一规定的“情节特别严重”：

（1）导致事故后果扩大，增加死亡三人以上，或者增加重伤十人以上，或者增加直接经济损失三百万元以上的。

（2）采用暴力、胁迫、命令等方式阻止他人报告事故情况导致事故后果扩大的。

（3）其他特别严重的情节。

参 考 文 献

[1] 殷召良，等. 煤矿安全法律法规（A类）[M]. 北京：中国矿业大学出版社，2002.

[2] 石少华，等. 安全生产法及相关法律知识 [M]. 北京：中国大百科全书出版社，2006.

[3] 张文显. 法理学 [M]. 北京：高等教育出版社和北京大学出版社，2000.

[4] 应松年. 依法行政教程 [M]. 北京：国家行政学院出版社，2004.

[5] 曾宪义. 同等学力人员申请硕士学位法学学科综合水平全国统一考试大纲与指南 [M]. 北京：高等教育出版社，2000.

[6] 邬燕云. 安全生产主要法律法规知识培训教材 [M]. 北京：企业管理出版社，2006.

[7] 卞耀武，等. 中华人民共和国安全生产法读本 [M]. 北京：煤炭工业出版社，2002.

[8] 国务院法制办工交司，国家安全生产监督管理总局政策法规司. 生产安全事故报告和调查处理条例释义 [M]. 北京：中国市场出版社，2007.

[9] 国务院法制办工交司，国家安全生产监督管理总局政策法规司，安全监督管理三司. 危险化学品安全管理条例释义 [M]. 北京：中国市场出版社，2011.

[10] 乔晓阳，等. 中华人民共和国行政强制法释义 [M]. 北京：中国法制出版社，2011.

图书在版编目（CIP）数据

安全生产依法行政工作指引：2015版/邬燕云，曹彧编著.--北京：煤炭工业出版社，2015

ISBN 978-7-5020-4819-8

Ⅰ.①安… Ⅱ.①邬… ②曹… Ⅲ.①安全生产—行政执法—中国 Ⅳ.①D922.54

中国版本图书馆CIP数据核字（2015）第052888号

安全生产依法行政工作指引 2015版

编　　著　邬燕云　曹　彧
责任编辑　廖永平
编　　辑　曲光宇
责任校对　姜惠萍
封面设计　于春颖

出版发行　煤炭工业出版社（北京市朝阳区芍药居35号　100029）
电　　话　010-84657898（总编室）
010-64018321（发行部）　010-84657880（读者服务部）
电子信箱　cciph612@126.com
网　　址　www.cciph.com.cn
印　　刷　北京玥实印刷有限公司
经　　销　全国新华书店

开　　本　787mm×1092mm 1/16　**印张**　19　**字数**　459千字
版　　次　2015年5月第1版　2015年5月第1次印刷
社内编号　7674　　**定价**　36.00元
